Schriftenreihe

Innovative Betriebswirtschaftliche Forschung und Praxis

Band 251

ISSN 1437-787X

Verlag Dr. Kovač

Nyls-Arne Pasternack

Qualitätsorientierte Führung in der Internen Revision

Eine theoretische und empirische Untersuchung zu einem Qualitätsmanagement

Verlag Dr. Kovač

Hamburg
2010

VERLAG DR. KOVAČ

FACHVERLAG FÜR WISSENSCHAFTLICHE LITERATUR

Leverkusenstr. 13 · 22761 Hamburg · Tel. 040 - 39 88 80-0 · Fax 040 - 39 88 80-55

E-Mail info@verlagdrkovac.de · Internet www.verlagdrkovac.de

Bibliografische Information der Deutschen Nationalbibliothek
Die Deutsche Nationalbibliothek verzeichnet diese Publikation
in der Deutschen Nationalbibliografie;
detaillierte bibliografische Daten sind im Internet
über http://dnb.d-nb.de abrufbar.

ISSN: 1437-787X
ISBN: 978-3-8300-4740-7

Zugl.: Dissertation, Universität Hamburg, 2009

© VERLAG DR. KOVAČ in Hamburg 2010

Geleitwort

Die betriebswirtschaftliche Forschung beschäftigt sich schon seit längerem mit der Frage, welchen Einfluss in- und externe Überwachungssysteme auf den Unternehmenswert haben. Die vorliegende Abhandlung greift dieses Problem wieder auf, wobei sich der Verfasser zum Ziel gesetzt hat, die Wertschöpfung der Internen Revision zu untersuchen. In diesem Zusammenhang stellt er unter Berücksichtigung revisionsspezifischer Aspekte und ausgewählter Revisionsstandards auf Maßnahmen eines funktionsorientierten Qualitätsmanagements ab, die wiederum als Messkriterien zur Beurteilung des Wertbeitrages der Internen Revision im Rahmen der Unternehmensführung dienen sollen. Zum einen beabsichtigen die Untersuchungen, ein Konzept bzw. ein Modell für ein ganzheitliches Qualitätsmanagement unter Berücksichtigung von Qualitätskennzahlen und ihrer Messung zu entwerfen. Zum anderen soll auf der Grundlage einer empirischen Untersuchung geklärt werden, wie sich die Gestaltung des Qualitätsmanagements in der Realität darstellt „und ob die Interne Revisionspraxis die Inhalte des aus theoretischer Sicht erarbeiteten Qualitätsmanagementkonzepts bzw. -modells teilt" (S. 7). Im Ergebnis zielen diese Vorgehensweisen darauf ab, in Erfahrung zu bringen, wie sich das Wesen des Qualitätsmanagements in der Internen Revision derzeit präsentiert und ob hieraus ggf. Anpassungsbedarf von spezifischen Revisionsstandards resultiert.

Eine hohe Bedeutung kommt dem dritten Hauptteil der Schrift zu. Dieser enthält die Dokumentation einer empirischen Erhebung zum Qualitätsmanagement in der Internen Revision, die im Jahre 2009 bei ausgewählten deutschen Aktiengesellschaften, die im Prime Standard der Frankfurter Wertpapierbörse notiert sind, durchgeführt wurde. Aufgrund der hieraus resultierenden Ergebnisse gelingt es dem Verfasser, ein aktuelles Abbild über die Aufbau- und Ablauforganisation der Internen Revision im Allgemeinen und ihr Qualitätsmanagement im Besonderen in der betriebswirtschaftlichen Realität zu zeichnen. Die Auswertung und Interpretation der Erhebungen führt schließlich zu dem Resultat, dass noch erhebliche Defizite bei der Umsetzung eines ganzheitlichen Qualitätsmanagements in den befragten Unternehmen bestehen und daher unzweifelhaft Handlungsbedarf in diesem Bereich erforderlich wird. Aus der Vielzahl der interessanten Einzelresultate dürfte vor dem Hintergrund des Untersuchungsziels vor allem der Frage nach der Existenz einer Spitzenkennzahl als Nachweis zur Messung der Wertsteigerung in der internen Revisionspraxis eine besondere Bedeutung zukommen. Obwohl sich hier noch kein einheitliches Bild abzeichnet, sind doch in einigen Unternehmen Tendenzen erkennbar, Kennzahlen zu installieren, mit deren Hilfe eine Quantifizierung des Wertbeitrages der Internen Revision möglich wird (z. B. Reduktion des Fraudvolumens, Veränderung der Risikopositionen oder der Prüfungshäufigkeit).

Auf der Grundlage der theoretischen Analysen über die Struktur eines Qualitätsmanagementkonzepts bzw. -modells der Internen Revision und der Befragungsergebnisse über ihre Ausprägungen in der unternehmerischen Praxis gelingt es dem Verfasser anschließend, überzeugende Vorschläge zu einer Anpassung der nationalen und internationalen Standards des Berufsstandes der Internen Revision zum Qualitätsmanagement zu entwickeln, um die offensichtlichen Schwachstellen in diesem Sektor der Unternehmensüberwachung zu vermeiden. Im Gesamtbild enthält die Abhandlung neuere Erkenntnisse und interessante Weiterentwicklungsvorschläge zum Qualitätscontrolling der Internen Revision, die in ihrer Summe zu einer Verbesserung sämtlicher Prüfungsprozesse führen und damit unternehmenswertsteigernd wirken. Aus diesem Blickwinkel führen die Untersuchungen unzweifelhaft zu einer Bereicherung des einschlägigen Schrifttums.

Univ.-Prof. Dr. habil. Carl-Christian Freidank

Vorwort

Die vorliegende Schrift entstand während meiner Tätigkeit als wissenschaftlicher Mitarbeiter am Institut für Wirtschaftsprüfung und Steuerwesen, Lehrstuhl für Revisions- und Treuhandwesen, der Universität Hamburg in der Zeit vom 01.04.2006 bis zum 31.03.2010. Sie ist Mitte Juni 2009 geschlossen und im Wintersemester 2009/2010 von der Fakultät Wirtschafts- und Sozialwissenschaften, Fachbereich Betriebswirtschaftslehre, als Dissertation angenommen worden.

An dieser Stelle richte ich meinen Dank an alle Personen, die mich während meiner Promotion unterstützt haben. Zunächst möchte ich mich ganz herzlich bei meinem verehrten akademischen Lehrer und Doktorvater, Herrn Prof. Dr. Carl-Christian Freidank, für die wissenschaftliche Betreuung, die stetige Förderung und das harmonische persönliche Verhältnis bedanken. Herrn Prof. Dr. Lothar Streitferdt danke ich für die zügige Erstellung des Zweitgutachtens meiner Dissertation und Herrn Prof. Dr. Siegfried Grotherr für die Übernahme des Promotionsausschussvorsitzes.

Ein besonderer Dank gilt dem Deutschen Institut für Interne Revision e. V. (DIIR), das durch seine Unterstützung wesentlich zum Gelingen der im Rahmen der Arbeit durchgeführten empirischen Untersuchung beigetragen hat.

Bedanken möchte ich mich auch bei Herrn Prof. Ulrich Bantleon, Herrn Dr. Ulrich Hahn und Frau Dipl.-Kffr. Anja Unmuth für die Diskussionen revisionsspezifischer Themen sowie meinen Kollegen und den studentischen Mitarbeitern am Lehrstuhl für die angenehme Zusammenarbeit und die Bereitschaft zu Diskussionen.

Mit der Durchsicht eines Teils des Manuskripts und seinen Anmerkungen hat Herr Matthias Tausch einen erheblichen Beitrag zur Fertigstellung meines Promotionsvorhabens geleistet. Für sein Engagement und seine Unterstützung gebührt ihm mein herzlicher Dank.

Ganz besonders bedanke ich mich bei meinen Eltern für die stets liebevolle und fürsorgliche Unterstützung auf meinem Lebensweg und das Ermöglichen meines gesamten Ausbildungswegs sowie meiner Schwester und meinem Schwager, Herrn Dipl.-Vermessungsingenieur Ole Frähmke, für das tolle Verhältnis und die Aufmunterungen während des Promotionsvorhabens. Vor allem danke ich meinem verehrten Vater, Herrn Dr. Adalbert Pasternack, für seine ständige Diskussionsbereitschaft während der Schrifterstellung, die kritische Durchsicht des Manuskripts und die stetige Aufmunterung. Leider kann meine Mutter, Frau Christel Pasternack, aufgrund eines viel zu frühen Ablebens diesen Schritt meiner Ausbildung nicht miterleben. Ihr und meinem Vater sei daher diese Arbeit gewidmet.

Nyls-Arne Pasternack

Inhaltsübersicht

Einleitung 1

Erster Hauptteil: Grundlegendes zur Internen Revision..13

    Fundament der Corporate Governance 20

C. Unternehmerische Überwachung und ihre Träger im
    Überblick – insbesondere die Interne Revision 32

D. Principal-Agent-Theorie als theoretischer
    Erklärungsansatz für die Notwendigkeit der Internen
    Revision 52

E. Vorschriftenrahmen der Internen Revision 59

II. Verständnis der Internen Revision anhand der IIA-
     Standards 75

     A. Allgemeines 75

     B. Attributstandards und sie ergänzende
         Umsetzungsstandards 76

     C. Ausführungsstandards und sie ergänzende
         Umsetzungsstandards 83

III. Zwischenfazit 97

**Zweiter Hauptteil: Bedeutung, Grundlagen und
theoretische Ausgestaltung eines Qualitätsmanagements in der Internen Revision 99**

I. Bedeutung eines Qualitätsmanagements in der Internen
    Revision aus Sicht der wertorientierten Unternehmens-
    führung und des Berufsstands 101

    A. Bedeutung eines Qualitätsmanagements in der Internen
        Revision aus Sicht der wertorientierten
        Unternehmensführung 101

    B. Bedeutung eines Qualitätsmanagements in der Internen
        Revision aus Sicht berufsständischer Institutionen 106

Vierter Hauptteil: Qualitätsmanagement in der Internen Revision aus theoretischer Sicht unter Einbeziehung empirischer Ergebnisse 311

Inhaltsverzeichnis

Zweiter Hauptteil: Bedeutung, Grundlagen und theoretische Ausgestaltung eines Qualitätsmanagements in der Internen Revision 99

Dritter Hauptteil: Empirische Untersuchung zum Qualitätsmanagement in der Internen Revision........263

Vierter Hauptteil: Qualitätsmanagement in der Internen Revision aus theoretischer Sicht unter Einbeziehung empirischer Ergebnisse 311

Schlussbetrachtung und Ausblick 375

Abkürzungsverzeichnis

A	Assurance
Abs.	Absatz
a. F.	alte Fassung
AKEU	Arbeitskreis Externe Unternehmensrechnung der Schmalenbach-Gesellschaft für Betriebswirtschaft e. V.
AKEIÜ	Arbeitskreis Externe und Interne Überwachung der Unternehmung der Schmalenbach-Gesellschaft für Betriebswirtschaft e. V.
AktG	Aktiengesetz
Art.	Artikel
ARUG	Gesetz zur Umsetzung der Aktionärsrechterichtlinie (ARUG)
Aufl.	Auflage
BaFin	Bundesanstalt für Finanzdienstleistungsaufsicht
BegrRegE	Begründung zum Regierungsentwurf
BGBl.	Bundesgesetzblatt
BilKoG	Gesetz zur Kontrolle von Unternehmensabschlüssen (Bilanzkontrollgesetz – BilKoG)
BilMoG	Gesetz zur Modernisierung des Bilanzrechts (Bilanzrechtsmodernisierungsgesetz – BilMoG)
BilReG	Gesetz zur Einführung internationaler Rechnungslegungsstandards und zur Sicherung der Qualität der Abschlussprüfung (Bilanzrechtsreformgesetz – BilReG)
BT-Drucks.	Bundestags-Drucksache
bzw.	beziehungsweise
C	Consulting

CD	Compact Disc
CIA	Certified Internal Auditor(s)
COSO	Committee of Sponsoring Organizations of the Treadway Commission
DAX	Deutscher Aktienindex
DCGK	Deutscher Corporate Governance Kodex
DGQ	Deutsche Gesellschaft für Qualität e. V.
d. h.	das heißt
DIIR	Deutsches Institut für Interne Revision e. V.
DPR	Deutsche Prüfstelle für Rechnungslegung DPR e. V.
DRS	Deutscher Rechnungslegungs Standard
DRSC	Deutsches Rechnungslegungs Standards Committee e. V.
DSR	Deutscher Standardisierungsrat
EC	European Community
EFQM	European Foundation for Quality Management
EG	Europäische Gemeinschaft
E-Mail	Electronic Mail
et al.	et alii
EU	Europäische Union
e. V.	eingetragener Verein
f.	folgende(r)
ff.	fortfolgende
gem.	gemäß
ggf.	gegebenenfalls
HGB	Handelsgesetzbuch

Hrsg.	Herausgeber
http	hypertext transfer protocol
IDW	Institut der Wirtschaftsprüfer in Deutschland e. V.
IDW PS	IDW Prüfungsstandard(s)
IFRS	International Financial Reporting Standards
IIA	Institute of Internal Auditors
IIR	Deutsches Institut für Interne Revision e. V.
IPPF	International Professional Practices Framework
ISA	International Standard(s) on Auditing
IT	Informationstechnologie
KonTraG	Gesetz zur Kontrolle und Transparenz im Unternehmensbereich
LG	Landgericht
MDAX	Midcap Deutscher Aktienindex
m. w. N.	mit weiteren Nachweisen
No.	Number
Nr.	Nummer
o. Jg.	ohne Jahrgang
o. O.	ohne Ort
o. V.	ohne Verfasser
PCAOB	Public Company Accounting Oversight Board
RADAR	Results, Approach, Deployment, Assessment and Review
Rn.	Randnummer

ROM	Read Only Memory
S.	Seite
SEC	US-Securities and Exchange Commission
SOA	Sarbanes-Oxley Act
sog.	so genannt(e)
Sp.	Spalte
TecDAX	Technology Deutscher Aktienindex
TransPuG	Gesetz zur weiteren Reform des Aktien- und Bilanzrechts, zu Transparenz und Publizität (Transparenz- und Publizitätsgesetz)
Tz.	Textziffer(n)
u. a.	unter anderem
US	United States
USA	United States of America
vgl.	vergleiche
WACC	Weighted Average Cost of Capital
WpHG	Gesetz über den Wertpapierhandel (Wertpapierhandelsgesetz – WpHG)
www	world wide web
z. B.	zum Beispiel

Abkürzungsverzeichnis für Zeitschriften und Zeitungen

AG	Die Aktiengesellschaft
BB	Betriebs-Berater
DB	Der Betrieb
DBW	Die Betriebswirtschaft
DStR	Deutsches Steuerrecht
HBR	Harvard Business Review
JoFE	Journal of Financial Economics
NJW	Neue Juristische Wochenschrift
NZG	Neue Zeitschrift für Gesellschaftsrecht
ST	Der Schweizer Treuhänder
WISU	Das Wirtschaftsstudium
WPg	Die Wirtschaftsprüfung
ZCG	Zeitschrift für Corporate Governance
ZGR	Zeitschrift für Unternehmens- und Gesellschaftsrecht
zfo	Zeitschrift Führung und Organisation
ZIP	Zeitschrift für Wirtschaftsrecht
ZIR	Zeitschrift Interne Revision
ZP	Zeitschrift für Planung und Unternehmenssteuerung

Symbolverzeichnis

>	größer
$\leq$	kleiner gleich
§	Paragraf
§§	Paragrafen
%	Prozent
$\sum$	Summe
&	und
CF_t	Cash Flow der Periode t
M_F	Marktwert des Fremdkapitals
NBV	Barwert des nicht betriebsnotwendigen Vermögens
t	Periodenindex
T	Periodensumme, Nutzungszeit mit t = 1, 2, …, T
W	Marktwert des Gesamtkapitals, Unternehmensgesamtwert
WACC	Weighted Average Cost of Capital

Abbildungsverzeichnis

Tabellenverzeichnis

Einleitung

I. Problemstellung und Zielsetzungen

Die Steigerung des Unternehmenswerts stellt ein bedeutsames Ziel in deutschen Unternehmen dar.[1] Um diesem Ziel nachzukommen sowie dem zunehmenden Wettbewerbs- und Kostendruck zu begegnen, sind sämtliche Organisationseinheiten[2] im Unternehmen wertorientiert zu führen.[3] In diesem Zusammenhang hat auch die Interne Revision, die sich unabhängig von gesetzlichen Erfordernissen als Überwachungsträger in vielen Gesellschaften fest etabliert hat,[4] zu verdeutlichen, welchen Wertbeitrag sie für das Unternehmen erbringt. Diesen Nachweis hat die Interne Revision jedoch bereits aus ihrem Selbstverständnis der Mehrwerterzeugung[5] und ihrer Legitimation im Unternehmen vorzunehmen.

Aufgrund einer nicht gänzlich durchführbaren monetären Wertbeitragsdarstellung ist die Wertschöpfung der Internen Revision an Maßnahmen im Rahmen eines Qualitätsmanagements auszurichten.[6] Hierbei bedarf es zur Wertsteigerung einer systematischen und permanenten Vorgehensweise, wobei vor allem der Festlegung, Ausprägung und Messung von Qualitätsmerkmalen eine besondere Bedeutung zukommt. Die Notwendigkeit, sich mit dem Qualitätsmanagement und den genannten Säulen auseinanderzusetzen, spiegelt

---

[1] Vgl. die empirischen Ergebnisse bei Fischer/Rödl 2007, S. 8 f.; Günther/Gonschorek 2006, S. 6 f.

[2] Organisationseinheiten stellen Elemente der unternehmerischen Aufbauorganisation dar und äußern sich in Abhängigkeit vom individuellen Unternehmensaufbau, wie z. B. in Form von Geschäftsbereichen. Vgl. Olfert/Rahn 2008, Nr. 664 mit weiteren Nachweisen (m. w. N.).

[3] Vgl. Coenenberg/Salfeld 2007, S. 3.

[4] Vgl. zur Aussage der Verankerung Ernst & Young 2007, S. 9, die im Zusammenhang mit einer empirischen Erhebung steht.

[5] Die Definition der Internen Revision beinhaltet, dass sie Mehrwerte generieren soll, worunter die Leistung eines Beitrags zur Wertsteigerung verstanden werden kann. Vgl. DIIR/IIA 2009, Definition Interne Revision; Schroff 2006, S. 7.

[6] Vgl. Buderath/Langer 2007, S. 159 f.; Steffelbauer-Meuche 2004, S. 19–22.

sich in dem Bedürfnis der Praxis wider.[7] Obwohl insbesondere die Messung als aktuell und bedeutsam angesehen wird,[8] scheint sie in der Praxis bisher nicht sehr existent zu sein[9] und lässt somit ein funktionierendes Qualitätsmanagement kaum zu. Dieses verwundert umso mehr, fordern doch der Standard des Institute of Internal Auditors (IIA)[10] 1311[11] und der Revisionsstandard des Deutschen Instituts für Interne Revision e. V. (DIIR)[12] Nr. 3[13], dass eine Überwachung von Qualitätsmerkmalen einen festen Bestandteil des Quali-

---

[7] Vgl. den empirischen Befund bei Lück/Bachmann/Luke 2004, S. 56–58. Neben anderen Themen, wie z. B. externer Qualitätssicherung, ist bei dieser Umfrage zu relevanten Inhalten der Internen Revision vor allem der Messung des Wertschöpfungspotenzials und damit verbunden auch die der Qualität eine primäre Rolle zugeordnet worden.

[8] Vgl. Lück/Bachmann/Luke 2004, S. 56 f.

[9] In einer empirischen Studie von Ernst & Young wurde ermittelt, dass bei den meisten der befragten Unternehmen eine Leistungs- und damit im Sinne der vorliegenden Arbeit verstandene Qualitätsmessung der Internen Revision ab und zu, selten oder nie vorgenommen wird (51 %). Vgl. Ernst & Young 2007, S. 31. Zu beachten ist, dass im Rahmen der zitierten Untersuchung der Begriff der Messung mit dem der Prüfung gleichgesetzt wird. Vgl. Ernst & Young 2007, S. 11 und 31-34. Um jedoch eine Prüfung durchführen zu können, muss notwendigerweise eine Messung erfolgen. Es kann daher gefolgert werden, dass auch die Messung in den Gesellschaften vernachlässigt wird.

[10] Die Standards des IIA werden im Folgenden als IIA-Standard (im Singular) bezeichnet und wenn notwendig mit der entsprechenden Ziffer versehen. Wird Bezug auf die vorherige Version von IIA-Standards genommen, so erfolgt die zusätzliche Angabe alte Fassung (a. F.). In diesem Zusammenhang ist darauf hinzuweisen, dass die in der Arbeit vorgenommenen Normenverweise unter Beachtung des eben erläuterten Sachverhalts zu den IIA-Standards dem Stand zum 15.06.2009 entsprechen.

[11] Vgl. IIA-Standards, IIA-Standard 1311.

[12] Im Folgenden werden Standards des DIIR als DIIR-Revisionsstandard (im Singular) bezeichnet und im Fall der Konkretisierung mit der Angabe der genauen Nr. versehen. Dabei ist zu beachten, dass zum Anfang des Jahres 2008 das Institut seine Abkürzung von IIR zu DIIR geändert hat. Vgl. DIIR 2008a, S. 3. Aus diesem Grund werden Veröffentlichungen vor diesem Zeitpunkt mit IIR versehen.

[13] Vgl. IIR-Revisionsstandard Nr. 3.

tätsmanagements ausmachen soll,[14] wobei eine Überwachung eine Messung
bedingt. Die Bedeutung des Qualitätsmanagements und seine Ausgestaltung
werden gegenwärtig auch in der internationalen und nationalen betriebswirtschaftlichen Literatur diskutiert.[15] Es wird in diesem Kontext aus deutscher
Sicht u. a. Bezug auf den IIR-Revisionsstandard Nr. 3 und seine dazugehörige
Ergänzung[16], die Vorgaben für das Qualitätsmanagement zur Verfügung stellen, genommen. Dabei fehlt es jedoch insgesamt an einer umfassenden strukturierten Betrachtungsweise, die aufbauend auf einem ganzheitlichen klaren
Konzept[17] vor allem die Qualitätsmerkmale und ihre Messung modelliert. Diese Darlegungen verdeutlichen, dass eine verstärkte wissenschaftliche Analyse
geeigneter Konzepte und Modelle zum Qualitätsmanagement erforderlich ist,
die auch die praktische Tätigkeit der Internen Revision nutzbringend unterstützen soll.

Vor diesem Hintergrund stellt sich die Frage, wie ein ganzheitliches Qualitätsmanagementkonzept und seine Modellierung, insbesondere im Bereich der
Qualitätskennzahlen und ihrer Messung, aus wissenschaftlicher Sicht unter
revisionsspezifischen Aspekten zu gestalten sind.[18] Wie das Modell für Excel-

---

[14]   Vgl. hierzu und zu den konkreten Elementen der Überwachung IIA-Standards, IIA-
       Standard 1311 f.; IIR-Revisionsstandard Nr. 3, Textziffer (Tz.) 1.6 und die nachfolgen-
       den Tz. im Bereich 1.6.

[15]   Vgl. Linsi 2003; Lück/Henke 2007; Motel 2008 in Bezug auf Verwaltungen; Steffelbau-
       er-Meuche 2004.

[16]   Vgl. zur ersten Fassung IIR 2005 sowie zur überarbeiteten Version IIR 2007.

[17]   An dieser Stelle wird komprimiert erläutert, was unter einem Konzept, Modell und
       System in der vorliegenden Arbeit zu verstehen ist und wie diese voneinander abzu-
       grenzen sind. Ein Konzept stellt ein theoretisches Fundament dar, das mittels Model-
       len umgesetzt wird und in ein System mündet. Ein System verkörpert hierbei die reale
       Verwirklichung überbetrieblicher Vorgehensweisen, d. h. der Modelle. Vgl. Seghez-
       zi/Fahrni/Herrmann 2007, S. 216 f. In Anlehnung an Ulrich wird ein System gleichzei-
       tig auch als eine strukturierte Gesamtheit von Bestandteilen gesehen, die sachlich
       sinnvoll miteinander verbunden sind. Vgl. Ulrich 1970, S. 105.

[18]   Dabei wird das Qualitätsmanagement nicht aus der Perspektive einer unternehmens-
       weiten Einführung und Anwendung, sondern aus Sicht der Internen Revision betrach-
       tet.

lence der European Foundation for Quality Management (EFQM)[19] und die Balanced Scorecard im Qualitätsmanagement in der Internen Revision Anwendung finden können, wird in diesem Zusammenhang untersucht. Den beiden Modellen wird bereits konstatiert, dass sie das Konzept Total Quality Management umsetzen,[20] als Führungsmodelle gelten,[21] eine Qualitätsmessung ermöglichen[22] und in der Internen Revision, ohne eine eindeutige gemeinsame Betrachtung vorzunehmen, einsetzbar sind.[23] Es handelt sich somit um zwei Modelle, die es hinsichtlich ihrer Bedeutung für das Qualitätsmanagement in der Internen Revision zu beurteilen und zu vergleichen gilt. Bisher existiert in der deutschsprachigen Literatur keine wissenschaftliche Untersuchung des Vergleichs von EFQM-Modell und Balanced Scorecard in der Internen Revision. Die Analyse der beiden Modelle wird somit eingebettet in eine primäre Zielsetzung der Arbeit und zwar in das Aufzeigen eines umfassenden anwendungsgerechten Qualitätsmanagementkonzepts und seiner Modellierung in der Internen Revision aus theoretischer Sicht unter besonderer Berücksichtung des IIR-Revisionsstandards Nr. 3, seiner Ergänzung und der das Qualitätsmanagement beschreibenden IIA-Standards. Hierzu bedarf es der Erarbeitung des gegenwärtigen Verständnisses der Internen Revision vor dem Hintergrund der IIA-Standards unter Beachtung des der Arbeit zu Grunde gelegten Betrachtungsgegenstands sowie weiterer in der Untersuchung getroffener Festlegungen, der Bedeutung des Qualitätsmanagements aus Sicht der wertorientierten Unternehmensführung und berufsständischer Institutionen

---

[19]   Die weitere Bezeichnung erfolgt unter EFQM-Modell.

[20]   Vgl. Hermanutz 2006, S. 38 f., die anhand wesentlicher ausgewählter Kriterien des Total Quality Management feststellt, dass diese durch die beiden Modelle abgedeckt werden.

[21]   Vgl. zum EFQM-Modell Seghezzi/Fahrni/Herrmann 2007, S. 274; zur Balanced Scorecard Seghezzi/Fahrni/Herrmann 2007, S. 246.

[22]   Vgl. zum EFQM-Modell Riedl 2000, S. 24; zur Balanced Scorecard schon in Bezug auf die Interne Revision Zwingmann/Dieninghoff/Meyer 2003, S. 150, bei denen zu einer Messung auch ein Soll-Ist-Vergleich gehört.

[23]   Vgl. zum EFQM-Modell Linsi 2003, S. 193–227; zur Balanced Scorecard Frigo 2002.

sowie der Auffassung von Qualität und Total Quality Management in der Internen Revision. Neben den aufgeführten wesentlichen Zielsetzungen schließt sich die Frage nach der Gestaltung des Qualitätsmanagements in der Praxis an und ob die Interne Revisionspraxis die Inhalte des aus theoretischer Sicht erarbeiteten Qualitätsmanagementkonzepts bzw. -modells teilt. Vor dem Hintergrund empirischer Resultate ist dann das Wesen des Qualitätsmanagements in der Internen Revision zu präsentieren. Im Rahmen der Untersuchung gilt es zu prüfen, in wieweit hieraus Anpassungsbedarf bei den IIA-Standards, dem IIR-Revisionsstandard Nr. 3 und seiner Ergänzung besteht. Mit den verfolgten Zielsetzungen wird auch der verstärkt geforderten wissenschaftlichen Auseinandersetzung mit den praktischen Problemen der Internen Revision Rechnung getragen.[24]

Als Basis der Betrachtung dienen börsennotierte deutsche Aktiengesellschaften[25] mit einer breiten Aktienstreuung im Prime Standard der Frankfurter Wertpapierbörse[26].[27] Des Weiteren fußt die Untersuchung auf der Sichtweise einer Einzelgesellschaft. Dieses ermöglicht auf der einen Seite eine umfassende

---

[24]   Vgl. DIIR 2008a, S. 129; Donle/Richter 2003, S. 195; in Bezug auf das Leistungsmanagement Langer/Herzig/Pedell 2009, S. 106.

[25]   Unter börsennotierten Unternehmen werden gemäß (gem.) § 3 Abs. 2 AktG Gesellschaften verstanden, „deren Aktien zu einem Markt zugelassen sind, der von staatlich anerkannten Stellen geregelt und überwacht wird, regelmäßig stattfindet und für das Publikum mittelbar oder unmittelbar zugänglich ist." Eine Fokussierung auf die Rechtsform der Aktiengesellschaft wird vorgenommen, da sie für börsennotierte deutsche Gesellschaften die am häufigsten gewählte und damit bedeutendste Form darstellt. Dieses zeigt sich z. B. an den deutschen Unternehmen, die an der Frankfurter Wertpapierbörse zum 10.06.2009 im Prime Standard notiert sind. Vgl. Deutsche Börse Group 2009.

[26]   Die Frankfurter Wertpapierbörse gilt als wichtigster Markt in Deutschland. Mit dem Prime Standard, der ihre höchsten Transparenzanforderungen beinhaltet, verfügt sie über ein Segment, das die genannten bzw. die Voraussetzungen eines organisierten Markts gem. § 2 Abs. 5 WpHG erfüllt.

[27]   Bei den zu Grunde gelegten Gesellschaften handelt es sich somit um Inlandsemittenten von Aktien gem. § 2 Abs. 7 Nr. 1 WpHG und kapitalmarktorientierte Kapitalgesellschaften nach § 264d HGB. Branchenspezifische Besonderheiten werden, wenn nichts Gegenteiliges zum Ausdruck gebracht wird, nicht betrachtet.

Untersuchung, da die Anforderungen an börsennotierte Gesellschaften und besonders an solche im Prime Standard allgemein am Umfänglichsten sind, sowie auf der anderen Seite eine klare und verständliche Darstellung des Qualitätsmanagements in der Internen Revision. Mit denen in diesem Zusammenhang in der Untersuchung zu erarbeitenden Lösungen soll grundsätzlich eine Übertragung auf alle Unternehmen gewährleistet werden,[28] so dass das zu entwickelnde Qualitätsmanagementkonzept und -modell auf Basis des der Arbeit zu Grunde gelegten Betrachtungsgegenstands und damit verbundener weiterer getroffener Annahmen in allgemeiner Form präsentiert wird.

---

[28] Dieses gilt auch für Konzerne.

II. Gang der Untersuchung

Zur Erreichung der gesetzten Ziele ist die Arbeit in vier Hauptteile gegliedert. Nach der Einleitung werden im ersten Hauptteil grundlegende Ausführungen zur Internen Revision präsentiert, um dann die Bedeutung, Grundlagen und theoretische Ausgestaltung eines Qualitätsmanagements in der Internen Revision darzulegen. Diesem schließt sich im dritten Hauptteil eine empirische Untersuchung zum Qualitätsmanagement in der Internen Revision an. Unter Berücksichtigung der empirischen Ergebnisse wird im vierten Hauptteil ein adäquates Qualitätsmanagement für die Interne Revision aufgezeigt.

Der erste Hauptteil dient dem Aufzeigen grundlegender Aspekte zur Internen Revision anhand des der Arbeit als Basis dienenden Betrachtungsgegenstands und weiterer im Verlaufe der Arbeit getroffener Annahmen. Hierzu wird zunächst in einem ersten Abschnitt die Interne Revision als ein Träger der unternehmerischen Überwachung im Rahmen der Corporate Governance vorgestellt. Dabei erfolgen zuerst Ausführungen zum Begriff und prinzipiellen Wesen der Corporate Governance, zum dualistischen System der Unternehmensverwaltung als Fundament der Corporate Governance und zur unternehmerischen Überwachung und ihren Trägern – insbesondere der Internen Revision – in einer überblicksartigen Form. Daran anknüpfend findet die Principal-Agent-Theorie als theoretischer Erklärungsansatz für die Notwendigkeit der Internen Revision Verwendung. Der erste Abschnitt wird finalisiert durch die Vorstellung des Vorschriftenrahmens der Internen Revision. Das diesem Abschnitt folgende Kapitel befasst sich mit der Erarbeitung des Verständnisses der Internen Revision anhand der IIA-Standards. Abschließend werden die Ergebnisse des ersten Hauptteils in einem Zwischenfazit festgehalten.

Aufbauend auf dem ersten Hauptteil beschäftigt sich der zweite mit der Bedeutung, den Grundlagen und der theoretischen Ausgestaltung eines Qualitätsmanagements in der Internen Revision. Bevor die theoretische Ausgestaltung ausführlich präsentiert wird, erfolgen Erläuterungen zu seiner Bedeutung aus Sicht der wertorientierten Unternehmensführung und berufsständischer Institutionen, d. h. des IIA und DIIR, sowie grundlegende Ausführungen zur Qualität und zum Total Quality Management in der Internen Revision, in denen die Identifikation der Internen Revision als Dienstleister, die Bestimmung eines geeigneten Qualitätsbegriffs für die Interne Revision und die Vorstellung des Qualitätsmanagementkonzepts Total Quality Management, insbesondere in Bezug auf seine Eignung für die Interne Revision, Eingang finden. Werden diese Darlegungen anhand des der Arbeit als Basis dienenden Betrachtungsgegenstands und weiterer in diesem Zusammenhang getroffener Annahmen vorgenommen, so wird die theoretische Ausgestaltung eines Qualitätsmanagements in der Internen Revision auf dieser Grundlage in allgemeiner Form entwickelt. In diesem Abschnitt wird zunächst die Vorgehensweise zur Herleitung eines ganzheitlichen Qualitätsmanagementkonzepts und seiner Modellierung aus theoretischer Sicht beschrieben, wobei vor allem anzumerken ist, dass die Erarbeitung unter Verwendung allgemeiner (Qualitäts-)Managementkonzepte und -modelle, der verpflichtenden Elemente des Internationalen Regelwerks der beruflichen Praxis des IIA, vor allem der IIA-Standards 1300–1322 zum Qualitätsmanagement, und dem IIR-Revisionsstandard Nr. 3 und seiner Ergänzung erfolgt. Daran anknüpfend wird sich auf die Ausgestaltung des Qualitätsmanagements konzentriert. Zuerst werden die Elemente eines eigenständig entwickelten Qualitätsmanagementkonzepts und sein Bezug zum Total Quality Management vorgestellt. Dem folgen die Präsentationen der IIA-Standards 1300–1322 und des IIR-Revisionsstandards Nr. 3 und seiner Ergänzung als postulierte Qualitätsmanagementkonzepte, ihres Bezugs zum Total Quality Management und ihres Vergleichs mit dem erarbeitenden Konzept. Als Konsequenz der Gegenüberstellungen wird auf eine Anpassung der genannten Vorschriften eingegangen. Zur Modellierung des erarbeitenden Qualitätsmanagementkonzepts bedarf es vor allem der Identifizierung geeigneter Qualitätsmessansätze einschließlich der Bestimmung von Qualitätsfaktoren. Hierzu werden das EFQM-Modell in allgemeiner Form und ein darauf basierender Messansatz für die Interne Revision unter Festlegung adäquater Qualitätsfaktoren entwickelt und gewürdigt, der Messansatz im Rahmen des IIR-Revisionsstandards Nr. 3 und seiner Ergänzung vorgestellt sowie gewürdigt, auch im Vergleich zum EFQM-Modell-basierten Messansatz, und schließlich eine Balanced Scorecard unter Bestimmung geeigneter strategischer Qualitätsfaktoren für die Interne Revision präsentiert, die auch einer Würdigung einschließlich des Vergleichs mit dem EFQM-Modell-basierten Messansatz unterzogen wird. Als Folge der Messansatzvergleiche ergibt sich dann die Modellierung des erarbeiteten Qualitätsmanagementkonzepts unter Verwendung des EFQM-Modell-basierten Messansatzes und der Balanced Scorecard. Der zweite Hauptteil schließt wiederum mit einem Zwischenfazit.

Nach der Erarbeitung eines theoretischen Qualitätsmanagementkonzepts und -modells wird im dritten Hauptteil eine empirische Untersuchung zum Qualitätsmanagement in der Internen Revision vorgenommen, um die Bedeutung des Qualitätsmanagements und die entwickelten wissenschaftlichen Inhalte damit zu fundieren. In diesem Zusammenhang wird auch beleuchtet, wie die gegenwärtige Existenz eines Qualitätsmanagements in der Internen Revisionspraxis und seine Ausgestaltung aussehen. Des Weiteren sollen Erkenntnisse über das grundsätzliche Handeln der Internen Revision gewonnen werden. Dementsprechend werden in einem ersten Abschnitt die Zielsetzungen, der Aufbau und die Durchführung der empirischen Untersuchung, in einem zweiten die Befragungsergebnisse und in einem dritten die Schlussfolgerungen dargelegt.

Daran anschließend erfolgt im vierten Hauptteil die Präsentation des Qualitätsmanagements in der Internen Revision aus theoretischer Sicht unter Einbeziehung der empirischen Ergebnisse. Zunächst wird auf die Einführung und kontinuierliche Anwendung des entwickelten Qualitätsmanagementmodells eingegangen. Dem folgt das Aufzeigen einer angepassten Version des IIR-Revisionsstandards Nr. 3 und seiner Ergänzung sowie eine zusammenfassende Darlegung der Bedeutung des erarbeiteten Qualitätsmanagementmodells.

Die Arbeit schließt mit einer Schlussbetrachtung, in der die elementaren Ergebnisse in präziser Form dargestellt werden, und einem Ausblick.

Das gesamte Vorgehen der Arbeit ist in einem zusammenfassenden Überblick in der folgenden Abbildung 1 dargestellt.

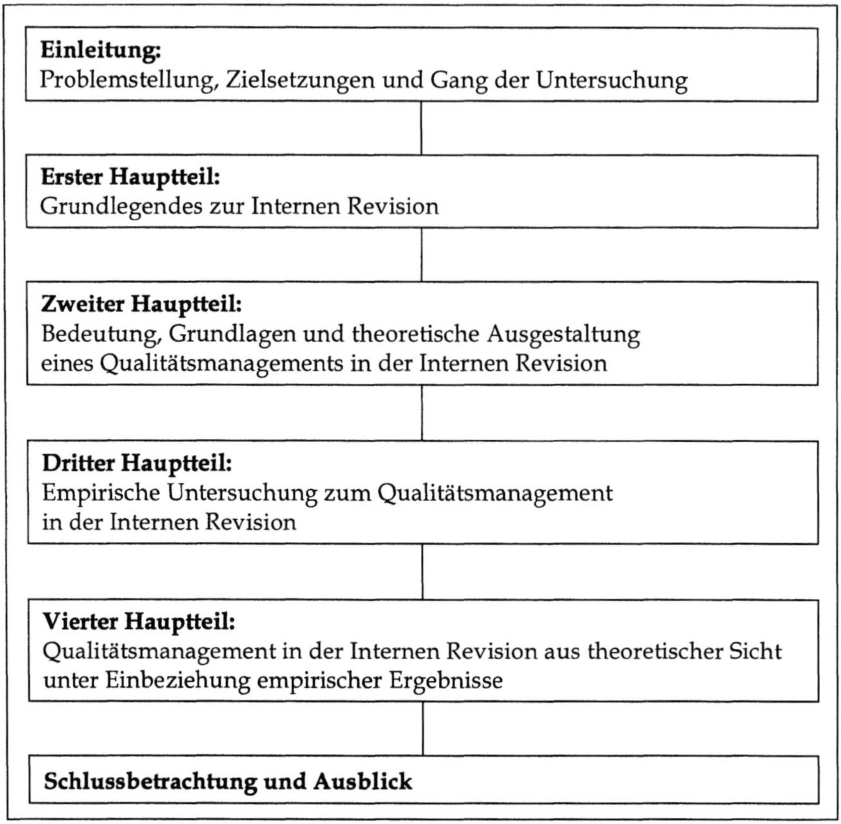

Einleitung:
Problemstellung, Zielsetzungen und Gang der Untersuchung

Erster Hauptteil:
Grundlegendes zur Internen Revision

Zweiter Hauptteil:
Bedeutung, Grundlagen und theoretische Ausgestaltung
eines Qualitätsmanagements in der Internen Revision

Dritter Hauptteil:
Empirische Untersuchung zum Qualitätsmanagement
in der Internen Revision

Vierter Hauptteil:
Qualitätsmanagement in der Internen Revision aus theoretischer Sicht
unter Einbeziehung empirischer Ergebnisse

Schlussbetrachtung und Ausblick

Abbildung 1:   Schematische Darstellung der Vorgehensweise

Erster Hauptteil:

Grundlegendes zur Internen Revision

I. Interne Revision als ein Träger der unternehmerischen Überwachung im Rahmen der Corporate Governance

A. Corporate Governance – Begriff und grundsätzliches Wesen

Vor dem Hintergrund zahlreicher Unternehmensinsolvenzen und -schieflagen, die u. a. durch Betrug herbeigeführt worden sind,[29] hat sich die Corporate Governance zu einem viel diskutierten Themenkomplex auf internationaler und nationaler Ebene entwickelt, dem gegenwärtig durch die weltwirtschaftliche Krise eine große Aufmerksamkeit gewidmet wird. Hiermit verbunden sind Reformbestrebungen und deren Umsetzung, die zu einer Verbesserung und damit zur Rückgewinnung des Vertrauens in die Unternehmen führen sollen.[30]

Den Ausgangspunkt der Corporate-Governance-Debatte markieren die Ausführungen von Berle/Means in den 30er Jahren des letzten Jahrtausends in den USA, die sich anhand größerer Kapitalgesellschaften erstmalig mit Konflikten, die aus der Übernahme der Unternehmensführung durch externe Personen und somit aus der Separierung von Eigentum und Verfügungsmacht resultieren, befassen.[31] Dieses kann als Grundlage für die Entwicklung der Principal-Agent-Theorie gedeutet werden.[32] Sie beschäftigt sich grundsätzlich mit dem Verhältnis von Auftraggeber (Principal) und Auftragnehmer (Agent), das durch eine Delegation von Befugnissen bei Existenz asymmetrischer Informa-

---

[29] Vgl. zu ausgewählten aufgetretenen Bilanzskandalen Zimmermann 2004, S. 1515–1517.

[30] Vgl. zu jüngeren bedeutsamen deutschen Corporate-Governance-Maßnahmen im Überblick Freidank/Velte 2006, S. 510–513; Freidank/Velte 2008, S. 716–719, wobei hier zu ergänzen ist, dass das Gesetz zur Modernisierung des Bilanzrechts (Bilanzrechtsmodernisierungsgesetz – BilMoG) im Mai 2009 in Kraft getreten ist, vgl. BilMoG 2009; zu jüngeren relevanten europäischen Maßnahmen Winterhoff 2008; knapp zur jüngeren Gesetzgebung in den USA Röthel/Krackhardt 2007, S. 305. Erweiternd ist dazu anzumerken, dass gerade im Zusammenhang mit der existierenden weltwirtschaftlichen Krise neue internationale und nationale Corporate-Governance-Schritte verbunden sind.

[31] Vgl. umfassend Berle/Means 1933; hierzu auch Teichmann 2001, S. 646.

[32] Vgl. Teichmann 2001, S. 646.

tionsverteilung und Interessendivergenz geprägt ist.[33] Im Rahmen der Corporate Governance gilt es daher, geeignete Maßnahmen zu finden, die eine Unternehmensführung (Agent) an den Zielen der Eigentümer (Principal) gewährleisten.[34] Neben dieser zentralen Problematik gibt es weitere Fragestellungen,
mit denen sich die Corporate Governance auseinandersetzt, die sich im konti-
nentaleuropäischen aber auch verstärkt im angloamerikanischen Rahmen
wieder finden und sich z. B. durch das Einbeziehen weiterer Interessengruppen im Rahmen der Unternehmensführung äußern.[35] Im Fokus der Betrachtung befinden sich weiterhin börsennotierte Unternehmen, wobei mittlerweile
auch bei anderen Gesellschaften die Corporate-Governance-Inhalte unter Berücksichtigung ihrer entsprechenden Bedürfnisse Beachtung finden.[36] Aufbauend auf diesen einleitenden Grundzügen ist der Begriff der Corporate Governance entsprechend zu definieren.

Für den Terminus Corporate Governance, der aus dem Angloamerikanischen
stammt, lässt sich konstatieren, dass aufgrund verschiedener ökonomischer
und rechtlicher Rahmenbedingungen[37] einzelner Staaten keine einheitliche Bestimmung vorliegt, sondern hierunter vor allem ein „international angewende-
ter Begriff mit zahlreichen Ausprägungen"[38] zu verstehen ist.[39] Der Begriff
Corporate Governance umfasst im Kern juristische und betriebswirtschaftliche

---

[33] Vgl. Jensen/Meckling 1976, S. 308, die sich als erste der Präzisierung dieser Theorie
      und damit der Auftragsbeziehungen in ihrem Aufsatz angenommen haben; Pfaff/Ste-
      fani 2007, S. 1048.

[34] Vgl. Teichmann 2001, S. 646. Vgl. zu weiteren Ausführungen zur Principal-Agent-
      Theorie auch in Bezug auf die Interne Revision Abschnitt I.D. des ersten Hauptteils.

[35] Vgl. Werder 2003, S. 4 f.

[36] Vgl. Werder 2003, S. 5 m. w. N.

[37] Vgl. zu wirtschaftlichen und rechtlichen Kriterien sowie deren Betrachtung anhand
      bestimmter Corporate-Governance-Systeme Lentfer 2005, S. 38–55.

[38] Schneider/Strenger 2000, S. 106.

[39] Vgl. zu möglichen Definitionen und deren Spanne Prigge 1999, S. 148 f.

Sachverhalte.[40] Die gesellschaftsrechtliche Sichtweise stellt die juristische Entscheidungsorganisation in den Vordergrund, die vor allem durch die rechtliche Gestaltung der Spitzenunternehmensorgane, in der deutschen Aktiengesellschaft repräsentiert durch Aufsichtsrat, Hauptversammlung und Vorstand, charakterisiert werden kann.[41] Eine zu starke Konzentration auf diese juristische Perspektive wird der Corporate Governance jedoch nicht vollends gerecht.[42] Es bedarf auch einer Berücksichtigung betriebswirtschaftlicher Aspekte, mit denen eine an den Zielen der Eigentümer ausgerichtete Unternehmensverwaltung[43], die Interaktion der Verwaltungsorgane unter Hinziehen weiterer Überwachungsträger sowie die Beziehungen zwischen der Verwaltung, den Anteilseignern und möglicherweise weiteren Interessengruppen verbunden sind.[44] Aus diesen Sichtweisen resultiert, dass die Corporate Governance sämtliche unternehmensverwaltungsinternen und -externen Maßnahmen zu umfassen hat, die sicherstellen, dass die Belange der zu beachtenden Interessengruppen von der Verwaltung entsprechend wahrgenommen werden.[45] Hierzu zählen die gesamten gesetzlich sowie vertraglich festgelegten Rechte und sämtliche Instrumente, die zur Unternehmensführung und ihrer Überwachung verwendet werden können.[46] Somit systematisiert die Corporate Governance juristische und betriebswirtschaftliche Aspekte im Rahmen einer interdisziplinären Betrachtungsweise. Für die Bestimmung des Begriffs gilt es in diesem Zusammenhang zu konkretisieren, welche genauen Interessengruppen

---

[40] Vgl. Prigge 1999, S. 149 f., der auf diesen Gebieten den Schwerpunkt der Corporate-Governance-Forschung sieht.

[41] Vgl. Schneider 2000, S. 2413.

[42] Vgl. Schneider/Strenger 2000, S. 106 f.

[43] Bei einer deutschen Aktiengesellschaft wird unter dem Begriff Unternehmensverwaltung der Vorstand und Aufsichtsrat verstanden. Vgl. § 120 Abs. 2 Satz 1 AktG.

[44] Vgl. Schneider 2000, S. 2413, der dieses aus Sicht des Kapitalmarkts darstellt.

[45] Vgl. Dutzi 2005, S. 12, der nicht von Unternehmensverwaltung, sondern vom Unternehmen spricht.

[46] Vgl. Dutzi 2005, S. 12.

(Stakeholder[47]) zu berücksichtigen sind. Die angloamerikanische Sicht konzentriert sich auf Shareholder, während die kontinentaleuropäische darüber
hinaus weitere Gruppen, wie z. B. die Mitarbeiter, berücksichtigt.[48] Bevor eine
endgültige Definition festgelegt wird, erfolgen Ausführungen zu weiteren We-
sensmerkmalen der Corporate Governance.

So lässt sich, wie bereits angedeutet, die Corporate Governance in eine unternehmensverwaltungsinterne und -externe Sicht unterteilen. Setzt sich auf der
einen Seite die unternehmensverwaltungsinterne Corporate Governance mit
den Rollen der Organe innerhalb der Verwaltung auseinander, befasst sich auf
der anderen Seite die unternehmensverwaltungsexterne Corporate Governance mit den Beziehungen zwischen der Verwaltung, den Eigentümern bzw.
dem Kapitalmarkt und ggf. weiteren Interessengruppen, wobei die Corporate
Governance auch das Zusammenspiel der beiden Bereiche in einem System
über eine verlässliche Publizität zum Gegenstand hat.[49]

Im internationalen Vergleich lassen sich im Hinblick auf das Corporate-
Governance-System grundsätzlich zwei Gruppen von Staaten differenzieren,
die aufgrund der bereits erwähnten unterschiedlichen Rahmenbedingungen
die eine oder andere Ausprägung fokussieren. Auf der einen Seite stehen Na-
tionen wie z. B. die USA oder Großbritannien, die vor allem auf eine Überwachung der Unternehmensführung durch den Kapitalmarkt abstellen und damit primär der unternehmensverwaltungsexternen Sichtweise folgen.[50] Ein
derartiges System wird als marktorientiert bezeichnet. Auf der anderen Seite
folgen kontinentaleuropäische Länder, für das Deutschland exemplarisch im
Rahmen der Arbeit dient, dem netzwerkorientierten System, das primär durch

---

[47]   Vgl. zum Begriff der Stakeholder sowie zu möglichen Anspruchsgruppen Thommen
       2007, S. 58–60.

[48]   Vgl. Hachmeister 2002, Sp. 487 f.

[49]   Vgl. Böckli 2000, S. 133 f.; Hopt 2000, S. 782 f., der die Berichterstattung und Ab-
       schlussprüfung als Bindeglieder der Sichtweisen ansieht.

[50]   Vgl. hierzu und in der Folge Hachmeister 2002, Sp. 489–492.

den Einfluss weniger Anteilseigner und die unternehmensverwaltungsinterne Corporate Governance geprägt ist.

Vor dem Hintergrund ihrer wachsenden Bedeutung in der globalisierten Welt hat sich die Corporate Governance zu einem relevanten Standortfaktor entwickelt, der in einem Wettbewerb der Systeme mündet.[51] Dabei geht es um die Analyse der individuellen Systeme, die im Hinblick auf das Ziel der Generierung von Wettbewerbsvorteilen zu einer separaten Fortführung, einem Gesamtaustausch oder einer Kombination führen können.[52] In diesem Zusammenhang bedarf es einer genauen Prüfung, ob die Alternativsysteme und ihre Elemente eine höhere Wirksamkeit entfalten.[53] Die gegenwärtige Corporate Governance zeichnet sich vor allem durch das parallele Bestehen der Systeme aus, wobei Annäherungstendenzen festzustellen sind.[54] Um den Anforderungen des internationalen Kapitalmarkts gerecht zu werden, treten diese auch verstärkt, teilweise geprägt durch europäische Vorgaben und deren Ausführung bzw. Umsetzung, in Deutschland im Hinblick auf das angloamerikanische System auf und äußern sich z. B. in der verbesserten Aufsichtsratstätigkeit.[55]

Um der zunehmenden Annäherung insbesondere bei den in der vorliegenden Untersuchung zu Grunde gelegten börsennotierten deutschen Aktiengesellschaften mit breiter Aktienstreuung an das angloamerikanische System zu entsprechen, wird der Fokus auf die Ziele der Eigentümer und damit auf die

---

[51]   Vgl. Witt 2000, S. 162 f., der auch die möglichen Resultate dieses Wettbewerbs präsentiert.

[52]   Vgl. Werder 2003, S. 19 f., der hier von Koexistenz, Konversion und Konvergenz spricht.

[53]   Vgl. Werder 2003, S. 19.

[54]   Vgl. mit Beispielen Werder 2003, S. 20.

[55]   Vgl. zum ausgewählten Beispiel des Aufsichtsrats ausführlich Lentfer 2005, der sich mit seiner Professionalisierung auseinandersetzt. Vgl. des Weiteren zur Anteilseignerstruktur Schwetzler/Sperling 2008.

nachhaltige Unternehmenswertsteigerung gelegt. Somit bezeichnet Corporate Governance im Rahmen der Arbeit sämtliche unternehmensverwaltungsinternen und -externen Mechanismen, die sicherstellen, dass eine langfristige Wertsteigerung erzielt werden kann. Trotz der Einschränkung auf Anteilseignerinteressen handelt es sich um eine weite Definition, da juristische und ökonomische sowie interne und externe Aspekte Berücksichtigung finden und hier davon ausgegangen wird, dass eine nachhaltige Wertsteigerung auch zum Wohle der anderen Stakeholder beiträgt.[56] Nach diesen eher allgemeinen Darlegungen erfolgen konkretisierende Ausführungen in Bezug auf den dieser Arbeit als Basis dienenden Betrachtungsgegenstand, der über eine dualistische Unternehmensverwaltung verfügt.

B. Dualistisches System der Unternehmensverwaltung als Fundament der Corporate Governance

Ableitend aus der festgelegten Definition im vorangehenden Abschnitt stellt die Unternehmensverwaltung das Grundgerüst für eine effiziente Corporate Governance dar. Die Verwaltung einer deutschen Aktiengesellschaft, vor allem als dualistisches System oder Two-Tier-System bezeichnet, wird aus aktienrechtlicher Sicht institutionell und personell getrennt in den Vorstand, der primär die Führung ausübt, und den Aufsichtsrat, der diesen überwacht.[57] Daneben ist im Rahmen der Unternehmensverfassung noch die Hauptversammlung als Organ einzubeziehen.[58] Die Gesellschaftsverfassung repräsen-

---

[56] Vgl. Diederichs/Kißler 2008, S. 20–22; Mausbach 2008, S. 201; Rappaport 1999, S. 6–9.

[57] Im Unterschied hierzu liegt in angloamerikanischen Ländern keine eindeutige Separierung der Führungs- und Überwachungsfunktion vor, sondern ein einziges Organ, das Board, durch das die Funktionen ausgeübt werden. Es wird in diesem Zusammenhang primär von einem monistischen System oder One-Tier-System gesprochen. Vgl. zu einer allgemeinen Darstellung der beiden Systeme Schewe 2005, S. 70–89, der auch die jeweiligen Vor- und Nachteile präsentiert, jedoch in seine Betrachtung die Eigentümerversammlung integriert.

[58] Hinsichtlich der Organanordnung (Vorstand, Aufsichtsrat und Hauptversammlung) gilt, dass keine hierarchische, sondern grundsätzlich eine horizontale Struktur existiert

(Fortsetzung der Fußnote auf der nächsten Seite)

tiert die Gesamtheit gesetzlicher, kollektivvertraglicher und privatrechtlicher Regelungen, die auch individuelle Satzungen sowie Geschäftsordnungen umfassen und sich mit dem unternehmensinternen Kompetenzgefüge auseinandersetzen.[59] Im Folgenden gilt es, ausgewählte bedeutsame Merkmale, insbesondere aus aktienrechtlicher Sicht, sowie die wesentlichen Aufgaben von Vorstand und Aufsichtsrat, die ihnen aus gesetzlichen Vorschriften zukommen, zu erläutern. In Ergänzung zum dualistischen System wird zusätzlich die grundlegende Rolle der Hauptversammlung beleuchtet.

Dem Vorstand einer deutschen Aktiengesellschaft obliegt gem. § 76 Abs. 1 AktG das alleinige Recht zur Unternehmensleitung sowie nach § 77 Abs. 1 AktG die Geschäftsführung.[60] Was unter Leitung und Geschäftsführung jedoch zu verstehen ist, wird im Gesetz nicht näher bzw. genau spezifiziert. So gibt es unterschiedliche Auffassungen über die beiden Begriffe, die sich in deren Abgrenzung widerspiegeln.[61] Nach herrschender Meinung stellt die Leitung einen Teilbereich der Geschäftsführung dar.[62] Es wird hierbei auch von einem herausgehobenen Part gesprochen, der diejenigen Führungsaufgaben umfasst, die eine Delegation auf einzelne Vorstandsmitglieder, untergeordnete Unternehmensebenen oder unternehmensexterne Personen nicht erlaubt.[63]

---

und damit ein Machtausgleich angestrebt wird. Vgl. Hüffer 2008, Randnummer (Rn.) 4 zu § 76 AktG, S. 364 f.; Pentz 2006a, Rn. 4 zu § 16, S. 535 f.

[59]　Vgl. Griewel 2006, S. 33.

[60]　Vgl. Hüffer 2008, Rn. 7 zu § 76 AktG, S. 365.

[61]　Vgl. zur Präsentation verschiedener Abgrenzungen Fleischer 2003, S. 3.

[62]　Vgl. Kort 2006, Rn. 69 und 72 zu § 2, S. 60 f. m. w. N.

[63]　Vgl. Hüffer 2008, Rn. 7 zu 76 AktG, S. 365. Man bezeichnet diese Aufgaben auch als „die originären unternehmerischen Führungsfunktionen". Semler 1996, Rn. 12, S. 11, und vgl. zu ihrer Nichtübertragbarkeit Rn. 23, S. 18. Die Aussage bezüglich der Vorstandsmitglieder ist nur gültig bei einem Vorstand von mehr als einer Person. In diesem Zusammenhang ist anzumerken, dass diese Aufgaben stets vom Gesamtvorstand – unabhängig von einer satzungsmäßigen Bestimmung der Einzelgeschäftsführung gem. § 77 Abs. 1 Satz 2 Akt, nach dem diese auch durch die Geschäftsordnung des Vorstands vorgesehen werden kann, oder einer Einzelvertretung nach § 78 Abs. 3

(Fortsetzung der Fußnote auf der nächsten Seite)

Zur Konkretisierung des Leitungsumfangs wird sich zunächst der betriebswirtschaftlichen Führungsfunktionen Zielbildung, Planung, Realisierung und
Überwachung bedient, wobei die Funktionen durch Entscheidungen des gesamten Vorstands auszuüben sind.[64] Demzufolge fällt dem Vorstand als bedeutsamste Aufgabe die Bestimmung eines Zielsystems zu, dass durch die
Festlegung der mittel- und langfristigen Unternehmenspolitik sowie entsprechender Ziele geprägt ist. Hierbei ist zu berücksichtigen, dass gem. dem Deutschen Corporate Governance Kodex (DCGK)[65] die „Steigerung des nachhalti-
gen Unternehmenswertes"[66] als oberstes Ziel anzusehen ist. Zur Erreichung
der gesetzten Ziele ist zuerst eine strategische Planung sämtlicher unternehmerischer Bereiche vorzunehmen, die auch die Fixierung der Investitions- und
Finanzierungsplanung umfasst. Im Bereich der Realisation gilt es dann, die
Planung mittels einer angemessenen Organisation sowie einer Abstimmung
und Steuerung der verschiedenen Unternehmensbereiche umzusetzen. Anhand einer prozessabhängigen und -unabhängigen Überwachung hat sich der

---

Satz 1 AktG – auszuüben sind. Vgl. Fleischer 2003, S. 2 m. w. N. Vgl. des Weiteren zur
Zahl der Vorstandsmitglieder § 76 Abs. 2 AktG. Hierbei spielen auch Mitbestim-
mungsaspekte eine Rolle. Vgl. Gerum 2007a, S. 117. Im weiteren Verlauf werden Sachverhalte bezüglich der Mitbestimmung ausgeblendet. Vgl. zu den persönlichen Min-
destanforderungen und Bestellungshindernissen eines Mitglieds § 76 Abs. 3 AktG.

[64]   Vgl. Mertens 1996, Rn. 5 zu § 76 AktG, S. 19 f., der teilweise andere Funktionen nennt
bzw. Bezeichnungen wählt. Der Grund liegt darin, dass trotz einer grundsätzlichen
Übereinstimmung bei den Führungsaufgaben eine differenzierte Abgrenzung und Bezeichnung in der betriebswirtschaftlichen Literatur vorgenommen wird. Hier wird der
Darstellung Wöhes/Dörings gefolgt, die vom Gesamtumfang der Funktionen, der von
Mertens gleicht. Bezug wird dabei auf die 21. Aufl. genommen, da dort mit einem ge-
lungenen Überblick über die Führungsaufgaben eine gute Verknüpfung zur Leitung
gem. § 76 Abs. 1 AktG ermöglicht wird. Vgl. hierzu und in der Folge Wöhe/Döring
2002, S. 84–86.

[65]   Der DCGK stellt ein von der des Bundesministeriums der Justiz eingesetzten Regierungskommission DCGK entwickeltes Regelwerk dar, das bedeutsame gesetzliche Regelungen zur Führung und Überwachung von börsennotierten deutschen Unternehmen sowie diesbezüglich weitere bewährte Normen für eine effiziente Gestaltung umfasst. Vgl. DCGK 2008, Präambel; auch allgemein zum Kodex Gerum 2007b. Weitere
generelle Ausführungen zum DCGK sowie die Erläuterung seines Bezugs zur Internen
Revision erfolgen im Abschnitt I.E.3.b) des ersten Hauptteils.

[66]   DCGK 2008, Tz. 4.1.1.

Vorstand schließlich ein Bild von der Unternehmenssituation zu machen. Anzumerken ist, dass die mit den aufgeführten betriebswirtschaftlichen Führungsfunktionen im Zusammenhang stehenden vorbereitenden und ausführenden Maßnahmen übertragbar sind.[67] So bedient sich der Vorstand im Rahmen seiner Überwachungsaufgabe eines internen Überwachungssystems.[68] Dieses steht im Einklang mit § 91 Abs. 2 AktG, wonach der Vorstand Maßnahmen zu ergreifen hat, „damit den Fortbestand der Gesellschaft gefährdende Entwicklungen früh erkannt werden", und hiermit die Einrichtung eines entsprechenden Systems verbunden wird.[69] Für die aus diesem System resultierenden vorbereitenden und ausführenden Tätigkeiten sowie die weiteren Leitungsaufgaben bzw. -verantwortungen, die sich direkt aus dem Aktiengesetz ergeben, gilt eine Übertragbarkeit analog zu den betriebswirtschaftlichen Führungsfunktionen.[70] Zu den unmittelbar aus dem Aktiengesetz resultierenden Leitungsaufgaben gehören des Weiteren u. a. nach § 90 AktG die Berichterstattung an den Aufsichtsrat, gem. § 91 Abs. 1 AktG die Buchführung, die ihre Konkretisierung in § 238 ff. HGB findet,[71] sowie nach § 170 Abs. 1 AktG die alsbaldige Vorlage der Jahresabschlussunterlagen[72] und des Lageberichts an den Aufsichtsrat nach deren Aufstellung, die gem. § 264 Abs. 1 Satz 1–3 HGB ebenfalls vom Vorstand zu verantworten ist.[73] Somit handelt es sich bei der Leitung um die Führungsaufgabe des Vorstands als Gesamtorgan. Im Unter-

---

[67]   Vgl. Semler 1996, Rn. 24, S. 18.

[68]   Detaillierte Ausführungen zum internen Überwachungssystem erfolgen im ersten Hauptteil, Abschnitt I.C.2.

[69]   Weitere Ausführungen zu diesem System werden im Abschnitt I.C.2. des ersten Hauptteils vorgenommen. Dem Vorstand kommt dabei aber nicht nur die Einrichtung, sondern auch die Dokumentation dieses Systems zu. Vgl. LG München 2007.

[70]   Vgl. Fleischer 2006, Rn. 17 zu § 1, S. 10 f.

[71]   Vgl. Hüffer 2008, Rn. 2 zu § 91 AktG, S. 449.

[72]   Zu den Jahresabschlussunterlagen werden im Folgenden der Jahresabschluss nach HGB sowie ein möglicherweise freiwillig erstellter International Financial Reporting Standards-(IFRS-)Einzelabschluss nach § 325 Abs. 2a HGB gezählt.

[73]   Vgl. zu einem Katalog der Aufgaben aus dem Aktiengesetz Hüffer 2008, Rn. 8 zu § 76 AktG, S. 365 f.

schied dazu repräsentiert die umfassendere Geschäftsführung jegliche Tätigkeit des Vorstands für die Aktiengesellschaft,[74] der dann durch die Vertretung gem. § 78 AktG Außenwirkung zukommt.[75]

Im Rahmen der eigenverantwortlichen Aufgabenerfüllung haben die Mitglieder des Vorstands gem. § 93 Abs. 1 Satz 1 AktG „die Sorgfalt eines ordentlichen und gewissenhaften Geschäftsleiters anzuwenden", womit eine Ausrichtung am Gesellschaftsinteresse verbunden ist. Seinen Aufgaben kann das Vorstandsmitglied vorerst maximal fünf Jahre nachkommen,[76] wobei eine Verlängerung seiner Amtszeit möglich ist.[77] Ferner kann innerhalb des Vorstands ein Vorsitzender durch den Aufsichtsrat bestimmt werden.[78] Hieraus lassen sich bereits erste Teilbereiche der Aufsichtsratstätigkeit identifizieren, die im Folgenden neben weiteren relevanten Aufsichtsratsaspekten präzisiert werden sollen.

Aufgrund einer kaum angemessen durchführbaren Überwachung durch die Aktionäre in Gestalt der Hauptversammlung kommt dem Aufsichtsrat die Geschäftsführungsüberwachung nach § 111 Abs. 1 AktG zu.[79] Eine detaillierte gesetzliche Regelung dieses Auftrags existiert aber nicht, so dass es einer Konkretisierung des Begriffs der Geschäftsführung bedarf. Hierunter wird nicht

---

[74] Vgl. Mertens 1996, Rn. 2 zu § 77 AktG, S. 66.

[75] Vgl. Hüffer 2008, Rn. 3 zu § 77 AktG, S. 379. Im Rahmen der wesentlichen Aufgaben ist noch auf die Einhaltung der Offenlegungspflichten aus handelsrechtlicher Sicht gem. § 325 HGB sowie der kapitalmarktrechtlichen Veröffentlichungsvorschriften, die sich vor allem aus der Börsenordnung für die Frankfurter Wertpapierbörse, vgl. Börsenordnung 2009, und dem WpHG ergeben, hinzuweisen.

[76] Die Bestellung erfolgt durch den Aufsichtsrat. Vgl. § 84 Abs. 1 Satz 1 AktG.

[77] Vgl. § 84 Abs. 1 Satz 2 AktG.

[78] Vgl. § 84 Abs. 2 AktG; DCGK 2008, Tz. 4.2.1, der als Alternative zu einem Vorsitzenden einen Sprecher empfiehlt. Vgl. zum Vorsitzenden sowie zu seiner Abgrenzung zum Sprecher Hüffer 2008, Rn. 20-22 zu § 84 AktG, S. 411 f.; zu empirischen Ergebnissen Gerum 2007a, S. 131-137.

[79] Vgl. Oetker 2003, S. 262 f.

der im Sinne des § 77 AktG und somit nicht jegliche Maßnahme des Vorstands verstanden, sondern es werden ihm die Leitungs- sowie weitere bedeutsame Geschäftsführungsaufgaben zugerechnet, die im Rahmen der folgenden Erläuterungen der Aufsichtsratsaktivitäten Verdeutlichung finden und der Unternehmensführung in dieser Arbeit zugeordnet werden.[80]

Die Überwachung durch den Aufsichtsrat umfasst reaktive sowie präventive Aspekte.[81] Der reaktive Bereich setzt sich mit den bereits umgesetzten Geschäftsführungsaufgaben auseinander und wird weitestgehend über die Analyse der Vorstandsberichterstattung abgedeckt. Als beispielhafte Normen, aus denen sich diese Überwachungsform ableiten lässt, sind § 90 Abs. 1–3 AktG sowie § 170 Abs. 1 und 2 AktG zu nennen. In diesem Zusammenhang ist insbesondere gem. § 171 Abs. 1 Satz 1 AktG auf die Prüfung der Unterlagen nach § 170 Abs. 1 und 2 AktG hinzuweisen.[82] Der präventive Charakter äußert sich

---

[80]   Vgl. Pentz 2006a, Rn. 32 zu § 16, S. 545. Überwachungsgegenstand ist somit die Unternehmensführung des Vorstands und nicht die Tätigkeit der nachgeordneten Stellen. Vgl. Lutter/Krieger 2008, Rn. 68 f., S. 28 f.; Potthoff/Trescher 2003, Rn. 342, S. 89 f.; zu einer anderen Auffassung Hüffer 2008, Rn. 3 zu § 111 AktG, S. 556. Vgl. hierzu die Diskussion bei Mertens 1996, Rn. 21 zu § 111 AktG, S. 574 f. Dieses schließt aber nicht aus, dass der Aufsichtsrat im Rahmen der Beurteilung der Vorstandsleistungen die nachgeordneten Stellen nicht zu beachten hat. Vgl. Potthoff/Trescher 2003, Rn. 342, S. 89 f. Unter Unternehmensführung werden somit, wenn nichts Gegenteiliges zum Ausdruck gebracht wird, die aufgeführten Bereiche verstanden.

[81]   Vgl. hierzu und in der Folge Henze 2005, S. 165, der zusätzlich die gestaltende Überwachung, unter der er Beratung versteht, nennt. Im Rahmen der vorliegenden Arbeit wird dieser Teil nicht separat geführt, sondern der Prävention zugeordnet.

[82]   Bei dieser Prüfung erhält der Aufsichtsrat durch den Prüfungsbericht bzw. die Information gem. § 171 Abs. 1 Satz 2 AktG und das Testat des Abschlussprüfers, dessen Prüfungspflicht in § 316 HGB, Prüfungsgegenstand und -umfang in § 317 HGB sowie Bericht in § 321 HGB und Bestätigungsvermerk in § 322 HGB kodifiziert sind (ergänzend § 324a HGB zum IFRS-Einzelabschluss) derart Unterstützung, dass diese zur Beurteilung der Recht- und Ordnungsmäßigkeit jedoch unter einer Plausibilitätsprüfung und Ergreifung eigener Prüfungsmaßnahmen bei Zweifeln herangezogen werden können. Vgl. Hüffer 2008, Rn. 9 zu § 171 AktG, S. 857. Diese Nichtentbindung von der eigenen Prüfungspflicht wird durch § 171 Abs. 2 Satz 3 AktG deutlich, in dem der Aufsichtsrat zum Resultat des Abschlussprüfers Stellung zu nehmen hat. Des Weiteren fällt dem Aufsichtsrat die Prüfung der Zweckmäßigkeit zu, die alleine von ihm vorzunehmen ist. Vgl. Hüffer 2008, Rn. 5–8 zu § 171 AktG, S. 856 f. Für den IFRS-

(Fortsetzung der Fußnote auf der nächsten Seite)

auf der einen Seite darin, dass im Rahmen der Berichterstattung an den Aufsichtsrat, insbesondere nach § 90 AktG, auch gegenwarts- und zukunftsbezo-
gene Elemente Berücksichtigung finden, die der Überwachung unterliegen.
Dem Aufsichtsrat kommt hierbei die Aufgabe zu, geplante Maßnahmen zu
überwachen und die Angaben des Vorstands auf Plausibilität zu analysieren
sowie ggf. unter Heranziehen weiterer Informationen die Zweckmäßigkeit des
Handelns zu hinterfragen, um bei unterschiedlichen Auffassungen dieses mit
dem Vorstand zu erörtern, wobei die Entscheidung dem Vorstand zu überlas-
sen ist.[83] Auf der anderen Seite setzt sich der Aufsichtsrat mit der Geschäftsführung derart auseinander, dass ihm durch die gesetzliche Einräumung von
Allein- und Mitentscheidungsrechten auch Möglichkeiten an der Geschäftsführung eröffnet werden.[84] Im Rahmen dessen soll im Folgenden auf zwei
fundamentale Sachverhalte eingegangen werden, durch die die genaue Tren-
nung von Führung, die durch den Vorstand ausgeübt wird, und Überwachung, die dem Aufsichtsrat obliegt, im dualistischen System der Unternehmensverwaltung durchbrochen wird.[85] So hat der Aufsichtsrat die Personal-
kompetenz über die Vorstandsmitglieder inne, die sich vor allem in der bereits
erwähnten Bestellung und Abberufung äußert.[86] Neben dieser indirekten Einflussnahme erhält der Aufsichtsrat über § 111 Abs. 4 Satz 2 AktG, der regelt,
dass durch den Aufsichtrat oder die Satzung Zustimmungsvorbehalte für bestimmte Geschäftsarten festzulegen sind,[87] ein Einspruchsrecht und damit eine

---

Einzelabschluss gilt gem. § 171 Abs. 4 AktG Entsprechendes. Vgl. allgemein zu den
Überwachungsmaßstäben des Aufsichtsrats Potthoff/Trescher 2003, Rn. 481–494,
S. 127–131, die in Ergänzung zur Zweckmäßigkeit die Wirtschaftlichkeit nennen.

[83]   Vgl. Lutter/Krieger 2008, Rn. 94, S. 40–42.

[84]   Vgl. ausführlich zu den Allein- und Mitentscheidungsrechten Potthoff/Trescher 2003,
Rn. 1580–1915, S. 385–471.

[85]   Vgl. Oetker 2003, S. 263.

[86]   Vgl. auch § 84 Abs. 1 Satz 1 und Abs. 3 AktG.

[87]   Aus gesetzlicher Sicht existiert kein Katalog zustimmungspflichtiger Geschäfte. Vielmehr sieht der Gesetzgeber vor, dass sich Aufsichtsrat bzw. Hauptversammlung und
der DCGK einer Spezifizierung anzunehmen haben. Vgl. BegrRegE TransPuG 2002,
Begründung zu § 111 Abs. 4 Satz 2 AktG, S. 17 f. Entsprechend dem DCGK sind hier-

(Fortsetzung der Fußnote auf der nächsten Seite)

unmittelbare Einflussmöglichkeit.[88] Mit dem Zustimmungsvorbehalt ist jedoch nicht eine Aufwertung des Aufsichtsrats hinsichtlich der laufenden Geschäftsführung zu verstehen, sondern vor allem durch die Kenntnis grundlegender Veränderungen bei der wirtschaftlichen Situation eine Stärkung seiner Überwachungsaufgabe.[89] Somit stehen dem Aufsichtsrat zur Aufgabenerfüllung, zu der auch die Überwachung des Vorstands hinsichtlich seiner Überwachungsaufgabeneinhaltung bzw. des nach § 91 Abs. 2 AktG durch den Vorstand einzurichtenden Systems einschließlich der Internen Revision gehört,[90] weitgehende Informations-, Einsichts- und Einwirkungsrechte zur Verfügung.

Über seine Tätigkeit hat der Aufsichtsrat dann gem. § 171 Abs. 2 AktG der Hauptversammlung Bericht zu erstatten, wobei auch existierende Aufsichtsratsausschüsse zu erwähnen sind.[91] Durch die Bildung von Ausschüssen soll

---

unter Entscheidungen oder Maßnahmen zu verstehen, „die die Vermögens-, Finanz- oder Ertragslage des Unternehmens grundlegend verändern." DCGK 2008, Tz. 3.3. Als Beispiel für eine derartige Entscheidung ist die Festlegung der Unternehmensorganisation zu nennen. Vgl. hierzu und zu weiteren Beispielen auch hinsichtlich Katalogvorschlägen Potthoff/Trescher 2003, Rn. 1761–1767, S. 433–435.

[88] Vgl. zu den direkten und unmittelbaren Einflussmöglichkeiten Oetker 2003, S. 263–265.

[89] Vgl. Oetker 2003, S. 264 f.

[90] Die weiterführende Erläuterung dieser Überwachungsaufgabe erfolgt im Abschnitt I.C.2. des ersten Hauptteils.

[91] Vgl. hierzu und zu weiteren Berichtsbestandteilen Ebeling 2007. Angaben zu den Ausschüssen sind bereits in der Erklärung zur Unternehmensführung gem. § 289a Abs. 2 Nr. 3 HGB, der durch das BilMoG neu eingeführt wurde, zu machen. Die weiteren Elemente der Erklärung, die sich nicht nur auf die Unternehmensführung im Verständnis der vorliegenden Arbeit, sondern auch auf deren Überwachung bzw. den Aufsichtsrat beziehen, sind § 289a Abs. 2 HGB zu entnehmen. Die Erklärung ist entweder als separater Abschnitt im Lagebericht, jedoch ohne Prüfung durch den Abschlussprüfer, oder im Internet, wobei dann im Lagebericht ein Hinweis auf die Internetseite vorzunehmen ist, aufzuführen. Vgl. § 289a HGB in Verbindung mit § 317 Abs. 2 Satz 3 HGB. Vgl. zur Erklärung Ernst/Seidler 2008, S. 673 f. Die geforderten Angaben zum entsprechenden Organ liegen in dessen Zuständigkeitsbereich, wobei der Vorstand die Verfahrensführung inne hat. Dieses wird aus der Vorgehensweise zur Entsprechenserklärung gem. § 161 AktG gefolgert. Vgl. Hütter 2008, Rn. 10 zu § 161 AktG, S. 840.

der Effizienzsteigerung der Aufsichtsratsarbeit und der Auseinandersetzung
mit umfassenden Sachverhalten Rechnung getragen werden.[92] Der Gesetzgeber bietet daher dem Aufsichtsrat durch § 107 Abs. 3 Satz 1 AktG die Möglichkeit zur Einsetzung von Ausschüssen, insbesondere gem. Satz 2 die eines Prü-
fungsausschusses, eingeführt durch das BilMoG, und formuliert gleichzeitig in
Satz 3, welche Aufgaben nicht an Ausschüsse delegierbar sind.[93]

Mit der Vorschrift zum Prüfungsausschuss werden seine möglichen Aufgaben
und damit auch indirekt die des Aufsichtsrats gesetzlich spezifiziert, da der
Aufsichtsrat nur solche Aufgaben übertragen kann, die ihm selbst zukommen
und delegierbar sind.[94] Anzumerken ist, dass es sich bei diesen Aufgaben
grundsätzlich um solche handelt, die dem Aufsichtsrat bereits ohne diese

---

[92] Vgl. DCGK 2008, Tz. 5.3.1. Auch der Gesetzgeber erkennt die Effizienzsteigerung an,
in dem er in der Begründung zum BilMoG in der Form des Regierungsentwurfs diese
in Bezug auf den Prüfungsausschuss erläutert. Vgl. BegrRegE BilMoG 2008, Begründung zu § 107 AktG, S. 102.

[93] Vgl. allgemein zu Aufsichtsratsausschüssen und deren Aufgaben Hinz 2007 unter Beachtung der Änderungen durch das BilMoG.

[94] Vgl. BegrRegE BilMoG 2008, Begründung zu § 107 AktG, S. 102, wobei der Aufsichtsrat auch bei Aufgabenübertragung voll umfänglich verantwortlich bleibt. Vgl. zu den
einzelnen möglichen Aufgaben § 107 Abs. 3 Satz 2 AktG. Da die im Zusammenhang
mit dem Prüfungsausschuss genannten Aufgaben auch vom Aufsichtsrat in Gänze
oder zu Teilen durchgeführt werden können und der Prüfungsausschuss mindestens
über ein Mitglied verfügen muss, das unabhängig ist und Sachkenntnis in der Rechnungslegung oder Abschlussprüfung aufweist, hat mindestens ein Aufsichtsratsmitglied diesen Voraussetzungen zu entsprechen. Vgl. BegrRegE BilMoG 2008, Begründung zu § 100 AktG, S. 101; zur Aufgabenübertragung in Gänze oder in Teilen Begr-
RegE BilMoG 2008, Begründung zu § 107 AktG, S. 102. Die Kodifizierung dieser persönlichen Voraussetzungen erfolgt für den Aufsichtsrat durch § 100 Abs. 5 AktG und
für den Prüfungsausschuss durch § 107 Abs. 4 AktG. Zu erwähnen ist weiterhin, dass
einem eingerichteten Prüfungsausschuss in dem hier zu Grunde gelegten Gesellschaften die Aufgabe nach § 124 Abs. 3 Satz 2 AktG zukommt. Im Hinblick auf den Prüfungsausschuss sei noch kurz auf § 324 HGB hinzuweisen, der aber nur Gesellschaften
im Sinne des § 264d HGB erfasst, die über keinen Aufsichtsrat verfügen, der die Qualifikation gem. § 100 Abs. 5 AktG aufweisen muss und somit Auffangcharakter besitzt
und nicht für den der Arbeit zu Grunde gelegten Betrachtungsgegenstand gilt. Vgl.
BegrRegE BilMoG 2008, Begründung zu § 324 HGB, S. 91–94.

Konkretisierung gem. der vorgehenden Erläuterungen zukommen.[95] So zählt z. B. die Überwachung, die die Wirksamkeit beinhaltet, des internen Überwachungssystems dazu. Der Gesetzgeber spricht in diesem Zusammenhang im § 107 Abs. 3 Satz 2 AktG vom internen Kontrollsystem, Risikomanagementsystem und internen Revisionssystem, wobei unter dem internen Kontrollsystem aufgrund der knappen Darstellung in der Begründung zum BilMoG in der Form des Regierungsentwurfs[96] wohl ein Internal Control System zu verstehen ist. In diesem System sind u. a. das interne Überwachungssystem und damit die Interne Revision sowie das Risikomanagementsystem eingebettet.[97] Insgesamt lässt sich für diese Vorschrift feststellen, dass der Aufsichtsrat bzw. Prüfungsausschuss neben den weiteren aufgeführten Aufgaben die Überwachung des internen Überwachungssystems zum Objekt hat bzw. haben kann, die bisher geringe gesetzliche Konkretisierung der Aufsichtsratspflichten mit den genannten Aufgaben eine Detaillierung erfährt und damit weitestgehend eine Sensibilisierung des Aufsichtsrats für diese Tätigkeiten verbunden ist.[98]

Der DCGK nimmt ebenfalls zu Ausschüssen Stellung, in dem zusätzlich zum Prüfungsausschuss[99] ein Nominierungsausschuss[100] unter Nennung der jeweiligen möglichen Aufgabenfelder und weiterer Spezifika empfohlen wird sowie weitere Themenkomplexe für Ausschüsse[101] aufgezählt werden. In der Praxis

---

[95] Vgl. auch AKEU/AKEIÜ 2009, S. 1279 f.

[96] Vgl. BegrRegE BilMoG 2008, Begründung zu § 107 AktG, S. 102.

[97] Vgl. zu den Begrifflichkeiten und den Systemen Abschnitt I.C. des ersten Hauptteils.

[98] In Bezug auf die Überwachung des internen Überwachungssystems ist anzumerken, dass in der Literatur auch die Auffassung einer Erweiterung der Aufsichtsratstätigkeit um den Überwachungsmaßstab der Wirksamkeit hinsichtlich dieses Systems vertreten wird. Vgl. Leuering/Rubel 2008, S. 560. In der vorliegenden Arbeit wird dieser Ansicht nicht gefolgt, da der Wirksamkeitsaspekt bezogen auf dieses System bereits vor Einführung dieser Norm entsprechend der Ausführungen in dieser Arbeit zu den Maßstäben des Aufsichtsrats gehörte.

[99] Vgl. DCGK 2008, Tz. 5.3.2.

[100] Vgl. DCGK 2008, Tz. 5.3.3.

[101] Vgl. DCGK 2008, Tz. 5.3.4.

bilden Ausschüsse und vor allem der Prüfungsausschuss etablierte Instrumente des Aufsichtsrats.[102] Im Folgenden wird jedoch aus Vereinfachungsgründen
nur noch vom Aufsichtsrat gesprochen, da die Verteilung von Aufgaben an
die Ausschüsse unternehmensindividuell auch in Abhängigkeit zustimmungspflichtiger Maßnahmen laufen kann und somit einer generellen Darstellung über das Organ Aufsichtsrat Rechnung getragen werden soll.

Damit der Aufsichtsrat seinen Aufgaben gerecht werden kann, haben die Mitglieder neben den in § 100 Abs. 5 AktG genannten über weitere persönliche
Voraussetzungen gem. § 100 AktG zu verfügen und können nach § 105 AktG
nicht gleichzeitig Vorstandsmitglieder sein. Die Größe des Aufsichtsrats richtet
sich nach § 95 AktG und die Zusammensetzung nach § 96 AktG. Gewählt
werden die Mitglieder durch die Hauptversammlung, soweit sie nicht ent-
sandt oder durch Arbeitnehmer aufgrund gesetzlicher Vorgaben zu wählen
sind.[103] Ihre Amtszeit beläuft sich auf ungefähr fünf Jahre,[104] wobei Wiederbe-
stellungen möglich sind.[105] Innerhalb des Aufsichtsrats sind durch die Mitglieder ein Vorsitzender und mindestens ein Stellvertreter zu bestimmen.[106] Aus
seiner Verantwortung für die Gesellschaft und damit auch gegenüber den Aktionären bzw. der Hauptversammlung hat sich der Aufsichtsrat nachhaltig zu
professionalisieren.[107]

---

[102] Vgl. die empirischen Ergebnisse bei Gerum 2007a, S. 213–216, der börsen- und nicht
       börsennotierte Aktiengesellschaften untersucht hat. Dabei ist anzumerken, dass sich
       die genauen Aufgaben der Ausschüsse nicht unmittelbar erschließen lassen.

[103] Vgl. § 101 AktG.

[104] Vgl. 102 Abs. 1 AktG, in dem keine genaue Jahresangabe fixiert ist und der entspre-
       chende Zeitraum vom Datum der Hauptversammlung abhängt. Vgl. Hüffer 2008,
       Rn. 2 f. zu § 102 AktG, S. 511 f.

[105] Vgl. Hüffer 2008, Rn. 6 zu § 102 AktG, S. 512.

[106] Vgl. § 107 Abs. 1 Satz 1 AktG; hierzu und zu den damit verbundenen Aufgaben Ge-
       rum 2007a, S. 208 f.

[107] Die Verbesserung der Aufsichtsratstätigkeit ist insbesondere durch aufgetretene Un-
       ternehmensschieflagen in den Blickpunkt geraten, so dass der Aufsichtsrat zu einem

(Fortsetzung der Fußnote auf der nächsten Seite)

Nachdem das dualistische System mit Vorstand und Aufsichtsrat vorgestellt worden ist, gilt es im Folgenden knapp auf die Hauptversammlung einzugehen.[108] Über diese üben die Aktionäre ihre Rechte aus, „soweit das Gesetz nichts anderes bestimmt."[109] Die Kompetenzen der Hauptversammlung ergeben sich weitestgehend aus § 119 Abs. 1 AktG, die aber durch weitere aktienrechtliche Einzelvorschriften, ggf. Satzungsvorgaben und sog. ungeschriebene Zuständigkeiten, die sich aus der Rechtsprechung ergeben, Ergänzung finden.[110] Als bedeutsame Informationsgrundlagen dienen der Hauptversammlung die testierten Rechnungslegungsunterlagen sowie der Aufsichtsratsbericht nach § 171 Abs. 2 AktG. Mittels dieser Informationen soll dazu beigetragen werden, dass die Informationsdefizite der Aktionäre verringert werden. Um die Position der Hauptversammlung gegenüber Vorstand und Aufsichtsrat zu stärken, hat der Gesetzgeber mit Maßnahmen in jüngerer Vergangenheit[111] sowie mit dem kürzlich verabschiedeten Gesetz zur Umsetzung der Aktionärsrechterichtlinie (ARUG) in der Version der Beschlussempfehlung des Rechtsausschusses[112] reagiert,[113] das zum 15.06.2009 aber noch nicht in Kraft getreten ist und hier keine weitere Berücksichtigung findet.

---

viel betrachteten Gegenstand der Corporate Governance geworden ist. Die in diesem Zusammenhang nicht gesetzlich vorgeschriebenen Maßnahmen äußern sich in Empfehlungen bzw. Anregungen und umfassen z. B. die Einführung eines Evaluationssystems. Vgl. DCGK 2008, Tz. 5.6; Lentfer 2005, S. 397–566, der sich mit der Evaluation auseinandersetzt und hierfür ein System entwickelt.

[108]   Die aktienrechtlichen Bestimmungen zur Hauptversammlung befinden sich im Wesentlichen in §§ 118-149 AktG.

[109]   § 118 Abs. 1 AktG.

[110]   Vgl. hierzu im Einzelnen Pentz 2006b, Rn. 141–183 zu § 17, S. 643–659.

[111]   Vgl. Griewel 2006, S. 75 f., die relevante Gesetze präsentiert.

[112]   Vgl. ARUG 2009.

[113]   Vgl. Bundesministerium der Justiz 2009, S. 1.

C. Unternehmerische Überwachung und ihre Träger im Überblick – insbesondere die Interne Revision

1. Begriff und genereller Prozess der Überwachung

In den bisherigen Ausführungen ist der Begriff der Überwachung häufig genannt worden. Im Folgenden gilt es daher, ihn näher zu bestimmen und den dazugehörigen allgemeinen Prozess darzulegen.

Unter Überwachung wird grundsätzlich vereinfachend die Gegenüberstellung von Objekten mit dem Ziel einer Abweichungs- bzw. Übereinstimmungsfeststellung zwischen diesen Objekten verstanden, um hieraus ggf. Verbesserungen für einen höheren Übereinstimmungsgrad herbeizuführen.[114] Diese Beschreibung lässt sich aus den unternehmerischen Prozessen, so auch dem Unternehmensführungsprozess, ableiten, die sich generell in die Phasen der Planung, Realisation und Überwachung aufteilen.[115] In der Planungsphase werden auf Basis der Zielvorgaben des unternehmerischen Gesamtsystems Soll-Werte bzw. -Objekte festgelegt, die als Vorgabe für die Realisationsphase dienen. Wenigstens gedanklich knüpft sich daran die Überwachung an, bei der denen aus der Realisationsphase resultierenden Ist-Werten, die entsprechenden Soll-Werte gegenübergestellt werden, um den Übereinstimmungsgrad festzustellen und ggf. Verbesserungen zu bewirken. Trotz der gegenseitigen Abhängigkeiten der einzelnen Phasen ist eine Überwachung auch bereits bei der Planung und Realisation erforderlich, um den Prozess zielgerecht zu gestalten.[116] Bei der Überwachung werden neben den Soll-Werten aus der unternehmensinternen Planung auch überbetriebliche, vor allem gesetzliche Normen, sowie weitere innerbetriebliche Maßgaben oder Werte, die aus einem Betriebsvergleich oder zurückliegenden Perioden stammen können, als Refe-

---

[114] Vgl. Baetge 1992, Sp. 2038.

[115] Vgl. hierzu und in der Folge Baetge 1993, S. 177.

[116] Vgl. Theisen 1993, Sp. 4219 f.

renzobjekte zum Ist-Objekt herangezogen.[117] Die Referenzobjekte sind entweder autoritativ vorgegeben oder selbst zu ermitteln.[118] Zur Ausübung der Überwachungsaufgabe gehört auch grundsätzlich die Abweichungsanalyse zur Urteilsbildung sowie die Einflussnahme hinsichtlich der Abweichungsbeseitigung, die sich in einer aktiven Veranlassung oder inaktiven, die über eine Berichterstattung ggf. einschließlich empfohlener Verbesserungsmaßnahmen an die entsprechenden Adressaten erfolgt, äußert.[119] Daraus resultierend gilt es dann, bei Bedarf, innerhalb der Planung sowie Realisation notwendige Schritte zu initialisieren bzw. umzusetzen.

Unter Berücksichtigung dieser Darlegungen kann vorerst unter Überwachung der Vergleich von Ist- und Referenz-Objekten mit dem Ziel einer Abweichungs- bzw. Übereinstimmungsfeststellung und Abweichungsbeurteilung verstanden werden, mit der eine direkte oder indirekte Einwirkung auf die Durchsetzung von Verbesserungsvorschlägen zur Abweichungsbeseitigung verbunden ist.

Es handelt sich demnach um einen Prozess, der generell die in der folgenden Tabelle 1 aufgeführten Schritte umfasst.

---

[117] Vgl. Jud 1996, S. 14 m. w. N.

[118] Vgl. Baetge 1993, S. 179.

[119] Vgl. Baetge 1992, Sp. 2039 f.; Jud 1996, S. 12 f.

Schritt	Überwachungstätigkeit
1.	Auswahl und Feststellung bzw. Ermittlung der zu überwachenden Ist-Objekte
2.	Feststellung bzw. Ermittlung der zugehörigen Referenz-Objekte
3.	Vergleich der Ist- und Referenzobjekte
4.	Analyse und (Gesamt-)Beurteilung der Abweichungen einschließlich Feststellung, ob korrigierende Maßnahmen notwendig sind, und ggf. Erarbeitung dazugehöriger Vorschläge bzw. Anweisungen
5.	Berichterstattung ggf. einschließlich entwickelter Maßnahmenvorschläge und/oder direkte Veranlassung von Verbesserungsmaßnahmen

Tabelle 1:   Ablauf des generellen Überwachungsprozesses[120]

Nach herrschender Meinung und im Einklang mit dem geschilderten Prozessablauf lässt sich Überwachung in die Teilfunktionen Kontrolle, Prüfung[121] sowie Aufsicht zerlegen und fungiert damit als deren Oberbegriff.[122] Eine umfassende Differenzierung dieser Überwachungsausprägungen lässt sich anhand der in der folgenden Tabelle 2 genannten Kriterien vornehmen.

---

[120] Modifiziert entnommen aus Rössler 2001, S. 40, der sich u. a. an Baetge 1992, Sp. 2039 f., sowie Baetge 1993, S. 180, orientiert. Für die gewählte Darstellung sind die dort genannten Schritte teilweise präzisiert und zusammengefasst worden.

[121] Als Synonym für den Begriff der Prüfung dient die Bezeichnung Revision. Vgl. Baetge 1993, S. 179. Dieser Gleichsetzung wird im Weiteren, wenn nichts Anderes zum Ausdruck gebracht wird, gefolgt.

[122] Vgl. Heinhold/Wotschofsky 2002, Sp. 1217 f.; Theisen 1987, S. 14.

		Überwachungsteilfunktion		
		Kontrolle	**Prüfung (Revision)**	**Aufsicht**
	Prozessbezug	Prozessabhängig	Prozessunabhängig	
	Zeitpunkt	Parallel zur oder nach Planungs- und/oder Realisationsphase	Nach Realisationsphase und ggf. nach Kontrolle	Antizipativ in der Planungsphase sowie während bzw. nach Realisationsphase und ggf. nach Kontrolle/Prüfung
Differenzierungskriterium	**Häufigkeit**	Permanent/periodisch, aperiodisch oder einmalig		
	Norm	Unternehmens-intern	Unternehmensintern und/oder -extern	
	Konsequenz aus Überwachungsergebnis	Unternehmens-interne Weisung/Motivation/Sanktion und/oder Berichterstattung	Berichterstattung an unternehmens-interne Organe und/oder Öffentlichkeit	Unternehmens-interne und -externe Weisung/Sanktion und Berichterstattung
	Beispiel für Überwachungsobjekt	Innerbetrieblicher Prozess	Jahresabschluss und Lagebericht	Vorstandstätigkeit

Tabelle 2:   **Differenzierung von Kontrolle, Prüfung und Aufsicht mittels geeigneter Kriterien**[123]

Unter Rückgriff auf die Tabelle ist die Kontrolle als eine prozessabhängige, häufig simultan zum Prozess ablaufende und weitestgehend permanente bzw. periodische Überwachung zu bezeichnen, der unternehmensinterne Normen zu Grunde gelegt werden. Im Gegensatz dazu wird die Prüfung von prozessunabhängigen Personen meist periodisch durchgeführt, wobei unternehmensinterne und/oder -externe Normen Anwendung finden, und knüpft an die

---

[123]   Modifiziert entnommen aus Griewel 2006, S. 26, die sich an Jud 1996, S. 17, und Rössler 2001, S. 43, anlehnt.

Realisationsphase sowie ggf. Kontrolle an. Einen prozessunabhängigen Charakter weist auch die Aufsicht auf. Sie, die ebenfalls häufig periodisch ausgeübt wird, orientiert sich an unternehmensinternen und/oder -externen Vorgaben. Im Unterschied zur Prüfung greift sie bereits auch schon in der Planungs- und Realisationsphase ein. Hinsichtlich der mit den Teilfunktionen verbundenen Konsequenzen aus dem Überwachungsergebnis lässt sich konstatieren, dass mit der Prüfung eine indirekte Einwirkung über die Berichterstattung ggf. unter Angabe von Verbesserungsmaßnahmen an unternehmensinterne und -externe Organe bzw. Personen verbunden ist, während bei der Kontrolle und Aufsicht primär eine direkte Möglichkeit durch unternehmensinterne Sanktionen oder Weisungen existiert.

Vor dem Hintergrund internationaler Einflüsse[124] und der zunehmenden Bedeutung präventiver bzw. zukunftsorientierter Überwachungselemente findet in jüngerer Zeit das Controlling, bei dem es sich um ein Instrument zur Wirkungsverbesserung der Unternehmensführung handelt, „das Führungshilfe bei der Zielbildung, Planung, Kontrolle, Koordination und Information leisten soll"[125], mit seinem gesamten Aufgabenspektrum und nicht nur seiner Kontrollfunktion als prozessabhängiger Bestandteil Berücksichtigung in der Überwachung.[126] Damit erfährt der Überwachungsbegriff im Sinne des Verständnisses von Kontrolle, Prüfung und Aufsicht eine Erweiterung um die Teilbereiche des Controllings, die sich nicht in seiner Kontrollfunktion äußern.

---

[124] Hierunter fällt vor allem der Ansatz des Committee of Sponsoring Organizations of the Treadway Commission (COSO) und zwar Internal Control - Integrated Framework aus dem Jahre 1992 bzw. 1994, auch bezeichnet als COSO-Report. Vgl. COSO 1994a; COSO 1994b.

[125] Marten/Köhler 2004, S. 288 (im Original hervorgehoben). Vgl. zu einer Analyse unterschiedlicher Controllingkonzepte in diesem Zusammenhang ebenfalls Marten/Köhler 2004, S. 288 f.

[126] Vgl. Freidank/Paetzmann 2004, S. 17 f.; Lentfer 2005, S. 24–26; Paetzmann 2008, S. 114 f.

Im Hinblick auf ein sich ständig wandelndes und zusehends komplexer wer-
dendes Unternehmensumfeld erscheint es angebracht, sich im Rahmen der
Überwachung auch des Controllings außerhalb seiner Kontrollfunktion zu bedienen. Aus diesem Grund soll dem Überwachungsbegriff bis auf weiteres die
obige vorläufige Definition, die die Kontrolle, Prüfung und Aufsicht reflek-
tiert, ergänzt um das Controlling zu Grunde gelegt werden.[127]

2. Grundlegendes zu unternehmerischen Überwachungsträgern unter besonderer Beachtung der Internen Revision einschließlich ihrer Definition

Im Anschluss an die Darlegungen zum Begriff und allgemeinen Prozess der
Überwachung gilt es nun, die Träger der Unternehmensüberwachung, soweit
noch nicht geschehen, in ihren Grundzügen zu präsentieren, wobei die Interne
Revision aufgrund der Bedeutung für diese Arbeit als ein Träger besonders
hervorgehoben wird. In diesem Zusammenhang wird deutlich, wie die Internen Revision zu den anderen Trägern positioniert ist.

Unter den unternehmerischen Überwachungsträgern sind gemäß ihrer Stellung zur Unternehmensführung auf der einen Seite externe Träger und auf der
anderen Seite neben dem Vorstand Träger, die ihn bei der Ausübung seiner
Überwachungsaufgabe entlasten, zu verstehen.[128] Darüber hinaus lassen sich

---

[127] Sollte im Verlauf der Arbeit eine Erweiterung des Überwachungsbegriffs erforderlich
werden, so wird eine Ergänzung vorgenommen. Hierzu ist bereits auf die Ausführungen zum Aufsichtsrat hinzuweisen, da in Bezug auf ihn der Überwachungsbegriff eine
Erweiterung erfährt. Vgl. erster Hauptteil, Abschnitt I.B. Bei Erwähnung der Überwachung im Rahmen der Untersuchung handelt es sich nicht immer um den gesamten
Umfang, sondern es können auch einzelne Teilfunktionen gemeint sein. Um welche es
sich handelt, ist dem entsprechenden Zusammenhang zu entnehmen. Weiterhin ist
anzumerken, dass nicht nur bei dem Überwachungsbegriff unterschiedliche Sichtweisen existieren, sondern auch bei anderen in der Arbeit verwendeten Begriffen. Diesem
wird durch eine weitestgehende Erläuterung wesentlicher Sachverhalte in der Untersuchung begegnet. Die in der Arbeit festgelegten Begriffsbestimmungen sind daher bei
den Literaturangaben sinngemäß zu berücksichtigen.

[128] Vgl. Lentfer 2005, S. 23.

die Träger hinsichtlich ihrer Positionierung zum Unternehmen in unternehmensinterne und -externe aufteilen, was Abbildung 2 wiedergibt.[129]

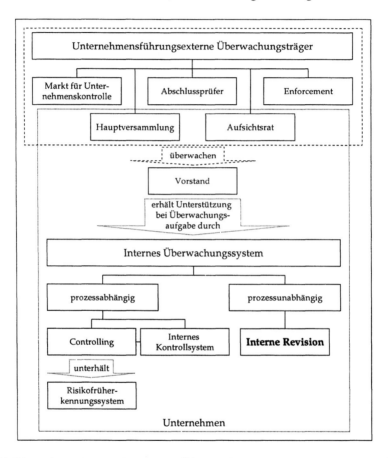

Abbildung 2:   Unternehmerische Überwachungsträgersystematisierung[130]

---

[129]   In der Abbildung und den folgenden Ausführungen werden neben den unternehmens(führungs-)internen wesentliche -externe Überwachungsträger dargestellt. Weitere externe, wie z. B. Ratingagenturen, fließen nicht in die Betrachtung ein.

[130]   Modifiziert entnommen aus Lentfer 2005, S. 26 m. w. N.

Im Zusammenhang mit der Abbildung werden im Folgenden die einzelnen Träger beschrieben. Es wird dabei mit dem Vorstand und dem durch ihn auszugestaltenden internen Überwachungssystem begonnen, da dieses für die anderen Träger von Bedeutung ist.

Resultiert bereits aus den betriebswirtschaftlichen Führungsfunktionen bzw. der Sorgfaltspflicht des Vorstands gem. § 93 Abs. 1 Satz 1 AktG, insbesondere aus der Sicherstellung unternehmerischer Ziele, die Anforderung an den Vorstand ein System einzurichten, das ihn bei seiner Überwachungsaufgabe unterstützt und entlastet, so hat dennoch der Gesetzgeber im Jahre 1998 mit der Einführung des § 91 Abs. 2 AktG durch das Gesetz zur Kontrolle und Transparenz im Unternehmensbereich (KonTraG)[131] den Vorstand verpflichtet, „geeignete Maßnahmen zu treffen, insbesondere ein Überwachungssystem einzurichten, damit den Fortbestand der Gesellschaft gefährdende Entwicklungen früh erkannt werden"[132].[133] Hiermit hat der Gesetzgeber das Ziel verfolgt, die Leitungsaufgaben des Vorstands hinsichtlich seiner Überwachungsaufgabe zu präzisieren, ohne jedoch konkretisierende Ausgestaltungserfordernisse vorzugeben.[134] Lediglich wird in der Gesetzesbegründung erwähnt, dass der Vorstand „für ein angemessenes Risikomanagement und für eine angemessene interne Revision zu sorgen"[135] hat, wobei hierunter aber kein Institutionalisie-

---

[131] Vgl. KonTraG 1998.

[132] § 91 Abs. 2 AktG.

[133] Vgl. Schroff 2006, S. 80; zu den betriebswirtschaftlichen Führungsfunktionen den ersten Hauptteil, Abschnitt I.B. Mit der genannten Norm ist auch eine Ausstrahlungswirkung auf andere Gesellschaftsformen als die Aktiengesellschaft verbunden. Vgl. BegrRegE KonTraG 1998, Begründung zu § 91 Abs. 2 AktG, S. 15. Vgl. zur Analyse der Ausstrahlungswirkung auf bestimmte Gesellschaftsformen neben der Aktiengesellschaft Hillebrand 2005, S. 88–128.

[134] Vgl. BegrRegE KonTraG 1998, Begründung zu § 91 Abs. 2 AktG, S. 15, wobei insbesondere die Organisationspflicht in Bezug auf die Maßnahmen hervorgehoben wird und eine Nichteinhaltung möglicherweise mit einer Schadensersatzpflicht verbunden ist. Vgl. zur Überwachung als Leitungsaufgabe des Vorstands den ersten Hauptteil, Abschnitt I.B.

[135] BegrRegE KonTraG 1998, Begründung zu § 91 Abs. 2 AktG, S. 15.

rungszwang für eine Interne Revision, sondern ihre funktionale Sicht zu verstehen ist.[136] Dennoch stellt die Ausübung der Funktion Interne Revision durch eine Organisationseinheit im Unternehmen die Regel dar.[137] Dieses wird, wenn nichts Gegenteiliges zum Ausdruck gebracht wird, auch den folgenden Ausführungen zu Grunde gelegt.

Die somit insgesamt durch den Gesetzgeber offen gelassene Ausformung der Erfordernisse nach § 91 Abs. 2 AktG hat dazu geführt, dass bisher kein einheitliches (Begriffs-)Verständnis der in Rede stehenden Anforderungen existiert.[138] Vor diesem Hintergrund lassen sich grundsätzlich eine betriebswirtschaftliche und eine juristische Sichtweise differenzieren.[139]

Die Hauptunterschiede zwischen den beiden Auffassungen manifestieren sich in dem verwendeten Risikobegriff sowie in der Berücksichtigung risikosteuernder und weiterer Maßnahmen, die außerhalb der Risikofrüherkennung und ihrer Überwachung liegen.

Allgemein wird unter dem Begriff des Risikos die Möglichkeit einer Abweichung eines realisierten Ergebnisses vom erwarteten Resultat verstanden.[140] Aus betriebswirtschaftlicher Sicht wird eine Aufteilung in das reine und spekulative Risiko vorgenommen. Zum reinen Risiko werden Schadensgefahren gezählt, die aufgrund eines eingetretenen Ereignisses unmittelbar zu einer Vermögensreduzierung, wie z. B. Feuer, führen. Gegenstand dieser Risikoart,

---

[136] Vgl. Amling/Bantleon 2007, S. 84; Peemöller 2004, S. 18 f.

[137] Vgl. Amling/Bantleon 2007, S. 85, die in diesem Zusammenhang auch auf das (Teil-) Outsourcing hinweisen bzw. dieses präsentieren, S. 202–205.

[138] Vgl. zu möglichen Interpretationen der Norm Neubeck 2003, S. 30–43.

[139] Während die nach herrschender Meinung betriebswirtschaftlichen Anforderungen Freidank/Paetzmann 2004, S. 10, zu entnehmen sind, lässt sich die juristische Sichtweise aus dem Prüfungsstandard 340 des Instituts der Wirtschaftsprüfer in Deutschland e. V. (IDW) (IDW PS 340) ableiten.

[140] Vgl. hierzu und in der Folge Lück/Unmuth 2006, S. 16.

bei der davon ausgegangen wird, dass der Unternehmensfortbestand lediglich gelegentlich auftretenden und seltenen Gefahren ausgesetzt ist,[141] sind somit ausschließlich Verlustgefahren und keine Chancen. Die alleinige Betrachtung von Schadensgefahren entspricht jedoch nicht der Realität, da Unternehmen mannigfaltigen Risiken ausgesetzt sind. Dementsprechend ist das reine um das spekulative Risiko zu ergänzen.[142] Hierbei handelt es sich um „diejenigen unsicheren Ereignisse, die sich durch das unternehmerische Handeln vermögensmindernd oder vermögensmehrend auswirken (z. B. durch Veränderungen der Preise, der Kosten oder der Nachfrage sowie durch Konjunkturschwankungen)."[143] Hieraus lässt sich ableiten, dass das spekulative Risiko sowohl die Verlustgefahr (vermögensreduzierende unsichere Ereignisse) als auch Chancen (vermögenszunehmende unsichere Ereignisse) umfasst. Während somit aus betriebswirtschaftlicher Sicht Verlustgefahren und Chancen im Risikobegriff Berücksichtigung finden, zielt die juristische Auffassung auf die Verlustseite ab, da sie unter Risiko „allgemein die Möglichkeit ungünstiger künftiger Entwicklungen"[144] versteht. In diesem Kontext ist noch auf die rechtliche Betrachtung bestandsgefährdender Risiken hinzuweisen, womit wesentliche gemeint sind.[145] Dieses impliziert jedoch generell die Berücksichtigung sämtlicher (Einzel-)Risiken, da sie sich kumulieren und dann zu einem wesentlichen Risiko werden können.[146]

Die engere juristische Auslegung des Maßnahmenverständnisses nach § 91 Abs. 2 AktG äußert sich des Weiteren darin, dass die Steuerung der Risiken nicht dazu gehört,[147] sich dieses aber aus der Leitungspflicht bzw. Sorgfalts-

---

[141] Vgl. Klees 1998, S. 93.

[142] Vgl. Klees 1998, S. 93.

[143] Lück/Unmuth 2006, S. 16. Vgl. Klees 1998, S. 93 m. w. N.

[144] IDW PS 340, Tz. 3.

[145] Vgl. Hüffer, Rn. 6 zu § 91 AktG, S. 450.

[146] Vgl. IDW PS 340, Tz. 10.

[147] Vgl. IDW PS 340, Tz. 5 f.

pflicht des Vorstands ergibt,[148] und Maßnahmen außerhalb der Risikofrüherkennung und ihrer Überwachung keinen Eingang finden. Aus betriebswirtschaftlicher Sicht ist dieser Vorgehensweise nicht zu folgen, da gerade die Steuerung von Risiken eine elementare Aktivität darstellt.[149] Summarisch lässt sich festhalten, dass die vom Vorstand einzurichtenden Maßnahmen nach § 91 Abs. 2 AktG zur Erfüllung seiner Überwachungsaufgabe vor dem Hintergrund einer Unternehmenswertsteigerung umfassend ausgestaltet sein sollten und damit der betriebswirtschaftlichen Auffassung, die das Maßnahmenbündel als Risikomanagementsystem bezeichnet,[150] zu folgen ist. Nur somit ist es möglich, Verluste zu begrenzen und Erfolgspotenziale zu erschließen sowie das Unternehmen zielgerecht zu führen.[151] In der vorliegenden Arbeit wird daher die Anforderungsauslegung des § 91 Abs. 2 AktG im Sinne des betriebswirtschaftlichen Verständnisses aufgefasst[152] und als internes Überwachungssystem bezeichnet,[153] dessen einzelne Komponenten im Folgenden kurz erläutert werden sollen.[154] Hieran wird auch deutlich, wie die juristische Sichtweise darin enthalten ist.

---

[148]   Vgl. Spindler 2008, Rn. 24 zu § 91 AktG, S. 486.

[149]   Vgl. Freidank/Paetzmann 2004, S. 10.

[150]   Vgl. Lentfer 2005, S. 24 f. m. w. N.

[151]   Vgl. Lentfer 2003, S. 73.

[152]   Wenn im Rahmen der Untersuchung eine andere Sichtweise eingenommen wird, wird diesem durch eine entsprechende Erläuterung Rechnung getragen.

[153]   Vgl. Lentfer 2005, S. 24 f. Auf die Bezeichnung dieses Systems als Risikomanagementsystem wird hier nicht zurückgegriffen, da im Verständnis der Arbeit das Risikomanagementsystem, bestehend aus Risikofrüherkennungssystem und seiner Überwachung, einen Bestandteil des internen Überwachungssystems darstellt. Vgl. Freidank/Paetzmann 2004, S. 18; Paetzmann 2008, S. 115.

[154]   Der Internen Revision wird aufgrund ihrer Bedeutung für die Arbeit bei der Beschreibung eine größere Aufmerksamkeit gewidmet.

Das interne Überwachungssystem setzt sich dementsprechend aus dem Controlling, dem Risikofrüherkennungssystem, dem internen Kontrollsystem und der Internen Revision zusammen.[155]

Als erster Bestandteil soll das Controlling näher präsentiert werden. Gem. seiner im vorherigen Abschnitt dargelegten Definition kommen dem Controlling führungsunterstützende Aufgaben im Rahmen der Zielbildung, Planung, Koordination, Kontrolle und Information zu.[156] Dementsprechend gehören z. B. die Erarbeitung und Anwendung eines unternehmerischen Informationssystems sowie der Vergleich von Referenz- und Ist-Objekten zu seinem Aufgabenbereich.[157] Nach weitläufiger Auffassung zählt auch die laufende Unterhaltung des Risikofrüherkennungssystems bzw. -prozesses zum Spektrum des Controllings.[158] Das Risikofrüherkennungssystem zeichnet sich in ablauforganisatorischer Hinsicht durch die Prozessschritte Festlegung der risikopolitischen Grundsätze und Risikostrategie sowie Dokumentation, Risikoidentifikation, Risikoanalyse und -bewertung, Risikosteuerung sowie Risikoberichterstattung aus.[159] Während die risikopolitischen Grundsätze, die Risikostrategie und die Risikosteuerung, soweit sie die Kompetenzen der jeweiligen Mitarbei-

---

[155]   Vgl. Freidank/Paetzmann 2004, S. 10. Anzumerken ist, dass nach traditioneller Auffassung das interne Überwachungssystem aus Interner Revision und internem Kontrollsystem besteht.

[156]   Vgl. erster Hauptteil, Abschnitt I.C.1.

[157]   Vgl. zu einem Mindestanforderungskatalog an das Controlling Lück 1998, S. 14.

[158]   Vgl. Lentfer 2003, S. 106, der dieses aus Konzernsicht darstellt; Theisen 2003, S. 1428.

[159]   Vgl. hierzu und in der Folge ausführlich Lentfer 2003, S. 108–125, dessen konzernbezogene Darstellung auch eine gelungene Übertragbarkeit auf eine Einzelgesellschaft ermöglicht. Anzumerken ist aber, dass Lentfer keine gesetzliche Verpflichtung zur Dokumentation des Risikofrüherkennungssystems sieht. Diesem ist nicht zu folgen, da das gesamte System nach § 91 Abs. 2 AktG aus gesetzlicher Sicht zu dokumentieren ist und somit auch das Risikofrüherkennungssystem. Vgl. LG München 2007, wobei auf die juristische Sichtweise des entsprechenden Systems in diesem Zusammenhang hinzuweisen ist. Hinsichtlich aufbauorganisatorischer Aspekte ist auf Lentfer 2003, S. 104–107, zu verweisen, dessen Ausführungen sich ebenfalls im Folgenden wieder finden.

ter überschreitet, vom Vorstand vorzunehmen sind,[160] obliegt dem Controlling die methodische Umsetzung der Risikofrüherkennung.[161] Das System ist hinsichtlich Ordnungsmäßigkeit, Zweckmäßigkeit und Wirtschaftlichkeit permanent durch das interne Kontrollsystem und die Interne Revision, die weitere Bestandteile des internen Überwachungssystems darstellen, zu überwachen.

Das interne Kontrollsystem verkörpert neben dem Controlling ein prozessabhängiges Element und umfasst sämtliche Kontrollen im Unternehmen.[162] Der Kontrollfunktion des Controllings wird in der Abbildung 2 durch die Verbindungslinie von Controlling und internem Kontrollsystem Rechnung getragen.

In Ergänzung zum internen Kontrollsystem dient die Interne Revision als prozessunabhängige Überwachungskomponente.[163] Gem. der Definition des DIIR, die eine Übersetzung der IIA-Definition darstellt, wird der Internen Revision folgendes Verständnis zu Grunde gelegt: „Die Interne Revision erbringt unabhängige und objektive Prüfungs- und Beratungsdienstleistungen, welche darauf ausgerichtet sind, Mehrwerte zu schaffen und die Geschäftsprozesse zu verbessern. Sie unterstützt die Organisation bei der Erreichung ihrer Ziele, indem sie mit einem systematischen und zielgerichteten Ansatz die Effektivität des Risikomanagements, der Kontrollen und der Führungs- und Überwachungsprozesse bewertet und diese verbessern hilft."[164] Hieraus lässt sich ableiten, dass der Internen Revision zusätzlich zur prüfenden Tätigkeit beratende Aspekte zugeordnet werden und sie mittels ihrer Aufgabenausübung neben

---

[160]   Anzumerken ist, dass eine Beteiligung des Aufsichtsrats an den risikopolitischen Grundsätzen und der Risikostrategie empfehlenswert ist.

[161]   Vgl. Hachmeister 2004, S. 271–273, der anstatt von Risikofrüherkennung von Risikomanagement spricht.

[162]   Vgl. Freidank 2001, S. 247 f., der den Kontrollen auch die organisatorischen Sicherungsmaßnahmen zuordnet.

[163]   An dieser Stelle erfährt die Interne Revision eine kurze prägnante Darstellung, da sie im weiteren Verlauf der Arbeit vertiefend präzisiert wird.

[164]   DIIR/IIA 2009, Definition Interne Revision.

einer Geschäftsprozessverbesserung einen Wertsteigerungsbeitrag leisten soll.[165] Die Prüfungsleistungen sind aber nicht nur vergangenheits-, sondern auch zukunftsorientiert im Sinne einer aktiven Überwachung und liefern Ansatzpunkte für ihre Beratungsleistungen.[166] Im Hinblick auf die Einordnung der Zukunftsorientierung und Beratung in das Aufgabenfeld der Internen Revision erfährt der Überwachungsbegriff auf sie bezogen somit eine Erweiterung. Um ihrer Aufgabenstellung und -erfüllung gerecht zu werden, ist die Interne Revision mit einem vollkommenen aktiven und passiven Informationsrecht auszustatten[167] und sollte, falls die Zuordnung zu einem Vorstandsmitglied erfolgt, generell disziplinarisch und funktionell dem Vorstand Finanzen als Stabsstelle unter Beachtung der allgemeinen Aufgabenausführung im Auftrag des Vorstands unterstellt werden.[168] Es besteht auch die Möglichkeit der Zuordnung zum Vorstandsvorsitzenden,[169] Vorstand oder Aufsichtsrat,[170] wobei die letzt genannte Möglichkeit abzulehnen ist, da die Interne Revision ein Instrument der Unternehmensführung darstellt. Aufgrund fachlicher Kenntnisse und sachlicher Ausrichtung des Finanzvorstands erscheint es aber sinnvoll, ihm die Interne Revision zu unterstellen. Sie hat ihm bzw. dem Vorstand über ihre Aufgabendurchführung bericht zu erstatten.

Vor diesem Hintergrund und der Bedeutung der Internen Revision für diese Arbeit soll skizzenhaft dargelegt werden, welche Pflichten bzw. Möglichkeiten des Vorstands zu ihrer Beschreibung im Rahmen der jährlichen Rechnungslegung bestehen. Als Medien werden hierzu der Lagebericht und die Erklärung zur Unternehmensführung herangezogen, da sie, wie die folgenden Erläuterungen zeigen, hierfür geeignete Instrumente darstellen.

---

[165] Vgl. Schroff 2006, S. 7.

[166] Vgl. Kagermann/Küting/Weber 2006, S. 5.

[167] Vgl. Berens/Schmitting 2004, S. 53.

[168] Vgl. Knapp 2009, S. 58.

[169] Vgl. AKEIÜ 2006, S. 226.

[170] Vgl. Knapp 2009, S. 57–62.

Der Vorstand hat gem. § 289 Abs. 1 Satz 4 HGB „im Lagebericht die voraus-
sichtliche Entwicklung mit ihren wesentlichen Chancen und Risiken zu beurteilen und zu erläutern; zugrunde liegende Annahmen sind anzugeben."
Hiermit verbindet der Deutsche Rechnungslegungs Standard (DRS) Nr. 15, der
eine Empfehlung für die (inhaltliche) Gestaltung der Lageberichterstattung
darstellt, eine Erstellung eines Risikoberichts, der Verlustgefahren umfasst und
mittels DRS 5 konkretisiert wird, wobei im Rahmen des DRS 5 generelle Angaben zum internen Überwachungssystem[171] bzw. solche verlangt werden, die
sich aus dem System ergeben,[172] sowie eines Prognoseberichts, der die voraus-
sichtliche Unternehmensentwicklung mit den Verlustgefahren sowie Chancen
beinhaltet.[173] Hieraus ergeben sich jedoch Redundanzen, da im Prognose- und
Risikobericht Verlustgefahren Berücksichtigung finden sollen.[174] Diesem ist
durch eine zusammenhängende Darstellung vermögensmehrender als auch
-reduzierender unsicherer Entwicklungen, deren Inhalte sich an den Erfordernissen des DRS 5 und 15 orientieren sollten, sowie grundlegender Aspekte
gem. DRS 5, ergänzt um Chancenelemente, bzw. interner Überwachungssachverhalte aus sachlich sinnvoller Sicht in einem Bericht und zwar dann dem
entsprechend des hier verwendeten Begriffs internen Überwachungsbericht
unter Beachtung der separaten Aufführung von Verlustgefahren und Chancen
zu begegnen.[175]

---

[171] Dem DRS 5 liegt die juristische Sichtweise des internen Überwachungssystems zuzüg-
lich risikosteuernder Maßnahmen zu Grunde. Vgl. DRS 5, Rn. 9.

[172] Vgl. DRS 5.

[173] Vgl. DRS 15, Rn. 83–91. Beide Standards beziehen sich auf den Konzern, eignen sich
aber auch für eine Einzelgesellschaft. Vgl. DRS 5, Rn. 8; DRS 15, Rn. 5. Hinzuweisen ist
darauf, dass eine Überarbeitung des DRS 5 und 15, die noch nicht den neu eingeführten § 289 Abs. 5 HGB berücksichtigen, auf den im nächsten Absatz eingegangen wird,
geplant ist. Vgl. DRSC 2009.

[174] Vgl. DRS 15, Rn. 83 f.

[175] Vgl. Freidank/Steinmeyer 2005, S. 2513–2516, die in diesem Zusammenhang den
Prognosebericht als entsprechendes Medium sehen. Hier sollten dann ebenfalls die
Angaben gem. § 289 Abs. 2 Nr. 2 HGB vorgenommen werden.

Weiterhin ist anzumerken, dass die Lageberichterstattung hinsichtlich des internen Überwachungssystems gem. § 289 Abs. 5 HGB, der durch das BilMoG neu eingeführt worden ist und die Beschreibung der „wesentlichen Merkmale des internen Kontroll- (...)systems im Hinblick auf den Rechnungslegungsprozess" gesetzlich vorschreibt, eine Konkretisierung erfährt.[176] Die Angaben hinsichtlich des internen Überwachungssystems haben dann sachlogisch Eingang in den internen Überwachungsbericht zu finden. Darüber hinausgehende bedeutsame Aspekte sollten ebenfalls in Anlehnung an die obige Schilderung genannt werden.

In Bezug auf die Interne Revision ist zu konstatieren, dass die Berichterstattung über sie bisher rudimentär erfolgt und zur Einhaltung der genannten Vorschriften sowie entsprechend ihrer Bedeutung eine ausführlichere Darstellung vorzunehmen ist.[177] Als Anhaltspunkt hierfür kann der von Amling/Bantleon erarbeitete Vorschlag dienen, der u. a. Angaben zum Qualitätsmanagement in der Internen Revision fordert.[178] Diesem ist zu folgen, da die Adressaten der Rechnungslegung für eine Einschätzung der internen Überwachung, insbesondere der Internen Revision als elementare Komponente, ausführliche und bedeutsame Informationen benötigen.[179]

---

[176] Der Gesetzgeber verwendet im BilMoG und den dazugehörigen Vorschriften den Begriff internes Kontrollsystem, meint damit aber wohl ein Internal Control System. Hierunter sind das interne Überwachungssystem und der Aufgabenbereich des Aufsichtsrats zu subsumieren. Vgl. Freidank 2007, S. 701. Das es sich um ein Internal Control System handelt, wird z. B. am § 107 Abs. 3 Satz 2 AktG deutlich, da dieser Norm eine EU-Richtlinie in englischer Fassung zu Grunde liegt, die von Internal Control System spricht. Zu erwähnen ist, dass bereits die deutsche Fassung dieser Richtlinie den Begriff internes Kontrollsystem benutzt. Vgl. BegrRegE BilMoG 2008, Begründung zu § 107 AktG, S. 102; Directive 2006/43/EC, Article 41 Abs. 2 b), S. 103; Richtlinie 2006/43/EG, Art. 41 Abs. 2 Nr. b), S. 103.

[177] Vgl. mit Beispielen Amling/Bantleon 2007, S. 86–89. Ob mit der Neuregelung des § 289 Abs. 5 HGB eine Erweiterung einhergeht, bleibt abzuwarten.

[178] Vgl. Amling/Bantleon 2007, S. 88.

[179] Im Hinblick auf den Lagebericht ist noch festzuhalten, dass im Rahmen der unterjährigen Berichterstattung Zwischenlageberichte für die hier zu Grunde gelegten Gesell-

(Fortsetzung der Fußnote auf der nächsten Seite)

Falls die über die gesetzlichen Vorgaben überschreitenden wesentlichen Angaben im Lagebericht hinsichtlich der Internen Revision nicht dort vorgenommen werden, da hiermit eine Prüfungspflicht durch den Abschlussprüfer
verbunden ist, sind diese Informationen in die Erklärung zur Unternehmensführung gem. § 289a Abs. 2 Nr. 2 HGB aufzunehmen, wobei in dieser Arbeit
die Aufnahme in den Lagebericht befürwortet wird.

Zusammenfassend lässt sich festhalten, dass das interne Überwachungssystem
und damit die Interne Revision Instrumente der Unternehmensführung zur
Unterstützung ihrer Überwachungsaufgabe sind und somit Bestandteile der
Corporate Governance verkörpern.

Als weitere unternehmensinterne Überwachungsträger kommen die Hauptversammlung sowie der Aufsichtsrat in Betracht. In Ergänzung zu den bereits
getätigten Ausführungen[180] ist hinsichtlich der Hauptversammlung anzumerken, dass es sich hierbei um ein Überwachungsinstrumentarium der Eigentümer handelt, dessen Einfluss aber in der Praxis aufgrund der bestehenden
Machtsituation beschränkt ist.[181] Bezüglich des Aufsichtsrats soll erweiternd
die Überwachung des internen Überwachungssystems knapp skizziert werden. Der Aufsichtsrat hat dieses System hinsichtlich Rechtmäßigkeit, Ordnungsmäßigkeit, Zweckmäßigkeit und Wirtschaftlichkeit zu überwachen.[182]
Um diesem nachzukommen, benötigt er ausreichend Informationen über das
System, die er sich vorstandsabhängig, aufgrund einer fehlenden direkten ge-

---

schaften gem. § 66 Börsenordnung 2009 in Verbindung mit § 37w WpHG zu erstellen
sind. Hierauf soll jedoch nicht näher eingegangen werden. Weiterführende Informationen hierzu sind den genannten Paragrafen sowie DRS 16 zu entnehmen.

[180] Vgl. zu grundlegenden Erläuterungen zur Hauptversammlung und zum Aufsichtsrat
den ersten Hauptteil, Abschnitt I.B.

[181] Vgl. Rössler 2001, S. 66.

[182] Vgl. Lentfer 2003, S. 147–150, der für dieses System den Begriff Risikomanagementsystem verwendet und dessen Konzernbetrachtung auch für diese Untersuchung anwendbar ist. Vgl. zu diesen Überwachungsmaßstäben des Aufsichtsrats Potthoff/Tre-
scher 2003, Rn. 490–494, S. 130 f.

setzlichen Regelung, sinnvollerweise mittels einer Informationsordnung[183] und vorstandsunabhängig durch den Abschlussprüfer, der, wie die weiteren Ausführungen ergeben werden, sich mit diesem System auseinandersetzt,[184] die direkte Befragung der Mitarbeiter und die Dokumenteneinsichtnahme beschaffen kann.[185] Auf Basis dieser Informationen hat der Aufsichtsrat dann das System zu überwachen, wobei zur Unterstützung eine direkte Beauftragung z. B. der Internen Revision[186] nur in Ausnahmefällen zu erfolgen hat,[187] und hierüber die Hauptversammlung gem. § 171 Abs. 2 AktG zu unterrichten.[188]

Dem Abschlussprüfer, als unternehmensexternem Träger, kommt bei den hier betrachteten Gesellschaften die Aufgabe der Prüfung des internen Überwachungssystems gem. § 317 Abs. 4 HGB zu, wobei dieser die juristische Ausprägung des Systemverständnisses zu Grunde liegt.[189] Des Weiteren obliegt dem Abschlussprüfer im Rahmen seiner Tätigkeit die Feststellung und Beurteilung von Fehlerrisiken sowie die Festlegung und Vornahme von Prüfungshandlungen als Reaktion auf die beurteilten Fehlerrisiken, was auch das Internal Control System, das u. a. das interne Überwachungssystem und damit die

---

[183]   Vgl. Kropff 2003, S. 347 m. w. N.; in Bezug auf die Interne Revision Velte 2009, S. 76.

[184]   Vgl. Kropff 2003, S. 347, und die Erläuterungen im nächsten Absatz.

[185]   Vgl. Merkt/Köhrle 2004, S. 222–224, die anhand der Internen Revision aufzeigen, dass es bei der Frage zur „Zulässigkeit und Reichweite" der Informationsbeschaffung mittels direkter Befragung ihrer Mitarbeiter und Dokumenteneinsichtnahme differenzierte Auffassungen gibt, wobei jedoch weitestgehend Einvernehmen darüber herrscht, dass dabei die Autorität des Vorstands in seiner Leitungsfunktion und das Vertrauensverhältnis zum Aufsichtsrat gewahrt werden sollten. Um Missverständnisse zu vermeiden, sind in der Informationsordnung auch für diese Fälle Festlegungen zu treffen. Für die anderen internen Überwachungssystemkomponenten gilt Entsprechendes.

[186]   Somit ist der primäre Auftraggeber der Internen Revision der Vorstand über den Finanzvorstand.

[187]   Vgl. Merkt/Köhrle 2004, S. 224.

[188]   Vgl. zu empirischen Ergebnissen zur Berichterstattung des Aufsichtsrats über die Interne Revision auch im Vergleich zu anderen Ländern Velte 2009.

[189]   Vgl. IDW PS 340.

Interne Revision beinhaltet, umfasst.[190] Dieses erfolgt im Rahmen der Prüfungspflicht der Jahresabschlussunterlagen und des Lageberichts, die nach
§ 316 Abs. 1 Satz 1 HGB besteht.[191] Bei der Abschlussprüfung handelt es sich
insgesamt um eine Ordnungs- und Rechtmäßigkeitsprüfung, was sich aus dem
Gegenstand und Umfang gem. § 317 HGB ableiten lässt.[192] In Bezug auf die
Angaben im Lagebericht hinsichtlich des internen Überwachungssystems auch
unter Berücksichtigung des neuen § 289 Abs. 5 HGB ist zu konstatieren, dass
die dort geforderten bzw. freiwillig vorgenommen Angaben einer Prüfungspflicht unterliegen. Über das finale Ergebnis seiner Prüfung informiert der Abschlussprüfer, nachdem der Vorstand die Möglichkeit zur Stellungnahme erhalten hat, den Aufsichtsrat mittels des Prüfungsberichts (§ 321 HGB) bzw.
mittels der Berichterstattung in seinen Verhandlungen (§ 171 Abs. 1 Satz 2
AktG) und die Öffentlichkeit anhand des Bestätigungsvermerks (§ 322 HGB).

Einen weiteren unternehmensexternen Träger stellt das zweistufig konzipierte
Enforcement mittels der Deutschen Prüfstelle für Rechnungslegung DPR e. V.
(DPR) und der Bundesanstalt für Finanzdienstleistungsaufsicht (BaFin) dar.
Vor dem Hintergrund der eingetretenen Bilanzskandale hat der Gesetzgeber
zur Stärkung der Unternehmensüberwachung und des Vertrauens in den Kapitalmarkt dieses Enforcement durch das Gesetz zur Kontrolle von Unternehmensabschlüssen (Bilanzkontrollgesetz – BilKoG)[193] eingeführt.[194] Die gesetzlichen Grundlagen sind hierzu im Wesentlichen in §§ 342b–342e HGB sowie in

---

[190] Vgl. IDW PS 261, wobei insbesondere zu berücksichtigen ist, dass dieser Standard wei-
       testgehend nicht den in der Arbeit verwendeten Begriffsverständnissen folgt.

[191] Vgl. ergänzend für den IFRS-Einzelabschluss § 324a HGB.

[192] Vgl. Marten/Quick/Ruhnke 2007, S. 18 f. Vgl. explizit zum Verhältnis der Internen
       Revision und Abschlussprüfung IDW PS 321; IIR-Revisionsstandard Nr. 1; Schmidt/
       Reimer 2008, bei denen hier vor allem darauf hinzuweisen ist, dass einige genannte
       Normen einer Novellierung unterlegen sind; Westhausen 2008; insbesondere zum Rol-
       lenabgleich Küting/Boecker 2008, S. 1582-1589.

[193] Vgl. BilKoG 2004.

[194] Vgl. Hütten 2007, S. 388 f.

§§ 37n–37u WpHG kodifiziert. Den Adressatenkreis markieren Unternehmen, „deren Wertpapiere im Sinne des § 2 Abs. 1 Satz 1 des Wertpapierhandelsgesetzes an einer inländischen Börse zum Handel im regulierten Markt zugelassen sind"[195].[196] Als Prüfungsgegenstand kommen „der zuletzt festgestellte Jahresabschluss und der zugehörige Lagebericht oder der zuletzt gebilligte Konzernabschluss und der zugehörige Konzernlagebericht sowie der zuletzt veröffentlichte verkürzte Abschluss und der zugehörige Zwischenlagebericht"[197] in Betracht.[198] Die Prüfung umfasst die Entsprechung der genannten Objekte hinsichtlich der „gesetzlichen Vorschriften einschließlich der Grundsätze ordnungsmäßiger Buchführung oder den sonstigen durch Gesetz zugelassenen Rechnungslegungsstandards"[199].[200]

Auf der ersten Stufe agiert die DPR und zwar wird sie tätig „1. soweit konkrete Anhaltspunkte für einen Verstoß gegen Rechnungslegungsvorschriften vorliegen, 2. auf Verlangen der Bundesanstalt für Finanzdienstleistungsaufsicht oder 3. ohne besonderen Anlass (stichprobenartige Prüfung)."[201] Die BaFin greift dann auf der zweiten Stufe ein, wenn „1. ihr die Prüfstelle berichtet, dass ein Unternehmen seine Mitwirkung bei einer Prüfung verweigert oder mit dem Ergebnis der Prüfung nicht einverstanden ist, oder 2. erhebliche Zweifel an der Richtigkeit des Prüfungsergebnisses der Prüfstelle oder an der ord-

---

[195] § 342b Abs. 2 Satz 2 HGB; § 37n WpHG, in dem jedoch die Erwähnung „des Wertpapierhandelsgesetzes" nicht vorkommt.

[196] Somit unterliegen die der Arbeit zu Grunde gelegten Gesellschaften dem Enforcement.

[197] § 342b Abs. 2 Satz 1 HGB; § 37o Abs. 1 Satz 4 WpHG, wobei die Erweiterung gem. Satz 4 zu beachten ist.

[198] Eine Prüfung des internen Überwachungssystems obliegt dem Enforcement nicht. Vgl. BegrRegE BilKoG 2004, Begründung zu § 342b, S. 14. Jedoch ist zu beachten, dass entsprechenden Angaben im Lagebericht Beachtung zu schenken ist.

[199] § 342b Abs. 2 Satz 1 HGB; § 37n WpHG.

[200] Der Umfang dieser Prüfung entspricht jedoch nicht gänzlich dem der Abschlussprüfung. Vgl. BegrRegE BilKoG 2004, Begründung zu § 342b, S. 14.

[201] § 342b Abs. 2 Satz 3 HGB.

nungsgemäßen Durchführung der Prüfung durch die Prüfstelle bestehen."[202]
Im Hinblick auf die mit dieser Prüfung verbundenen Folgen und weiterer En-
forcement-Sachverhalte wird auf die genannten gesetzlichen Grundlagen[203]
sowie die Literatur[204] verwiesen.

Abschließend ist noch auf den Markt für Unternehmenskontrolle einzugehen.
Unter diesem Begriff wird eine präventive Überwachungsform und zwar die
Gefahr für die Vorstandsmitglieder verstanden, „dass durch eine angenom-
mene Unterbewertung oder nicht effiziente Geschäftsführung eines externen
Aufkäufers eine Übernahme erfolgt, die zumeist mit einer strikten Änderung
der Unternehmenspolitik und einem Auswechseln der Vorstandsmitglieder
einhergeht."[205] Aufgrund einer nicht wesentlichen Bedeutung für die Thematik der Untersuchung wird auf weitere Ausführungen zum Markt für Unternehmenskontrolle in der Arbeit verzichtet.

Nachdem die unternehmerischen Überwachungsträger vorgestellt worden
sind, wird im Folgenden – entsprechend dem Bearbeitungsziel – der Fokus auf
die Interne Revision gelegt und mit einer theoretischen Fundierung begonnen.

D. Principal-Agent-Theorie als theoretischer Erklärungsansatz für die Notwendigkeit der Internen Revision

Mit Hilfe der Principal-Agent-Theorie soll in diesem Abschnitt die Existenz
der Internen Revision aus wissenschaftlicher Sicht begründet werden. Dieses
erfolgt auf Basis genereller Ausführungen zu dieser Theorie sowie der Analyse
des Verhältnisses von Aktionären und Vorstand.

---

[202]   § 37p Abs. 1 Satz 2 WpHG.

[203]   Vgl. §§ 342b–342e HGB; §§ 37n–37u WpHG.

[204]   Vgl. Egner 2008, der auch auf die Beziehung von Enforcement und Interner Revision
eingeht; Hütten 2007, S. 389 f.

[205]   Griewel 2006, S. 123, die hierbei Bezug nimmt auf Hachmeister 2002, Sp. 490, Nassauer
2000, S. 47 f., und Portisch 1997, S. 76 f.

Als Teilgebiet der Neuen Institutionenökonomik setzt sich die Principal-Agent-Theorie, die auch als Agency-Theorie bezeichnet wird, mit dem Verhältnis von Auftraggeber (Principal) und Auftragnehmer (Agent), das durch eine Delegation von Befugnissen bei Existenz einer asymmetrischen Informationsverteilung und Interessendivergenz geprägt ist, auseinander.[206] In diesem Zusammenhang wird zwischen einer normativen und einer positiven Ausprägung der Principal-Agent-Theorie differenziert. Während sich die normative Sichtweise durch eine weitestgehend mathematische und formalistische Vorgehensweise auszeichnet, fokussiert die positive Ausrichtung, die im Vordergrund dieser Arbeit steht, die deskriptive Erklärung der in der Realität auftretenden Vertragsbeziehungen.[207]

Bei der im Rahmen der Arbeit zu Grunde gelegten Aktiengesellschaft übertragen die Aktionäre (Principal) dem Vorstand (Agent) durch die Hauptversammlung weitreichende Rechte.[208] Unter der Annahme, dass der Principal und der Agent rationale Nutzenmaximierer darstellen, kann davon ausgegangen werden, dass der Agent seine Verfügungsgewalt dazu verwendet, seine individuellen Ziele zu verfolgen, die nicht unbedingt den Zielen des Principal entsprechen.[209] So interessiert die Aktionäre der Erhalt einer höchstmöglichen Rendite auf das eingesetzte Kapital, was mit der Zielsetzung einer Maximierung des Marktwerts des Eigenkapitals, d. h. des Shareholder Value[210], verbunden ist, wobei in dieser Arbeit eine langfristige Sichtweise der Aktionäre

---

[206]   Vgl. Marten/Quick/Ruhnke 2007, S. 32 f. m. w. N.; Pfaff/Stefani 2007, S. 1048. Vgl. kurz zur Basis ihrer Entwicklung den ersten Hauptteil, Abschnitt I.A. Vgl. zu einem Überblick über die Teilgebiete der Neuen Institutionenökonomik und damit auch der Agency-Theorie Zimmermann/Wortmann 2001, S. 289 f.

[207]   Vgl. Meinhövel 2004, S. 471–474.

[208]   Vgl. Lentfer 2005, S. 33. Die Ausführungen in Bezug auf das Verhältnis von Aktionären und Vorstand sind generell auf jede Principal-Agent-Beziehung übertragbar.

[209]   Vgl. Franke 1993, Sp. 38 f.; Jensen/Meckling 1976, S. 308.

[210]   In der vorliegenden Untersuchung werden, soweit nichts Gegenteiliges zum Ausdruck gebracht wird, die Begriffe Unternehmenswert und Shareholder Value synonym verwendet.

zu Grunde gelegt wird, während der Vorstand bzw. seine Mitglieder die Maximierung des persönlichen Einkommens sowie die Verbreiterung der Einflussnahme bei gleichzeitiger Minimierung des Arbeitsleids anstrebt bzw. anstreben.[211]

Dass die Aktionäre das Nichtverfolgen ihrer Zielsetzung durch den Vorstand
nicht sofort erkennen und entsprechend reagieren, liegt an einem neben den
Interessendivergenzen weiteren der Principal-Agent-Theorie zu Grunde lie-
gendem Sachverhalt und zwar den zwischen den beiden Parteien existierenden Informationsasymmetrien.[212] Der Agent verfügt dabei über einen Informa-
tionsvorteil, den er vor dem Hintergrund der Verwirklichung seiner Ziele aus-
nutzen kann. Hierdurch bestehen seitens des Principal Unsicherheiten über
das Verhalten des Agenten. Hinsichtlich der Arten von Informationsasymmetrien sind Hidden Characteristics, Hidden Action und Hidden Information zu
unterscheiden.[213]

Unter Hidden Characteristics ist eine vorvertragliche Unsicherheit seitens des
Principal in Bezug auf die Charaktereigenschaften bzw. Qualität des einzuset-
zenden Agenten zur zielgerechten Aufgabenerfüllung, d. h. beim Vorstand
Maximierung des Unternehmenswerts, zu verstehen.[214] Es kann in diesem Zusammenhang dazu kommen, dass der Principal einen ungeeigneten Agenten
auswählt (Adverse Selection).[215] Für eine Verringerung oder Vermeidung dieser Unsicherheit bieten sich als Lösung einerseits die glaubhafte Bereitstellung
entsprechender Informationen durch den Agenten (Signalling) und anderer-

---

[211]   Vgl. Bakhaya 2006, S. 47.

[212]   Vgl. Meinhövel 2004, S. 471.

[213]   Vgl. Meinhövel 2004, S. 471. Teilweise erfolgt bei der Typendifferenzierung asymmet-
        rischer Informationsverteilung noch eine Erweiterung um Hidden Intention. Vgl. Bak-
        haya 2006, S. 48. Dieser Unterteilung wird in der vorliegenden Arbeit jedoch nicht ge-
        folgt.

[214]   Vgl. Bakhaya 2006, S. 48.

[215]   Vgl. Clement 2005, S. 361.

seits eine Eigeninitiative des Principal an, die derart auszugestalten ist, dass anhand der vom Agenten erhaltenen Signale ihm verschiedene Verträge unterbreitet werden, womit seine Qualitätsunterschiede offenbart werden sollen (Screening).[216]

Im Gegensatz zu Hidden Characteristics handelt es sich bei Hidden Action und Hidden Information um Informationsprobleme zwischen Principal und Agent, die nachvertraglich auftreten.[217] Hidden Action bezeichnet dabei den Umstand, dass für den Principal zwar das Resultat des Agentenhandelns bekannt ist, er jedoch nicht beurteilen kann, ob dieses Ergebnis auf Umwelteinflüsse und/oder Aktivitäten des Agenten zurückzuführen ist.[218] Unter Hidden Information ist hingegen das Problem zu verstehen, dass für die Aktionäre zwar die Aktivitäten des Vorstands ersichtlich sind, sie aber keine Kenntnis über den zu dem entsprechenden Zeitpunkt existierenden Umweltzustand besitzen und somit kaum die Geeignetheit der Vorstandsmaßnahmen nachvollziehen können.[219] Die beschriebenen, in der nachvertraglichen Phase auftretenden Unsicherheiten führen zu der Gefahr, dass der Agent die Informationsdefizite des Principal zu seinem Vorteil, d. h. opportunistischem Verhalten, verwendet, was auch als Moral Hazard bezeichnet wird.[220] Mit Hilfe von Anreiz-, Informations- und Überwachungsmechanismen lässt sich diese Problematik begrenzen. Im Rahmen der Beziehung von Anteilseigner und Vorstand sollte daher ein Anreizsystem implementiert werden, das die Absichten der beiden Parteien harmonisiert. Entsprechend der Aktionärsziele hat es sich um ein wertorientiertes System, d. h. ausgerichtet an der Steigerung des Unternehmenswerts, zu handeln.[221] Neben Anreizsystemen bieten Informations-

---

[216] Vgl. Günther 2004, S. 31.

[217] Vgl. Clement 2005, S. 361.

[218] Vgl. Obermayr 2003, S. 82.

[219] Vgl. Günther 2004, S. 33 m. w. N.

[220] Vgl. Clement 2005, S. 362.

[221] Vgl. ausführlich zur wertorientierten Anreizgestaltung Weber et al. 2004, S. 189–236.

und Überwachungssysteme Möglichkeiten zur Verbesserung des Kenntnis-
stands der Anteilseigner über die Unternehmenseinflüsse und das Verhalten
des Vorstands.[222] Mittels gesetzlicher und vertraglich festgelegter Vorschriften
soll insgesamt die Situation der Anteilseigner verbessert werden. Die gesetzlichen Informationsinstrumentarien sind bereits erwähnt worden.[223] Ebenso
sind die rechtlich vorgesehenen unternehmungsführungsexternen Überwachungsträger, ergänzt um den Markt für Unternehmenskontrolle, präsentiert
worden.[224]

Im Zusammenhang mit den Maßnahmen zur Minderung des Principal-Agent-
Konflikts bzw. der asymmetrischen Informationsverteilung ergeben sich sog.
Agency-Kosten, die sich in Monitoring Costs, Bonding Costs und Residual
Loss widerspiegeln.[225] Monitoring Costs stellen die Kosten des Principal für
die implementierten Informations- und Überwachungsmechanismen zur Reduzierung seiner unvollständigen Kenntnis über den Agenten in der nachvertraglichen Phase sowie für die bereits im Vorfeld durch ihn eingeholten Informationen dar.[226] Als Beispiele sind für die Anteilseigner die Kosten für den
Aufsichtsrat, die Kosten für die Erstellung der Jahresabschlussunterlagen und
des Lageberichts sowie die Kosten für die Beschaffung von Informationen über
die bisherige Tätigkeit einer Person, die aufgrund einer Neubesetzung des
Vorstands als möglicher Kandidat gilt, zu nennen. Unter Bonding Costs werden die „Signalisierungs- und Garantiekosten des Agenten"[227] verstanden. Sie
äußern sich darin, dass der Agent die Anteilseigner von der Ausübung seiner

---

[222]   Vgl. Günther 2004, S. 35.

[223]   Vgl. Abschnitt I.B. des ersten Hauptteils. Vgl. zur Publizität und deren Überwachung
        als Lösungsmöglichkeit der Informationsasymmetrien Griewel 2006, S. 40–55.

[224]   Vgl. Abschnitt I.B. und I.C.2. des ersten Hauptteils.

[225]   Vgl. Jensen/Meckling 1976, S. 308.

[226]   Vgl. zur nachvertraglichen Phase Bakhaya 2006, S. 54 m. w. N.; erweiternd auch um
        vorvertragliche Aspekte anhand von Beispielen Obermayr 2003, S. 83. Vgl. diese bei-
        den Literaturhinweise auch für die folgenden genannten Beispiele.

[227]   Horváth 2009, S. 118.

Tätigkeit im Sinne einer wertorientierten Unternehmensführung überzeugen will.[228] Hierzu gehören u. a. die Kosten für die Bereitstellung von Informationen über seine Qualität, wie z. B. in Form von Gutachten oder Referenzen,[229] sowie seine variablen Vergütungskomponenten, die an ein wertorientiertes Anreizsystem gekoppelt sind.[230] Nutzt der Agent seine vertraglichen Handlungsspielräume weiterhin nicht im Sinne der Anteilseigner aus, so entsteht ein Nutzenverlust, der sog. Residual Loss.[231] Weitere Bezeichnungen hierfür sind Opportunitätskosten oder entgangener Gewinn.[232] Insgesamt ist festzuhalten, dass die Agency-Kosten so auszugestalten sind, dass der Unternehmenswert maximiert wird.

Im Rahmen der Signalisierung und Überzeugung der Anteilseigner von der Verwirklichung ihres Ziels der Optimierung des Unternehmenswerts hat der Vorstand entsprechende Maßnahmen zu ergreifen bzw. Instrumente zu installieren.[233] Dazu gehört auch ein internes Überwachungssystem, das u. a. die Interne Revision umfasst, und dazu dient, den Vorstand bei seiner Überwachungsaufgabe zu unterstützen bzw. die nachgeordneten Stellen entsprechend auszurichten.[234] Dieses steht ebenfalls im Einklang mit den Vorgaben des § 91 Abs. 2 AktG.[235]

In diesem Zusammenhang fungiert der Vorstand als Principal gegenüber den nachgeordneten Stellen (Agenten). Es handelt sich somit um eine Principal-

---

[228] Vgl. Gerke 2001, Sp. 29.

[229] Vgl. Obermayr 2003, S. 83.

[230] Vgl. Günther 2004, S. 37.

[231] Vgl. Horváth 2009, S. 118.

[232] Vgl. Günther 2004, S. 37.

[233] Vgl. zur wertorientierten Unternehmensführung Abschnitt I.A.1. des zweiten Hauptteils.

[234] Vgl. Abschnitt I.C.2. des ersten Hauptteils.

[235] Vgl. Abschnitt I.C.2. des ersten Hauptteils.

Agent-Beziehung, der grundsätzlich die beschriebenen Konflikte zu Grunde liegen. Da allgemein davon auszugehen ist, dass ihm aus Kapazitätsgründen keine eigenständige umfassende Überwachung dieser Stellen möglich ist, benötigt er zur Reduzierung dieser Konflikte Unterstützung in Form einer prozessabhängigen und -unabhängigen Überwachung. In ein derartiges internes Überwachungssystem lässt sich, wie bereits erwähnt, auch die prozessunabhängige Interne Revision einordnen, so dass der Vorstand auf sie zurückzugreifen hat. Sie dient somit als Monitoring- oder Überwachungsinstrument. Hinsichtlich des Einbezugs der Internen Revision handelt es sich um eine dreistufige Principal-Agent-Beziehung und zwar wird zwischen Principal sowie Agent ein „Überwacher", die Interne Revision, implementiert.[236] Der Vorstand[237] als Principal erteilt der Internen Revision den Auftrag zur Überwachung der nachgeordneten Stellen (Agenten). Die Interne Revision tritt somit gegenüber den Agenten als Principal des Vorstands auf und überwacht diese im Hinblick auf Recht-, Ordnungs- und Zweckmäßigkeit sowie Wirtschaftlichkeit, was entsprechend ihrer Definition unter dem Gesichtspunkt der Unternehmenswertsteigerung zu erfolgen hat.[238] Des Weiteren nimmt die Interne Revision gegenüber ihrem Auftraggeber, dem Vorstand, die Rolle eines Agenten und somit die Funktion im Sinne der doppelstufigen Principal-Agent-Theorie ein. In diesem Zusammenhang ist sicherzustellen, dass sich die Interne Revision, ihrem Selbstverständnis folgend, auch tatsächlich wertorientiert verhält. Dieses kann durch das im weiteren Verlauf der Arbeit zu präsentierende Qualitätsmanagement gewährleistet werden.[239]

---

[236] Vgl. hierzu und in der Folge Obermayr 2003, S. 84 f., dessen Ausführungen sich auf eine Konzernrevision beziehen, aber auch auf eine Einzelgesellschaft übertragbar sind.

[237] Bei dem der Untersuchung zu Grunde gelegten Betrachtungsgegenstand wird die Interne Revision dem Finanzvorstand unterstellt, so dass hier unter dem Vorstand der Finanzvorstand gemeint ist. Vgl. Abschnitt I.C.2. des ersten Hauptteils.

[238] Vgl. Abschnitt I.C.2. des ersten Hauptteils.

[239] Hierin finden sich auch die von Henke/Lück genannten Aspekte zur Reduzierung der Principal-Agent-Konflikte in Bezug auf die Interne Revision wieder. Vgl. Henke/Lück 2009.

Zusammenfassend lässt sich festhalten, dass die Interne Revision ein Instrument des Vorstands zur Verdeutlichung seiner wertorientierten Unternehmensführung darstellt, das insbesondere die dem Vorstand nachgeordneten Stellen zur Minderung des dort bestehenden Principal-Agents-Konflikts überwacht, aber auch, wie aus der Definition folgend bzw. im Weiteren der Untersuchung präsentiert wird, der Vorstand selbst von der Internen Revision überwacht wird, um Verbesserungsvorschläge für sein Vorgehen zu erhalten. Die Interne Revision trägt somit zur Reduzierung des Principal-Agent-Problems zwischen Vorstand und nachgeordneten Stellen unmittelbar sowie zwischen Anteilseignern und Vorstand mittelbar bei. Entsprechend ihrer Bedeutung innerhalb des Principal-Agent-Geflechts sollten durch den Vorstand ausführliche Informationen über sie im Rahmen der Kommunikation zu den Anteilseignern gegeben werden, damit sich diese von ihrer Tätigkeitsausübung überzeugen können. Als ein geeignetes Medium bietet sich hierfür der Lagebericht an.[240]

Im Anschluss an die theoretische Fundierung der Internen Revision werden im Folgenden die für sie relevanten Normen präsentiert, wobei einige bereits aus Darstellungsgründen erläutert worden sind. Diese werden daher nur noch kurz tangiert.

E. Vorschriftenrahmen der Internen Revision

1. Überblick

Das der Internen Revision für den in der vorliegenden Untersuchung zu Grunde gelegten Betrachtungsgegenstand existierende Vorschriftengeflecht besteht im Überblick aus:[241]

---

[240] Vgl. Abschnitt I.C.2. des ersten Hauptteils.

[241] Vgl. Amling/Bantleon 2007, S. 82, die noch weitere Normen nennen, die aber hier aufgrund der Vorgehensweise nicht bzw. nicht separat in die Betrachtung einfließen.

- aktien- und handelsrechtlichen Vorschriften, die den Ausgangspunkt markieren,

- diese zu konkretisierende bzw. ergänzende kapitalmarktbezogenen Vorschriften,

- Vorschriften der Abschlussprüfer und

- berufsständischen Vorschriften der Internen Revisoren/Internen Revision.

Diese Gesamtheit umfasst sowohl zwingende als auch freiwillig anzuwendende Normen. Vor dem Hintergrund einer ordnungsmäßigen Unternehmensführung und damit einer Orientierung an der Unternehmenswertsteigerung können aber die freiwilligen Vorschriften einen faktisch verbindlichen Charakter erlangen.[242]

2. Aktien- und handelsrechtliche Vorschriften

Die aktien- und handelsrechtlichen Normen in Bezug auf die Interne Revision sind bereits vorgestellt worden.[243] Als wichtigste Aussage ist festzuhalten, dass der Vorstand gem. der dieser Arbeit zu Grunde gelegten Auslegung des § 91 Abs. 2 AktG ein internes Überwachungssystem einzurichten hat, in dem die Interne Revision eine bedeutsame Position einnimmt. Ihre Rolle spiegelt sich dabei in der berufsständischen Definition wider, deren Konkretisierung im weiteren Verlauf vollzogen wird. Ferner ist anzumerken, dass der Vorstand auch ihre Angemessenheit und Effektivität sicherzustellen hat. Wie dieses zu realisieren ist, wird sich ebenfalls im Folgenden ergeben.

Der Vorschriftenkomplex der aktien- und handelsrechtlichen Normen beinhaltet in Teilen auch kapitalmarktbezogene Vorgaben, wie z. B. § 289 Abs. 5 HGB nach dem kapitalmarktorientierte Kapitalgesellschaften im Lagebericht we-

---

[242]   Vgl. Amling/Bantleon 2007, S. 83.

[243]   Vgl. hierzu und in der Folge Abschnitt I.B. sowie I.C.2. des ersten Hauptteils.

sentliche Angaben über das interne Überwachungssystem und damit die Interne Revision in Bezug auf den Rechnungslegungsprozess vorzunehmen haben. Hierzu relevante Präzisierungen bzw. ergänzende Vorschriften werden im nächsten Abschnitt dargelegt.

3. Die aktien- und handelsrechtlichen Normen zu konkretisierende bzw. ergänzende kapitalmarktbezogene Vorschriften

a) Börsenordnung der Frankfurter Wertpapierbörse

Im Rahmen der Konkretisierung bzw. Ergänzung kapitalmarktorientierter Vorschriften ist entsprechend dem dieser Arbeit zu Grunde gelegten Betrachtungsgegenstand auf die Börsenordnung für die Frankfurter Wertpapierbörse[244] einzugehen. Regelungen zur Internen Revision lassen sich aus dieser lediglich über die durch den Vorstand gem. § 65 Börsenordnung 2009 einzuhaltenden Berichterstattung in Form des Jahresfinanzberichts ableiten. Dieser Bericht sieht als einen Bestandteil den Lagebericht vor,[245] in dem entsprechend der vorherigen Erläuterungen auch die Interne Revision zu erwähnen ist.[246] Da aus der Börsenordnung keine weiteren Bezüge zur Internen Revision erkennbar sind, ist für ihr Wirken das Verständnis gem. der in dieser Untersuchung verwendeten Auslegung des § 91 Abs. 2 AktG zu Grunde zu legen.

---

[244] Vgl. Börsenordnung 2009.

[245] Vgl. § 65 Abs. 1 Börsenordnung 2009 in Verbindung mit § 37v Abs. 2 Nr. 2 WpHG.

[246] Vgl. Abschnitt I.C.2. des ersten Hauptteils. Die gem. § 66 Börsenordnung 2009 in Verbindung mit § 37w WpHG geforderten unterjährigen Zwischenlageberichte werden in dieser Arbeit hinsichtlich zu enthaltender Angaben der Internen Revision nicht näher betrachtet. Vgl. Abschnitt I.C.2. des ersten Hauptteils.

b) Deutscher Corporate Governance Kodex

Der DCGK stellt eine bedeutsame Maßnahme im Rahmen der Reformierung
der Corporate Governance in Deutschland dar.[247] Vor dem Hintergrund internationaler und nationaler Entwicklungen zu ihrer Verbesserung durch die Einführung von Kodices setzte das Bundesministerium der Justiz im Jahre 2001
die Regierungskommission DCGK mit der Aufgabe ein, einen DCGK zu entwickeln sowie diesen regelmäßig, gem. seiner Präambel grundsätzlich einmal
pro Jahr,[248] hinsichtlich Anpassungsbedarfs zu überwachen.[249] Am 26.02.2002
wurde die erste Fassung des DCGK präsentiert und am 20.08.2002 im elektro-
nischen Bundesanzeiger veröffentlicht.[250] Die gegenwärtig geltende Version
datiert vom 06.06.2008.[251] Eine novellierte Fassung des DCGK ist geplant,[252]
deren Änderungen aber gem. der Mittelung der Regierungskommission
DCGK keinen wesentlichen Einfluss auf diese Arbeit haben werden.[253]

Beim DCGK handelt es sich um ein Regelwerk, das bedeutsame gesetzliche
Regelungen zur Führung und Überwachung von börsennotierten deutschen
Unternehmen sowie diesbezüglich weitere bewährte Normen für eine effizien-
te Gestaltung umfasst.[254] Hiermit wird das Ziel verfolgt, das „deutsche Corpo-

---

[247] Vgl. Freidank/Velte 2006, S. 511.

[248] Vgl. DCGK 2008, Präambel.

[249] Vgl. zur internationalen Kodexbewegung sowie den nationalen Vorläufern des DCGK
Ringleb et al. 2008, Rn. 3–8 zur Vorbemerkung, S. 14–16. Vgl. zur Kommission und
insbesondere ihrer Tätigkeit, deren Inhalte sich teilweise in der folgenden Beschreibung widerspiegeln, Ringleb et al. 2008, Rn. 9–40 zur Vorbemerkung, S. 16–29.

[250] Vgl. DCGK 2002.

[251] Vgl. DCGK 2008.

[252] Eine Veröffentlichung liegt zum 15.06.2009 nicht vor.

[253] Vgl. zu den Änderungen Regierungskommission DCGK 2009.

[254] Vgl. DCGK 2008, Präambel, wobei die Anwendung des Kodex auch nicht börsennotierten Unternehmen empfohlen wird.

rate Governance System transparent und nachvollziehbar"[255] zu machen. Ferner soll in Bezug auf die Führung und Überwachung dieser Unternehmen „das Vertrauen der internationalen und nationalen Anleger, der Kunden, der Mitarbeiter und der Öffentlichkeit"[256] gestärkt werden.[257] Insgesamt kommen dem DCGK somit eine Kommunikations- und eine Ordnungsfunktion zu.[258]

Entsprechend des § 161 AktG haben börsennotierte bzw. weitere in der Norm genannte Unternehmen jährlich eine Erklärung zum DCGK abzugeben. Hier ist darauf einzugehen, ob den Empfehlungen des DCGK, die neben den gesetzlich festgehaltenen Regelungen sowie Anregungen den Inhalt des DCGK bilden,[259] „entsprochen wurde und wird oder welche Empfehlungen nicht angewendet wurden oder werden und warum nicht"[260]. Im Zuge des BilMoG ist die Ergänzung „warum nicht" eingeführt worden, so dass als Bezeichnung für dieses Prinzip nun eindeutig der Begriff „Comply or Explain" in Bezug auf die Empfehlungen verwendet werden kann.[261] Mit der Entsprechenserklärung, die gem. § 161 Abs. 2 AktG auf der Unternehmensinternetseite permanent für die Öffentlichkeit zur Verfügung zu stellen sowie in die Erklärung zur Unternehmensführung gem. § 289a Abs. 2 Nr. 1 HGB aufzunehmen ist, ist der

---

[255] DCGK 2008, Präambel.

[256] DCGK 2008, Präambel.

[257] Vgl. vor diesem Hintergrund zu einer generellen Beurteilung des DCGK Leesen 2008; Bernhardt 2008, der sich auch konkret mit dem DCGK 2008 auseinandersetzt.

[258] Vgl. Ringleb et al. 2008, Rn. 83–85 zur Präambel, S. 38–40.

[259] Vgl. zur Unterscheidung von Empfehlungen und Anregungen DCGK 2008, Präambel. Insgesamt ist für den DCGK 2008 zu beachten, dass die Änderungen, die durch das BilMoG hervorgerufen worden sind, d. h. z. B. in Bezug auf die Empfehlungen und Anregungen die Begründung der Nichteinhaltung von Empfehlungen, noch nicht berücksichtigt werden konnten. Vgl. auch die folgende Aussage.

[260] § 161 Abs. 1 Satz 1 AktG.

[261] Vgl. zur missverständlichen Deutung dieses Begriffs vor der Neuregelung Ringleb et al. 2008, Rn. 47 zur Vorbemerkung, S. 30. Vgl. zu den Änderungen des § 161 AktG durch das BilMoG Ernst/Seidler 2008, S. 673.

Gedanke verbunden, dass „der Kapitalmarkt Unternehmen, die sich nicht an den Kodex halten, entsprechend sanktionieren wird."[262]

Betrachtet man den DCGK im Hinblick auf die Interne Revision, so lässt sich kein direkter Bezug erkennen.[263] Lediglich mittelbar kann durch die Interpretation verschiedener Begriffe ein Zusammenhang zu ihr hergestellt werden. So hat z. B. der Vorstand gem. Tz. 4.1.4 „für ein angemessenes Risikomanagement und Risikocontrolling im Unternehmen" zu sorgen, wobei die Interne Revision gem. ihrer berufsständischen Definition im Rahmen des Risikomanagements tätig wird und damit diesem Begriff zugeordnet werden kann. Auf eine weitere diesbezügliche Erläuterung des DCGK soll verzichtet werden, da sich die die Interne Revision indirekt betreffenden Sachverhalte grundsätzlich in den bereits erläuterten bzw. in den noch darzustellenden Normen wieder finden.

c) Sarbanes-Oxley Act

In den USA hat der Gesetzgeber, ausgelöst durch Unternehmenszusammenbrüche,[264] zur Stärkung der Corporate Governance im Jahr 2002 den Sarbanes-Oxley Act (SOA)[265] erlassen. Vor dem Hintergrund der Zurückgewinnung des durch die Unternehmensskandale verloren gegangenen Anlegervertrauens in den US-amerikanischen Kapitalmarkt stellt der SOA primär auf die Qualitätsverbesserung der publizierten Unternehmensdaten und auf die Sicherstellung

---

[262] Gerum 2007b, S. 335, der diesbezüglich auf empirische Ergebnisse hinweist, die jedoch zeigen, dass „das Ausmaß der Entsprechung keinen Einfluss auf den Aktienkurs hat", sowie auch allgemein den DCGK beschreibt.

[263] Vgl. Amling/Bantleon 2007, S. 109, die sich zwar auf eine Vorgängerversion des DCGK 2008 beziehen, deren Auffassung jedoch auch auf den aktuellen Kodex übertragbar ist; Velte 2009, S. 74 f.

[264] Vgl. Röthel/Krackhardt 2007, S. 305.

[265] Vgl. SOA 2002.

der Verlässlichkeit der hiermit verbundenen Geschäftsprozesse sowie internen Überwachung ab.[266]

Direkte Bedeutung hat diese Regelung für sämtliche Unternehmen mit einer Börsennotierung in den USA, d. h. die bei der US-Securities and Exchange Commission (SEC), der die Aufgabe der Konkretisierung der im SOA mitunter relativ allgemein formulierten Vorgaben mittels Ausführungsbestimmungen (sog. Final Rules) obliegt,[267] registriert sind, und deren Tochtergesellschaften.[268] Der dieser Arbeit zu Grunde gelegte Betrachtungsgegenstand fällt jedoch nicht unter diesen Kreis. Trotzdem sind mit den Bestimmungen Ausstrahlungswirkungen, unter Beachtung der jeweiligen nationalen Besonderheiten, auf andere als die direkt betroffenen Unternehmen verbunden. So finden einige Teile in deutschen Corporate-Governance-Maßgaben, wie z. B. im Gesetz zur Einführung internationaler Rechnungslegungsstandards und zur Sicherung der Qualität der Abschlussprüfung (Bilanzrechtsreformgesetz – BilReG)[269],[270] Berücksichtigung. Darüber hinaus bieten die Inhalte Anhaltspunkte für eine Verbesserung der Corporate Governance, denen die entsprechenden Corporate-Governance-Teilnehmer Beachtung schenken sollten.

Wird der SOA im Hinblick auf die Interne Revision betrachtet, so ist festzustellen, dass diese, bis auf eine unwesentliche Nennung im Rahmen der Abschlussprüfer,[271] keine direkte Erwähnung findet.[272] Jedoch lassen sich durch die Auslegung seiner Inhalte bzw. die Ausführungsbestimmungen der SEC

---

[266] Vgl. Hülsberg/Brandt 2008, S. 897.

[267] Vgl. SOA 2002, Section 3.a). Des Weiteren ergänzen Vorschriften des Public Company Accounting Oversight Board (PCAOB) die Vorgaben des SOA.

[268] Vgl. Amling/Bantleon 2007, S. 101 f.

[269] Vgl. BilReG 2004.

[270] Vgl. Freidank/Velte 2006, S. 509.

[271] Vgl. SOA 2002, Section 201.a).

[272] Vgl. Hülsberg/Brandt 2008, S. 897.

und des PCAOB Hinweise zu ihrem Verständnis erkennen. Diese werden im
Rahmen der Arbeit jedoch nicht separat präsentiert, da sie in den bereits aufgeführten bzw. noch darzustellenden Normen weitestgehend enthalten sind.
Es soll hier lediglich darauf hingewiesen werden, dass die SEC zur Erfüllung
der SOA-Section 404 und damit zur Verbesserung der Corporate Governance
u. a. die Anwendung des COSO-Reports[273], der ein weltweit anerkanntes Internal Control Framework darstellt, empfiehlt.[274] Hiermit wird das Aufgabenspektrum der Internen Revision gem. der in dieser Untersuchung zu Grunde
gelegten Auslegung des § 91 Abs. 2 AktG gestützt.[275]

4.   Vorschriften der Abschlussprüfer

Die Regelungen der Abschlussprüfer in Bezug auf die Interne Revision sind
bereits weitestgehend präsentiert worden und spiegeln sich u. a. in den aktien-
und handelsrechtlichen Vorschriften wider.[276] Dabei haben auch berufsständische Normen und zwar einzelne IDW PS Berücksichtigung gefunden. Ergänzend hierzu soll im Folgenden auf eine zentrale Norm eingegangen werden,
mit der wesentliche Einflüsse auf die Interne Revision verbunden sind. Zunächst ist aber noch das Verhältnis von IDW PS und den International Standards on Auditing (ISA) zu beschreiben.

Mit Einführung des BilMoG werden die Abschlussprüfer gem. § 317 Abs. 5
HGB zur Anwendung internationaler Prüfungsstandards, „die von der Europäischen Kommission in dem Verfahren nach Artikel 26 Abs. 1 der Richtlinie
2006/43/EG (...) angenommen worden sind"[277], verpflichtet. Bei diesen Standards handelt es sich um die „International Standards on Auditing (ISA) und

---

[273]   Vgl. COSO 1994a; COSO 1994b.

[274]   Vgl. Final Rule 33-8238, Abschnitt II.B.3.a).

[275]   Vgl. Abschnitt I.C.2. des ersten Hauptteils.

[276]   Vgl. Abschnitt I.C.2. des ersten Hauptteils.

[277]   § 317 Abs. 5 HGB.

damit zusammenhängende Stellungnahmen und Standards, soweit sie für die Abschlussprüfung relevant sind."[278] Da die internationalen Prüfungsstandards durch die Europäische Kommission aber noch nicht angenommen worden sind,[279] greift der § 317 Abs. 5 HGB gegenwärtig nicht und die IDW PS stellen weiterhin die Arbeitsgrundlage dar. In diesem Zusammenhang ist bisher auch nicht geregelt, wie mit den IDW PS nach der ISA-Annahme verfahren wird. Aufgrund der weitestgehenden inhaltlichen Übereinstimmung der IDW PS und ISA erfolgt in der vorliegenden Arbeit ausschließlich ein Hinweis auf die relevanten IDW PS. Anzumerken ist, dass die IDW PS insbesondere auch deutsche Besonderheiten beinhalten, was teilweise dazu führt, dass ihnen kein entsprechender ISA gegenübersteht.

In Anlehnung an die Vorstellung der bisherigen Abschlussprüfervorschriften soll herausgestellt werden, dass die Interne Revision eines seiner Prüfungsobjekte darstellt. Es handelt sich bei ihrer Beurteilung um eine der wesentlichen Prüfungsaufgaben, aus denen sich auch Einflüsse auf die Arbeit der Internen Revision ergeben.[280] Hierzu ist als zentrale Vorschrift der IDW PS 321[281] zu nennen. Diese Regelung geht vertiefend auf das Verhältnis von Abschlussprüfung und Interner Revision ein, wobei u. a. relevante Kriterien für die Einschätzung der Internen Revision genannt werden.[282] Als ein Merkmal ist insbesondere die berufliche Sorgfalt aufzuführen. Hiermit wird eine sorgfältige Planung, Durchführung, Überwachung und Dokumentation ihrer Tätigkeit verbunden.[283] Der IDW PS 321 nennt in diesem Zusammenhang den Ethikkodex, die IIA-Standards sowie die DIIR-Revisionsstandards als mögliche Beur-

---

[278] Richtlinie 2006/43/EG, Art. 2 Nr. 10 in Verbindung mit BegrRegE BilMoG 2008, Begründung zu § 317 HGB, S. 87.

[279] Hiermit ist auch nicht in unmittelbarer Zukunft zu rechnen.

[280] Vgl. Amling/Bantleon 2007, S. 146.

[281] Vgl. IDW PS 321.

[282] Vgl. IDW PS 321, Tz. 17.

[283] Vgl. IDW PS 321, Tz. 17.

teilungsgrundlagen.[284] Bevor auf diese im nächsten Abschnitt näher eingegangen werden soll, ist anzumerken, dass weitere Hinweise aus dieser Regelung zum Handeln der Internen Revision hier nicht weiter dargestellt werden und daher dieser direkt zu entnehmen sind. Darüber hinaus bedarf es noch der Ergänzung, dass sich aufgrund der generellen ablauforganisatorischen Übereinstimmung des Prozesses der Abschlussprüfer mit dem der Internen Revision Ausstrahlungswirkungen auf die Interne Revision dahingehend ergeben, dass sich diese aus der Gesamtheit der Abschlussprüferregelungen relevante Vorschriften zu nutze machen bzw. daran orientieren sollte.[285]

5. Berufsständische Vorschriften der Internen Revisoren/Internen Revision

a) International Professional Practices Framework des Institute of Internal Auditors mit den IIA-Standards als wesentlichem Bestandteil

Die berufsständischen Regelungen der Internen Revisoren bzw. Internen Revision sind durch die Vorgaben des IIA und DIIR zementiert.

Das IIA stellt die internationale Berufsorganisation Interner Revisoren dar und entwickelt sowie veröffentlicht u. a. Regeln zu ihrer Tätigkeit, die einer kontinuierlichen Anpassung unterliegen.[286] Mit Wirkung zum 01.01.2009 ist ein gänzlich überarbeitetes International Professional Practices Framework (IPPF) in Kraft getreten.[287] Damit ist eine Reihe von Änderungen verbunden.[288] Im

---

[284]   Vgl. IDW PS 321, Tz. 17, wobei zu beachten ist, dass diese einer Aktualisierung unterliegen und damit immer die novellierten Normen heranzuziehen sind.

[285]   Vgl. auch mit Beispielen Amling/Bantleon 2007, S. 147 f.

[286]   Vgl. unter Beachtung der im Folgenden aufgeführten Entwicklungen Hahn 2008, S. 947–950.

[287]   Vgl. zu seiner Struktur und seinen grundlegenden Prozessen IIA 2008c. Über die Internetseite des IIA http://www.theiia.org/guidance/standards-and-guidance/ können die Bestandteile mit ihrer Erläuterung und ihren konkreten Inhalten, teilweise nur zugänglich für autorisierte Personen, eingesehen werden (Zugriff am 07.01.2009). Zu

(Fortsetzung der Fußnote auf der nächsten Seite)

Folgenden gilt es, die Bestandteile des IPPF und deren Verbindlichkeitsgrad, die in Abbildung 3 dargestellt sind, kurz zu präsentieren.

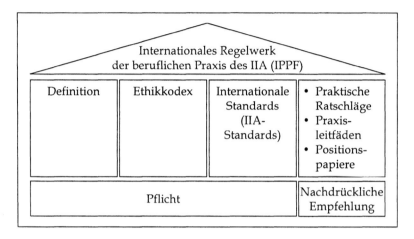

Abbildung 3: **Internationales Regelwerk der beruflichen Praxis des IIA (IPPF)[289]**

Die erste Komponente des IPPF stellt die Definition der Internen Revision dar. Sie dient dazu, ihr Verständnis bzw. ihre Aufgabe festzulegen.[290] Bei der konkreten Begriffsbestimmung handelt es sich um die bereits dargestellte, vom

---

einer existierenden deutschen DIIR-Übersetzung des Regelwerks wird in der weiteren Beschreibung Stellung genommen.

[288]   Vgl. zu den Änderungen im Überblick DIIR/IIA 2009, S. 10–14; Hahn 2009; IIA 2008a; vertiefend zu dem neuen Überarbeitungsprozess des IPPF und seinen Zuständigkeiten die Angaben auf der Internetseite des IIA http://www.theiia.org/guidance/standards -and-guidance/professional-practices-framework/ippf-processes/ in den Bereichen IPPF Process Flows und IIA Guidance Committees (Zugriff am 14.10.2008).

[289]   Modifiziert entnommen aus Amling/Bantleon 2008, S. 1302; Bantleon/Unmuth 2008, S. 106. Hinzuweisen ist darauf, dass sich die Abbildungen in den zitierten Quellen auf das am 01.01.2009 in Kraft getretene IPPF beziehen. Vgl. Bantleon 2008.

[290]   Vgl. DIIR/IIA 2009, S. 9; IIA 2008b, S. 1 f., auch in der Folge.

DIIR ins Deutsche übersetzte, die in die novellierte Fassung unverändert übernommen worden ist.[291]

Der Ethikkodex (Code of Ethics), der in das neue Regelwerk weitestgehend
unverändert übertragen worden ist, zielt auf die Gewährleistung eines dem
Berufsstand angemessenen Verhaltens. Er beinhaltet Grundsätze wie Recht-
schaffenheit, Objektivität, Vertraulichkeit sowie Fachkompetenz und konkretisiert diese mittels Verhaltensregeln.[292]

Den dritten Bestandteil des IPPF, der als sein Kernstück anzusehen ist, bilden
die IIA-Standards. Sie sind im Rahmen des novellierten Regelwerks grundle-

---

[291]   Vgl. Abschnitt I.C.2. des ersten Hauptteils; DIIR/IIA 2009, Definition Interne Revision.
        Hinsichtlich der verpflichtenden Bestandteile des IPPF verlangt das IIA, dass es bei ei-
        ner Übersetzung durch einen IIA-angebundenen Fachverband, wie z. B. das DIIR, ei-
        ner Genehmigung durch das IIA in Form des Internal Auditing Standards Board be-
        darf. Vgl. IIA 2008c, S. 4. Dieses ist erfolgt, und es liegt eine genehmigte, ins deutsche
        übersetzte Version des DIIR für die verpflichtenden Bestandteile des IPPF vor, in der
        die Originalfassung des IIA integriert ist. Vgl. DIIR/IIA 2009. Hierzu ist jedoch anzu-
        merken, dass die dort aufgeführte Originalfassung des IIA in Bezug auf den Ethikko-
        dex, S. 15–18, und die IIA-Standards, S. 19–60, nicht der vom IIA veröffentlichten, ab
        dem 01.01.2009 geltenden Versionen entspricht. Vgl. zu diesen Versionen Ethikkodex;
        Ethikkodex-Einleitung; IIA-Standards; IIA-Standards Introduction. Dieses kann daran
        liegen, dass das IIA in diesen Regelungen noch Änderungen vorgenommen hat, die
        dem DIIR bei der Übersetzung noch nicht vorlagen. Bei den geringen Abweichungen
        handelt es sich um Unterschiede, mit denen keine substanziellen Auswirkungen ver-
        bunden sind. Trotzdem sollte das DIIR die aktuellen IIA-Versionen der genannten
        Normen übersetzen, genehmigen lassen und publizieren. In dieser Arbeit werden da-
        her die aktuellen IIA-Versionen des Ethikkodex und der IIA-Standards verwendet.
        Lediglich bei Bedarf wird auf die genannte DIIR-Übersetzung des Ethikkodex und der
        IIA-Standards zurückgegriffen. Des Weiteren ist darauf hinzuweisen, dass bei einer
        Erwähnung des Ethikkodex und der IIA-Standards in dieser Arbeit, wenn nichts Ge-
        genteiliges zum Ausdruck gebracht wird, ihre Gesamtheit, d. h. auch die Einleitung zu
        diesen Normen, verstanden wird.

[292]   Vgl. hierzu und allgemein zum Ethikkodex Ethikkodex und Ethikkodex-Einleitung;
        DIIR/IIA 2009, S. 9.

gend überarbeitet worden,[293] wobei die mit ihnen verbundenen Ziele inhaltlich unverändert geblieben sind.[294] Diese lauten:

„1. Darstellen der verbindlichen Grundprinzipien der Berufsausübung der Internen Revision.

2. Bereitstellen eines Rahmenwerks für Ausführung und Förderung eines breiten Spektrums wertschöpfender Aktivitäten der Internen Revision.

3. Festlegen von Beurteilungskriterien für die Leistung der Internen Revision.

4. Fördern von verbesserten Prozessen und Ergebnissen einer Organisation.“[295]

Eine vertiefende Erläuterung der IIA-Standards erfolgt im weiteren Verlauf der Arbeit.

Weitere Bestandteile des IPPF sind die Praktischen Ratschläge (Practice Advisories), die Praxisleitfäden (Practical Guides) und die Positionspapiere (Position Papers), für die keine DIIR-Übersetzungen vorliegen.[296] Bei den Praktischen Ratschlägen handelt es sich um ergänzende Hinweise zu den einzelnen IIA-Standards, die jedoch keine detaillierten Angaben zu Prozessen und Vorgehensweisen beinhalten.[297] Eine Detaillierung bieten dafür die Praxisleitfäden. Anhand der Positionspapiere soll die Rolle der Internen Revision verdeutlicht werden.

---

[293] Vgl. zu ihrer Weiterentwicklung im Überblick IIA 2008a, S. 18. Vgl. zu den bis zum 31.12.2008 geltenden IIA-Standards IIA-Standards a. F.; zu der ab dem 01.01.2009 gültigen Fassung IIA-Standards und IIA-Standards Introduction.

[294] Vgl. IIA-Standards a. F., Introduction; IIA-Standards Introduction.

[295] DIIR/IIA 2009, S. 20.

[296] Lediglich existiert für die Praktischen Ratschläge eine deutsche IIA-genehmigte aus dem Jahre 2007 stammende und damit veraltete DIIR-Version. Vgl. IIR/IIA 2007, Practice Advisories. Eine Veröffentlichung zu den aktuellen Praktischen Ratschlägen ist seitens des DIIR geplant, die aber zum 15.06.2009 noch nicht erschienen ist.

[297] Vgl. hierzu und in der Folge DIIR/IIA 2009, S. 10.

Hinsichtlich des Verbindlichkeitscharakters der einzelnen Bestandteile ist zu konstatieren, dass das IIA und das DIIR vorgeben, dass die Definition, der Ethikkodex und die IIA-Standards für alle „Mitglieder der Fachverbände, Träger von oder Kandidaten für Zertifizierungen des IIA sowie alle, die Leistungen der Internen Revision im Rahmen der Definition der Internen Revision erbringen"[298], bindend sind, während die restlichen Komponenten einer nachdrücklichen Empfehlung unterliegen.[299]

In diesem Zusammenhang ist noch auf die Möglichkeit für die dem IIA angebundenen Institutionen zur Erarbeitung und Veröffentlichung eigener Regelungen, die als nationale nachdrückliche Empfehlung gelten sollen, sowie die Möglichkeit des Einflusses dieser Normen auf die internationalen Vorschriften einzugehen.[300] Diese selbstständig entwickelten Normen dürfen erst nach Einbezug des IIA bzw. der IIA-Konsistenzbestätigung zum IPPF durch den entsprechenden Verband publiziert werden. Sie stellen dann nationale nachdrückliche Empfehlungen dar, die neben dem IPPF existieren. Unter bestimmten Voraussetzungen können sie auch Eingang in das IPPF finden. Aus deutscher Sicht handelt es sich bei den gegenwärtig vier existierenden DIIR-Revisionsstandards und der Ergänzung zum IIR-Revisionsstandard Nr. 3 um nachdrückliche Empfehlungen des dem IIA angeschlossenen Fachinstituts DIIR. Obwohl diese Regelungen, die im nächsten Abschnitt vertieft werden, vor dem 01.01.2009 vom IIA genehmigt worden sind, ist von einer Konsistenz zum IPPF auszugehen, wobei ein Eingang in das IPPF nicht vorliegt.[301]

---

[298] DIIR/IIA 2009, S. 13.

[299] Vgl. DIIR/IIA 2009, S. 13 f. Die Folgen einer möglichen Nichteinhaltung der verpflichtenden Bestandteile des IPPF werden durch das IIA bzw. DIIR jedoch nicht näher konkretisiert und in dieser Arbeit auch nicht weiter behandelt.

[300] Vgl. hierzu und in der Folge IIA 2008c, S. 4.

[301] Vgl. zu diesem gesamten Absatz Unmuth 2008. Hinzuweisen ist noch darauf, dass Amling/Bantleon 2008, S. 1302, und Bantleon/Unmuth 2008, S. 106, in ihren Darstellungen die Auffassung vertreten, dass die DIIR-Revisionsstandards nicht neben dem, sondern im IPPF berücksichtigt werden. Des Weiteren leiten Amling/Bantleon 2008,

(Fortsetzung der Fußnote auf der nächsten Seite)

b) Regelungen des Deutschen Instituts für Interne Revision e. V.

Das DIIR „verfolgt die ausschließlich und unmittelbar gemeinnützigen Zwecken dienende Förderung der Wissenschaft sowie die Aus- und Fortbildung von Mitarbeitern der Internen Revision"[302] in Deutschland, womit aber auch das Ziel angestrebt wird, als ein bedeutendes Institut der Internen Revision in Europa wahrgenommen zu werden.[303] Um diesen Absichten nachzukommen, zählt zum mannigfaltigen Aufgabenbereich u. a. die Veröffentlichung von Verlautbarungen, was sich insbesondere in der „Entwicklung von Revisionsgrundsätzen und -methoden und deren laufende Anpassung an die betriebswirtschaftlichen, organisatorischen und technischen Gegebenheiten"[304] widerspiegelt. Im Rahmen der Verlautbarungen nehmen die vier DIIR-Revisionsstandards mit der Ergänzung zum IIR-Revisionsstandard Nr. 3 eine bedeutende Position ein. Es handelt sich dabei um den:

- IIR-Revisionsstandard Nr. 1: Zusammenarbeit von Interner Revision und Abschlussprüfer[305],
- IIR-Revisionsstandard Nr. 2: Prüfung des Risikomanagement durch die Interne Revision[306],

---

S. 1302, eine Verpflichtung zur Einhaltung des gesamten IPPF für DIIR-Mitglieder aus § 3 Nr. 3b) IIR-Satzung 2007 und für Certified Internal Auditors (CIA) aus berufsrechtlicher Sicht ab. Entsprechend der vorherigen Erläuterungen ist diese Verpflichtung aber derart zu interpretieren, dass es eine Aufteilung in verpflichtende, nachdrückliche Empfehlungen sowie weitere zu beachtende Verlautbarungen des DIIR gibt.

[302] § 2 Nr. 1 IIR-Satzung 2007.

[303] Vgl. DIIR 2008b, S. 4. Als IIA-Mitglied versucht das DIIR seine Interessen international einzubringen.

[304] § 2 Nr. 1c) IIR-Satzung 2007, wobei in der Nr. 1 der wesentliche Aufgabenbereich des DIIR skizziert wird. Vgl. grundlegend zum DIIR IIR-Satzung 2007; DIIR 2008b; Fischenich 2007.

[305] Vgl. IIR-Revisionsstandard Nr. 1.

[306] Vgl. IIR-Revisionsstandard Nr. 2.

- IIR-Revisionsstandard Nr. 3: Qualitätsmanagement in der Internen Revision[307],

- Leitfaden zur Durchführung eines Quality Assessments (QA) – Ergänzung zum DIIR-Standard Nr. 3 „Qualitätsmanagement"[308] und

- DIIR-Prüfungsstandard Nr. 4: Standard zur Prüfung von Projekten – Definitionen und Grundsätze[309].

Aufgrund der Relevanz für diese Arbeit wird im weiteren Verlauf der Untersuchung der IIR-Revisionsstandard Nr. 3 und seine Ergänzung analysiert.

Es lässt sich festhalten, dass die berufsständischen Regelungen des IIA und DIIR Vorgaben für eine angemessene und effektive Interne Revision enthalten.[310] Dabei stellen die IIA-Standards die wesentliche Komponente, die verpflichtend für „Mitglieder der Fachverbände, Träger von oder Kandidaten für Zertifizierungen des IIA sowie alle, die Leistungen der Internen Revision im Rahmen der Definition der Internen Revision erbringen"[311] ist, dar. Aus diesem Grund soll im folgenden Kapitel das Verständnis der Internen Revision für den der Arbeit zu Grunde gelegten Betrachtungsgegenstand anhand der IIA-Standards abgeleitet werden.

---

307   Vgl. IIR-Revisionsstandard Nr. 3.

308   Vgl. IIR 2007; zur ersten Fassung IIR 2005.

309   Vgl. DIIR-Prüfungsstandard Nr. 4.

310   Vgl. zu einer kritischen Analyse der DIIR-Standards Lück/Bungartz 2009, S. 48–58.

311   DIIR/IIA 2009, S. 13.

II. Verständnis der Internen Revision anhand der IIA-Standards

A. Allgemeines

Das Gesamtwerk der IIA-Standards setzt sich aus einer Einleitung, den eigentlichen IIA-Standards und einem Glossar zusammen.[312] In der Einleitung werden grundlegende Sachverhalte zu den IIA-Standards dargelegt.[313] Hervorzuheben sind dabei die Erläuterung der mit den IIA-Standards verbundenen Ziele,[314] die Erwähnung, dass die IIA-Standards prinzipien-fokussiert sind, Angaben zu Basisanforderungen in Bezug auf die berufliche Praxis der Internen Revision und die Einschätzung ihrer Leistung umfassen sowie klarstellende Interpretationen der Basisanforderungen beinhalten und das Eingehen auf die Struktur der IIA-Standards. Hinsichtlich des Aufbaus ist zu erwähnen, dass die IIA-Standards aus Attribut-, Ausführungs- und Umsetzungsstandards bestehen. Attributstandards setzen sich mit den Eigenschaften von Organisationen und Individuen auseinander, die eine Interne Revision durchführen. „Ausführungsstandards beschreiben die Tätigkeitsfelder der Internen Revision und stellen Qualitätskriterien auf, mit denen die Ausführung dieser Leistungen"[315] gemessen werden kann. Wird im Rahmen der IIA-Standards eine direkte Separierung in die beiden Bereiche Attribut- und Ausführungsstandards vorgenommen, verdeutlicht durch die Bezeichnung der Attributstandards mit den Kennziffern 1xxx und der Ausführungsstandards mit den Kennziffern 2xxx,[316] so ergänzen Umsetzungsstandards die Attribut- und Ausführungs-

---

[312] Vgl. IIA-Standards und IIA-Standards Introduction. In diesem Zusammenhang ist darauf hinzuweisen, dass im weiteren Verlauf der Untersuchung ein direkter Verweis bei Nennung der individuellen IIA-Standards auf das Werk nicht vorgenommen wird und sich die einzelnen IIA-Standards darin wieder finden.

[313] Vgl. hierzu und in der Folge IIA-Standards Introduction.

[314] Vgl. bereits Abschnitt I.E.5.a) des ersten Hauptteils.

[315] DIIR/IIA 2009, S. 21.

[316] Vgl. IIA-Standards.

standards in Bezug auf Prüfungs- (in den IIA-Standards abgekürzt durch A für Assurance, xxxx.Ax) und Beratungsleistungen (in den IIA-Standards abgekürzt durch C für Consulting, xxxx.Cx). Neben der Einleitung und den im Folgenden zu präsentierenden konkreten Attribut- und Ausführungsstandards sowie sie ergänzende Umsetzungsstandards ist noch kurz auf das Glossar einzugehen. In diesem werden bedeutsame, in den IIA-Standards enthaltene Begriffe definiert.[317]

Da es sich bei den IIA-Standards um internationale Regelungen handelt, die einen allgemeingültigen Charakter aufweisen, wird bezogen auf den der Arbeit zu Grunde gelegten Untersuchungsgegenstand und die getroffenen Annahmen im Weiteren eine Präzisierung vorgenommen.[318]

B.   Attributstandards und sie ergänzende Umsetzungsstandards

Als erster Attributstandard ist der IIA-Standard 1000 zu nennen. Er fordert, dass der Zweck, die Befugnisse und die Verantwortung der Internen Revision offiziell in einer Internen-Revisionscharter, d. h. Geschäftsordnung der Internen Revision, zu bestimmen sind, wobei eine Konsistenz zur IIA-Definition, die dieser Arbeit zu Grunde liegt, dem Ethikkodex und den IIA-Standards, die es im Rahmen der Charter anzuerkennen gilt,[319] zu bestehen hat.[320] Dem Leiter der Internen Revision kommt die Aufgabe zu, die Geschäftsordnung der Internen Revision periodisch zu prüfen und diese dann dem Finanzvorstand bzw. Vorstand zur Genehmigung vorzulegen.[321] Die mit diesem IIA-Standard

---

[317]   Vgl. IIA-Standards, Glossary.

[318]   An dieser Stelle wird betont, dass in dieser Arbeit von der IIA-Originalfassung in englischer Sprache ausgegangen wird.

[319]   Vgl. den zum Bereich des IIA-Standards 1000 gehörenden IIA-Standard 1010.

[320]   Vgl. hierzu und in der Folge IIA-Standard 1000.

[321]   Der IIA-Standard 1000 spricht in diesem Zusammenhang nicht vom Finanzvorstand und Vorstand, sondern vom Board und Senior Management. Da gem. Glossar unter einem Board, die Einheit im Unternehmen zu verstehen ist, an die der Leiter der Inter-

(Fortsetzung der Fußnote auf der nächsten Seite)

verbundene Interpretation vertieft noch mal den genannten Sachverhalt zur Geschäftsordnung, wobei insbesondere darauf hinzuweisen ist, dass in den Befugnissen auch der Zugang zu Unterlagen festzulegen ist. Entsprechend der diesen Standard ergänzenden Umsetzungsstandards ist in der Geschäftsordnung ebenfalls das Wesen der zu erbringenden Prüfungs- und Beratungsleistungen zu definieren.[322]

Gem. IIA-Standard 1100 hat die Interne Revision unabhängig zu sein sowie die Internen Revisoren ihre Arbeit objektiv zu erfüllen. Die Auslegung zu diesem Standard verdeutlicht, was generell unter Unabhängigkeit und Objektivität zu verstehen ist.[323] Konkretisiert wird der IIA-Standard 1100 durch weitere IIA-Standards. Hierzu ist zuerst der IIA-Standard 1110 aufzuführen, der sich mit der organisatorischen Unabhängigkeit befasst. Demnach ist der Leiter der Internen Revision einer Ebene im Unternehmen zuzuordnen bzw. hat an diese bericht zu erstatten, die die Aufgabenerfüllung der Internen Revision gewährleistet.[324] Durch die Unterstellung zum Finanzvorstand wird diesem Sachverhalt Rechnung getragen. In diesem Zusammenhang hat der Finanzvorstand dann dem Vorstand die organisatorische Unabhängigkeit mindest jährlich zu

---

nen Revision funktional zu berichten hat, wird entsprechend der Eingliederung in der vorliegenden Betrachtung der Finanzvorstand als Substitut für den Begriff des Board verwendet. Eine Definition von Senior Management unterbleibt im Rahmen des Glossars, so dass hierunter gem. dem der Arbeit zu Grunde gelegten Betrachtungsgegenstand der Vorstand aufgefasst wird. Vgl. IIA-Standards, Glossary. Diese Festlegung gilt für alle weiteren Sachverhalte in den IIA-Standards, wenn keine gegenteiligen Aussagen gemacht werden.

In Bezug auf den Aufsichtsrat ist zu konstatieren, dass er im Rahmen seiner zustimmungspflichtigen Geschäfte festlegen kann, dass er an dem geschilderten Vorgehen beteiligt wird bzw. mittels der bereits erläuterten Informationsordnung über dieses Vorgehen benachrichtigt wird. Vgl. Abschnitt I.C.2. des ersten Hauptteils. Dieser Sachverhalt wird jedoch hier und in den weiteren Ausführungen, wenn nichts Gegenteiliges zum Ausdruck gebracht wird, vernachlässigt.

[322] Vgl. IIA-Standard 1000.A1; IIA-Standard 1000.C1.

[323] Vgl. IIA-Standard 1100.

[324] Vgl. IIA-Standard 1110.

bestätigen.[325] Der Umsetzungsstandard IIA-Standard 1110.A1 fügt für die Prüfungsleistungen hinzu, dass die Interne Revision bei der Bestimmung des Prüfungsumfangs, der Tätigkeitsdurchführung und der Berichterstattung über die Ergebnisse keiner Beeinflussung zu unterliegen hat. IIA-Standard 1111 legt fest, dass der Leiter der Internen Revision direkt mit der obersten Führungsebene kommuniziert und interagiert, was hier durch die Anbindung an den Finanzvorstand sichergestellt wird. Neben der organisatorischen Unabhängigkeit findet die persönliche Objektivität mittels des IIA-Standards 1120 vertiefend Berücksichtigung. So haben die Internen Revisoren im Rahmen ihrer Aufgabenerfüllung über die Eigenschaften der Unparteilichkeit und Unvoreingenommenheit zu verfügen sowie sämtliche Interessenkonflikte zu vermeiden.[326] Der Bereich der Unabhängigkeit und Objektivität schließt mit dem IIA-Standard 1130 zu deren Beeinträchtigung. So sind bei einer tatsächlich vorliegenden oder bei Anzeichen zur Beeinträchtigung der Unabhängigkeit und Objektivität die diesbezüglichen Details den entsprechenden Organisationseinheiten zu berichten, wobei die Art der Offenlegung von der individuellen Beeinträchtigung abhängig ist.[327] Es wird entsprechend der getroffenen Annahmen hier davon ausgegangen, dass die zuständigen Stellen für eine Offenlegung der Beeinträchtigungen der Leiter der Internen Revision für seine Mitarbeiter bzw. der Finanzvorstand bei wesentlichen Einschränkungen sind. Präzisiert werden die Beeinträchtigungen für Prüfungsleistungen dahingehend, dass Interne Revisoren Prüfungen nicht in den Bereichen vornehmen dürfen, für die

---

[325] Vgl. IIA-Standard 1110, der diese Bestätigung aber durch den Leiter der Internen Revision gegenüber der Einheit, an die er funktional berichtet, vorsieht, was aufgrund des verwendeten Betrachtungsgegenstands und gem. der getroffenen Festlegungen aber entsprechend der aufgeführten Vorgehensweise ausgelegt wird.

[326] Vgl. IIA-Standard 1120, insbesondere seine Interpretation, die sich mit Interessenkonflikten auseinandersetzt.

[327] Vgl. IIA-Standard 1130, vor allem seine Auslegung, die Beispiele für die Beeinträchtigung nennt sowie Erläuterungen zur Bestimmung der zuständigen Stellen, an die die Beeinträchtigungen zu berichten sind, enthält.

sie in der Vergangenheit verantwortlich waren,[328] und dass Prüfungen von Einheiten im Unternehmen, die dem Verantwortungsbereich des Leiters der Internen Revision unterliegen, von einer der Internen Revision externen Einheit zu überwachen sind.[329] Hinsichtlich der Beratungsleistungen ist festzustellen, dass Interne Revisoren diese auch für Bereiche erbringen dürfen, für die sie in der Vergangenheit die Verantwortung hatten,[330] und dass potenzielle Beeinträchtigungen in Bezug auf die Unabhängigkeit und Objektivität dem Auftraggeber, hier dem Finanzvorstand, vor Auftragsannahme zu berichten sind.[331]

Aus IIA-Standard 1200 folgt, dass Aufträge der Internen Revision mit Fachkompetenz sowie beruflicher Sorgfaltspflicht auszuüben sind. Den Bereich der Fachkompetenz präzisiert der IIA-Standard 1210. Hiernach müssen Interne Revisoren die notwendigen Kenntnisse, Fertigkeiten und weitere Eigenschaften besitzen, um ihrer individuellen Verantwortung zu entsprechen.[332] Diese Aussage gilt auch für die gesamte Interne Revision, wobei sie sich bei einem Mangel die entsprechenden Kompetenzen anzueignen hat. In der Interpretation dieses Standards wird erweiternd u. a. darauf hingewiesen, dass Berufsqualifikationen, wie z. B. der CIA, zur Stärkung der Fachkompetenz beitragen. Umsetzungsstandards in Bezug auf Prüfungs- und Beratungsleistungen finalisieren den Abschnitt der Fachkompetenz. Hinsichtlich Beratungsaufträgen und vorliegender fehlender Fachkompetenz der Internen Revisoren zu deren Erfüllung hat der Leiter der Internen Revision entweder den Auftrag abzulehnen oder sich professionelle Unterstützung zu besorgen.[333] Für Prüfungsleis-

---

[328] Vgl. IIA-Standard 1130.A1, der des Weiteren darauf hinweist, dass die Objektivität als eingeschränkt angesehen werden kann, wenn der Interne Revisor ein Objekt prüft, für das er im Laufe des zurückliegenden Jahrs Verantwortung getragen hat.

[329] Vgl. IIA-Standard 1130.A2.

[330] Vgl. IIA-Standard 1130.C1.

[331] Vgl. IIA-Standard 1130.C2.

[332] Vgl. hierzu und in der Folge IIA-Standard 1210.

[333] Vgl. IIA-Standard 1210.C1.

tungen gilt bei Existenz mangelnder Fachkompetenz der Zwang des Einholens
entsprechender Hilfe durch den Leiter der Internen Revision.[334] Ferner wird
explizit darauf hingewiesen, dass Interne Revisoren über ausreichende Kenntnisse zur Risikoeinschätzung doloser Handlungen und zu deren Umgang im
Unternehmen, ohne jedoch die Expertise eines Fachmanns für dolose Handlungen aufweisen zu müssen,[335] sowie auf dem Gebiet der IT, d. h. vorhandene
IT-gestützte Prüfungsmethoden sowie wesentliche IT-Risiken und -Kontrollen,
verfügen müssen.[336] Der Fachkompetenzdarstellung schließt sich der IIA-
Standard 1220 zur beruflichen Sorgfaltspflicht an. Es wird verlangt, dass Interne Revisoren bei ihrer Tätigkeit die Sorgfalt und den Sachverstand eines seine
Arbeit vernünftig ausführenden Internen Revisors einsetzen, wobei dieses
aber nicht mit einer Fehlerlosigkeit gleichzusetzen ist.[337] Mit Hilfe von Umsetzungsstandards wird die berufliche Sorgfaltspflicht im Rahmen von Prüfungs-
und Beratungsleistungen spezifiziert. So zählen die IIA-Standards 1220.A1
und 1220.C1 Sachverhalte für deren Einhaltung auf. Genannt wird z. B. die Beachtung der Prüfungs- bzw. Beratungskosten in Relation zum potenziellen
Nutzen.[338] Im Hinblick auf Prüfungen wird weiterhin angeführt, dass der Einsatz von automatisierten Prüfungstechniken und Datenanalysemethoden in
Erwägung zu ziehen ist.[339] Interne Revisoren haben darüber hinaus aufmerksam in Bezug auf die die Unternehmensentwicklung wesentlich beeinflussen-
den Größen zu sein, ohne aber eine Garantie, diese bei der Prüfung gänzlich
zu identifizieren.[340] Der gesamte Abschnitt zur Fachkompetenz und berufli-

---

[334]   Vgl. IIA-Standard 1210.A1.

[335]   Vgl. IIA-Standard 1210.A2.

[336]   Vgl. IIA-Standard 1210.A3, der aber gleichzeitig klarstellt, dass nicht alle Interne Revi-
        soren dieselbe Kompetenz wie ein IT-Revisor haben müssen.

[337]   Vgl. IIA-Standard 1220.

[338]   Vgl. hierzu und zu den weiteren zu beachtenden Punkten IIA-Standard 1220.A1 und
        1220.C1.

[339]   Vgl. IIA-Standard 1220.A2.

[340]   Vgl. IIA-Standard 1220.A3.

chen Sorgfaltspflicht endet mit dem IIA-Standard 1230, der eine fortlaufende Weiterbildung der Internen Revisoren zur Einhaltung ihrer Aufgaben vorsieht.

Einige Aufgaben des Leiters der Internen Revision sind bereits in den vorgenannten Ausführungen deutlich geworden. Vor allem kommt ihm aber gem. IIA-Standard 1300 die Aufgabe zu, ein Qualitätssicherungs- und -verbesserungsprogramm zu entwickeln und aufrecht zu erhalten, das sämtliche Aspekte der Internen Revision abdeckt. Die Auslegung dieses Standards verdeutlicht, dass das in Rede stehende Programm derart auszugestalten ist, dass damit eine Bewertung der Internen Revision hinsichtlich ihrer Übereinstimmung mit der Definition und den IIA-Standards bzw. der Internen Revisoren in Bezug auf die Einhaltung des Ethikkodex möglich ist.[341] Mit dem Programm sind zusätzlich die Beurteilung der Effizienz und Effektivität der Internen Revision sowie die Identifizierung von Verbesserungen sicherzustellen. Klargestellt wird durch den IIA-Standard 1310, dass das Programm interne und externe Messungen sowie Bewertungen bzw. Beurteilungen zu umfassen hat. Im Rahmen der internen hat es sich einerseits um permanente, in den gewöhnlichen Arbeitsablauf der Internen Revision eingebundene Maßnahmen, mit denen die Interne Revision geleitet wird, sowie andererseits um periodische Maßnahmen, die entweder selbstständig durch die Interne Revision oder durch im Unternehmen existierende Personen mit ausreichender Kenntnis über den Tätigkeitsbereich der Internen Revision vorzunehmen sind, zu handeln.[342] In Ergänzung zu den internen Messungen und Bewertungen bzw. Beurteilungen ist mindestens alle fünf Jahre eine entsprechende Maßnahme durch qualifizierte und unabhängige unternehmensexterne Personen zu leisten, wobei der Leiter der Internen Revision mit dem Finanzvorstand über eine häufigere Anwendung der externen Prüfung und über die sie durchführenden

---

[341] Vgl. hierzu und in der Folge IIA-Standard 1300.

[342] Vgl. IIA-Standard 1311.

Personen diskutieren muss.[343] Über die Ergebnisse des Programms hat der Leiter dann dem Finanzvorstand und Vorstand bericht zu erstatten.[344] Die Form, der Inhalt und die Häufigkeit der Informationen sind durch den Finanzvorstand und Vorstand festzulegen. Dabei sind die Resultate, die den Einhaltungsgrad in Bezug auf die Definition, den Ethikkodex und die IIA-Standards zu enthalten haben, der internen periodischen und externen Prüfungen direkt nach ihrer Beendigung sowie die der permanenten Überwachung mindestens jährlich zu kommunizieren. In diesem Zusammenhang darf der Leiter der Internen Revision den Terminus „Conforms with the International Standards for the Professional Practice of Internal Auditing"[345] nur verwenden, wenn die Ergebnisse diese Aussage bestätigen.[346] Liegt hingegen eine Abweichung von der Definition, vom Ethikkodex oder von den IIA-Standards vor, die die gänzliche Tätigkeit der Internen Revision beeinflusst, so hat der Interne Revisionsleiter diesen Mangel und seine Auswirkungen dem Finanzvorstand und Vorstand zu berichten.[347] Hier ist insbesondere anzumerken, dass auch der Aufsichtsrat durch den Vorstand über die genannten Resultate informiert werden sollte, da er sich damit ein umfängliches Bild über die Interne Revision verschaffen kann.[348] Entsprechendes ist somit in der bereits angesprochenen Informationsordnung zu verankern.

Insgesamt lässt sich aus dem Bereich der IIA-Standards zum Qualitätssicherungs- und -verbesserungsprogramm ableiten, dass ein Qualitätsmanagementsystem in der Internen Revision einzuführen und zu pflegen ist, das den ge-

---

[343]   Vgl. IIA-Standard 1312, insbesondere seine Interpretation, die sich mit den Anforderungen an die externen Prüfer auseinandersetzt.

[344]   Vgl. hierzu und in der Folge IIA-Standard 1320.

[345]   IIA-Standard 1321 (im Original hervorgehoben), der damit die Übereinstimmung mit den IIA-Standards meint.

[346]   Vgl. IIA-Standard 1321.

[347]   Vgl. IIA-Standard 1322.

[348]   Die Resultate aus der permanenten Überwachung sollten dabei im Jahresrhythmus mitgeteilt werden.

nannten Anforderungen gerecht wird. Wie dieses aussehen kann, wird im weiteren Verlauf der Arbeit dargelegt.

C. Ausführungsstandards und sie ergänzende Umsetzungsstandards

Den Ausgangspunkt der Ausführungsstandards und ihrer sie spezifizierenden Umsetzungsstandards markiert der IIA-Standard 2000. Hiernach ist der Leiter der Internen Revision verpflichtet, seine Abteilung im Hinblick auf die Gewährleistung einer wertschöpfenden Tätigkeitsausübung effektiv zu führen.[349] Unter einer effektiven Führung der Internen Revision wird dabei das Erreichen ihres Zwecks und das Gerechtwerden ihrer Verantwortung, wie in der Internen-Revisionscharter festgelegt, die Übereinstimmung mit der Definition und den IIA-Standards sowie aus Sicht der einzelnen Internen Revisoren die Einhaltung des Ethikkodex und der IIA-Standards verstanden, was mit dem eben erwähnten Qualitätsmanagementsystem erreicht werden kann.

Mit dem IIA-Standard 2010 wird dem Leiter der Internen Revision die Aufgabe zugeteilt, anhand einer risikobasierten Planung und gem. der Unternehmensziele die Prioritäten der Internen Revision zu bestimmen. Dieses umfasst die Entwicklung einer entsprechenden Planung durch den Leiter der Internen Revision, bei der das unternehmerische Risikomanagementregelwerk[350] und

---

[349] Vgl. hierzu und in der Folge IIA-Standard 2000.

[350] Unter Risikomanagement wird in den IIA-Standards ein Prozess zur Identifizierung, Messung und Bewertung, Steuerung sowie Überwachung potenzieller Ereignisse oder Situationen, die einen Einfluss auf die Zielerreichung haben, verstanden, mit dem es gilt, eine angemessene Sicherheit hinsichtlich der Unternehmenszielerfüllung zu gewährleisten. Vgl. IIA-Standards, Glossary. In diesem Zusammenhang ist anzumerken, dass das Risikomanagement entsprechend der Auffassung in dieser Arbeit als System bestehend aus Risikofrüherkennungssystem und seiner Überwachung anzusehen ist, in dem der gem. der IIA-Standards beschriebene Prozess in ablauforganisatorischer Sicht enthalten ist. Vgl. Abschnitt I.C.2. des ersten Hauptteils. Für eine umfassende Berücksichtigung des unternehmerischen Risikomanagementregelwerks hat daher der Leiter der Internen Revision das dieser Arbeit zu Grunde gelegte Verständnis bzw. die unternehmensindividuellen Sachverhalte zu beachten.

insbesondere das bei den verschiedenen Unternehmensaktivitäten bzw. Organisationseinheiten festgelegte, akzeptierte Risiko Berücksichtigung finden.[351]
Für die Planung von Prüfungsaufträgen gilt, dass diese mittels einer mindestens jährlich vorgenommenen Risikomessung und -bewertung bzw. -beurtei-
lung unter Hinzuziehen der Ansichten von Finanzvorstand und Vorstand zu
erfolgen hat.[352] In die Planung sind auch die akzeptierten Beratungsaufträge
zu integrieren, wobei der Leiter der Internen Revision im Rahmen der Annahme vorgeschlagener Aufträge ihre Auswirkungen auf die Verbesserung
des Risikomanagementsystems und der Geschäftsprozesse sowie auf die
Wertsteigerung berücksichtigen sollte.[353] Die gesamte Planung und den damit
verbundenen Ressourcenbedarf hat der Leiter der Internen Revision dem Finanzvorstand und Vorstand zu berichten sowie sich genehmigen zu lassen.[354]
Der Leiter der Internen Revision gewährleistet des Weiteren, dass die Mittel
der Internen Revision ausreichend und angemessen sind sowie effektiv verwendet werden, um die genehmigten Planungsinhalte zu erreichen.[355] Sein
Aufgabenspektrum umfasst auch das Aufstellen von Regelungen und Abläufen zur Leitung der Abteilung unter Beachtung der unternehmensindividuellen Situation.[356] Zur Minimierung von Doppelarbeiten und Sicherstellung der
Überwachung aller Organisationseinheiten sollte der Leiter der Internen Revision seine Informationen an alle unternehmensinternen und -externen Prü-
fungs- und Beratungseinheiten weitergeben sowie seine Arbeiten mit diesen

---

[351]   Vgl. IIA-Standard 2010, vor allem seine Interpretation.

[352]   Vgl. IIA-Standard 2010.A1.

[353]   Vgl. IIA-Standard 2010.C1.

[354]   Vgl. IIA-Standard 2020. Wesentliche zwischenzeitliche Änderungen sind ebenfalls zu
        kommunizieren und unterliegen einer Genehmigung. Der Leiter der Internen Revision
        informiert die genannten Organe ebenfalls über die Auswirkungen von Ressourcen-
        einschränkungen.

[355]   Vgl. IIA-Standard 2030, insbesondere seine Auslegung zur Spezifizierung der aufge-
        führten Begriffe.

[356]   Vgl. IIA-Standard 2040.

abstimmen.[357] Der letzte IIA-Standard zum Bereich der Führung der Internen Revision befasst sich mit der Berichterstattung des Leiters der Internen Revision gegenüber dem Finanzvorstand und Vorstand in Bezug auf Zweck, Befugnisse, Verantwortung und Einhaltung der Planungsvorgaben seines Verantwortungsbereichs.[358] Dieses hat unter zusätzlicher Aufführung wesentlicher Risiken, Führungs- und Überwachungsfragen, wozu auch das Risiko doloser Handlungen zählt, und weiterer vom Finanzvorstand und Vorstand benötigter oder nachgefragter Sachverhalte periodisch zu erfolgen. Die Häufigkeit und der Umfang der Berichterstattung werden mit dem Finanzvorstand und Vorstand in Abhängigkeit von der Bedeutung und Dringlichkeit der notwendigen Aktionen festgelegt.

Der nächste Abschnitt der IIA-Standards setzt sich mit den Arbeitsinhalten bzw. Tätigkeitsfeldern der Internen Revision auseinander. Wurde in der Vergangenheit zwischen Financial Auditing, Operational Auditing, Management Auditing und Internal Consulting differenziert,[359] so ist durch die gegenwärtigen IIA-Standards bzw. ihre Vorgängerversionen eine Neuausrichtung eingetreten, in der sich aber die genannten Bereiche wieder finden. Die Interne Revision hat somit mittels einer systematischen und zielgerichteten Vorgehensweise die vom Vorstand und seinen einzelnen Mitglieder eingeführten Systeme, das Risikomanagementsystem und das interne Überwachungssystem zu beurteilen sowie einen Beitrag zu deren Verbesserung zu leisten.[360]

---

[357] Vgl. IIA-Standard 2050.

[358] Vgl. hierzu und in der Folge IIA-Standard 2060.

[359] Vgl. zu diesen, die auch die Entwicklungsstufen der Internen Revision repräsentieren, Amling/Bantleon 2007, S. 53, die zusätzlich noch das Compliance Auditing aufführen, das aber in dieser Arbeit nicht als separates Gebiet angesehen wird, sondern den anderen Bereichen zugeordnet wird.

[360] Vgl. IIA-Standard 2100, wobei zu erwähnen ist, dass dieser und weitere IIA-Standards in diesem Zusammenhang von Prozessen sprechen, die aber Bestandteile der genannten Systeme sind, und die Interne Revision aber nicht nur ablauf-, sondern auch aufbauorganisatorische Aspekte zu berücksichtigen hat.

Gem. IIA-Standard 2110 hat die Interne Revision die vom Vorstand und seinen Mitgliedern implementierten Systeme zu beurteilen und angemessene Maßnahmen zu deren Verbesserung vorzuschlagen, damit mittels dieser Systeme die Ziele des Vorantreibens adäquater ethischer Regeln und Werte im Unternehmen, des Gewährleistens wirksamen unternehmerischen Performance Management und eindeutiger Verantwortlichkeiten, der Berichterstattung von Risiko- und Überwachungsinformationen an die entsprechenden Organisationseinheiten sowie der Abstimmung von Aktivitäten und Kommunikation von Aufsichtsrat, Vorstand und seinen einzelnen Mitgliedern, den gesamten nachgeordneten Führungsebenen sowie unternehmensexternen und -internen Überwachungspersonen bewältigt werden. Im Hinblick auf Prüfungsleistungen muss die Interne Revision in diesem Zusammenhang die Ausgestaltung, die Verwirklichung und die Effektivität der unternehmerischen ethikrelevanten Ziele, Programme und Tätigkeiten beurteilen.[361] Ferner hat sie zu beurteilen, ob die IT-Governance, bestehend aus Führung, Unternehmensstrukturen und Prozessen, die sicherstellen, dass die IT die Unternehmensstrategien und -ziele stärkt sowie unterstützt,[362] auch tatsächlich dieser Gewährleistung entspricht.[363] Bei Beratungsaufträgen ist darauf zu achten, dass deren Ziele mit den allgemeinen unternehmerischen Werten und Vorgaben konsistent sind.[364]

Der IIA-Standard 2120 konkretisiert das Risikomanagementsystem und zwar dahingehend, dass die Interne Revision seine Effektivität beurteilen muss und zu seiner Verbesserung beizutragen hat. In seiner Interpretation werden dann Ausführungen zu Beurteilungskriterien, u. a. ob wesentliche Risiken identifiziert und bewertet sind, vorgenommen.[365] Für den Bereich der Prüfung gilt, dass die Interne Revision Risiken bezogen auf die durch den Vorstand und

---

[361] Vgl. IIA-Standard 2110.A1.

[362] Vgl. IIA-Standards, Glossary.

[363] Vgl. IIA-Standard 2110.A2.

[364] Vgl. IIA-Standard 2110.C1.

[365] Vgl. IIA-Standard 2120.

seine Mitglieder implementierten Systeme, die Geschäftsprozesse und die Informationssysteme hinsichtlich der Verlässlichkeit und Integrität von finanziellen und betrieblichen Daten, der Wirksamkeit und Angemessenheit der Geschäftsprozesse, der Werterhaltung der Aktiva sowie der Einhaltung von Gesetzen und weiterer Vereinbarungen bzw. Regelungen beurteilen muss.[366] Die Interne Revision hat auch das mögliche Eintreten doloser Handlungen und den Umgang damit zu beurteilen.[367] Während der Erbringung von Beratungsleistungen sind Interne Revisoren dazu aufgefordert, Risiken in Verbindung mit den Auftragszielen zu adressieren und für wesentliche andere Risiken aufmerksam zu sein.[368] Interne Revisoren haben des Weiteren die im Rahmen von Beratungsleistungen identifizierten Risiken in die Beurteilung des Risikomanagementsystems einzubeziehen.[369] Letztlich gilt für Interne Revisoren, dass sie bei der Unterstützung des Vorstands, seiner einzelnen Mitglieder und der nachgeordneten Führungsebenen bei der Einführung und Weiterentwicklung des Risikomanagementsystems von einem Eingehen irgendeiner Führungsverantwortung Abstand zu nehmen haben.[370]

Abschließend ist im Rahmen der Tätigkeitsfelderbeschreibung der IIA-Standard 2130 zu nennen, wonach der Internen Revision das Assistieren des Unternehmens hinsichtlich der Erhaltung effektiver Überwachung durch die Beurteilung ihrer Wirksamkeit und Angemessenheit sowie durch die Unterstützung im Rahmen einer ständigen Verbesserung obliegt. Für die Prüfungsleistungen gilt, dass die Interne Revision die Überwachungseffektivität und -effizienz bezogen auf Risiken in den durch den Vorstand und seine Mitglieder implementierten Systemen, in den Geschäftsprozessen und in den Informationssystemen hinsichtlich der Verlässlichkeit und Integrität von finanziellen

---

[366] Vgl. IIA-Standard 2120.A1.

[367] Vgl. IIA-Standard 2120.A2.

[368] Vgl. IIA-Standard 2120.C1.

[369] Vgl. IIA-Standard 2120.C2.

[370] Vgl. IIA-Standard 2120.C3.

und betrieblichen Daten, der Wirksamkeit und Angemessenheit der Geschäftsprozesse, der Werterhaltung der Aktiva sowie der Einhaltung von Gesetzen und weiterer Vereinbarungen bzw. Regelungen evaluieren muss.[371] Des Weiteren sollen die Internen Revisoren die Zielfestlegungen von Geschäftsprozessen und Programmen dahingehend überwachen, inwieweit sie vorgegeben und mit den Unternehmenszielen kompatibel sind.[372] Der IIA-Standard 2130.A3 verlangt, dass Interne Revisoren Programme und Geschäftsprozesse derart überwachen sollen, ob diese so implementiert und durchgeführt werden wie erwartet und die erzielten Resultate mit den festgelegten Vorgaben übereinstimmen. Im Zuge der Erbringung von Beratungsaufträgen sind Interne Revisoren dazu angehalten, auftragszielkonforme Überwachungen zu adressieren und für wesentliche Überwachungsaspekte aufmerksam zu sein.[373] Interne Revisoren haben ferner die im Rahmen von Beratungsleistungen identifizierten Überwachungssachverhalte in die Beurteilung des internen Überwachungssystems einzubeziehen.[374]

Im Anschluss an die IIA-Standards zu den Tätigkeitsfeldern gehen weitere IIA-Standards auf die Planung einzelner Engagements ein. Gem. IIA-Standard 2200 müssen Interne Revisoren einen Plan für jeden Auftrag erarbeiten und diesen dokumentieren. Dabei sind die Engagementziele, der -umfang, die -zeitplanung und die zugeteilten -ressourcen festzuhalten.[375] Im Rahmen der Planung eines Auftrags haben Interne Revisoren auch die Ziele des zu überwachenden Bereichs und dessen Mittel bzw. Maßnahmen zur Überwachung seiner Performance, die wesentlichen Risiken des Bereichs, seine Ziele, Ressourcen und Geschäftsprozesse sowie die Mittel bzw. Maßnahmen, um die potenziellen Auswirkungen von Risiken in einem akzeptablen Rahmen zu halten,

---

[371]   Vgl. IIA-Standard 2130.A1.

[372]   Vgl. IIA-Standard 2130.A2.

[373]   Vgl. IIA-Standard 2130.C1.

[374]   Vgl. IIA-Standard 2130.C2.

[375]   Vgl. IIA-Standard 2200.

die Effizienz und Effektivität der Risikomanagementsysteme und Überwachungssysteme des in Rede stehenden Bereichs im Vergleich zu einem entsprechenden Überwachungsregelwerk oder -modell sowie die Möglichkeiten zur Durchführung bedeutsamer Verbesserungen der aufgeführten Systeme einfließen zu lassen.[376] Der IIA-Standard 2201.A1 spricht die Auftragsplanung im Hinblick auf unternehmensexterne Prüfungen an. Für die Planung einzelner Beratungsaufträge gilt, dass die Internen Revisoren mit ihren Auftraggebern, hier dem Finanzvorstand, die Ziele, den Umfang, die Verantwortlichkeiten und andere Auftraggebererwartungen abzustimmen haben.[377] Diese Abstimmung ist bei bedeutsamen Engagements schriftlich niederzulegen. Der IIA-Standard 2210 widmet sich den Auftragszielen. Hiernach sind für jedes Engagement Ziele zu bestimmen.[378] Bei einem Prüfungsauftrag sind Interne Revisoren im Rahmen der Planung verpflichtet, eine Risikobeurteilung des zu überwachenden Bereichs anzustellen, wobei die Engagementziele deren Ergebnis reflektieren müssen.[379] Zusätzlich ist bei der Bestimmung von Prüfungszielen die Wahrscheinlichkeit von bedeutsamen Fehlern, dolosen Handlungen, Nichtkonformität mit Regelungen und sonstigen Gefahren einzubeziehen.[380] Abschließend äußert sich der IIA-Standard 2210.A3 zu den Prüfungszielen. Danach haben Interne Revisoren zu eruieren, inwieweit die Führungsebenen adäquate Kriterien zur Evaluation der Zielerfüllung bestimmt haben.[381] Liegen geeignete vor, so sind sie durch die Interne Revision in deren Beurteilung zu integrieren. Existieren dagegen keine adäquaten Kriterien, haben die Internen Revisoren zusammen mit den Führungsebenen entsprechende zu erarbeiten. Die Ziele von Beratungsaufträgen haben denen mit dem Auf-

---

[376] Vgl. IIA-Standard 2201.

[377] Vgl. hierzu und in der Folge IIA-Standard 2201.C1.

[378] Vgl. IIA-Standard 2210.

[379] Vgl. IIA-Standard 2210.A1.

[380] Vgl. IIA-Standard 2210.A2.

[381] Vgl. hierzu und in der Folge IIA-Standard 2210.A3.

traggeber abgestimmten zu entsprechen.[382] Nach den Ausführungen zur Festlegung der Auftragsziele geht es im Folgenden um den Engagementumfang.
Dieser muss so bestimmt werden, dass die Ziele des Engagements erreicht
werden.[383] Im Rahmen der Bestimmung des Prüfungsumfangs sind relevante
Systeme, Dokumente, Personalkapazität und Vermögensgegenstände, auch
von Dritten, zu berücksichtigen.[384] Bei Prüfungen ist ferner zu beachten, dass
im Falle des Erkennens eines bedeutsamen Beratungsbedarfs eine spezielle
schriftliche Vereinbarung über die Ziele, den Umfang, die Verantwortlichkeiten und sonstigen Erwartungen getroffen werden soll sowie die Resultate des
Beratungsauftrags gem. der Beratungsstandards kommuniziert werden sollen.[385] Hinsichtlich des Umfangs bei Beratungsengagements ist konkretisierend
festzuhalten, dass Interne Revisoren einen Umfang bestimmen müssen, der
das Erreichen der vereinbarten Ziele gewährleistet.[386] Entwickeln Interne Revisoren während des Beratungsauftrags nun Zweifel an dem Umfang, so sind
diese mit dem Auftraggeber, dem Finanzvorstand, zu erörtern, um über die
Fortsetzung des Engagements zu bestimmen. IIA-Standard 2230 legt erweiternd zu den bisherigen IIA-Standards in Bezug auf die Auftragsplanung fest,
dass Interne Revisoren geeignete und ausreichende Ressourcen zur Zielerreichung bestimmen müssen, wobei dieses auf Basis der Komplexität und Art jedes Auftrags, der Zeitrestriktionen und der verfügbaren Ressourcen zu erfolgen hat. Den letzten Abschnitt im Rahmen der Auftragsplanung markieren die
IIA-Standards zum Auftragsarbeitsprogramm. Gem. IIA-Standard 2240 sind
Interne Revisoren dazu angehalten, Arbeitsprogramme zu erarbeiten und zu
dokumentieren, die zur Auftragszielerreichung beitragen. Während der Umsetzungsstandard 2240.A1 für Prüfungsprogramme festlegt, dass diese die Ar-
beitsschritte der Erkennung, Analyse, Bewertung bzw. Beurteilung und Do-

---

[382] Vgl. IIA-Standard 2210.C1.

[383] Vgl. IIA-Standard 2220.

[384] Vgl. IIA-Standard 2220.A1.

[385] Vgl. IIA-Standard 2220.A2.

[386] Vgl. hierzu und in der Folge IIA-Standard 2220.C1.

kumentation von Informationen während des Engagements zum Inhalt haben müssen sowie vor ihrer Durchführung einer Genehmigung unterliegen,[387] beinhaltet der IIA-Standard 2240.C1 für Beratungsprogramme lediglich, dass diese in Form und Inhalt je nach Auftrag unterschiedlich sein können.

Nach den Erläuterungen zur Planung einzelner Aufträge, geht es im Weiteren um die Durchführung des Engagements. IIA-Standard 2300 stellt in diesem Zusammenhang klar, dass Interne Revisoren ausreichende Informationen erkennen, analysieren, bewerten bzw. beurteilen und dokumentieren müssen, um die festgelegten Ziele zu erreichen. Im Hinblick auf die Erkennung wird damit ein Identifizieren hinreichender, verlässlicher, relevanter und nützlicher Informationen verbunden.[388] Die angemessene Analyse und Bewertung von Informationen stellt gem. IIA-Standard 2320 die Grundlage für Konklusionen und Auftragsresultate dar. Bedeutende Informationen sind dann zu dokumentieren, um die Schlussfolgerungen und Engagementresultate zu zementieren.[389] Für Prüfungen gilt, dass der Leiter der Internen Revision den Zugang zu den Aufzeichnungen steuert, die Daten vor Weitergabe an unternehmensexterne Einheiten einer Genehmigung durch den Vorstand und/oder durch einen Juristen unterzieht[390] sowie die Dauer der Dokumentenaufbewahrung in Abhängigkeit vom Speichermedium und in Übereinstimmung mit Unternehmensvorgaben und jeglichen anderen Regelungen determiniert.[391] In Bezug auf Beratungsunterlagen hat der Leiter der Internen Revision für deren Aufbewahrung Vorgaben, die konsistent mit den unternehmerischen Richtlinien und sonstigen Anforderungen sein müssen, und Fristen zu erlassen sowie de-

---

[387] Nachträgliche Änderungen sind einer umgehenden Bewilligung zu unterziehen. Vgl. IIA-Standard 2240.A1.

[388] Vgl. IIA-Standard 2310, insbesondere seine Interpretation, die darlegt, was unter den genannten Informationseigenschaften zu verstehen ist.

[389] Vgl. IIA-Standard 2330.

[390] Vgl. IIA-Standard 2330.A1.

[391] Vgl. IIA-Standard 2330.A2.

ren Veröffentlichung an unternehmensinterne und -externe Einheiten zu regeln.[392] Den Abschluss der IIA-Standards zur Auftragsdurchführung bildet
der IIA-Standard 2340. Hiernach ist die Engagementdurchführung angemessen zu überwachen, um die Zielerreichung, die Qualitätssicherung und die
Personalentwicklung zu gewährleisten.[393] Die Auslegung dieses Standards
gibt Hinweise, was unter der Angemessenheit zu verstehen ist. Hier soll aber
nur darauf hingewiesen werden, dass geeignete Beweise für die Vornahme der
Überwachung festzuhalten und aufzubewahren sind.

Ausführungen zur Kommunikation der Auftragsergebnisse stellen einen weiteren Bereich in den IIA-Standards dar. So legt der IIA-Standard 2400 fest, dass
Interne Revisoren die Engagementresultate mitteilen müssen. Im Rahmen des
IIA-Standards 2410 wird konkretisiert, welche Kriterien an die Berichterstattung gestellt werden. Inhalt der Berichterstattung sind demnach die Auftragsziele und der -umfang sowie zutreffende Konklusionen, Empfehlungen und
Aktionspläne.[394] Bei Prüfungen ist erweiternd festzuhalten, dass die finale Berichterstattung, wenn notwendig, eine Gesamtbeurteilung und/oder -konklu-
sion umfassen muss,[395] dass befriedigende Leistungen Eingang in die Berichterstattung finden sollten[396] und dass bei der Weitergabe von Prüfungsresulta-
ten an unternehmensexterne Einheiten ein Vermerk über deren Verteilungs-
und Gebrauchsumfang zu erfolgen hat.[397] Hinsichtlich der Berichterstattung
über die Entwicklung und Resultate von Beratungsaufträgen ist anzumerken,
dass diese in Art und Inhalt je nach Auftrag unterschiedlich ausgestaltet sein
können.[398] Neben den Kriterien gehen die IIA-Standards auch auf die Qualität

---

[392]   Vgl. IIA-Standard 2330.C1.

[393]   Vgl. hierzu und in der Folge IIA-Standard 2340.

[394]   Vgl. IIA-Standard 2410.

[395]   Vgl. IIA-Standard 2410.A1.

[396]   Vgl. IIA-Standard 2410.A2.

[397]   Vgl. IIA-Standard 2410.A3.

[398]   Vgl. IIA-Standard 2410.C1.

der Kommunikation ein. Der IIA-Standard 2420 verbindet damit eine zutreffende, objektive, eindeutige, prägnante, konstruktive, vollständige und zeitgerechte Berichterstattung.[399] Durch den IIA-Standard 2421 wird hervorgehoben, dass im Falle von signifikanten Fehlern bzw. Unterlassungen im Rahmen des finalen Reports der Leiter der Internen Revision die korrigierten Informationen sämtlichen Einheiten mitzuteilen hat, die die ursprüngliche Version erhalten haben. Der IIA-Standard 2430 sieht ferner vor, dass Interne Revisoren den Terminus „Conducted in Conformance with the International Standards for the Professional Practice of Internal Auditing"[400] im Rahmen der Auftragsberichterstattung nur verwenden dürfen, wenn die Ergebnisse des Qualitätssicherungs- und -verbesserungsprogramms diese Aussage stützen. Trifft hingegen eine Nichtübereinstimmung mit der Definition, dem Ethikkodex und den IIA-Standards für ein spezifisches Engagement zu, so hat die Berichterstattung die Bereiche des Ethikkodex und/oder den bzw. die IIA-Standard(s), die nicht eingehalten worden sind, den Grund bzw. die Gründe für die Nichteinhaltung sowie ihre Auswirkung auf den Auftrag und die Kommunikationsergebnisse zu umfassen.[401] Diesen Aussagen schließt sich der IIA-Standard 2440 an, der bestimmt, dass der Leiter der Internen Revision alle relevanten Einheiten über die Auftragsergebnisse in Kenntnis setzt. Gem. der Auslegung dieses IIA-Standards hat der Leiter der Internen Revision oder eine designierte Person den finalen Bericht durchzusehen sowie zu genehmigen und zwar vor Herausgabe und der Entscheidung an wen und wie dieses zu erfolgen hat.[402] Im Hinblick auf die finale Mitteilung der Prüfungsergebnisse konkretisiert der IIA-Standard 2440.A1, dass der Leiter der Internen Revision für die Verteilung derselben an die Einheiten, die dieser entsprechend Beachtung schenken, verantwortlich ist. Im Falle der Prüfungsergebnisverbreitung an unternehmensex-

---

[399] Vgl. zur Erläuterung der aufgeführten Begriffe die Interpretation des IIA-Standards 2420.

[400] IIA-Standard 2430 (im Original hervorgehoben).

[401] Vgl. IIA-Standard 2431.

[402] Vgl. IIA-Standard 2440.

terne Einheiten ist der Leiter der Internen Revision dazu angehalten, wenn
keine regulatorischen Einwände bestehen, vor Bekanntgabe das Risiko zu evaluieren, den Vorstand und/oder, falls erforderlich, einen Rechtsberater zu
konsultieren sowie den Rahmen der Weitergabe zu limitieren.[403] Der Leiter der
Internen Revision ist des Weiteren für die Verbreitung der finalen Beratungs-
berichte an die Auftraggeber, hier den Finanzvorstand, verantwortlich.[404]
Werden im Laufe von Beratungsaufträgen wesentliche unternehmerische
Sachverhalte identifiziert, so sind diese dem Finanzvorstand, der diese an den
Vorstand weiterleitet, mitzuteilen.[405]

Dem Leiter der Internen Revision wird auch die Aufgabe zugeteilt, ein System
zur Überwachung der Umsetzung der in den Berichten festgehaltenen Ergebnisse zu entwickeln und aufrecht zu erhalten.[406] Für Prüfungsfeststellungen
gilt, dass der Leiter der Internen Revision ein entsprechendes Follow-up-
Verfahren zur Überwachung und Gewährleistung der effektiven Umsetzung
der durch die Führungsebenen eingeleiteten Aktionen etablieren muss.[407] Dieses Verfahren umfasst auch die Tatsache, dass der Vorstand das Risiko ohne
Gegenmaßnahmen akzeptiert. Nach IIA-Standard 2500.C1 überwacht die Interne Revision die Umsetzung der Beratungsresultate in dem mit dem Auftraggeber, hier dem Finanzvorstand, verabredeten Ausmaß.

Den Abschluss der IIA-Standards bildet der IIA-Standard 2600, der sich mit
dem Entschluss des Vorstands über die Risikoakzeptanz auseinandersetzt.
Demnach hat der Leiter der Internen Revision im Falle einer Risikoakzeptanz
durch den Vorstand, die seiner Meinung nach für das Unternehmen nicht ak-

---

[403]   Vgl. IIA-Standard 2440.A2.

[404]   Vgl. IIA-Standard 2440.C1.

[405]   Vgl. IIA-Standard 2440.C2.

[406]   Vgl. IIA-Standard 2500.

[407]   Vgl. hierzu und in der Folge IIA-Standard 2500.A1.

zeptabel sein könnte, dieses mit dem Vorstand zu diskutieren.[408] Der IIA-Standard sieht des Weiteren im Falle keiner Einigung vor, dass der Leiter der Internen Revision den Sachverhalt zur Entscheidung dem Aufsichtsrat vorzulegen hat. Da gem. dem in der vorliegenden Untersuchung zu Grunde gelegten Betrachtungsgegenstand dem Vorstand die Unternehmensführung zu kommt, die Interne Revision dem Finanzvorstand zugeordnet wird und davon ausgegangen wird, dass dieser Sachverhalt keiner Zustimmung durch den Aufsichtsrat obliegt, wird die Entscheidung des Vorstands hier als maßgebend angesehen.

Anhand der IIA-Standards unter Berücksichtigung des der Arbeit zu Grunde gelegten Untersuchungsgegenstands bzw. weiterer Annahmen ist das Grundverständnis der Internen Revision erarbeitet worden, das die Basis für die weiteren Ausführungen darstellt.

---

[408]   Vgl. hierzu und in der Folge IIA-Standard 2600.

III. Zwischenfazit

Einen wesentlichen Bestandteil der Corporate Governance, verstanden als sämtliche unternehmensverwaltungsinternen und -externen Mechanismen, die sicherstellen, dass eine langfristige Wertsteigerung erzielt werden kann, stellt die Interne Revision dar.

Gem. der dieser Arbeit zu Grunde gelegten betriebswirtschaftlichen Auslegung des § 91 Abs. 2 AktG hat der Vorstand ein internes Überwachungssystem einzurichten, in dem die Interne Revision mit folgendem Verständnis eingebettet ist: „Die Interne Revision erbringt unabhängige und objektive Prüfungs- und Beratungsdienstleistungen, welche darauf ausgerichtet sind, Mehrwerte zu schaffen und die Geschäftsprozesse zu verbessern. Sie unterstützt die Organisation bei der Erreichung ihrer Ziele, indem sie mit einem systematischen und zielgerichteten Ansatz die Effektivität des Risikomanagements, der Kontrollen und der Führungs- und Überwachungsprozesse bewertet und diese verbessern hilft."[409] Es handelt sich somit bei der Internen Revision um ein Instrument der Unternehmensführung.

Die Existenz der Internen Revision lässt sich auch aus der Principal-Agent-Theorie ableiten. So trägt die Interne Revision zur Reduzierung des Principal-Agent-Problems zwischen Vorstand und nachgeordneten Stellen unmittelbar sowie zwischen Anteilseignern und Vorstand mittelbar bei.

Für die Interne Revision besteht ein umfangreiches Vorschriftengeflecht, in das auch weitere Corporate-Governance-Teilnehmer, wie z. B. der Aufsichtsrat und Abschlussprüfer, eingebunden sind. Als bedeutsame Komponente dieses Geflechts sind die berufsständischen Normen der Internen Revision bzw. Internen Revisoren anzusehen, wobei die IIA-Standards neben der eben aufge-

---

[409] DIIR/IIA 2009, Definition Interne Revision.

führten Definition und dem Ethikkodex die Grundlage für ihre Tätigkeitsausübung darstellen.

Eine wesentliche Forderung der IIA-Standards ist die Einrichtung und Pflege
eines Programms zur Qualitätssicherung und -verbesserung, das sämtliche
Aspekte der Internen Revision abdeckt sowie die Effektivitäts- und Effizienzbeurteilung der Internen Revision ermöglicht. Abgeleitet hiervon ist die Entwicklung und Implementierung eines Qualitätsmanagementsystems in der Internen Revision zwingend vorzunehmen. Dieses ergibt sich auch aus der Forderung der IIA-Standards, dass der Leiter der Internen Revision die Interne
Revision wirksam zu führen hat. Die Einführung eines entsprechenden Systems resultiert, wie im nächsten Abschnitt gezeigt wird, ebenfalls aus Sicht der
wertorientierten Unternehmensführung.

Zweiter Hauptteil:

Bedeutung, Grundlagen und theoretische Ausgestaltung eines Qualitätsmanagements in der Internen Revision

I. Bedeutung eines Qualitätsmanagements in der Internen Revision aus Sicht der wertorientierten Unternehmensführung und des Berufsstands

A. Bedeutung eines Qualitätsmanagements in der Internen Revision aus Sicht der wertorientierten Unternehmensführung

1. Entwicklung und Bedeutung der wertorientierten Unternehmensführung

Die Integration des Unternehmenswerts in das unternehmerische Zielsystem und die damit verbundene wertorientierte Unternehmensführung haben ihren Ausgangspunkt in den USA.[410] US-amerikanische Wirtschaftswissenschaftler, insbesondere Rappaport, erarbeiteten Anfang der 1980er Jahre grundlegende Ansätze zur wertorientierten Unternehmensführung, die auch als Shareholder-Value-Ansätze bezeichnet werden.[411] Zuerst verwendet in den USA als einmalige Entscheidungshilfe bei Restrukturierungen von Unternehmen, um die Auswirkungen von Geschäftsbereichsveräußerungen, Akquisitionen oder Geschäftsbereichsausgliederungen und deren Verselbständigung auf den Unternehmenswert zu analysieren, hat die Wertorientierung dort Berücksichtigung in der gesamten Unternehmensführung und auch in Deutschland Eingang gefunden.[412] So stellt die Steigerung bzw. Maximierung des Unternehmenswerts ein bedeutsames Ziel in deutschen Unternehmen dar.[413] Für den Begriff des Unternehmenswerts gilt in diesem Zusammenhang, dass hierunter der

---

[410] Vgl. hierzu und in der Folge Günther 1997, S. 1.

[411] Vgl. Rappaport 1981; Rappaport 1986; Rappaport 1999 als deutsche Übersetzung.

[412] Vgl. Horváth 2009, S. 449 f.

[413] Vgl. die empirischen Ergebnisse bei Fischer/Rödl 2007, S. 8 f.; Günther/Gonschorek 2006, S. 6 f.

Marktwert des Eigenkapitals, auch bezeichnet als Shareholder Value, zu verstehen ist.[414]

Als Gründe für die Shareholder-Value-Ausrichtung sind vor allem der Abbau von Informationsasymmetrien zwischen der Unternehmensführung und den Anteilseignern, die Kritik an den traditionellen Führungsgrößen, wie z. B. dem Return on Investment, die wachsende Bedeutung institutioneller und internationaler Investoren sowie der zunehmende internationale Wettbewerb um Kapital zu nennen.[415] In Bezug auf den Shareholder-Begriff ist zu konstatieren, dass hierunter nicht nur Aktionäre, sondern allgemein Eigentümer eines Unternehmens unabhängig von der Rechtsform und Größe zu verstehen sind.[416] Hier wird entsprechend für den der Untersuchung als Basis dienenden Betrachtungsgegenstand von Aktionären einer börsennotierten Aktiengesellschaft ausgegangen. Der Aktionär verfolgt das Erreichen einer höchstmöglichen Rendite, die sich aus den Dividendenzahlungen und Verkaufsgewinnen der Aktien zusammensetzt,[417] wobei dieser Arbeit eine langfristige Aktionärssicht zu Grunde gelegt wird. Mit der Ausrichtung am Unternehmenswert wird diesem Ziel entsprochen und gleichzeitig den weiteren Stakeholderinteressen Rechnung getragen.[418]

Somit ist die langfristige Unternehmenswertmaximierung als unternehmerisches Oberziel zu verankern,[419] an dem sämtliche Unternehmensaktivitäten

---

[414]   Anzumerken ist, dass teilweise der Unternehmensgesamtwert, d. h. die Summe aus
        Marktwert des Eigenkapitals und Marktwert des Fremdkapitals als zu optimierende
        Größe im Rahmen der wertorientierten Unternehmensführung, Anwendung findet.

[415]   Vgl. hierzu und zu weiteren Gründen Palli 2004, S. 49–76.

[416]   Vgl. Bakhaya 2006, S. 31 f.

[417]   Vgl. Bakhaya 2006, S. 32.

[418]   Vgl. Diederichs/Kißler 2008, S. 20–22; Mausbach 2008, S. 201; Rappaport 1999, S. 6–9.

[419]   Vgl. allgemein zu den Zielen eines Unternehmens Wöhe/Döring 2008, S. 74–81.

und Organisationseinheiten auszurichten sind.[420] Hierzu liegt mittlerweile eine Vielzahl von Konzepten und Modellen vor, die aber kaum vollständig in der Praxis realisiert werden.[421] In diesem Zusammenhang hat sich auch die Interne Revision unter Verwendung geeigneter Konzepte und Modelle wertorientiert zu verhalten, was sich bereits in ihrer Definition widerspiegelt.[422]

Bevor jedoch auf die Interne Revision konkret eingegangen wird, erfolgt im nächsten Abschnitt die Präsentation, wie sich der Unternehmenswert ermitteln lässt, wobei darauf hinzuweisen ist, dass der so berechnete Shareholder Value nicht unbedingt mit dem Börsenwert des Unternehmens übereinstimmt.[423] Dieses ist darin begründet, dass der Börsenkurs neben realwirtschaftlichen auch markttechnische sowie spekulative Einflussfaktoren berücksichtigt.[424]

2. Ermittlung des Unternehmenswerts

Für die Berechnung des Shareholder Value bieten sich die sog. Discounted-Cash-Flow-Verfahren an. Dabei wird zwischen dem Nettoansatz (Equity-Methode) und Bruttoansatz (Entity-Methode) unterschieden, wobei letzterer den Weighted-Average-Cost-of-Capital (WACC)-Ansatz, Total-Cash-Flow-Ansatz und Adjusted-Present-Value-Ansatz umfasst.[425] Aufgrund der hohen

---

[420] Vgl. Coenenberg/Salfeld 2007, S. 3, die dieses als wertorientierte Unternehmensführung bezeichnen. In diesem Zusammenhang erfährt der in der Arbeit verwendete Begriff der Unternehmensführung an dieser Stelle somit eine Erweiterung um die dem Vorstand nachgelagerten Managementstellen.

[421] Vgl. Coenenberg/Salfeld 2007; Weber et al. 2004.

[422] Vgl. Abschnitt I.C.2. des ersten Hauptteils.

[423] Vgl. Lücke 2001, S. 59.

[424] Vgl. Coenenberg/Salfeld 2007, S. 18.

[425] Vgl. Kußmaul 2007, S. 347.

Bedeutung des WACC-Ansatzes in Theorie und Praxis wird nur dieser im Weiteren verwendet.[426]

Die Ermittlung des Shareholder Value auf dieser Grundlage sieht zunächst die Berechnung des Unternehmensgesamtwerts durch eine Diskontierung der prognostizierten zukünftigen Free Cash Flows mit dem gewichteten Gesamt-kapitalkostensatz WACC sowie eine Berücksichtigung des nicht betriebsnot-wendigen Vermögens vor:

$$(1) \quad W = \sum_{t=1}^{T} \frac{CF_t}{(1+WACC)^t} + NBV,$$

mit W = Marktwert des Gesamtkapitals, Unternehmensgesamtwert,

t = Periodenindex,

T = Periodensumme, Nutzungszeit mit $t = 1, 2, ..., T$,

CF_t = Free Cash Flow der Periode t und

NBV = Barwert des nicht betriebsnotwendigen Vermögens.[427]

Nach der Berechnung des Unternehmensgesamtwerts wird dann der Markt-wert des Fremdkapitals von diesem subtrahiert, um den Shareholder Value zu erhalten:

$$(2) \quad \text{Shareholder Value} = W - M_F,$$

mit M_F = Marktwert des Fremdkapitals.

---

[426]   Vgl. Hüllmann 2003, S. 71 m. w. N. Vgl. zu den anderen Verfahren Kußmaul 2007, S. 347 f.; ergänzend zum Adjusted-Present-Value-Ansatz und Equity-Ansatz IDW 2007, Rn. 371–380, S. 136–139.

[427]   Vgl. hierzu, zur Ermittlung der einzelnen Variablen und in der Folge IDW 2007, Rn. 344–370, S. 126–135, wobei anzumerken ist, dass dem WACC-Ansatz, wie auch bei der Darstellung des IDW, teilweise ein Phasenmodell zu Grunde gelegt wird, das ei-nen Detailplanungszeitraum der Free Cash Flows und eine danach folgende fernere Phase unter der Annahme konstanter Free Cash Flows umfasst, was aber im Rahmen der vorliegenden Untersuchung durch den ersten Term der Gleichung (1) ersetzt wird.

Es lässt sich festhalten, dass anhand des WACC-Ansatzes der Shareholder Value, verstanden als Discounted Cash Flow, bestimmt werden kann. Unter Abwägung seiner Vor- und Nachteile stellt der Discounted Cash Flow eine geeignete Spitzenkennzahl für die Verankerung des unternehmerischen Oberziels der Maximierung des Shareholder Value dar.[428]

3.   **Auswirkung auf die Interne Revision – Notwendigkeit des Nachweises ihres Wertbeitrags und ihrer Wertsteigerung**

a)   **Wertorientierung in allen Unternehmensbereichen – auch in der Internen Revision**

Für die wertorientierte Unternehmensführung und damit die umfassende Zielverfolgung ergibt sich aus den vorstehenden Darlegungen, dass sämtliche Unternehmensaktivitäten und Organisationseinheiten auf die Steigerung bzw. Maximierung des Discounted Cash Flow mittels einer wertorientierten Führung auszurichten sind.[429]

Hieraus folgt für die Interne Revision, dass sie wertorientiert zu führen ist und verdeutlichen muss, welchen Wertbeitrag sie für das Unternehmen erbringt bzw. wie sie ihren Wert erhöht und damit zur Wertsteigerung des Unternehmens beiträgt. Diesen Nachweis hat die Interne Revision bereits aus ihrem Selbstverständnis der Mehrwerterzeugung[430] und ihrer Legitimation im Unternehmen vorzunehmen.

---

[428]   Vgl. Bakhaya 2006, S. 149–153. In der Theorie und Praxis finden alternativ zum Discounted Cash Flow weitere unternehmenswertorientierte Spitzenkennzahlen Berücksichtigung. Vgl. Bakhaya 2006, S. 153–186. In der vorliegenden Arbeit wird jedoch entsprechend seiner Vorteile der Discounted Cash Flow als bevorzugte Kennzahl verwendet.

[429]   Vgl. Abschnitt I.A.1. und I.A.2. des zweiten Hauptteils.

[430]   Vgl. Abschnitt I.C.2. des ersten Hauptteils.

b)   Analyse der Möglichkeiten einer Wertbeitragsdarstellung der Internen Revision

Der Internen Revision ist es aus bestimmten Gründen nicht möglich, ihren Wertbeitrag gänzlich in monetärer Form im Sinne des WACC-Ansatzes zu ermitteln bzw. darzulegen.[431] So sind zwar ihre Kosten quantifizierbar, jedoch ihre Leistungen kaum monetär bestimmbar. Sie muss sich daher eines anderen Ansatzes bedienen. Hierfür bietet sich das Qualitätsmanagement an. Wie damit ein Wertbeitrag und die Wertsteigerung der Internen Revision ermittelt werden können, wird im weiteren Verlauf dargelegt.

Bevor hierauf vertiefend eingegangen wird, wird noch nach der eben vorgenommenen Erläuterung zur Bedeutung eines Qualitätsmanagements in der Internen Revision aus Sicht der wertorientierten Unternehmensführung die Relevanz eines Qualitätsmanagements aus der Sicht des Berufsstands präsentiert. Dazu wird sich des IIA und des DIIR bedient.

B.   Bedeutung eines Qualitätsmanagements in der Internen Revision aus Sicht berufsständischer Institutionen

1.   Institute of Internal Auditors

Das IIA als globale Berufsorganisation der Internen Revisoren legt die Bedeutung eines Qualitätsmanagements, wie bereits erläutert, in seinen IIA-Standards nieder.[432]

So ordnet das IIA dem Leiter der Internen Revision die Aufgabe zu, ein Qualitätssicherungs- und -verbesserungsprogramm zu entwickeln und aufrecht zu erhalten, das sämtliche Gesichtspunkte der Internen Revision abdeckt.[433] Das

---

[431]   Vgl. ausführlich und in der Folge Buderath/Langer 2007, S. 159 f.

[432]   Vgl. IIA-Standards 1300–1322; Abschnitt II.B. des ersten Hauptteils.

[433]   Vgl. hierzu und in der Folge IIA-Standard 1300.

in Rede stehende Programm ist derart auszugestalten, dass damit eine Bewertung der Internen Revision hinsichtlich der Übereinstimmung mit ihrer Definition und den IIA-Standards bzw. der Internen Revisoren in Bezug auf die Einhaltung des Ethikkodex möglich ist. Zusätzlich sind hiermit die Beurteilung der Effizienz und Effektivität der Internen Revision sowie die Identifizierung von Verbesserungen verbunden.

Insgesamt lässt sich zum Qualitätssicherungs- und -verbesserungsprogramm festhalten, dass ein Qualitätsmanagementsystem in der Internen Revision einzuführen und zu pflegen ist, das den genannten Anforderungen gerecht wird und damit als ein Führungssystem Anwendung findet. Abgeleitet werden kann dieses auch aus dem IIA-Standard 2000, wonach der Leiter der Internen Revision sie im Hinblick auf die Gewährleistung einer wertschöpfenden Tätigkeitsausübung effektiv zu führen hat.[434]

2. Deutsches Institut für Interne Revision e. V.

Das DIIR als Mitglied des IIA hat aufgrund der Bedeutung des Qualitätssicherungs- und -verbesserungsprogramms einen diesbezüglichen nationalen IIR-Revisionsstandard Nr. 3[435] sowie einen diesen Standard ergänzenden Leitfaden[436] veröffentlicht. Demnach versteht das DIIR unter dem Qualitätsmanagement „ein Programm zur Qualitätssicherung und -verbesserung, das alle Aspekte der Revisionsarbeit umfasst und zur kontinuierlichen Überwachung ihrer Wirksamkeit dient. Zweck des Qualitätsmanagements ist es, hinreichend sicherzustellen, dass die Arbeit der Internen Revision zur Wertsteigerung und Verbesserung der Geschäftsprozesse beiträgt."[437] Auch aus Sicht des DIIR ist das Qualitätsmanagement als ein Führungssystem in der Internen Revision zu

---

[434]   Vgl. Abschnitt II.C. des ersten Hauptteils.

[435]   Vgl. IIR-Revisionsstandard Nr. 3.

[436]   Vgl. IIR 2007; zur ersten Fassung IIR 2005.

[437]   IIR-Revisionsstandard Nr. 3, Präambel.

verankern. Bevor die theoretische Ausgestaltung eines Qualitätsmanagements präsentiert wird, erfolgen hierzu grundlegende Erläuterungen.

II. Qualität und Total Quality Management in der Internen Revision

A. Interne Revision als Dienstleister

1. Dienstleistung – Begriff und grundsätzliches Wesen

Zur Identifikation einer Leistung als Dienstleistung wird sich ihrer Charakteristika bedient. Hierzu zählen Immaterialität, Intangibilität, Unteilbarkeit, Vergänglichkeit, Integration des externen Faktors, Standortgebundenheit, Kundenindividualität und Variabilität.[438]

Eine Dienstleistung ist grundsätzlich immateriell und intangibel, d. h. sie und ihr Ergebnis sind generell „nicht körperlich greifbar"[439]. Trotzdem beinhaltet sie häufig auch einen Sachleistungsanteil, wie z. B. einen Abschlussbericht. Einer Dienstleistung kommt als weiteres Kriterium die Unteilbarkeit zu. Hierunter wird das sog. Uno-Actu-Prinzip verstanden. Dieses besagt, dass die Leistungserstellung und Leistungsabgabe synchron erfolgen, wobei anzumerken ist, dass bei einigen Dienstleistungen diese Übereinstimmung nicht vorliegt und daher dieses Kriterium weiter auszulegen ist.[440] Hiermit eng verbunden ist das Charakteristikum der Vergänglichkeit, das eine Nichtlagerbarkeit von Dienstleistungen vorsieht. Auch für dieses Merkmal gibt es Dienstleistungsausnahmen. So werden teilweise die Ergebnisse einer Dienstleistung, wie z. B. ein Abschlussbericht, aufbewahrt. Das Merkmal der Integration des externen Faktors besagt, dass es einer Mitarbeit des Nachfragers im Rahmen der Leistungserstellung bedarf. Hieraus folgend ergibt sich das Kriterium der Standortgebundenheit. So ist eine Dienstleistung grundsätzlich am Ort des Anbieters oder Nachfragers zu erbringen. Bei diesem Merkmal ist aber im Hinblick

---

[438] Vgl. hierzu und in der Folge Bruhn 2008, S. 20–22.

[439] Linsi 2003, S. 104.

[440] Vgl. Haller 2005, S. 9.

auf die Erläuterungen zur Unteilbarkeit und Vergänglichkeit zu berücksichtigen, dass Teile der Dienstleistung nicht unmittelbar an den Ort des Anbieters
oder Nachfragers gebunden sind und daher der Dienstleistung bzw. ihres Ergebnisses eine gewisse Transportierbarkeit zu Grunde liegt. Abschließend sind
noch die Kundenindividualität und Variabilität zu nennen. Darunter wird verstanden, dass eine Dienstleistung für jeden Nachfrager jeweils neu erbracht
wird und somit der Umfang der Leistung sowie ihre Qualität individuell unterschiedlich sind.

In Bezug auf das Wesen der Dienstleistung ist des Weiteren kurz ihr Prozess
darzulegen. Dieser umfasst idealtypisch die Phasen der Potenzial-, Prozess-
und Ergebnisorientierung.[441]

In der Phase der Potenzialorientierung, die den ersten Prozessabschnitt repräsentiert, geht es um die Bereitstellung des Potenzials zur Ausübung der Leistung. Hierunter fallen die entsprechende Fähigkeit sowie die Bereitschaft, eine
Dienstleistung zu erbringen. Insbesondere zählen hierzu „die Mitarbeiter und
die Art und Weise der Organisation und Führung"[442]. Dem schließt sich die
Phase der Prozessorientierung an, in dem der Nachfrager auf das Dienstleis-
tungspotenzial zurückgreift und dieses in Anspruch nimmt. Für diese Phase
ist vor allem charakteristisch, dass der externe Faktor integriert ist und das
sog. bereits eben beschriebene Uno-Actu-Prinzip greift. Als letzte Phase folgt
die der Ergebnisorientierung. Das Ergebnis der Dienstleistung kann dabei sowohl immaterielle als auch materielle Bestandteile, wie z. B. einen Abschlussbericht, umfassen.

Auf Basis der Ausführungen zum Wesen einer Dienstleistung lässt sie sich wie
folgt definieren: „Dienstleistungen sind selbstständige, marktfähige Leistungen, die mit der Bereitstellung (...) und/oder dem Einsatz von Leistungsfähig-

---

[441]   Vgl. hierzu und in der Folge Haller 2005, S. 10-12.

[442]   Linsi 2003, S. 105.

keiten (...) verbunden sind (Potenzialorientierung). Interne (z. B. Geschäfts-räume, Personal, Ausstattung) und externe Faktoren (also solche, die nicht im Einflussbereich des Dienstleisters liegen) werden im Rahmen des Erstellungs-prozesses kombiniert (Prozessorientierung). Die Faktorenkombination des Dienstleistungsanbieters wird mit dem Ziel eingesetzt, an den externen Fakto-ren, an Menschen (...) und deren Objekten (...) nutzenstiftende Wirkungen (...) zu erzielen (Ergebnisorientierung)."[443]

2. Übertragbarkeit des Dienstleistungsverständnisses auf die Interne Revision

Im Anschluss an die allgemeinen Ausführungen zu einer Dienstleistung geht es in diesem Abschnitt um die Analyse der Internen Revision, ob es sich bei ihr um eine derartige Leistung handelt.

Untersucht man die Interne Revision im Hinblick auf die mit einer Dienstleis-tung verbundenen Charakteristika, so lässt sich feststellen, dass die Kriterien der Immaterialität und Intangibilität auch auf sie anwendbar sind unter Beach-tung der in diesem Zusammenhang bereits dargestellten Möglichkeit, dass sie auch einen Sachleistungsanteil umfassen können, der sich bei der Internen Re-vision u. a. in dem von ihr erstellten Bericht zu einer Prüfung äußert.[444] In Be-zug auf das Merkmal der Unteilbarkeit bzw. das sog. Uno-Acto-Prinzip ist festzustellen, dass dieses grundsätzlich für die Interne Revision gilt, da sie z. B. während ihres Überwachungsprozesses die ermittelten Ergebnisse den ent-sprechenden Stellen mitteilt.[445] Für das Kriterium der Vergänglichkeit, d. h. der Nichtlagerbarkeit, ist zu statuieren, dass das Ergebnis der Internen Revisi-

---

[443] Meffert/Bruhn 2009, S. 19 (im Original teilweise hervorgehoben). In diesem Zusam-menhang ist zu erwähnen, dass sich bisher keine einheitliche Definition für den Begriff der Dienstleistung durchgesetzt hat. Vgl. Haller 2005, S. 13, die mögliche Definitionen darstellt. In dieser Arbeit wird der dargestellten Form gefolgt.

[444] Vgl. Linsi 2003, S. 104; Steffelbauer-Meuche 2004, S. 13.

[445] Vgl. Linsi 2003, S. 104; Steffelbauer-Meuche 2004, S. 12 m. w. N.

on in Form von Berichten festgehalten wird und damit hier die im allgemeinen Abschnitt dargestellte Ausnahme Anwendung findet. Auch das Kriterium der Integration des externen Faktors wird erfüllt.[446] Hierzu bedarf es jedoch einer vertieften Erläuterung. Gem. dem dieser Arbeit zu Grunde gelegten Betrachtungsgegenstand und der Zuordnung der Internen Revision zum Finanzvorstand ist dieser als Auftraggeber im Namen des Vorstands identifiziert worden. Zusammen mit dem Vorstand fungiert er als direkter Kunde der Internen Revision. Zu beachten ist aber, dass die von der Internen Revision überwachten Bereiche als indirekte Kunden anzusehen sind, die aufgrund des der Internen Revision zugewiesenen vollkommenen aktiven und passiven Informationsrechts in ihre Tätigkeitsausübung eingebunden sind. Hinsichtlich des Charakteristikums der Standortgebundenheit gilt, dass die Leistung der Internen Revision überwiegend am Ort des zu überwachenden Bereichs vorgenommen wird, aber auch eine Transportierbarkeit, insbesondere durch das materielle Ergebnis ihrer Tätigkeit z. B. in Form eines Berichts, existiert. Abschließend sind noch die Kundenindividualität und Variabilität zu beleuchten. Diese beiden Kriterien treffen ebenfalls auf die Interne Revision zu, da generell jeder neue Auftrag und die Interaktion mit den zu überwachenden Bereichen Besonderheiten aufweisen und unterschiedlich sein können.

Es lässt sich summarisch festhalten, dass die Interne Revision unter Beachtung ihrer Besonderheiten die Charakteristika einer Dienstleistung erfüllt. Entsprechend der im allgemeinen Abschnitt erläuterten Phasen der Dienstleistung ist auch die Interne Revision in Potenzial-, Prozess- und Ergebnisfaktoren aufzuteilen.[447] Ihr Charakter wird aus der weiteren Darstellung ersichtlich. Die Interne Revision fällt somit unter die Definition einer Dienstleistung, deren Faktoren in einem Qualitätsmanagement darzulegen sind, und ist als solche zu klassifizieren.

---

[446] Vgl. Steffelbauer-Meuche 2004, S. 13.

[447] Vgl. Linsi 2003, S. 107.

B. Qualität in der Internen Revision

1. Begriff der Qualität

Für den Begriff der Qualität besteht, wie bereits bei anderen in dieser Arbeit dargelegten Begriffen, kein einheitliches Verständnis.[448] In Anlehnung an Garvin lassen sich fünf Kategorien für den Qualitätsbegriff differenzieren, in denen sich die meisten gebräuchlichen Definitionen widerspiegeln.[449]

Die erste Definitionskategorie stellt der transzendente Ansatz dar. Hiernach ist Qualität absolut und universell ersichtlich sowie ein Kennzeichen kompromissloser Anforderungen und hoher Leistung. Trotzdem ist Qualität nicht präzise definierbar und wird einzig durch Erfahrung gebildet. Da mit dieser Sichtweise aber kein konsistentes Qualitätsverständnis und eine geringe Operationalisierbarkeit verbunden sind,[450] wird sie für diese Untersuchung nicht weiter verwendet. Die zweite Kategorie repräsentiert der produktbezogene Ansatz. Entsprechend dieser Blickrichtung ist Qualität als die Menge oder das Niveau vorhandener objektiver Eigenschaften bzw. Merkmale von Sach- oder Dienstleistungen zu verstehen. Die dritte Kategorie verkörpert der anwenderbezogene Ansatz, der hochgradig subjektiv ist. Dieser geht von der Sichtweise aus, dass Qualität in der Empfindung des Anwenders liegt. So verfügt jeder Anwender über verschiedene Bedürfnisse und Wünsche, wobei die Sach- oder Dienstleistung als qualitativ hochwertig angesehen wird, die diese am besten zufrieden stellt. Als nächstes ist der herstellungsbezogene Ansatz zu nennen, der auf die Qualitätsbetrachtung aus Sicht des Herstellers abzielt. Demnach wird unter Qualität die Konformität mit betrieblichen Anforderungen verstanden. Jede Abweichung davon bedeutet eine Qualitätsminderung und da-

---

[448] Vgl. Meffert/Bruhn 2006, S. 290.

[449] Vgl. hierzu und in der Folge auch mit Beispielen Garvin 1984, S. 25–29, bzw. Garvin 1988, S. 39–48.

[450] Vgl. Linsi 2003, S. 100 und 102 f.

mit ein Abrücken von excellenter Qualität. Abschließend ist noch der wertbezogene Ansatz aufzuführen. Qualität wird hier aus Anwendersicht als Verhältnis von Preis bzw. Kosten und Leistung aufgefasst.

In diesem Zusammenhang verdeutlicht Garvin, dass eine eindimensionale
Qualitätsbetrachtung zu kurz greift.[451] Um der Gesamtheit der Qualitätsanfor-
derungen gerecht zu werden, wird hier ein Qualitätsbegriff zu Grunde gelegt,
der außer dem bereits ausgeschlossenen transzendenten Ansatz die weiteren
eben skizzierten Sichtweisen umfasst. Der Qualitätsbegriff setzt sich somit in
Anlehnung an Linsi aus einem herstellorientierten sowie einem ergebnisorientierten Teil zusammen.[452] In den herstellorientierten Bereich finden der pro-
dukt- und herstellungsbezogene Ansatz Eingang, der damit überwiegend objektiv geprägt ist. Dem ergebnisorientierten Teil werden die anwender- und
wertbezogene Sichtweise zugeordnet. Dieser stellt daher weitestgehend auf
eine subjektive Betrachtung ab.

2. Übertragbarkeit des Qualitätsbegriffs auf die Interne Revision

Für die Interne Revision resultiert aus den allgemeinen Darlegungen, dass ihre
Qualität entsprechend umfassend durch eine herstellorientierte und eine ergebnisorientierte Perspektive auszugestalten ist.[453] Diese Perspektiven spiegeln sich in denen der Internen Revision zugeteilten Potenzial-, Prozess- und
Ergebnisfaktoren wider.[454] Während die herstellorientierte Sicht die Potenzial-
und Prozessfaktoren umfasst, werden der ergebnisorientierten Perspektive die
Ergebnisfaktoren zugeordnet.

---

[451] Vgl. auch in Bezug auf Dienstleistungen Meffert/Bruhn 2006, S. 291.

[452] Vgl. hierzu und in der Folge Linsi 2003, S. 103.

[453] Vgl. hierzu und in der Folge Linsi 2003, S. 147–150.

[454] Vgl. Abschnitt II.A.2. des zweiten Hauptteils; Abschnitt III.B.4.b)(3) des zweiten
Hauptteils, in dem die konkreten Faktoren aufgeführt werden.

Hieraus ergeben sich für die Qualität der Internen Revision die beiden folgenden Definitionen. „Die herstellorientierte Qualität der Internen Revision ist der
Grad der Übereinstimmung der Eigenschaften der Potenzial- und Prozessfaktoren mit deren festgeschriebenen Idealzuständen. Die ergebnisorientierte
Qualität der Internen Revision ist das Maß, in welchem die Dienstleistung die
Erfordernisse der relevanten Stakeholder erfüllt, wobei sich die Erfordernisse
letztlich an den Bedürfnissen der Stakeholder der Internen Revision orientieren."[455]

C. Total Quality Management in der Internen Revision

1. Total-Quality-Management-Verständnis

Vor dem Hintergrund des vorrangigen Untersuchungsziels, dem Aufzeigen
eines ganzheitlichen Qualitätsmanagementkonzepts und seiner Modellierung
in der Internen Revision,[456] bedarf es nun unter Berücksichtigung der im vorangegangenen Abschnitt festgelegten umfassenden Definition des Qualitätsbegriffs der Präsentation bzw. der Erarbeitung eines geeigneten Qualitätsmanagementkonzepts. Im Hinblick darauf wird das Total Quality Management,
bei dem es sich um das umfassendste Konzept des Qualitätsmanagements
handelt,[457] aus allgemeiner Sicht vorgestellt, um dann im nächsten Abschnitt
seine Übertragbarkeit auf die Interne Revision und die damit verbundene Eignung zu prüfen.

Aufgrund der zunehmenden Bedeutung der Qualität im Unternehmen hat das
Konzept Total Quality Management ausgehend von Japan und den USA eine
weltweite Verbreitung gefunden.[458] Dabei ist festzustellen, dass für dieses

---

[455] Linsi 2003, S. 149 bzw. 150 (im Original hervorgehoben und Anmerkung, dass Rechtschreibung aufgrund von Fehlern angepasst worden ist).

[456] Vgl. zur Unterscheidung von Konzept und Modell Abschnitt I. der Einleitung.

[457] Vgl. Seghezzi/Fahrni/Herrmann 2007, S. 271.

[458] Vgl. Seghezzi/Fahrni/Herrmann 2007, S. 271.

Konzept keine einheitliche Begriffsbestimmung vorliegt.[459] Dementsprechend wird hier das Verständnis anhand der drei Einzelbegriffe und zwar Total, Quality und Management dargestellt:[460]

- Total steht für das Einbeziehen sämtlicher Mitarbeiter und Kunden bzw. Stakeholder in das unternehmerische Geschehen, d. h. Hinwendung zum ganzheitlichen Denken.

- Qualität wird als umfassend verstanden und beinhaltet die herstellorientierte Sicht, d. h. die Potenzial- und Prozessfaktoren, sowie die ergebnisorientierte Perspektive mit den Ergebnisfaktoren.

- Management bezeichnet die Verantwortung für Qualität und die Qualität der Führung.

Aus den drei erläuterten Begriffen resultiert, dass es sich beim Total Quality Management um ein Konzept handelt, das sich durch folgende Merkmale beschreiben lässt:[461]

- verstärkte Kundenorientierung und Berücksichtigung sämtlicher Stakeholderinteressen,

- permanente Wissensnutzung und -mehrung gepaart mit persönlichem und unternehmerisch bezogenem Lernen,

- kontinuierliche Verbesserungen in kleinen und großen Schritten,

- individuelle, teambezogene und organisatorische Qualitätsverantwortung,

- Prozessorientierung,

- Berücksichtigung unternehmensindividueller Stärken und Erfolgspositionen und

- Qualitätsverankerung in der Führung.

---

[459] Vgl. mit Beispielen Zink 2007, S. 394 f.

[460] Vgl. Linsi 2003, S. 109 f.; Malorny 1999, S. 376; Steffelbauer-Meuche 2004, S. 36.

[461] Vgl. Seghezzi/Fahrni/Herrmann 2007, S. 272 f.

Die Darlegungen zeigen, dass es sich beim Total Quality Management um ein mehrdimensionales Konzept im Hinblick auf eine umfassende Qualität, verstanden als umfassende Unternehmensqualität bzw. Excellence,[462] handelt. Im Folgenden wird eine Übertragung dieses Verständnisses auf die Interne Revision und eine mögliche Eignung beleuchtet.

2. Übertragbarkeit des Total-Quality-Management-Verständnisses auf die Interne Revision und seine damit verbundene Eignung

Im Rahmen der Übertragbarkeit des Total-Quality-Management-Verständnisses auf die Interne Revision wird sich auch der drei Begriffe Total, Quality und Management bedient.

Das Verständnis des Begriffs Total bedeutet für die Interne Revision, dass sie bei ihrer Aufgabenausführung die Interessen sämtlicher Anspruchsgruppen, die sich in dem Ziel der Unternehmenswertsteigerung widerspiegeln, berücksichtigt und mit ihrem Vorgesetzten, entsprechend der getroffenen Festlegungen dem Finanzvorstand, Vorstand sowie den überwachten Bereichen eine vertrauensvolle und kooperative Zusammenarbeit pflegt.[463]

In Bezug auf die Qualität liegt eine umfassende Betrachtung vor, die der Internen Revision bereits zu Grunde gelegt worden ist.[464]

Aus dem Begriff des Managements folgt, dass der Leiter der Internen Revision sich der Qualität anzunehmen und als Vorbild hinsichtlich ihrer Erfüllung zu agieren hat. In diesem Zusammenhang hat er ein geeignetes Qualitätsmanagementsystem zu implementieren und zu etablieren.

---

[462] Vgl. Zink 2004, S. 55 f., der Excellence als Ziel des Total Quality Managements, aber auch als Begriff für umfassende Unternehmensqualität versteht.

[463] Vgl. Linsi 2003, S. 109 m. w. N.

[464] Vgl. Abschnitt II.B.2. des zweiten Hauptteils.

Ergänzend ist anzumerken, dass die dem Total Quality Management in allgemeiner Form zugeteilten Merkmale auch auf die Interne Revision sinngemäß übertragbar sind, wobei eine weitere Erläuterung hier unterbleibt.

Somit eignet sich das Total Quality Management grundsätzlich auch für die Anwendung in der Internen Revision.[465] Da mit diesem Konzept aber kein einheitliches Verständnis verbunden ist und ein vereinfachter Zugang zu einem systematischen Qualitätsmanagement damit verwährt bleibt, wird im Folgenden ein entsprechendes Konzept für die Interne Revision entwickelt.

---

[465] Vgl. Steffelbauer-Meuche 2004, S. 39.

III. Entwicklung eines ganzheitlichen Qualitätsmanagementkonzepts und seine Modellierung in der Internen Revision aus theoretischer Sicht unter besonderer Beachtung des IIR-Revisionsstandards Nr. 3, seiner Ergänzung und der IIA-Standards 1300–1322

A. Vorgehensweise

Zur Entwicklung eines ganzheitlichen Qualitätsmanagementkonzepts und seiner Modellierung in der Internen Revision aus theoretischer Sicht wird sich allgemeiner (Qualitäts-)Managementkonzepte und -modelle sowie der verpflichtenden Elemente des IPPF, vor allem der IIA-Standards, insbesondere der IIA-Standards 1300–1322 zum Qualitätsmanagement, und dem IIR-Revisionsstandard Nr. 3 mit seiner Erweiterung bedient.[466] Dabei werden das Konzept und seine Modellierung auf Basis des der Arbeit zu Grunde gelegten Betrachtungsgegenstands und weiterer in diesem Zusammenhang getroffener Annahmen in allgemeiner Form entwickelt.[467]

Dementsprechend wird zuerst ein Qualitätsmanagementkonzept eigenständig erarbeitet und sein Bezug zum Total Quality Management vorgestellt. Dem schließt sich die Präsentation der Qualitätsmanagementkonzepte gem. IIA-

---

[466] Aufgrund ihrer Bedeutung finden hier und in der weiteren Betrachtung nur die verpflichtenden Bestandteile des IPPF Beachtung. Anzumerken ist, dass die relevanten IIA-Qualitätsstandards und die sie ergänzenden Praktischen Ratschläge in einem separaten IIA-Rahmenwerk eine Erweiterung finden, das jedoch zum 15.06.2009 nicht eingesehen werden konnte. Vgl. The IIA Research Foundation 2009. Da dieses Werk als nicht verpflichtend anzusehen ist und nicht vorlag, wird im Bedarfsfall auf die Vorgängerversion zurückgegriffen. Vgl. zur Vorgängerversion The IIA Research Foundation 2006. Verwendet wird hingegen der nicht verpflichtende IIR-Revisionsstandard Nr. 3 mit seiner Erweiterung, weil er ein Qualitätsmanagementkonzept und seine Modellierung aus Sicht des dem IIA-angeschlossenen Fachverbands DIIR darstellt.

[467] So wird für die allgemeine Betrachtung insbesondere der Finanzvorstand als vorgesetzte Stelle und der Vorstand als Unternehmensleitung verstanden. Damit wird grundsätzlich eine von landes- und unternehmensspezifischen Gegebenheiten unabhängige Darstellung ermöglicht.

Standards 1300–1322 und IIR-Revisionsstandard Nr. 3 und seiner Ergänzung
an. Diese Konzepte werden dann zum Total Quality Management und zum eigenständig entwickelten Konzept in Bezug gesetzt. Die aus dem Vergleich resultierenden Unterschiede fließen in eine mögliche Anpassung der berufsständischen Normen ein, wobei eine Änderung der IIA-Standards ausführlich vorgenommen wird, da sie als wesentliche Grundlage und Maßstab für die Messung der Qualität dienen, und der IIR-Revisionsstandard Nr. 3 mit seiner Ergänzung unter Berücksichtigung der empirischen Ergebnisse aus dem dritten
Hauptteil einer vertieften Erläuterung im vierten unterzogen wird. Sollten sich
aus der Empirie Änderungen für die IIA-Standards ergeben, werden diese
ebenfalls im vierten Hauptteil behandelt.

Darauf aufbauend erfolgt die Darstellung von Qualitätsmessansätzen, die einen notwendigen Bestandteil zur Modellierung des Qualitätsmanagementkonzepts repräsentieren. Dabei wird auf das EFQM-Modell, die Balanced Scorecard und den Ansatz gem. IIR-Revisionsstandard Nr. 3 und seiner Ergänzung eingegangen. Aus dem Vergleich der drei Ansätze werden Erkenntnisse
gewonnen, mit denen das Konzept dann umsetzbar wird. Sollten daraus weitere Anpassungen der IIA-Standards und des IIR-Revisionsstandards Nr. 3 mit
seiner Ergänzung resultieren, so werden sie analog zum Anpassungsvorgang
des Konzeptvergleichs dargestellt.

B. Qualitätsmanagement in der Internen Revision aus theoretischer Sicht

1. Elemente eines eigenständig entwickelten Qualitätsmanagementkonzepts und sein Bezug zum Total Quality Management

a) Grundlegendes

Im Rahmen eines eigenständig zu entwickelnden Qualitätsmanagementkonzepts für die Interne Revision wird eine Aufteilung in normativ-strategische und operative Bestandteile vorgenommen.[468]

Während sich die normativ-strategischen Elemente aus der Qualitätspolitik, Qualitätsverfassung, Qualitätskultur, Qualitätsstrategie, Qualitätsstruktur und qualitätsorientierten Verhaltensentwicklung zusammensetzen, fungiert die Qualitätsplanung als Bindeglied zu den operativen Bestandteilen Qualitätserzeugung, Qualitätsmessung, Qualitätsbewertung und -berichterstattung, Qualitätshandlung und -honorierung, die auf die Erfüllung der Strategie hinwirken.[469]

---

[468] Eine Separierung von normativem und strategischem Bereich wird in Anlehnung an die Praxis nicht explizit angestellt. Vgl. aus allgemein unternehmerischer Sicht Seghezzi/Fahrni/Herrmann 2007, S. 78.

[469] Die Bezeichnung der normativ-strategischen Elemente ist an Seghezzi 2003, S. 7, angelehnt, wobei auf seine Darstellung aus dem Jahre 2003 und nicht auf die neueste Aufl., d. h. Seghezzi/Fahrni/Herrmann 2007, Bezug genommen wird, da in der Version aus dem Jahre 2003 die Bestandteile für ein Konzept und nicht wie in der aktuellen Aufl. für ein Modell Verwendung finden. Aus diesem Grund wird im Weiteren Verlauf auf die Version aus dem Jahre 2003 verwiesen, wenn die dortige Konzeption für diese Untersuchung von Bedeutung ist. Die Bezeichnung der operativen Elemente ist hingegen nicht an Seghezzi 2003, S. 7, sondern in Anlehnung an Riedl 2000, S. 30, aufgrund einer für diese Untersuchung geeigneteren Darstellungsmöglichkeit vorgenommen worden.

b) Normativ-strategische Bestandteile

(1) Qualitätspolitik

Im Rahmen der normativ-strategischen Bestandteile ist die Qualitätspolitik als erstes festzulegen. Sie beinhaltet das Vorgeben von Zielen für das komplette Qualitätsgebaren, zeigt die Grundausrichtung hinsichtlich Qualität auf und stellt den Aktionsrahmen für die strategische und operative Realisierung der Qualität in der Internen Revision dar.[470] Sie lässt sich durch die Ausrichtung auf die Anspruchsgruppen bzw. Kunden, die ökonomischen sowie die sozialen Belange kennzeichnen.[471]

Zu den unmittelbaren Anspruchsgruppen bzw. Kunden der Internen Revision zählen der Finanzvorstand und Vorstand bzw. allgemein die vorgesetzte Stelle und Unternehmensleitung, die zu überwachenden Bereiche sowie die Mitarbeiter. Um ihre Bedürfnisse, in denen sich ebenfalls die weiterer Gruppen widerspiegeln, zu befriedigen, aber auch um eine hohe Qualität aus eigener Sicht zu erzielen, ist der Internen Revision ein Qualitätsbegriff zu Grunde zu legen, der einerseits die herstellorientierte Sicht, d. h. der Übereinstimmungsgrad der Potenzial- und Prozessfaktoreneigenschaften mit deren festgelegten Idealzuständen, sowie andererseits die ergebnisorientierte Perspektive mit der Erfüllung der Bezugsgruppenziele beinhaltet.[472]

Die ökonomische Ausrichtung der Internen Revision ist derart zu gestalten, dass die Qualität ihres Wirkens in den Mittelpunkt gestellt wird, was durch

---

[470] Vgl. aus allgemein unternehmerischer Sicht Seghezzi 2003, S. 149.

[471] Vgl. hierzu und in der Folge aus allgemein unternehmerischer Sicht Seghezzi 2003, S. 158-165, wobei für die Interne Revision keine Unterscheidung der Zielausrichtung bezüglich der Anspruchsgruppen und Kunden besteht sowie die ökologischen Belange nicht relevant sind.

[472] Vgl. Abschnitt II.B.2. des zweiten Hauptteils.

die berufsständischen Normen und die Sicht der wertorientierten Unternehmensführung zum Ausdruck gebracht wird.[473]

Für die sozialen Belange gilt, dass die Interne Revision ihre Mitarbeiter als das wichtigste Potenzial ansieht, ihre Fähigkeiten ausschöpft, sie gerecht entlohnt, aber auch ihre Entwicklung fördert. Dazu gehört des Weiteren, dass sich die Interne Revision nach außen präsentiert und damit ihr Ansehen sowie das des Unternehmens und des Berufsstands fördert.

Die Wirkung der Qualitätspolitik zeigt sich jedoch erst im Rahmen ihrer Realisierung.

(2) Qualitätsverfassung

Die Qualitätsverfassung der Internen Revision stützt die Qualitätspolitik und berücksichtigt einerseits unternehmensexterne, die mindestens die Definition der Internen Revision, den Ethikkodex und die IIA-Standards umfassen, und -interne Normen, lässt andererseits aber Freiräume für die Gestaltung des Qualitätsmanagements.[474] Charakterisiert werden kann sie durch die Rolle des Leiters der Internen Revision, den Qualitätsmanagementbeitrag zum Unternehmensziel, das verwendete Qualitätsmanagementmodell und das Verhältnis zu den Normen.

Im Hinblick auf die Rolle des Leiters der Internen Revision ist ihm die Verantwortung für das Qualitätsmanagement zuzuweisen, was auch IIA-Standard 1300 und IIR-Revisionsstandard Nr. 3, Tz. 1.8, vorsehen. Ihm obliegt somit die Betonung und Wahrnehmung der Qualität in gesamtverantwortlicher Hinsicht. Er sorgt durch eine Verteilung von qualitätsbezogenen Aufgaben über

---

[473]   Vgl. Abschnitt I. des zweiten Hauptteils.

[474]   Vgl. hierzu und in der Folge aus allgemein unternehmerischer Sicht Seghezzi 2003, S. 175-179.

die gesamte Einheit zusätzlich dafür, dass Qualität für jeden Internen Revisor zur Aufgabe wird und jeder für seine Qualität verantwortlich ist.

Der Beitrag zum Ziel der Unternehmenswertmaximierung lässt sich derart beschreiben, dass die Interne Revision mit dem Qualitätsmanagement ihre Tätigkeit in Bezug auf die Wertsteigerung verdeutlicht,[475] in dem sie sich sowohl an den Interessengruppen und deren Bedürfniserfüllung als auch an revisionsspezifischen Vorgaben orientiert. Sie greift daher bei ihrer Aufgabenausübung auf bewährte Grundsätze und selbst entwickelte Maßnahmen zurück.

Für das verwendete Qualitätsmanagementmodell, mit dem die Umsetzung der Qualitätspolitik realisiert werden soll, ist zu konstatieren, dass sich die Interne Revision eines Modells zu bedienen hat, das die Berücksichtigung individueller Aspekte ermöglicht. Das im Rahmen dieser Arbeit zu entwickelnde Modell wird dieses abbilden und sollte daher als Bezugsgrundlage verwendet werden.

Betrachtet man das Verhältnis zu unternehmensexternen und -internen Normen, so ist für die Interne Revision von Bedeutung, dass sie sich in der Position einer verantwortlichen Mitarbeit sieht. Darunter ist eine aktive Mitwirkung in normengestaltenden Ausschüssen sowohl berufsstandsbezogen als auch außerhalb dessen zur Schaffung geeigneter Regelungen zu verstehen, um Zusammenhänge zu erschließen, eventuelle Entwicklungen zu antizipieren und vorbeugend zu handeln.

(3)   Qualitätskultur

Neben der Qualitätspolitik und -verfassung verkörpert die Qualitätskultur den dritten normativen Bestandteil. Die „Qualitätskultur in der Internen Revision umfasst das bestehende gemeinsame Normen- und Wertegerüst der Internen Revisoren, auf deren Grundlage Qualitätsfragen in der Internen Revision ge-

---

[475]   Vgl. Abschnitt I. des zweiten Hauptteils.

handhabt werden. Die Qualitätskultur steuert dabei die Bereitschaft der Internen Revisoren, Qualitätsaspekte bewusst wahrzunehmen, indem sie deren Sensibilität gegenüber Qualitätsfaktoren beeinflusst. Die Qualitätskultur prägt darüber hinaus die Art und Weise, wie Qualitätsfragen innerhalb der Internen Revision sowie zwischen Interner Revision und Internen Revisionskunden kommuniziert werden."[476] Sie lässt sich durch das Verhalten des Leiters der Internen Revision, das Qualitätsbewusstsein, das Selbstverständnis und die Verantwortungsübernahme charakterisieren.[477]

Die Ausübung der Vorbildfunktion des Leiters der Internen Revision ist für die Verankerung der Qualität und der Ausrichtung an den Anspruchsgruppen bei den Internen Revisoren verantwortlich. Er hat somit die entsprechenden Werte im täglichen Arbeitsgeschehen vorzuleben und zu vermitteln. Dieses Verhalten, das auch als beispielhaft bezeichnet werden kann, basiert auf dem Vorgeben von Zielen und deren Durchsetzung.

Das Qualitätsbewusstsein zeichnet sich durch das Verständnis der Internen Revisoren in Bezug auf Qualität aus. Wie bereits im Rahmen der Qualitätspolitik beschrieben, hat die Interne Revision und damit auch die Internen Revisoren einen Qualitätsbegriff zu Grunde zu legen, der einerseits die herstellorientierte Sicht sowie andererseits die ergebnisorientierte Perspektive mit der Erfüllung der Bezugsgruppenziele beinhaltet.[478]

---

[476] Steffelbauer-Meuche 2004, S. 106. Vgl. aus allgemein unternehmerischer Sicht Seghezzi 2003, S. 196.

[477] Vgl. hierzu und in der Folge aus revisionsspezifischer Sicht Steffelbauer-Meuche 2004, S. 108 f., und aus allgemein unternehmerischer Sicht Seghezzi 2003, S. 196–199.

[478] Vgl. Abschnitt III.B.1.b)(1) des zweiten Hauptteils.

Das Selbstverständnis der Internen Revision hat derart auszusehen, dass sie neben ihren abteilungs- bzw. funktionsbezogenen Werten, auch unternehmensbezogene Vorstellungen und Ziele bei ihrer Arbeit berücksichtigt.[479]

Die Verantwortungsübernahme bezieht sich auf die Bereitschaft der Internen Revisoren eigenverantwortlich zu agieren. Durch sein Mitwirken ist jeder Interne Revisor Träger der Qualitätskultur und mitverantwortlich für die Qualität in der Internen Revision, was auch der Ethikkodex fordert,[480] wobei dem Leiter der Internen Revision die letztendliche Qualitätsverantwortung zukommt.[481] Interne Revisoren haben, um ihrer Aufgabenstellung gerecht zu werden, aktiv Verantwortung zu übernehmen, d. h. auf Grundlage eines ganzheitlichen unternehmerischen Verständnisses werden eigene Vorschläge und Problemlösungen eingebracht.[482]

(4) Qualitätsstrategie

Die Qualitätsstrategie stellt den ersten strategischen Bestandteil dar. Sie bestimmt „mittel- und langfristige Ziele und Maßnahmen zur Umsetzung der Qualitätspolitik und zur Erfüllung der Bedürfnisse der Bezugsgruppen"[483] und beinhaltet den Aufbau sowie die Aufrechterhaltung bzw. den Ausbau strategischer Erfolgspotenziale. Grundsätzlich umfasst eine Strategie eine qualitativ zu bestimmende Richtungsvorgabe und ein quantitativ bezifferbares Ziel. Damit verbunden ist eine Planung strategischer Maßnahmen, die es zusammen mit der strategischen Zielsetzung im Rahmen der qualitätsorientierten Verhaltensentwicklung und operativen Vorgänge umzusetzen gilt.

---

[479]   Vgl. Ethikkodex, Tz. 1.4.

[480]   Vgl. Ethikkodex, Tz. 4.3.

[481]   Vgl. IIA-Standards 1300–1322; IIA-Standard 2000; IIR-Revisionsstandard Nr. 3, Tz. 1.8.

[482]   Dieses lässt sich aus ihrem Anforderungsprofil ableiten. Vgl. hierzu Amling/Bantleon 2007, S. 229–231.

[483]   Seghezzi 2003, S. 166, auch in der Folge.

Kennzeichnen lässt sich die Qualitätsstrategie durch die Qualitätsreichweite, die Qualitätspositionierung, ihre Erarbeitung und Einführung sowie ihre Dimension.[484]

Die Qualitätsreichweite, die sich auf den Zugriffsbereich des Qualitätsmanagements erstreckt, besteht in der Internen Revision in einer Konzentration auf den eigenen Bereich. Dabei ist dafür zu sorgen, dass die von den Internen Revisoren verwendeten Arbeitsmittel hochwertig und die ihnen zur Verfügung gestellten Informationen zur Ergebnisgewinnung und -berichterstattung ausreichend sind. Im Hinblick auf die Zufriedenheit mit der Arbeitsdurchführung und den ermittelten Ergebnissen verfügt die Interne Revision über Informationen seitens des Finanzvorstands und Vorstands bzw. der vorgesetzten Stelle und Unternehmensleitung sowie der überwachten Bereiche.[485] Ferner besitzt die Interne Revision ein System, das ihr Kenntnisse über die Umsetzung der festgestellten Ergebnisse in Bezug auf die überwachten Bereiche verschafft.[486]

Die Qualitätspositionierung in der Internen Revision ist charakterisiert durch ein Streben nach höchstmöglicher Qualität unter Beachtung der Einhaltung der an sie gestellten Anforderungen. In diesem Zusammenhang bedarf es einer Ermittlung der aktuellen Position, um Qualitätsstärken und -schwächen aufzuzeigen. Es bietet sich hierfür an erster Stelle die Bestimmung des Übereinstimmungsgrads der Potenzial- und Prozessfaktoreneigenschaften mit deren festgelegten Idealzuständen, ergänzt um die Erfüllung der Bezugsgruppenziele, an. Erweiternd sollte ein Vergleich mit Einheiten aus dem eigenen Unternehmen und Internen Revisionen anderer Unternehmen erfolgen. Im Einklang damit sind die strategische Zielsetzung und Maßnahmen konkret festzulegen, die zur Steuerung dienen.

---

[484] Vgl. hierzu und in der Folge aus allgemein unternehmerischer Sicht Seghezzi 2003, S. 167–174.

[485] Dieses wird durch Befragungen der genannten Parteien erreicht. Hierauf wird im weiteren Verlauf detaillierter eingegangen.

[486] Vgl. IIA-Standards 2500–2500.C1.

Diese erarbeitet der Leiter der Internen Revision nicht alleine, sondern bindet weitere verantwortliche Interne Revisoren in die Überlegungen zur Qualitätsstrategie und ihre Einführung ein. Der Leiter legt in diesem Zusammenhang die Qualitätsstrategie dem Finanzvorstand und Vorstand bzw. der vorgesetzten Stelle und Unternehmensleitung vor und lässt sich diese von ihnen genehmigen.[487] Die Umsetzung der verabschiedeten strategischen Maßnahmen wird dann periodisch durch den Leiter überwacht, wobei der entsprechende Informationsfluss weitestgehend formalisiert ist. Aus der Überwachung können sich möglicherweise eine Überarbeitung und Neuformulierung der strategischen Ziele und Maßnahmen ergeben. Diese sind dem Finanzvorstand und Vorstand bzw. der vorgesetzten Stelle und Unternehmensleitung zu berichten und wiederum von ihnen zu genehmigen.[488]

Im Rahmen der Qualitätsstrategiebestimmung ist die Gewichtung einzelner Strategiefaktoren, die die Qualitätsdimension repräsentieren, festzulegen. Dabei ist eine ausgewogene Mischung zwischen der herstellorientierten und der ergebnisorientierten Perspektive vorzunehmen.

(5) Qualitätsstruktur

Gestützt wird die Qualitätsstrategie durch die Qualitätsstruktur. Zu diesem strategischen Element zählen die Qualitätsorganisation und weitere Strukturkomponenten.

Bei der Qualitätsorganisation handelt es sich es um ihre adäquate Gestaltung.[489] Für die Gestaltung der Qualitätsorganisation ist zuerst festzuhalten,

---

[487] Vgl. IIA-Standard 2020.

[488] Vgl. IIA-Standard 2020.

[489] Vgl. zu den kennzeichnenden Merkmalen der Qualitätsorganisation aus allgemein unternehmerischer Sicht Seghezzi 2003, S. 186–195. Im Gegensatz zu Seghezzi fließen hier, übertragen auf die Interne Revision, die Kriterien der allgemeinen revisionsspezifischen Aufbau- und Ablauforganisation nicht in die Betrachtung ein, da diese als existent angenommen werden. Die beiden weiteren von ihm aufgeführten Charakteristi-

(Fortsetzung der Fußnote auf der nächsten Seite)

dass dem Leiter der Internen Revision die Verantwortung hierfür zukommt. Dieses fordern auch der IIA-Standard 1300 und der IIR-Revisionsstandard Nr. 3, Tz. 1.8. Aufgrund seiner Position kann der Leiter als Qualitätsbeauftragter bezeichnet werden. Unter Beachtung der den Mitarbeitern, insbesondere durch den Ethikkodex, zugewiesenen Qualitätsverantwortung sowie der ihnen weitreichenden überlassenen selbstständigen Tätigkeitsausführung sind die Mitarbeiter derart in das Qualitätsmanagement einzubetten, dass Qualität für jeden Internen Revisor zur Aufgabe wird und jeder für seine Qualität verantwortlich ist, wobei die Gesamtverantwortung beim Leiter verbleibt.[490] Qualität muss somit Bestandteil des täglichen Geschehens sein und ist direkt von den Mitarbeitern, die diese mitgestalten, wahrzunehmen. Demnach ist die Qualitätsorganisation in die bestehende Aufbau- und Ablauforganisation so einzubinden, dass der Leiter der Internen Revision auf Basis von Qualitätszielvorgaben entsprechende Maßnahmen ergreift, sie den Mitarbeitern bzw. Revisionsgruppen zuführt, sie moderiert sowie koordiniert und die Mitarbeiter bzw. Gruppen unterstützt, die ihm dann über ihre Ergebnisse berichten.[491] Bei einer entsprechenden Größe der Internen Revision wäre denkbar, dass eine separate Qualitätsmanagementeinheit, die sich ausschließlich mit dem Qualitätsmanagement auseinandersetzt, zur Unterstützung des Leiters gebildet wird, die die genannten Aufgaben übernimmt, ohne über eine fachliche Weisungsbefugnis gegenüber den Mitarbeitern bzw. Gruppen zu verfügen. Sie berichtet dann direkt an den Leiter.[492]

Im Verbund mit der Qualitätsorganisation gehört die Implementierung und Pflege weiterer Strukturkomponenten zu den Aufgaben des Leiters. Hierzu zählen die Systeme der Qualitätsdokumentation, der Qualitätsinformation, der

---

ka werden unter Gestaltung zusammengefasst. Vgl. hierzu und in der Folge aus allgemein unternehmerischer Sicht Seghezzi 2003, S. 186–188, S. 190–195.

[490]   Vgl. Abschnitt III.B.1.b)(2), III.B.1.b)(3) und III.B.1.b)(6) des zweiten Hauptteils.

[491]   Vgl. hierzu und in der Folge IIR-Revisionsstandard Nr. 3, Tz. 1.8.

[492]   Diese Konstellation wird im Rahmen des zu erarbeitenden Konzepts nicht verfolgt.

Qualitätsüberwachung und der Personalführung in Bezug auf qualitätsbezogene Aspekte.[493]

Das Qualitätsdokumentationssystem der Internen Revision dient der generellen Darstellung des Qualitätsmanagements, um unternehmensintern und -extern die Qualitätsbedeutung sowie -handhabung zu verdeutlichen.[494] Es ist hierarchisch aufzubauen, wobei an oberster Stelle ein Qualitätsmanagementhandbuch steht. In diesem sind die Qualitätspolitik, die -verfassung, die -kultur, die -strategie und die -struktur, die qualitätsorientierte Verhaltensentwicklung in allgemeiner Form, die Aufgaben und Verantwortlichkeiten hinsichtlich Qualität und grundsätzliche Angaben zu den operativen Abläufen festzuhalten.[495] Das Handbuch wird durch Verfahrens- bzw. Arbeitsanweisungen ergänzt. Insgesamt gilt für die Dokumentation, dass sie aktuell, zutreffend und präzise sein muss. Bei Bedarf ist sie unter Berücksichtigung der Mitarbeiteranregungen anzupassen.

Neben dem Qualitätsdokumentationssystem stellt das -informationssystem eine weitere Komponente der Qualitätsstruktur dar. Mithilfe dieses Systems sind Qualitätsdaten durch den Leiter der Internen Revision und seine Mitarbeiter zu erfassen, auszuwerten und zu verarbeiten. Das System ist in die bestehenden Informationssysteme der Internen Revision zu integrieren, so dass kein separates Qualitätsinformationssystem existiert. Zentral durch den Leiter zu verwalten, sind die Daten bzw. das System entsprechend der individuellen Kompetenz und Zugriffsnotwendigkeit der Internen Revisoren für diese zugänglich zu machen. Es gilt, die Qualitätsdaten auf Abteilungs-, Projekt- und Mitarbeiterebene darzulegen. Insbesondere die Angaben in Bezug auf die Abteilungsebene sind auch für den Finanzvorstand und die weiteren Vorstands-

---

[493] Vgl. hierzu und in der Folge aus allgemein unternehmerischer Sicht Seghezzi 2003, S. 181–185, der anstatt von Überwachung von Controlling spricht.

[494] Vgl. hierzu und in der Folge aus allgemein unternehmerischer Sicht Seghezzi 2003, S. 180 f.

[495] Vgl. IIR-Revisionsstandard Nr. 3, Tz. 1.3.

mitglieder bzw. die vorgesetzte Stelle und die Unternehmensleitung von Bedeutung, so dass die Qualitätsinformationen der Internen Revision in das unternehmensweite Managementinformationssystem unter Beachtung von Zugriffsbeschränkungen einzubinden sind. Auf Basis dieser Informationen und
der Angaben aus dem Qualitätsmanagementhandbuch sind dann adäquate
Angaben im Lagebericht bzw. bei seiner Nichtanwendung in einer anderen
Form der unternehmensexternen Berichterstattung, wie z. B. in einem Corporate-Governance-Bericht oder Management Commentary, über das Qualitätsmanagement in der Internen Revision vorzunehmen.[496]

Eng verbunden mit dem Qualitätsinformationssystem ist das -überwachungs-
system, das „zur Steuerung qualitätsrelevanter Vorgänge"[497] dient. Es unterstützt die Interne Revision bei der Zielbildung, Planung, Kontrolle, Prüfung,
Koordination und Information der Qualität. Insbesondere sind die Prüfungs-
und Kontrollvorgänge von Bedeutung. Hierzu sind sowohl unternehmensin-
terne als auch -externe Maßnahmen zu ergreifen. Die unternehmensinternen
umfassen eine Auftragsqualitätskontrolle durch involvierte verantwortliche
Personen, eine Abteilungsqualitätsüberwachung durch den Leiter der Internen
Revision mindestens jährlich sowie ergänzende periodische Prüfungen der
Abteilungsqualität durch qualifizierte Personen, die aber nicht der Internen
Revision angehören; zu den unternehmensexternen gehören Prüfungen der
Abteilungsqualität durch qualifizierte, unternehmensunabhängige Personen,
die mindestens alle fünf Jahre vorzunehmen sind.[498] Auf Einzelheiten der
Überwachung wird im Rahmen der operativen Darlegungen und der Quali-
tätsmanagementmodellierung eingegangen.

---

[496] Vgl. Abschnitt I.C.2. des ersten Hauptteils.

[497] Seghezzi 2003, S. 184.

[498] Vgl. auch IIA-Standards 1310–1312; IIR-Revisionsstandard Nr. 3, Tz. 1.6 mit den folgenden Tz. zu diesem Bereich.

Die im Personalführungssystem zu berücksichtigenden qualitätsbezogenen Aspekte kennzeichnen ebenfalls die Qualitätsstruktur. Es handelt sich dabei um Elemente, „die zur bewussten Gestaltung qualitätsbezogener Arbeitsbedingungen führen."[499] Für die Erreichung und Aufrechterhaltung einer hohen Qualität sind Anreize zu schaffen, die monetärer aber auch nichtmonetärer Art, wie z. B. Anerkennung, sind.[500] Sie beziehen sich auf einzelne Interne Revisoren, aber auch Revisionsgruppen und deren Projekte. Die materielle und immaterielle Belohnung sollte sowohl spontan als auch zu definierten Zeitpunkten erfolgen. In die Beurteilung gehen dabei einerseits die Meinung des direkten Vorgesetzten und andererseits die Auffassungen der überwachten Bereiche ein. Ferner sind für jeden Mitarbeiter Weiterbildungsmaßnahmen festzulegen, um dem Ziel einer hohen Qualität zu entsprechen und seine persönliche Entwicklung voranzutreiben. Dieses ist ferner Gegenstand der qualitätsorientierten Verhaltensentwicklung.

(6)   Qualitätsorientierte Verhaltensentwicklung

Die qualitätsorientierte Verhaltensentwicklung finalisiert die strategische Ebene und umfasst die Entwicklung jedes Internen Revisors sowie das Lernen in der Internen Revision.[501]

Die Motivation und Fähigkeiten[502] der Internen Revisoren bestimmen ihre Leistung. Während die Motivation von der Arbeitszufriedenheit bzw. der materiellen und immateriellen Belohnung abhängt, werden die Fähigkeiten durch

---

[499]   Seghezzi 2003, S. 185.

[500]   Vgl. Abschnitt III.B.1.b)(6) des zweiten Hauptteils.

[501]   Vgl. hierzu und in der Folge aus allgemein unternehmerischer Sicht Seghezzi 2003, S. 200 f.

[502]   Vgl. Ethikkodex; IIA-Standard 1100, 1120, 1210, 1210.A2, 1210.A3; Amling/Bantleon 2007, S. 229–231.

Weiterbildungsmaßnahmen gestärkt.[503] Dem Leiter der Internen Revision fällt somit die Aufgabe zu, im Hinblick auf die Unternehmenszielerfüllung der Wertsteigerung für eine entsprechende Motivation und das Vorhandensein bzw. das Erwerben relevanter Fähigkeiten seiner Mitarbeiter zu sorgen.[504] Obwohl gem. Definition der Internen Revision ihr und damit den Internen Revisoren die Zielsetzung einer Wertsteigerung zukommt,[505] ist dennoch zur Stärkung ihres zielgerichteten Wirkens ein monetärer Anreiz zu schaffen. Ebenfalls sind nichtmonetäre Anreize, wie z. B. Anerkennung und Verantwortung, zu berücksichtigen.[506] Die damit verbundenen Verhaltensentwicklungssysteme wirken sich auch auf das operative Geschehen aus.

Insgesamt zielt die qualitätsorientierte Verhaltensentwicklung auf das Wahrnehmungs- und Verhaltensmuster des Leiters der Internen Revision und seiner Mitarbeiter ab.[507] Diese ist durch den Stil des Leiters, die Mitarbeiterintegration, die Verantwortung und Autorität sowie das Lernverhalten geprägt.

Der Stil des Leiters der Internen Revision ist als Bindeglied von Qualitätskultur und Verhaltensentwicklung anzusehen. Gekennzeichnet ist dieser vor allem durch eine weitreichende den Mitarbeitern überlassene selbstständige Tätigkeitsausführung auf Grundlage der vorgenommen Gesamtplanung ausgerichtet an der Zielsetzung.[508] Mittels einer laufenden Kommunikation werden die Arbeitsergebnisse diskutiert und die persönliche Entwicklung forciert.

---

[503] Gem. IIA-Standard 1230 und Ethikkodex besteht für Interne Revisoren eine regelmäßige fachliche Weiterbildungsverpflichtung. Vgl. Ethikkodex, Tz. 4.3.

[504] Vgl. IIA-Standard 2030.

[505] Vgl. Abschnitt I.C.2. des ersten Hauptteils.

[506] Vgl. aus revisionsspezischer Sicht Amling/Bantleon 2007, S. 238 f., und aus allgemein unternehmerischer Sicht Seghezzi 2003, S. 206 f.

[507] Vgl. hierzu und in der Folge aus allgemein unternehmerischer Sicht Seghezzi 2003, S. 202-206.

[508] Vgl. IIA-Standard 2010 in Verbindung mit IIA-Standards 2200-2440.C2.

Eng verbunden damit und mit der Verantwortungsübernahme aus der Qualitätskultur ist die Mitarbeiterintegration in das Qualitätsgeschehen. Aufgrund
der ihr durch den Ethikkodex zugewiesenen Qualitätsverantwortung sind die
Internen Revisoren in die Qualitätsmanagementaktivitäten zu integrieren und
tragen diese mit.[509]

Aus ihrer aktiven Verantwortungsausübung erwerben die Internen Revisoren
eine Autorität durch ihre Fachkompetenz und Persönlichkeit. Gestärkt wird
die Autorität und Verantwortung durch die Stellung in der Internen Revision.

Zur Erarbeitung, Aufrechterhaltung und Ausweitung dieser Position ist eine
stetige Weiterbildung Voraussetzung.[510] Diese umfasst sowohl unternehmensinterne als auch -externe Maßnahmen. Damit werden die Fähigkeiten der Internen Revisoren und auch der gesamten Abteilung verbessert.

Bezogen auf die Internen Revisoren liegt der qualitätsorientierten Verhaltensentwicklung ein Prozess zu Grunde, der auf der Qualitätsstrategie aufbaut und
hieraus abgeleitet für jeden Mitarbeiter individuelle Leistungs- und Entwicklungsziele und -maßnahmen durch den Leiter der Internen Revision festlegt.
Während die Durchführung von Weiterbildungsmaßnahmen auf der strategischen Ebene angesiedelt ist, erzeugen die Internen Revisoren ihre Leistung im
operativen Geschehen. Die beiden Aspekte werden in der qualitätsorientierten
Verhaltensentwicklung für jeden Mitarbeiter zusammengeführt, gemessen, in
Bezug zu den Vorgaben gesetzt und durch den Leiter der Internen Revision
mit dem entsprechenden Internen Revisor besprochen. Hieraus werden neue
Handlungen abgeleitet und Honorierungen vorgenommen. Dieser Prozess,
der jährlich durchzuführen ist, steht in enger Beziehung zu den Abläufen auf
Auftrags- und Abteilungsebene, die im nächsten Abschnitt erläutert werden.

---

[509]   Vgl. Ethikkodex, Tz. 4.3.

[510]   Vgl. Ethikkodex, Tz. 4.3; IIA-Standard 1230; IIA-Standard 2030; hierzu und in der Fol-
        ge Amling/Bantleon 2007, S. 178–180 und 236–241.

c) Operative Bestandteile

(1) Qualitätsplanung

Die Qualitätsplanung stellt die Verbindung zwischen normativ-strategischem und operativem Qualitätsmanagement dar. Charakterisiert wird sie durch die Bestimmung und das Zerlegen der mittel- und langfristigen in kurzfristige Ziele, die auf der Grundlage von Qualitätsfaktoren bestimmt werden, und Maßnahmen.

Die Qualitätsplanung wird hier zwar den operativen Bestandteilen zugeordnet, hat aber ihren Ursprung in der Qualitätsstrategie und findet dort bereits Eingang. So erfolgt im Rahmen der Qualitätsstrategie die Festlegung der strategischen Zielsetzung auf Basis strategischer Qualitätsfaktoren und der strategischen Maßnahmen, die es in die operative prozessorientierte Sicht und die qualitätsorientierte Verhaltensentwicklung zu überführen und umzusetzen gilt.[511]

Der Leiter der Internen Revision bindet, wie bereits bei der Qualitätsstrategie,[512] verantwortliche Interne Revisoren in die kurzfristige Qualitätsplanung, die sich an der mittel- und langfristigen Sichtweise orientiert, ein. In diese gehen kurzfristige Ziele auf Basis festgelegter Qualitätsfaktoren und Maßnahmen ein, die im Rahmen der einzelnen Aufträge durch die Internen Revisoren Berücksichtigung finden.[513] Somit spiegelt sich die mittel- und langfristige Qualitätsplanung der Abteilung in ihrer kurzfristigen Perspektive und auch in den einzelnen Aufträgen wider. Dabei ist zu berücksichtigen, dass die Abteilungs-

---

[511] Vgl. Abschnitt III.B.1.b)(4) des zweiten Hauptteils.

[512] Vgl. Abschnitt III.B.1.b)(4) des zweiten Hauptteils.

[513] So sind bei jeder Auftragsplanung Qualitätsziele mit Hilfe von Qualitätsfaktoren und planerische Maßnahmen zu deren Erreichung zu integrieren.

planung dem Finanzvorstand und Vorstand bzw. der vorgesetzten Stelle und Unternehmensleitung vorzulegen und von diesen zu genehmigen ist.[514]

Für eine zielgerechte Qualitätserzeugung und -handlung sind Soll-Werte für die Qualitätsfaktoren, die die Qualitätsziele repräsentieren, zu bestimmen. Diese fließen in die Qualitätsbewertung ein.

(2)   Qualitätserzeugung

Die in der Planung verabschiedeten Maßnahmen, die aus den festgelegten Qualitätsfaktoren mit ihren Soll-Werten resultieren, werden im Rahmen der Qualitätserzeugung, d. h. der ausführenden Prozesse, realisiert. Diese bezieht sich sowohl auf die Ausführung von Aufträgen als auch auf das Wirken der gesamten Internen Revision. Aus dieser Qualitätserzeugung ergibt sich ein Ist-Zustand des jeweiligen Qualitätsfaktors, der bei der Qualitätsmessung ermittelt wird.

(3)   Qualitätsmessung

Das Messen der qualitätsbezogenen Maßnahmen und der sie repräsentierenden Resultate wird als Qualitätsmessung verstanden.[515] Messen bedeutet in diesem Zusammenhang die strukturierte Zuordnung von Daten bzw. Zahlen zu den Qualitätsfaktoren, womit eine Quantifizierung der Ergebnisse der Internen Revision und der einzelnen Aufträge ermöglicht wird.[516]

---

[514]   Vgl. IIA-Standard 2020.

[515]   Vgl. aus allgemein unternehmerischer Sicht des Begriffs der Performance Riedl 2000, S. 18.

[516]   Vgl. aus allgemein unternehmerischer Sicht des Begriffs der Performance Riedl 2000, S. 19 m. w. N.

Die Messung ist sowohl unternehmensintern als auch unternehmensextern durchzuführen.[517] Unternehmensintern erfolgen Messungen im Rahmen der einzelnen Aufträge durch involvierte verantwortliche Personen, wie Prüfungsleiter, Abteilungsleiter und/oder Leiter der Internen Revision, und mindestens jährlich im Hinblick auf die gesamte Abteilung durch den Leiter der Internen Revision. Ergänzend sind periodische Messungen der gesamten Internen Revision durch innerbetriebliche, qualifizierte[518] Personen, die aber nicht der Internen Revision angehören, vorzunehmen. Die unternehmensexterne Messung des Qualitätsgeschehens der Internen Revision ist von qualifizierten, unternehmensunabhängigen Personen mindestens alle fünf Jahre durchzuführen, was durch eine Zertifizierung sichergestellt wird.[519] Die Qualitätsmessung stellt die Grundlage und Voraussetzung für die Qualitätsbewertung dar.

(4)   Qualitätsbewertung und -berichterstattung

Bei der Qualitätsbewertung wird ermittelt, inwieweit die durch die Messung bestimmten Ausprägungen der Qualitätsfaktoren deren Soll-Vorgaben entsprechen.[520] Sie lässt sich insgesamt durch einen Vergleich der Ist-Werte mit den Soll-Werten, eine Abweichungsanalyse, eine Bewertung und Deutung der Abweichungsursachen sowie eine Voraussage der Abweichungskonsequenzen und ihres Aufzeigens kennzeichnen.[521]

---

[517]   Vgl. hierzu und in der Folge auch IIA-Standard 1311 f.; IIR-Revisionsstandard Nr. 3, Tz. 1.6 und die dazugehörigen Tz.

[518]   Qualifiziert bedeutet, dass mindestens die Inhalte des IPPF bekannt sind.

[519]   In diesem Zusammenhang sind qualifizierte Personen diejenigen, die zertifizierte Qualitätsassessoren des IIA sind.

[520]   Vgl. IIR-Revisionsstandard Nr. 3, Tz. 1.6; aus allgemein unternehmerischer Sicht des Begriffs der Performance Riedl 2000, S. 37.

[521]   Vgl. aus allgemein unternehmerischer Sicht des Begriffs der Performance Riedl 2000, S. 38 f. m. w. N.

Äquivalent zur Messung ist die Bewertung unternehmensintern und -extern vorzunehmen.[522] Dabei ist zu berücksichtigen, dass die Bewertung durch die verantwortlichen Personen im Rahmen der einzelnen Aufträge und den Leiter der Internen Revision im Hinblick auf die gesamte Abteilung auf Auftrags- und Abteilungs-Soll-Werten basiert. Im Gegensatz dazu hat die unternehmensinterne Bewertung durch qualifizierte, jedoch nicht der Internen Revision angehörende Personen eigene Soll-Werte für die Qualitätsfaktoren zu verwenden. Dieses gilt auch für die unternehmensexterne Bewertung, wodurch die Interne Revision ihre Qualität und Stellung im Wertsteigerungsprozess des Unternehmens verdeutlicht.

Über die Ergebnisse der Qualitätsbewertung wird zeitnah und transparent berichtet.[523] Bei einzelnen Aufträgen sind nach durchgeführten Zwischen- und Endbewertungen die Ergebnisse den relevanten Internen Revisoren und dem Leiter der Internen Revision, falls er diese nicht selber vornimmt, zu kommunizieren. Die Endergebnisse relevanter Qualitätsauftragsfaktoren finden dann ihren Niederschlag in der finalen Auftragsberichterstattung gegenüber den entsprechenden Parteien. Dabei ist mindestens anzugeben, ob der Auftrag in Übereinstimmung mit der Definition der Internen Revision, dem Ethikkodex und den IIA-Standards durchgeführt worden ist. Bei deren Nichterfüllung sind die nicht eingehaltenen Normen, die Gründe für deren Nichterfüllung und die damit verbundenen Auswirkungen offenzulegen.[524] Die Endergebnisse teilt der Leiter der Internen Revision ebenfalls mindestens jährlich dem Finanzvorstand und Vorstand bzw. der vorgesetzten Stelle und der Unternehmensleitung mit.[525] Einbezogen in diese Berichterstattung wird auch das Abteilungsergebnis. Die Resultate der von revisionsexternen Personen durchge-

---

[522] Vgl. Abschnitt III.B.1.c)(3) des zweiten Hauptteils.

[523] Vgl. aus allgemein unternehmerischer Sicht des Begriffs der Performance Riedl 2000, S. 44.

[524] Vgl. IIA-Standard 2431.

[525] Vgl. hierzu und in der Folge auch IIA-Standard 1320.

führten Messungen und Bewertungen teilt der Leiter der Internen Revision nach der jeweiligen Durchführung den vorgenannten Stellen mit. Der Leiter hat in diesem Zusammenhang anzugeben, ob die Interne Revision bei ihrem Wirken in Übereinstimmung mit der Definition der Internen Revision, dem Ethikkodex und den IIA-Standards handelt, und er muss bei einer möglichen Nichterfüllung dieser, die die gänzliche Tätigkeit der Internen Revision beeinflusst, die Auswirkungen offenlegen.[526]

Die Essenz aus den Bewertungen und ihrer Berichterstattung sowie generelle Angaben zum Qualitätsmanagement der Internen Revision fließen in den Lagebericht bzw. bei seiner Nichtanwendung in eine andere Form der externen Berichterstattung der Gesellschaft ein.

(5)　Qualitätshandlung und -honorierung

Die Qualitätshandlung und -honorierung sind die Folge der vorangegangenen Qualitätsbewertung.[527] Aus der Qualitätsbewertung ergibt sich bei festgestellten Abweichungen die Notwendigkeit zur Vornahme von Handlungen, um die angestrebten Ziele zu erreichen. In Abhängigkeit des Abweichungsgrads sind entsprechende Handlungen zu entwickeln, die zu einer neuen Planung führen, und auszuführen. Hiermit verbunden sind Auswirkungen auf die strategischen und operativen Aspekte, wie z. B. die Überarbeitung der Qualitätsstrategie und Anpassung der Qualitätsfaktoren. Betroffen von den Handlungen sind sowohl einzelne Aufträge als auch das Wirken der gesamten Internen Revision. Hierdurch wird ein ständiger Verbesserungsprozess sichergestellt und ein Beitrag zur Wertsteigerung geleistet.

---

[526]　Vgl. IIA-Standard 1322. Die an den Vorstand gegebenen Ergebnisse sollten dem Aufsichtsrat zur Verschaffung eines umfänglichen Bilds über die Interne Revision zugeleitet werden, was in der bereits angesprochenen Informationsordnung zu verankern ist.

[527]　Vgl. hierzu und in der Folge aus allgemein unternehmerischer Sicht des Begriffs der Performance Riedl 2000, S. 44.

Zur Verstärkung der zielkonformen Verhaltensweise ist eine qualitätsbezogene Honorierung an die Bewertung geknüpft, von der eine motivierende Wirkung erwartet wird. Die Honorierung ist einerseits monetär, z. B. durch eine
variable Entlohnung oder Bonuszahlung, und andererseits nichtmonetär, z. B.
durch eine erhöhte Verantwortungsübernahme, vorzunehmen und steht in
Beziehung mit der Honorierung im Rahmen der qualitätsorientierten Verhaltensentwicklung.[528]

d)   Synoptische Darstellung der Konzeptbestandteile

Die aufgezeigten normativ-strategischen und operativen Bestandteile mit ihren
Inhalten werden zusammenfassend in allgemeiner Form zur Verschaffung eines Überblicks in der folgenden Tabelle dargelegt, wobei ihre Interdependen-
zen in der Qualitätsmanagementmodellierung verdeutlicht werden.

Bestandteil	Inhalt
Normativ-strategisch	
Qualitätspolitik	• stellt Qualität in den Mittelpunkt, • legt eine herstell- und ergebnisorientierte Sicht zu Grunde und • beinhaltet eine weitreichende soziale Verpflichtung.
Qualitätsverfassung	• beinhaltet mindestens die Definition der Internen Revision, den Ethikkodex und die IIA-Standards, • überträgt die Gesamtverantwortung für Qualität dem Leiter der Internen Revision unter Einbindung der Mitarbeiter, • verkörpert die Relevanz des Qualitätsmanage-

---

[528]   Vgl. Abschnitt III.B.1.b)(6) des zweiten Hauptteils; aus allgemein unternehmerischer
Sicht des Begriffs der Performance Riedl 2000, S. 47.

	ments,
	• verlangt ein Qualitätsmanagementmodell mit individuellen Spielräumen und
	• sieht eine aktive Mitarbeit in relevanten Gremien vor.
Qualitätskultur	• umfasst ein vorbildliches Verhalten des Leiters der Internen Revision unter der Vorgabe von Zielen und deren Durchsetzung,
	• fordert ein umfassendes Qualitätsverständnis bei sämtlichen Internen Revisoren,
	• sieht das zusätzliche Einbeziehen von unternehmensbezogenen Zielen vor und
	• verlangt eine aktive Verantwortungsübernahme der Internen Revisoren.
Qualitätsstrategie	• verlangt die Ausrichtung auf eine höchstmögliche Qualität unter Beachtung der Stärken und Schwächen sowie hiermit einhergehend die Festlegung einer strategischen Zielsetzung und entsprechender Maßnahmen durch den Leiter unter Einbezug verantwortlicher Mitarbeiter, der vorgesetzten Stelle und Unternehmensleitung und einer ausgewogenen Mischung von Strategiefaktoren und
	• sieht die Konzentration auf den eigenen Bereich vor.
Qualitätsstruktur	• beinhaltet die Einbettung der Aufbau- und Ablauforganisation des Qualitätsmanagements in die bestehende Organisation und
	• verlangt ein Qualitätsdokumentations-, integriertes -informations- und umfassendes -überwachungssystem sowie eine Berücksichtigung qualitätsbezogener Aspekte im Personalführungssystem.
Qualitätsorientierte Verhaltensentwicklung	• stellt Fachkompetenz, Persönlichkeit und Stellung bzw. Verantwortung der Internen Revisoren in den Vordergrund,

	• fördert im Rahmen eines Mitarbeiterführungsprozesses durch eine stetige Weiterbildung die Stärkung der gesamten Internen Revision, • beinhaltet eine weitreichende selbstständige Tätigkeitsausübung der Mitarbeiter und • sieht eine integrative Beteiligung der Mitarbeiter am Qualitätsgeschehen vor.
Operativ	
Qualitätsplanung	• bestimmt und zerlegt die mittel- und langfristigen in kurzfristige Ziele, die auf der Grundlage von Qualitätsfaktoren bestimmt werden, und Maßnahmen, • findet dabei Eingang in die einzelnen Aufträge, • umfasst das Einbeziehen verantwortlicher Mitarbeiter, der vorgesetzten Stelle und Unternehmensleitung durch den Leiter in die Abteilungsplanung und • determiniert Soll-Werte für Qualitätsfaktoren.
Qualitätserzeugung	• überführt die in der Planung festgelegten Maßnahmen in die ausführenden Prozesse und • ermöglicht die Ermittlung der Ist-Zustände der Qualitätsfaktoren.
Qualitätsmessung	• ist die strukturierte Zuordnung von Daten bzw. Zahlen zu den Qualitätsfaktoren, • quantifiziert den Zustand der Internen Revision als auch der einzelnen Aufträge, • ist unternehmensintern durch involvierte verantwortliche Personen im Rahmen der einzelnen Aufträge und im Hinblick auf die gesamte Abteilung mindestens jährlich durch den Leiter der Internen Revision und periodisch durch qualifizierte Personen, die aber nicht der Internen Revision angehören, sowie unternehmensextern für die gesamte Interne Revision durch qualifizierte, unternehmensunabhängige Personen mindestens alle fünf

	Jahre im Rahmen einer Zertifizierung vorzunehmen und • ist Grundlage für die Qualitätsbewertung.
Qualitätsbewertung/ -berichterstattung	• ermittelt, inwieweit die durch die Messung bestimmten Ausprägungen der Qualitätsfaktoren deren Soll-Vorgaben entsprechen, • vergleicht somit die Ist-Werte mit den Soll-Werten, • beinhaltet die Abweichungsanalyse, die Bewertung und Deutung der Abweichungsursachen sowie die Voraussage der Abweichungskonsequenzen und zeigt sie auf, • erfolgt unternehmensintern und -extern äquivalent zur Messung und • umfasst bei unternehmensexternen und innerbetrieblichen, nicht der Internen Revision angehörenden Personen das Verwenden eigener Soll-Werte./ • erfolgt zeitnah und transparent, • umfasst die Kommunikation der Ergebnisse von durchgeführten Zwischen- und Endbewertungen der einzelnen Aufträge an die relevanten Internen Revisoren und den Leiter der Internen Revision, falls er diese nicht selber vornimmt, • findet mit der Darstellung von Endergebnissen relevanter Qualitätsauftragsfaktoren in der finalen Auftragsberichterstattung gegenüber den entsprechenden Parteien Niederschlag, wobei mindestens anzugeben ist, ob der Auftrag in Übereinstimmung mit der Definition der Internen Revision, dem Ethikkodex und den IIA-Standards durchgeführt worden ist, und beinhaltet bei deren Nichterfüllung die nicht eingehaltenen Normen, die Gründe für deren Nichterfüllung und die damit verbundenen Auswirkungen, • enthält die mindestens jährlich der vorgesetzten

	Stelle und der Unternehmensleitung mitzuteilenden Auftrags- und Abteilungsergebnisse durch den Leiter,
	• umfasst die Kommunikation der durch abteilungsfremde Personen ermittelten Ergebnisse an die vorgesetzte Stelle und an die Unternehmensleitung durch den Leiter der Internen Revision nach der jeweiligen Durchführung,
	• enthält bei der Kommunikation mit der vorgesetzten Stelle und der Unternehmensleitung die Aussage über die Übereinstimmung des Wirkens der Internen Revision mit der Definition der Internen Revision, dem Ethikkodex und den IIA-Standards und legt bei einer möglichen Nichterfüllung dieser, die die gänzliche Tätigkeit der Internen Revision beeinflusst, die Auswirkungen offen und
	• findet mit wesentlichen Informationen unter Angabe allgemeiner Ausführungen zum Qualitätsmanagement Eingang in den Lagebericht bzw. bei seiner Nichtanwendung in eine andere Form der unternehmensexternen Berichterstattung.
Qualitätshandlung/ -honorierung	• umfasst in Abhängigkeit des festgestellten Abweichungsgrads im Rahmen der Bewertung die Entwicklung und Ausführung entsprechender Handlungen,
	• hat ggf. Auswirkungen auf strategische und operative Aspekte, wie z. B. die Überarbeitung der Qualitätsstrategie und Anpassung der Qualitätsfaktoren,
	• betrifft sowohl einzelne Aufträge als auch das Wirken der gesamten Internen Revision und
	• führt zu einem ständigen Verbesserungsprozess und einer Wertsteigerung./
	• dient der Verstärkung der zielkonformen Verhaltensweise,

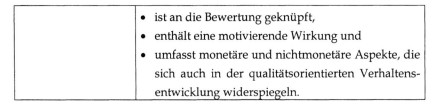

- ist an die Bewertung geknüpft,
- enthält eine motivierende Wirkung und
- umfasst monetäre und nichtmonetäre Aspekte, die sich auch in der qualitätsorientierten Verhaltensentwicklung widerspiegeln.

Tabelle 3: **Bestandteile und Inhalte eines ganzheitlichen Qualitätsmanagementkonzepts**

e)　Konzeptbezug zum Total Quality Management

Das entwickelte Qualitätsmanagementkonzept wird nun in Bezug zum Total Quality Management gesetzt, wobei die Betrachtung aus Sicht der mit dem Total Quality Management verbundenen, bereits erläuterten drei Begriffen Total, Quality und Management geführt wird.[529]

Hinsichtlich des Begriffs Total, der für die Interne Revision eine Berücksichtigung der Interessen sämtlicher Anspruchsgruppen, die sich in dem Ziel der Unternehmenswertsteigerung widerspiegeln, und eine vertrauensvolle und kooperative Zusammenarbeit mit ihrem Vorgesetzten und der Unternehmensleitung sowie den überwachten Bereichen vorsieht, ist festzuhalten, dass das erarbeitete Konzept dieses abbildet.

Dem entwickelten Konzept ist, wie beim Total Quality Management, ein umfassender Qualitätsbegriff zu Grunde gelegt.

In Bezug zum Begriff Management lässt sich konstatieren, dass für das erarbeitete Konzept, wie auch beim Total Quality Management gefordert, die Verantwortung für das Qualitätsmanagement in der Hand des Leiters der Internen Revision liegt.

---

[529]　Vgl. zu den drei Begriffen auch in der Folge Abschnitt II.C.2. des zweiten Hauptteils.

Insgesamt ist festzuhalten, dass das entwickelte Qualitätsmanagementkonzept einen engen Bezug zum Konzept Total Quality Management aufweist. Im Gegensatz zum Total Quality Management, das durch kein einheitliches Verständnis geprägt ist,[530] zeichnet sich das entwickelte Qualitätsmanagementkonzept durch ein eindeutiges und strukturiertes Verständnis und Vorgehen aus. Damit ist ein vollständiges Konzept für das Qualitätsmanagement der Internen Revision gegeben.

2. IIA-Standards 1300–1322 und IIR-Revisionsstandard Nr. 3 und seine Ergänzung als postulierte Qualitätsmanagementkonzepte, ihr Bezug zum Total Quality Management und ihr Vergleich mit dem erarbeiteten Konzept

a) IIA-Standards 1300–1322

(1) Allgemeines

Die IIA-Standards 1300–1322 sehen für die Interne Revision die Einrichtung und Pflege eines Programms zur Qualitätssicherung und -verbesserung vor und umfassen Zweck und Inhalte. Dieses Programm wird im Sinne eines Qualitätsmanagementkonzepts analysiert.

(2) Zweck und Elemente des Qualitätsmanagementkonzepts

Zweck und Inhalt des Programms sind bereits ausführlich dargelegt worden,[531] daher erfolgt in diesem Abschnitt nur eine komprimierte Darstellung.

Das Programm verlangt, dass damit sämtliche Aspekte der Internen Revision abgedeckt werden und eine Bewertung der Internen Revision hinsichtlich ihrer Übereinstimmung mit der Definition und den IIA-Standards bzw. der In-

---

[530] Vgl. Abschnitt II.C. des zweiten Hauptteils.

[531] Vgl. Abschnitt II.B. des ersten Hauptteils.

ternen Revisoren in Bezug auf die Einhaltung des Ethikkodex möglich ist.[532] Es fordert weiter, dass eine Beurteilung der Effizienz und Effektivität der Internen Revision sowie die Identifizierung von Verbesserungen sichergestellt werden muss.

Als Elemente des Programms sind interne und externe Messungen sowie Bewertungen bzw. Beurteilungen und die Berichterstattung vorgesehen. Die internen Messungen und Bewertungen bzw. Beurteilungen umfassen permanente, in den gewöhnlichen Arbeitsablauf der Internen Revision eingebundene Maßnahmen, mit denen die Interne Revision geleitet wird, sowie periodische Maßnahmen, die entweder selbstständig durch die Interne Revision oder durch im Unternehmen existierende Personen mit ausreichender Kenntnis über den Tätigkeitsbereich der Internen Revision zu leisten sind.[533] Unterstützend hierzu ist mindestens alle fünf Jahre eine entsprechende Maßnahme durch qualifizierte und unternehmensunabhängige Personen vorzunehmen.[534] In Bezug auf die Berichterstattung wird gefordert, dass der Leiter den Finanzvorstand und Vorstand bzw. die vorgesetzte Stelle und Unternehmensleitung über die Ergebnisse informiert.[535] Die Resultate, die den Einhaltungsgrad hinsichtlich der Definition, des Ethikkodex und der IIA-Standards zu enthalten haben, sind bei internen periodischen und externen Prüfungen direkt nach ihrem Abschluss sowie bei der permanenten Überwachung mindestens jährlich zu kommunizieren. Der Terminus „Conforms with the International Standards for the Professional Practice of Internal Auditing"[536] darf durch den Leiter der

---

[532] Vgl. hierzu und in der Folge IIA-Standard 1300.

[533] Vgl. IIA-Standard 1311.

[534] Vgl. IIA-Standard 1312, insbesondere seine Interpretation, die sich mit den Anforderungen an die externen Prüfer auseinandersetzt. Der Standard beinhaltet weiter, dass der Leiter der Internen Revision über eine häufigere Anwendung der externen Prüfung mit dem Finanzvorstand bzw. der vorgesetzten Stelle und über die sie durchführenden Personen zu diskutieren hat.

[535] Vgl. hierzu und in der Folge IIA-Standard 1320.

[536] IIA-Standard 1321 (im Original hervorgehoben), der damit die Übereinstimmung mit den IIA-Standards meint.

Internen Revision nur verwendet werden, wenn die Ergebnisse diese Aussage bestätigen;[537] bei Nichtübereinstimmung mit der Definition, dem Ethikkodex oder den IIA-Standards, die Auswirkungen auf die gesamte Tätigkeit der Internen Revision haben, muss der Interne Revisionsleiter diesen Mangel und seine Folgen dem Finanzvorstand und Vorstand bzw. der vorgesetzten Stelle und Unternehmensleitung darlegen.[538] Weitere Bestandteile werden in den IIA-Standards 1300–1322 nicht genannt.

(3) Bezug zum Total Quality Management

Das präsentierte Programm zur Qualitätssicherung und -verbesserung wird auch hier in Bezug zu den mit dem Total Quality Management verbundenen, bereits erläuterten drei Begriffen Total, Quality und Management gesetzt.[539]

Das Programm deckt weitestgehend die mit dem Begriff Total verbundenen Eigenschaften, die sich in der Interessenberücksichtigung sämtlicher Anspruchsgruppen, d. h. dem Ziel der Unternehmenswertsteigerung, und einer vertrauensvollen und kooperativen Zusammenarbeit mit dem Vorgesetzten und der Unternehmensleitung sowie den überwachten Bereichen widerspiegeln, ab.

Hinsichtlich der Qualität lässt das Programm eine detaillierte Definition vermissen. Es wird lediglich von einer Deckung aller Aspekte der Internen Revision gesprochen.[540] Durch die globale Formulierung kann dem Programm aber

---

[537]   Vgl. IIA-Standard 1321.

[538]   Vgl. IIA-Standard 1322. Insgesamt ist anzumerken, dass auch der Aufsichtsrat, wenn nicht vorgesetzte Stelle, durch den Vorstand über die genannten Resultate informiert werden sollte, da er sich damit ein umfängliches Bild über die Interne Revision verschaffen kann. Die Resultate aus der permanenten Überwachung sollten dabei im Jahresrhythmus mitgeteilt werden. Entsprechendes ist somit in der bereits angesprochenen Informationsordnung zu verankern.

[539]   Vgl. zu den drei Begriffen auch in der Folge Abschnitt II.C.2. des zweiten Hauptteils.

[540]   Vgl. IIA-Standard 1300.

ein umfassender Qualitätsbegriff, wie dem Total Quality Management zu Grunde gelegt, zugewiesen werden.

In Bezug auf den Begriff Management ist festzuhalten, dass dem Leiter der Internen Revision, wie auch beim Total Quality Management gefordert, die Verantwortung für das Programm zukommt.

Es ist zu summieren, dass das Programm gem. IIA-Standards 1300–1322 einen nahen Bezug zum Konzept Total Quality Management aufweist. Seine Defizite werden im nächsten Abschnitt verdeutlicht.

(4)   Vergleich mit dem erarbeiteten Konzept

Vergleicht man das Programm zur Qualitätssicherung und -verbesserung mit dem entwickelten Konzept, so ergeben sich die nachfolgenden Gemeinsamkeiten und Unterschiede.

Das Programm und das entwickelte Konzept stimmen in den Phasen der Qualitätsmessung und -bewertung bzw. -beurteilung nebst -berichterstattung weitestgehend überein. Wesentliche Unterschiede in Bezug auf die genannten Phasen äußern sich darin, dass das Programm keine separate Unterteilung in die Schritte Messung und Bewertung vorsieht, die unternehmensexternen Prüfungen im Gegensatz zum Programm im Rahmen von Zertifizierungen durch IIA-zertifizierten Qualitätsassessoren durchzuführen sind, die Ergebniskommunikation von Zwischen- und Endbewertungen der einzelnen Aufträge an die relevanten Internen Revisoren und den Leiter der Internen Revision, falls er diese nicht selber vornimmt, im Programm wie auch die externe Berichterstattung mit wesentlichen Informationen nicht enthalten sind und die Berichterstattung des Leiters der Internen Revision im Programm einen feststehenden Terminus in Bezug auf das Übereinstimmen mit den IIA-Standards umfassen kann, der jedoch nur verwendet werden darf, wenn die Ergebnisse des Programms dieses bestätigen.

Da das Programm dem Wesen und der Zielsetzung nach nur einen Teilbereich und zwar die Messung und Bewertung bzw. Beurteilung sowie Berichterstattung umfasst, kann es nicht als eine praktikable, verständliche, vollständige und zielgerichtete Darstellung eines Qualitätsmanagementkonzepts angesehen werden. Aufgrund der Bedeutung des Qualitätsmanagements für die Interne Revision ist dieses Programm aber durch eine Ergänzung bzw. Anpassung der IIA-Standards zu einem entsprechenden Qualitätsmanagementkonzept in Anlehnung an das entwickelte auszugestalten. Die relevante Anpassung der IIA-Standards wird im Abschnitt III.B.3.a) des zweiten Hauptteils präsentiert.

b)   IIR-Revisionsstandard Nr. 3 und seine Ergänzung

(1)   Allgemeines

Mit dem IIR-Revisionsstandard Nr. 3[541] und seiner Ergänzung[542] legt das DIIR seine Auffassung zum Qualitätsmanagement dar, wobei diese als deutsche Position der IIA-Standards 1300–1322 anzusehen sind. Veröffentlicht im Jahre 2002 beinhaltet der Standard eine Präambel, die Elemente des Qualitätsmanagements, seine Einführung, die Grundlagen für eine qualitätssichernde Tätigkeit sowie zwei Anlagen, die sich mit ausgewählten Qualitätskriterien und ausgewählten Inhalten von Kundenbefragungen auseinandersetzen. Die Ergänzung zu diesem Standard ist ein Leitfaden, der beschreibt, wie Qualitätsüberwachungen durch unternehmensexterne Prüfer vorgenommen werden können.[543]

Für die vorzunehmenden Vergleiche erfolgt die Konzentration auf den Zweck und die Elemente des Qualitätsmanagements, da sie das Konzept des Standards und seiner Ergänzung primär repräsentieren.

---

[541]   Vgl. hierzu und in der Folge IIR-Revisionsstandard Nr. 3.

[542]   Vgl. IIR 2007; zur ersten Fassung IIR 2005.

[543]   Vgl. IIR 2007, insbesondere S. 16.

(2) Zweck und Elemente des Qualitätsmanagementkonzepts

Der Zweck des Konzepts wird in der Präambel und in seinen Elementen zum Ausdruck gebracht. Demnach ist Qualitätsmanagement „ein Programm zur Qualitätssicherung und -verbesserung, das alle Aspekte der Revisionsarbeit umfasst und zur kontinuierlichen Überwachung ihrer Wirksamkeit dient. Zweck des Qualitätsmanagements ist es hinreichend sicherzustellen, dass die Arbeit der Internen Revision zur Wertsteigerung und Verbesserung der Geschäftsprozesse beiträgt."[544]

Der vorgestellte Konzeptzweck wird im Standard somit in den Elementen und zwar im Rahmen von Definitionen, die als erster Konzeptbestandteil aufgeführt werden, dargelegt. Die Definitionen umfassen weiterhin den Begriff der Qualität, die als „die Gesamtheit von Eigenschaften und Merkmalen eines Produkts oder einer Tätigkeit, die sich auf deren Eignung zur Erfüllung gegebener Erfordernisse beziehen"[545], verstanden wird.

Als zweites Element wird die Systematik des Konzepts präsentiert.[546] Sie beinhaltet als wesentliche Prämissen eines effektiven und effizienten Qualitätsmanagements die Kundenorientierung und eine eindeutige darauf ausgerichtete Qualitätspolitik, die systematische Arbeitsablaufstruktur, die aktive Mitarbeiterbeteiligung, die offene Qualitätsverbesserungsprozessberichterstattung und die Anpassungsfähigkeit des Qualitätsmanagements an veränderte Gegebenheiten. Diese Prämissen sind in einem Qualitätsmanagement, das aus den Bestandteilen Qualitätsmanagementdarlegung, -planung, -erzeugung und -lenkung, -überwachung und -verbesserung, verstanden als Kreislauf, zu integrieren.

---

[544]   IIR-Revisionsstandard Nr. 3, Präambel und Tz. 1.1.

[545]   IIR-Revisionsstandard Nr. 3, Tz. 1.1.

[546]   Vgl. hierzu und in der Folge IIR-Revisionsstandard Nr. 3, Tz. 1.2.

Die Qualitätsmanagementdarlegung besteht im Wesentlichen aus der Festlegung und Darstellung der Qualitätspolitik, deren detaillierte Beschreibung nicht im Rahmen der Elemente, sondern bei der Einführung des Qualitätsmanagements vorgenommen wird,[547] und ihrer -ziele.[548] Zu berücksichtigen sind dabei kulturelle, wirtschaftliche und rechtliche Besonderheiten bei global tätigen Unternehmen. Sie beinhaltet aber auch die Schaffung von Rahmenbedingungen. Hierzu zählt die Dokumentation und Darlegung der Qualitätspolitik sowie sämtlicher Bestandteile des Qualitätsmanagements. Dieses kann durch ein Qualitätsmanagementhandbuch sichergestellt werden.

Abgeleitet aus der Qualitätspolitik und den -zielen geht es bei der Qualitätsplanung um die Bestimmung und Strukturierung von Qualitätsfaktoren, die z. B. aus einschlägigen Normen und Benchmarking zu gewinnen sind.[549]

Hieraus folgend sind Maßnahmen zu implementieren, die der Umsetzung der festgelegten Qualitätsfaktoren dienen.[550] Sie können sich z. B. in Arbeitsanweisungen, Verfahren und Methoden niederschlagen.

Die sich anschließende Untersuchung in Bezug auf die Einhaltung der determinierten Qualitätsfaktoren wird als Qualitätsüberwachung bezeichnet.[551] Sie umfasst sowohl interne und als auch externe Überwachungen, die den jeweiligen verantwortlichen Führungskräften zufallen.

Zur internen Qualitätsüberwachung zählen die Auftragskontrolle und die Bestandsaufnahme durch die Interne Revision. Bei der Auftragskontrolle handelt es sich um regelmäßige Überwachungsmaßnahmen zur Erfüllung der Quali-

---

[547]   Vgl. hierzu und in der Folge IIR-Revisionsstandard Nr. 3, Tz. 2.1.1.

[548]   Vgl. hierzu und in der Folge IIR-Revisionsstandard Nr. 3, Tz. 1.3.

[549]   Vgl. IIR-Revisionsstandard Nr. 3, Tz. 1.4.

[550]   Vgl. hierzu und in der Folge IIR-Revisionsstandard Nr. 3, Tz. 1.5.

[551]   Vgl. hierzu und in der Folge IIR-Revisionsstandard Nr. 3, Tz. 1.6.

tätsfaktoren im Rahmen der laufenden Tätigkeit, die in Stufen durch den Prüfungsleiter, erfahrene Führungskräfte und den Leiter der Internen Revision angestellt werden.[552] Bei der Bestandsaufnahme durch die Interne Revision, zu der Qualitätsprüfungen, Kundenbefragungen und Benchmarking zählen,[553] wird hervorgehoben, dass eine Steuerung über Qualitätsfaktoren realisiert werden kann.[554]

Die externe Qualitätsüberwachung, die von qualifizierten, unternehmensunabhängigen Personen vorzunehmen ist, liefert den Anspruchsgruppen der Internen Revision ein unabhängiges Urteil über ihre Qualität.[555] Dieser Nachweis kann im Rahmen einer Zertifizierung und/oder durch weitere externe Prüfungen erlangt werden.[556]

Die aus der internen und externen Qualitätsüberwachung resultierenden Ergebnisse, die mittels Berichterstattung dargelegt werden,[557] münden in eine Optimierung der Revisionstätigkeit.[558] Diese Verbesserungen bilden das letzte Glied des Qualitätsmanagementkreislaufs, leiten aber auch seinen Neustart ein.

Die Verantwortung und Besonderheiten sind ergänzende Bestandteile des Konzepts. Es wird ausgesagt, dass der Leiter der Internen Revision die Verantwortung für das Qualitätsmanagement trägt.[559] Falls nötig, kann er sich einer Qualitätsmanagementeinheit bedienen, die unabhängig von den Revisi-

---

[552] Vgl. IIR-Revisionsstandard Nr. 3, Tz. 1.6.1.1.

[553] Vgl. IIR-Revisionsstandard Nr. 3, Tz. 1.6.1.2.2–1.6.1.2.4.

[554] Vgl. IIR-Revisionsstandard Nr. 3, Tz. 1.6.1.2.1.

[555] Vgl. IIR-Revisionsstandard Nr. 3, Tz. 1.6.2.

[556] Vgl. IIR-Revisionsstandard Nr. 3, Tz. 1.6.2.1 f.; IIR 2007.

[557] Vgl. IIR-Revisionsstandard Nr. 3, Tz. 2.2.

[558] Vgl. IIR-Revisionsstandard Nr. 3, Tz. 1.7.

[559] Vgl. hierzu und in der Folge IIR-Revisionsstandard Nr. 3, Tz. 1.8.

onseinheiten ist, direkt an ihn berichtet und keine fachliche Weisungsbefugnis hat. Der Leiter oder diese Einheit leiten die Veränderungsprozesse ein, moderieren und koordinieren diese und leisten Unterstützung bei deren Umsetzung. Im Hinblick auf Besonderheiten wird erläutert, dass bei global tätigen Unternehmen zum Erreichen einer einheitlichen Revisionsqualität ein Qualitätsmanagement zu installieren ist, das internationale und nationale Gegebenheiten harmonisiert.[560]

(3) Bezug zum Total Quality Management

Das dargestellte Konzept des IIR-Revisionsstandards Nr. 3 in Form seiner Bestandteile wird hinsichtlich seiner Übereinstimmung mit den drei Begriffen Total, Quality und Management des Konzepts Total Quality Management betrachtet.[561]

Hinsichtlich der Bedeutung und Inhalte der drei Begriffe ist für das Konzept des Standards insgesamt, ohne hier eine detaillierte Präsentation aufgrund der bereits dargelegten Inhalte vorzunehmen, festzuhalten, dass diese weitestgehend durch das Konzept des Standards abgedeckt werden. Somit wird dem Total-Quality-Management-Gedanken Rechnung getragen. Im Gegensatz zum Total Quality Management, das durch kein einheitliches Verständnis geprägt ist,[562] verfügt das Konzept des Standards über dieses Charakteristikum.

(4) Vergleich mit dem erarbeiteten Konzept

Das erarbeitete Konzept gibt ein klares und präzises Bild der Bestandteile eines Qualitätsmanagementkonzepts wider. Im Gegensatz dazu lässt der Standard diese Eigenschaften weitestgehend vermissen. So werden einige Elemen-

---

[560] Vgl. IIR-Revisionsstandard Nr. 3, Tz. 1.9.

[561] Vgl. zu den drei Begriffen auch in der Folge Abschnitt II.C.2. des zweiten Hauptteils.

[562] Vgl. Abschnitt II.C. des zweiten Hauptteils.

te, wie z. B. die Qualitätspolitik, zwar im Rahmen der Bestandteilsbeschreibung erwähnt, erfahren aber eine Darlegung erst im Abschnitt der Einführung des Qualitätsmanagements, obwohl diese zweckmäßigerweise in die Bestandteilserläuterung gehören. Im Hinblick auf weitere Unterschiede, aber auch Gemeinsamkeiten wird sich des Abgleichs der einzelnen Konzeptbestandteile bedient.

Ausgehend von dem erarbeitetem Konzept und seinem ersten Bestandteil, der Qualitätspolitik, ist feststellbar, dass der Standard diese nur unpräzise skizziert.

Keinen direkten Eingang in den Standard finden die Qualitätsverfassung, Qualitätskultur, Qualitätsstrategie, Qualitätsstruktur und qualitätsorientierte Verhaltensentwicklung. Deren Inhalte finden sich aber teilweise in den verschiedenen Elementen und in den weiteren Abschnitten des Standards wieder.

Eine grundlegende Übereinstimmung ist bei der Qualitätsplanung und -erzeugung ersichtlich, wobei der Standard eine präzise Auslegung nicht enthält. Die Festlegung von Qualitätsfaktoren ist aber beiden Konzepten gemein.

Im Hinblick auf die Elemente der Qualitätsmessung und -bewertung bestehen vor allem Differenzen darin, dass der Standard für Messung und Bewertung den Begriff Überwachung wählt, er explizit Kundenbefragungen und Benchmarking als Überwachungsform nennt, er auf Prüfungen durch revisionsexterne, aber dem Unternehmen angehörende Personen verzichtet, er im Gegensatz zum entwickelten Konzept neben Zertifizierungen, die auch Inhalt seiner Ergänzung sind, für die jedoch nicht nur revisionsspezifische Assessoren zuständig sind, weitere externe Überwachungsarten aufführt und er eine Zeitangabe für die externen Überwachungsformen nicht vorgibt. Die Qualitätsberichterstattung wird im Vergleich zum erarbeiteten Konzept im Standard und in seiner Ergänzung nur rudimentär angesprochen. Insbesondere wird nicht auf die externe Berichterstattung eingegangen.

Während sich die Qualitätshandlung aus dem entwickelten Konzept im Standard grundsätzlich in der Qualitätsverbesserung abbilden lässt, findet die Qualitätshonorierung keine Berücksichtigung. Dafür wird auf Besonderheiten, die sich auf global operierende Unternehmen beziehen, eingegangen, was aber notwendigerweise nicht als ein Bestandteil eines Konzepts anzusehen ist.

Aus dem Vergleich ist zu summieren, dass für die Darstellung eines praktikablen, verständlichen, vollständigen und zielgerichteten Qualitätsmanagementkonzepts eine Anpassung der Konzeptbestandteile des Standards derart vorzunehmen ist, dass eine Orientierung an dem erarbeiteten Konzept erfolgt. Damit sind auch Auswirkungen auf die weiteren Abschnitte des Standards und seine Ergänzung verbunden. Für den Standard ist auch anzumerken, dass er die IIA-Standards 1300–1322 nicht vollständig abbildet.

3.   Anpassung der IIA-Standards 1300–1322 und des IIR-Revisionsstandards Nr. 3 und seiner Ergänzung als Folge der Konzeptvergleiche

a)   Anpassung der IIA-Standards 1300–1322

Der Vergleich des erarbeiteten Konzepts mit dem Konzept der IIA-Standards 1300–1322 hat die Notwendigkeit ihrer Anpassung ergeben.[563] Da die IIA-Standards nur der Darstellung grundlegender Prinzipien dienen,[564] erfolgt die Anpassung sinngemäß. Diese wird in deutscher Sprache vorgenommen. Eine Detaillierung findet sich in der Überarbeitung des IIR-Revisionsstandards Nr. 3 und seiner Ergänzung wieder. Der anzupassende IIR-Revisionsstandard Nr. 3 ist unter Beachtung der Verfahrensweise zur Einführung nationaler Regelungen in das IPPF einzubringen,[565] wobei er als Praxisleitfaden für die geänderten IIA-Standards im Bereich 13xx zu fungieren hat und die bisherigen

---

[563]   Vgl. Abschnitt III.B.2.a)(4) des zweiten Hauptteils.

[564]   Vgl. Abschnitt II.A. des ersten Hauptteils.

[565]   Vgl. Abschnitt I.E.5.a) des ersten Hauptteils.

dazugehörigen Praktischen Ratschläge derart zu ersetzen sind, dass im Rahmen eines neuen Praktischen Ratschlags 1300-1 lediglich auf den neuen Praxisleitfaden verwiesen wird; alle anderen Praktischen Ratschläge zu den IIA-Standards 13xx sind zu löschen. Die zu überarbeitende Ergänzung zum IIR-Revisionsstandard Nr. 3 ist direkt als IIA-Veröffentlichung vorzunehmen, die sich mit der Durchführung der unternehmensexternen Messung und Bewertung bzw. Berichterstattung beschäftigt.

Die für die IIA-Standards 1300–1322 identifizierten Defizite[566] führen zu den im Folgenden präsentierten Änderungen, die diese IIA-Standards gänzlich ersetzen.

IIA-Standard	Titel und Inhalt
1300	**Qualitätsmanagement** Der Leiter der Internen Revision muss ein Qualitätsmanagement entwickeln und pflegen, das alle Aspekte der Internen Revision abdeckt. **Interpretation** Das Qualitätsmanagement dient dazu, die Interne Revision effektiv und effizient im Sinne einer Wertsteigerung zu führen. Hierzu gehört mindestens die Berücksichtigung der Definition der Internen Revision, des Ethikkodex und der IIA-Standards.
1310	**Bestandteile des Qualitätsmanagements** Das Qualitätsmanagement muss sich aus den normativ-strategischen Elementen der Qualitätspolitik, Qualitätsverfassung, Qualitätskultur, Qualitätsstrategie, Qualitätsstruktur und qualitätsorientierten Verhaltensentwicklung zusammensetzen. Die Qualitätsplanung muss als Bindeglied zu den operativen Bestandteilen der Qualitätserzeugung, Quali-

---

[566]   Vgl. Abschnitt III.B.2.a)(4) des zweiten Hauptteils.

	tätsmessung, Qualitätsbewertung und -berichterstattung, Qualitätshandlung und -honorierung fungieren, die auf die Erfüllung der Strategie hinwirken. **Interpretation** Die einzelnen Bestandteile des Qualitätsmanagements sind so miteinander zu verknüpfen, dass ein ständiger Verbesserungsprozess sichergestellt wird.
1311	**Qualitätspolitik** Die Qualitätspolitik muss Qualität unter Zugrundelegung einer herstell- und ergebnisorientierten Sicht in den Mittelpunkt der Internen Revision stellen und eine weitreichende soziale Verpflichtung beinhalten. **Interpretation** Die herstellorientierte Qualitätssicht verkörpert den Übereinstimmungsgrad der Potenzial- und Prozessfaktoreneigenschaften mit deren festgelegten Idealzuständen. Die ergebnisorientierte Perspektive beinhaltet die Erfüllung der Bezugsgruppenziele. Die weitreichende soziale Verpflichtung bezieht sich auf das Ansehen der Mitarbeiter der Internen Revision als das wichtigste Potenzial, die Ausschöpfung ihrer Fähigkeiten, ihre gerechte Entlohnung, die Förderung ihrer Entwicklung und eine Außenpräsentation zur Steigerung des Ansehens der Internen Revision, des Unternehmens und des Berufsstands.
1312	**Qualitätsverfassung** Die Qualitätsverfassung muss mindestens die Definition der Internen Revision, den Ethikkodex und die IIA-Standards berücksichtigen, die Bedeutung des Qualitätsmanagements verkörpern, ein Qualitätsmanagementmodell mit individuellen Spielräumen fordern und eine aktive Mitarbeit der Internen Revisoren in relevanten Gremien verlangen. Die Gesamtverantwortung für Qualität muss dem Leiter der Internen Revision unter Einbindung der Mitarbeiter obliegen.
1313	**Qualitätskultur** Die Qualitätskultur muss ein vorbildliches Verhalten des

	Leiters der Internen Revision unter Vorgabe von Zielen und deren Durchsetzung, ein umfassendes Qualitätsverständnis entsprechend der herstell- und ergebnisorientierten Sicht bei sämtlichen Internen Revisoren, das Einbeziehen von unternehmensbezogenen Zielen und eine aktive Verantwortungsübernahme der Internen Revisoren umfassen. **Interpretation** Vorbildliches Verhalten des Leiters der Internen Revision bedeutet die gegenüber seinen Mitarbeitern geforderten Verhaltensweisen im täglichen Arbeitsgeschehen selbst vorzuleben.
1314	**Qualitätsstrategie** Die Qualitätsstrategie muss eine höchstmögliche Qualität repräsentieren. Der Leiter der Internen Revision muss eine strategische Zielsetzung, eine ausgewogene Mischung von Strategiefaktoren und entsprechende Maßnahmen festlegen, die der vorgesetzten Stelle und der Unternehmensleitung vorzulegen und von diesen zu genehmigen sind. **Interpretation** Im Rahmen der Qualitätsstrategie bezieht der Leiter der Internen Revision seine Mitarbeiter mit ein.
1315	**Qualitätsstruktur** Der Leiter der Internen Revision muss die Aufbau- und Ablauforganisation des Qualitätsmanagements in die bestehende Organisation integrieren und für ein Qualitätsdokumentations-, ein integriertes -informations- und ein umfassendes -überwachungssystem sowie eine Berücksichtigung qualitätsbezogener Aspekte im Personalführungssystem sorgen. **Interpretation** Das Qualitätsdokumentationssystem dient der generellen Darstellung des Qualitätsmanagements, um unternehmensintern und -extern die Qualitätsbedeutung sowie -handhabung aufzuzeigen. Es ist hierarchisch aufzubauen, wobei an oberster Stelle ein Qualitätsmanagementhandbuch steht. In diesem sind die Qualitätspolitik, die -verfassung, die

-kultur, die -strategie und die -struktur, die qualitätsorientierte Verhaltensentwicklung in allgemeiner Form, die Aufgaben und Verantwortlichkeiten hinsichtlich Qualität und grundsätzliche Angaben zu den operativen Abläufen festzuhalten. Das Handbuch wird durch Verfahrens- bzw. Arbeitsanweisungen ergänzt. Insgesamt gilt für die Dokumentation, dass sie aktuell, zutreffend und präzise sein muss. Mithilfe des Qualitätsinformationssystems erfassen, verarbeiten und werten der Leiter der Internen Revision und seine Mitarbeiter Qualitätsdaten aus, die auf Abteilungs-, Projekt- und Mitarbeiterebene dargelegt werden. Diese Daten sind auch für die vorgesetzte Stelle und die Unternehmensleitung von Bedeutung, so dass die Qualitätsinformationen in das unternehmensweite Managementinformationssystem unter Beachtung von Zugriffsbeschränkungen einzubinden sind.

Das Qualitätsüberwachungssystem unterstützt die Interne Revision bei der Zielbildung, Planung, Kontrolle, Prüfung, Koordination und Information der Qualität. Insbesondere sind die Prüfungs- und Kontrollvorgänge von Bedeutung. Hierzu sind sowohl unternehmensinterne als auch -externe Maßnahmen zu ergreifen. Die unternehmensinternen umfassen eine Auftragsqualitätskontrolle durch involvierte verantwortliche Personen, eine Abteilungsqualitätsüberwachung durch den Leiter der Internen Revision mindestens jährlich und eine periodische Abteilungsqualitätsüberwachung durch qualifizierte Personen, die aber nicht der Internen Revision angehören; zu den unternehmensexternen gehören Abteilungsqualitätsüberwachungen durch qualifizierte, unternehmensunabhängige Personen, die mindestens alle fünf Jahre vorzunehmen sind. Überwachungseinzelheiten finden sich in den folgenden Darlegungen wieder.

In das Personalführungssystem sind monetäre und nichtmonetäre Anreize zu integrieren.

1316	**Qualitätsorientierte Verhaltensentwicklung**
	Die qualitätsorientierte Verhaltensentwicklung muss die Fachkompetenz, Persönlichkeit und Stellung bzw. Verantwortung der Internen Revisoren in den Vordergrund stellen.
	Interpretation
	Stetige Weiterbildungsmaßnahmen im Rahmen eines Mitarbeiterführungsprozesses, eine weitreichende selbstständige Tätigkeitsausübung und eine integrative Beteiligung der Internen Revisoren am Qualitätsgeschehen sind Bestandteile einer qualitätsorientierten Verhaltensentwicklung.
1317	**Qualitätsplanung**
	Der Leiter der Internen Revision muss die mittel- und langfristigen in kurzfristige Ziele und Maßnahmen zerlegen und bestimmen, die er auf der Grundlage von Qualitätsfaktoren festlegt. Er determiniert damit Soll-Werte für Qualitätsfaktoren. Diese müssen sowohl Eingang in die Abteilungsplanung, die der vorgesetzten Stelle und der Unternehmensleitung vorzulegen und von diesen zu genehmigen ist, als auch in die Planung der einzelnen Aufträge finden.
	Interpretation
	In die Qualitätsplanung bindet der Leiter der Internen Revision verantwortliche Mitarbeiter ein.
1318	**Qualitätserzeugung**
	Die in der Planung festgelegten Maßnahmen müssen zur Qualitätserzeugung in den ausführenden Prozessen realisiert werden. Sie ermöglicht die Ermittlung der Ist-Zustände der Qualitätsfaktoren.
1319	**Qualitätsmessung**
	Der Qualitätszustand der Internen Revision als auch der einzelnen Aufträge muss durch unternehmensinterne und -externe Messungen quantifiziert werden. Unternehmensintern muss die Messung durch involvierte verantwortliche Personen im Rahmen der einzelnen Aufträge und im Hinblick auf die gesamte Abteilung durch den Leiter der Internen Revision mindestens jährlich und durch qualifizierte

	Personen, die aber nicht der Internen Revision angehören, periodisch erfolgen. Unternehmensextern muss die Messung in Bezug auf die gesamte Abteilung durch qualifizierte, unternehmensunabhängige Personen mindestens alle fünf Jahre im Rahmen einer Zertifizierung vorgenommen werden. **Interpretation** Die Messung muss mindestens die Definition der Internen Revision, den Ethikkodex und die IIA-Standards zum Gegenstand haben. Qualifizierte Personen in Bezug auf die innerbetriebliche Sichtweise sind solche, die mindestens die Inhalte des IPPF kennen. Qualifizierte Personen in Bezug auf die Zertifizierung sind solche, die IIA-zertifizierte Qualitätsassessoren darstellen.
1320	**Qualitätsbewertung/-berichterstattung** Die im Rahmen der Messung bestimmten Ausprägungen der Qualitätsfaktoren müssen mit ihren Soll-Vorgaben verglichen werden, eine Abweichungsanalyse, eine Bewertung und Deutung der Abweichungsursachen sowie die Voraussage der Abweichungskonsequenzen umfassen. Dieses muss unternehmensintern und -extern äquivalent zur Messung erfolgen, wobei bei unternehmensexternen und innerbetrieblichen Bewertungen, die von Personen außerhalb der Internen Revision vorgenommen werden, eigene Soll-Werte verwendet werden./ Die Qualitätsberichterstattung muss zeitnah und transparent sein. Sie muss die Ergebnisse von durchgeführten Zwischen- und Endbewertungen der einzelnen Aufträge an die relevanten Internen Revisoren und den Leiter der Internen Revision, falls er diese nicht selber vornimmt, enthalten. Die Endergebnisse relevanter Qualitätsauftragsfaktoren müssen ihren Niederschlag in der finalen Auftragsberichterstattung gegenüber den entsprechenden Parteien finden. Dabei muss mindestens angegeben werden, ob der Auftrag

	in Übereinstimmung mit der Definition der Internen Revision, dem Ethikkodex und den IIA-Standards durchgeführt worden ist. Bei einer Nichterfüllung müssen die nicht eingehaltenen Normen, die Gründe für deren Nichterfüllung und die damit verbundenen Auswirkungen offengelegt werden. Mindestens jährlich müssen der vorgesetzten Stelle und der Unternehmensleitung die Auftrags- und Abteilungsergebnisse durch den Leiter der Internen Revision berichtet werden. Die Kommunikation der durch abteilungsfremde Personen ermittelten Ergebnisse an die vorgesetzte Stelle und an die Unternehmensleitung muss durch den Leiter der Internen Revision nach der jeweiligen Durchführung erfolgen. Die Qualitätsberichterstattung gegenüber der vorgesetzten Stelle und der Unternehmensleitung muss die Aussage über die Übereinstimmung des Wirkens der Internen Revision mit der Definition der Internen Revision, dem Ethikkodex und den IIA-Standards enthalten und muss bei einer möglichen Nichterfüllung dieser, die die gänzliche Tätigkeit der Internen Revision beeinflusst, die Auswirkungen offenlegen. Wesentliche Informationen unter Angabe allgemeiner Ausführungen zum Qualitätsmanagement müssen in die unternehmensexterne Berichterstattung eingebunden werden.
1321	**Qualitätshandlung/-honorierung** In Abhängigkeit der festgestellten Abweichungsgrade im Rahmen der Bewertung müssen entsprechende Qualitätshandlungen entwickelt und ausgeführt werden, die ggf. Auswirkungen auf strategische und operative Aspekte haben und sowohl einzelne Aufträge als auch das Wirken der gesamten Internen Revision betreffen./ Zur Verstärkung der zielkonformen Verhaltensweise und Motivation müssen die Internen Revisoren monetär und nichtmonetär an den Qualitätsergebnissen beteiligt werden, was sich auch in der qualitätsorientierten Verhaltensentwicklung widerspiegelt.

	Interpretation Die Qualitätshandlung führt zu einem ständigen Verbesse- rungsprozess und einer Wertsteigerung. Auswirkungen auf strategische und operative Aspekte kön- nen z. B. in der Überarbeitung der Qualitätsstrategie und Anpassung der Qualitätsfaktoren bestehen.

Tabelle 4:   **Anpassung der IIA-Standards 1300–1322**

Eine Anpassung weiterer IIA-Standards ist nicht notwendig, da die neuen IIA-Standards 1300–1321 ein umfassendes Bild des Qualitätsmanagements zeichnen und eine sinnvolle Ergänzung zu den weiteren IIA-Standards darstellen. Dadurch entstehen keine inhaltlichen Widersprüche.[567]

b)   Anpassung des IIR-Revisionsstandards Nr. 3 und seiner Ergänzung

Das Konzept des IIR-Revisionsstandards Nr. 3 und seiner Ergänzung bedarf, wie der Vergleich mit dem erarbeiteten Konzept gezeigt hat, einer Anpassung.[568]

Im Gegensatz zur vorgenommenen Änderung der IIA-Standards 1300–1322 erfolgt eine Anpassung des IIR-Revisionsstandards Nr. 3 und seiner Ergänzung erst im vierten Hauptteil unter Berücksichtigung der Modellierung des entwickelten Konzepts und der empirischen Ergebnisse.

---

[567] Zu beachten ist aber, dass bei der Verwendung des Begriffs Programm zur Qualitätssicherung und -verbesserung in den nicht angepassten IIA-Standards ein Austausch durch Qualitätsmanagement vorzunehmen ist. Des Weiteren ist in der Einleitung zu den IIA-Standards darauf hinzuweisen, dass sich einige Sachverhalte auf die Ausübung der Internen Revisionstätigkeit durch eine Interne Revisionseinheit im Unternehmen beziehen und entsprechend auf andere organisatorische Verhältnisse der Internen Revision, wie Wahrnehmung durch andere Organisationseinheiten im Unternehmen oder Outsourcing, zu übertragen sind.

[568] Vgl. Abschnitt III.B.2.b)(4) des zweiten Hauptteils.

**4. Qualitätsmessansätze einschließlich der Bestimmung von Qualitäts-
faktoren als notwendige Bestandteile zur Modellierung des Qualitätsmanagementkonzepts**

a) Allgemeines

Das entwickelte Qualitätsmanagementkonzept für die Interne Revision macht
vor allem die Existenz eines geeigneten Qualitätsmessansatzes notwendig, der
eine Messung mithilfe adäquater Qualitätsfaktoren ermöglicht und damit eine
wesentliche Bedeutung für die Umsetzung des Konzepts einnimmt. Es gilt
somit, einen entsprechenden Qualitätsmessansatz zu erarbeiten.

Die Analyse und der Vergleich möglicher Qualitätsmessansätze für die Interne
Revision ist aus wissenschaftlicher Sicht in Teilen bereits vorgenommen worden. Insbesondere ist hier die Arbeit von Linsi zu nennen, der im Rahmen seiner Untersuchung das EFQM-Modell als den umfassendsten Messansatz identifiziert, mit dem eine geeignete Operationalisierung der Qualität der Internen
Revision verbunden ist.[569] Da in seiner Betrachtung die Balanced Scorecard
und der Messansatz des IIR-Revisionsstandards Nr. 3 und seiner Ergänzung
keine Würdigung erfahren, werden im Folgenden das EFQM-Modell und diese Ansätze präsentiert und verglichen.

b) EFQM-Modell

(1) Entwicklung und Bedeutung

Im Jahre 1988 ist eine gemeinnützige Organisation in Europa, die EFQM, ge-
gründet worden.[570] Ihr Ziel bestand darin, die Qualität in einem weit gefassten
Sinne der Führung europäischer Unternehmen zu verdeutlichen, um ihre glo-

---

[569] Vgl. Linsi 2003, S. 158–227 und 230.

[570] Vgl. EFQM/DGQ 2003c, S. 2.

bale Wettbewerbsfähigkeit zu steigern.[571] Dieses Bestreben sollte durch aner-
kennende Maßnahmen gem. ihrer Vorbilder in Japan und den USA forciert
werden. So wurde im Jahre 1992 der Europäische Qualitätspreis (European
Quality Award) ausgelobt, der von der EU unterstützt wird. Dieser, seit diesem Zeitpunkt jährlich ausgeschriebene Preis, basiert auf einem grundlegenden Modell, dem EFQM-Modell.[572] Hiermit verfolgte die EFQM das Ziel, ein
eigenständiges europäisches Modell zu entwickeln, dass aber mit anderen bestehenden vergleichbar ist. Im Laufe der Jahre hat dieses Modell eine Überarbeitung und Konkretisierung erfahren und ist zu einem Modell für ein umfassendes Qualitätsverständnis im Sinne von Excellence gereift,[573] das das Konzept Total Quality Management umsetzt.[574] In diesem Zusammenhang ist anzumerken, dass im Jahre 2006 die Bezeichnung des Europäischen Qualitäts-
preises in EFQM Excellence Award geändert wurde.[575] Geeignet ist das EFQM-
Modell sowohl für jede Organisation als auch Organisationseinheit,[576] was insbesondere für diese Arbeit von Relevanz ist.

Seine Bedeutung zeigt sich vor allem darin, dass sich zahlreiche europäische
Organisationen vor dem Hintergrund einer Bewerbung um den Europäischen
Qualitätspreis bzw. EFQM Excellence Award, aber auch außereuropäische Organisationen für seine Implementierung entscheiden bzw. es schon eingeführt
haben und die das Modell anwendenden Organisationen nachweislich eine
positive Entwicklung und damit eine Wertsteigerung aufweisen.[577]

---

[571]   Vgl. hierzu und in der Folge Zink 2004, S. 67.

[572]   Vgl. EFQM 2003b, S. 10.

[573]   Vgl. Zink 2004, S. 68–75.

[574]   Vgl. Linsi 2003, S. 186.

[575]   Vgl. DGQ 2009a.

[576]   Vgl. EFQM/DQG 2003c, S. 5.

[577]   Vgl. EFQM 2003a, S. 9; The Centre of Quality Excellence, the University of Leicester
        2005. Anzumerken ist in diesem Zusammenhang, dass das EFQM-Modell neben dem
        genannten Preis auch die Grundlage für weitere Preise darstellt. Vgl. The Centre of

(Fortsetzung der Fußnote auf der nächsten Seite)

(2) Grundprinzipien und allgemeiner Aufbau

Das EFQM-Modell, das eine Grundstruktur zur Messung, Bewertung sowie Verbesserung von Organisationseinheiten bzw. Organisationen darstellt,[578] basiert auf acht Prinzipien. Hierzu zählen:[579]

1. Ergebnisorientierung,
2. Ausrichtung auf den Kunden,
3. Führung und Zielkonsequenz,
4. Management mittels Prozessen und Fakten,
5. Mitarbeiterentwicklung und -beteiligung,
6. kontinuierliches Lernen, Innovation und Verbesserung,
7. Entwicklung von Partnerschaften und
8. soziale Verantwortung.

Die Ergebnisorientierung bedeutet, dass Ergebnisse erreicht werden, die die Anspruchsgruppen zufrieden stellen. Mit der Ausrichtung auf den Kunden ist die Schaffung eines steten Kundennutzens verbunden. Unter der Führung und Zielkonsequenz ist eine vorausschauende und mitreißende Führung zu verstehen, die mit einer beständigen Zielsetzung einhergeht. Hinter dem Management mittels Prozessen und Fakten steht die Führung voneinander abhängiger und verknüpfter Fakten, Prozesse und Systeme. Die Mitarbeiterentwicklung und -beteiligung verfolgt das Ziel, den Mitarbeiterbeitrag zu maximieren. Das kontinuierliche Lernen führt zur Erarbeitung von Innovationen und Verbesserungen, um den Ist-Zustand zu hinterfragen und Anpassungen vorzunehmen. Partnerschaften sind im Hinblick auf eine Wertsteigerung einzugehen und zu pflegen. Die soziale Verantwortung hat zur Aufgabe, die existierenden relevanten Normen einzuhalten bzw. zu übertreffen und ein Verständ-

---

Quality Excellence, the University of Leicester 2005, S. 4. Insbesondere ist hier aus deutscher Sicht auf den Ludwig-Erhard-Preis, der als bedeutsamste deutsche Qualitätsauszeichnung gilt, hinzuweisen. Vgl. DGQ 2009b.

[578]   Vgl. EFQM 2003a, S. 3.

[579]   Vgl. hierzu und in der Folge EFQM 2003a, S. 4–8.

nis für die gesellschaftlichen Erwartungen zu entwickeln und diese entsprechend zu berücksichtigen. Diese Grundprinzipien finden Eingang in das
EFQM-Modell, das in der folgenden Abbildung 4 dargestellt ist.

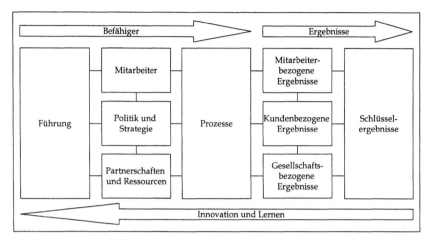

Abbildung 4:   Allgemeiner Aufbau des EFQM-Modells[580]

Das EFQM-Modell setzt sich aus insgesamt neun Kriterien zusammen.[581] Die
Kriterien Führung, Mitarbeiter, Politik und Strategie, Partnerschaften und Ressourcen sowie Prozesse werden unter den Befähigerkriterien zusammengefasst. Die restlichen Kriterien, die mitarbeiter-, kunden- und gesellschaftsbezogenen Ergebnisse sowie die Schlüsselergebnisse, werden den Ergebniskriterien
zugeordnet. Während sich die Befähigerkriterien mit der Vorgehensweise einer Organisationseinheit bzw. Organisation auseinandersetzen, spiegeln die
Ergebniskriterien wider, was diese erzielen. So sind die Ergebnisse „auf die
Befähiger zurückzuführen und die Befähiger werden aufgrund der Ergebnisse

---

[580]   Modifiziert entnommen aus EFQM/DGQ 2003b, S. 12.

[581]   Vgl. hierzu und in der Folge EFQM/DGQ 2003b, S. 12-24.

verbessert."[582] In diesem Zusammenhang verdeutlicht Abbildung 4 insbesondere, dass Ergebnisse mittels einer Führung erzielt werden, „die Politik und Strategie mit Hilfe der Mitarbeiter, Partnerschaften und Ressourcen sowie der Prozesse umsetzt."[583] In Bezug auf die Abbildung sei noch erwähnt, dass der dynamische Charakter des EFQM-Modells durch die vorhandenen Pfeile dargestellt wird und damit dem Sachverhalt Rechnung getragen werden soll, dass eine Verbesserung der Befähiger durch Innovation und Lernen erreicht wird und bessere Ergebnisse erzielt werden.

Bevor eine inhaltliche Präsentation der vorgenannten Kriterien angestellt wird, ist darauf hinzuweisen, dass jedes Kriterium durch eine Definition beschrieben ist, die dessen Bedeutung wiedergibt. Zur Vertiefung dieser Bedeutung sind jedem Kriterium Teilkriterien zugeordnet, die bestimmte Aussagen enthalten und bei einer Messung bzw. Bewertung zu berücksichtigen sind. Die Teilkriterien werden wiederum durch eine Nennung von Beispielen erweitert, um ihre Bedeutung noch konkreter darzulegen. Diese Beispiele dienen lediglich als Orientierungspunkte und sind weder vollständig noch verpflichtend einzuhalten. Aufgrund dessen wird auf diese in der nun folgenden Darstellung der neun Kriterien nicht näher eingegangen.[584] Des Weiteren erfolgt im Rahmen der Darlegung eine Konzentration auf die Erläuterung der jeweiligen Teilkriterien, da sie das entsprechende Kriterium und damit seine Definition verdeutlichen sowie umfassen.[585]

Das erste Kriterium, die Führung, ist charakterisiert durch fünf Teilkriterien. Diese lauten:

---

[582]   EFQM/DGQ 2003b, S. 12.

[583]   EFQM/DGQ 2003b, S. 12.

[584]   Vgl. zu den Beispielen EFQM/DGQ 2003b, S. 13–24.

[585]   Vgl. zu den Definitionen EFQM/DGQ 2003b, S. 13–24.

„1a Führungskräfte entwickeln die Vision, Mission, Werte und ethischen
       Grundsätze und sind Vorbilder für die Kultur der Excellence (...)

1b   Führungskräfte sichern durch ihre persönliche Mitwirkung die Entwick-
       lung, Umsetzung und kontinuierliche Verbesserung des Managementsys-
       tems der Organisation (...)

1c   Führungskräfte arbeiten mit Kunden, Partnern und Vertretern der Gesell-
       schaft zusammen (...)

1d   Führungskräfte verankern in der Organisation zusammen mit den Mitar-
       beitern eine Kultur der Excellence (...)

1e   Führungskräfte erkennen und meistern den Wandel der Organisation"[586].

Die Politik und Strategie stellen das zweite Kriterium mit insgesamt vier
Teilkriterien dar, die wie folgt bezeichnet sind:

„2a Politik und Strategie beruhen auf den gegenwärtigen und zukünftigen
       Bedürfnissen und Erwartungen der Interessengruppen (...)

2b   Politik und Strategie beruhen auf Informationen aus Leistungsmessung,
       Untersuchungen, lernorientierten und nach außen gerichteten Aktivitäten
       (...)

2c   Politik und Strategie werden entwickelt, bewertet und aktualisiert (...)

2d   Politik und Strategie werden kommuniziert und durch ein Netzwerk von
       Schlüsselprozessen umgesetzt"[587].

Das Kriterium Mitarbeiter umfasst fünf Teilkriterien:

„3a Mitarbeiterressourcen werden geplant, gemanagt und verbessert (...)

3b   Das Wissen und die Kompetenzen der Mitarbeiter werden ermittelt, aus-
       gebaut und aufrechterhalten (...)

3c   Mitarbeiter werden beteiligt und zu selbstständigem Handeln ermächtigt
       (...)

3d   Die Mitarbeiter und die Organisation führen einen Dialog (...)

---

[586]   EFQM/DGQ 2003b, S. 13 f. (im Original hervorgehoben).

[587]   EFQM/DGQ 2003b, S. 15 (im Original hervorgehoben).

3e   Mitarbeiter werden belohnt, anerkannt und betreut"[588].

Bei den Partnerschaften und Ressourcen erfolgt ebenfalls eine Aufteilung in fünf Teilkriterien:

„4a   Externe Partnerschaften werden gemanagt (...)

4b   Finanzen werden gemanagt (...)

4c   Gebäude, Einrichtungen und Material werden gemanagt (...)

4d   Technologie wird gemanagt (...)

4e   Informationen und Wissen werden gemanagt"[589].

Auf fünf Teilkriterien beruht auch das letzte Befähigerkriterium Prozesse:

„5a   Prozesse werden systematisch gestaltet und gemanagt (...)

5b   Prozesse werden nach Bedarf und unter Nutzung von Innovationen verbessert, um Kunden und andere Interessengruppen voll zufrieden zu stellen und die Wertschöpfung für sie zu steigern (...)

5c   Produkte und Dienstleistungen werden auf Basis der Bedürfnisse und Erwartungen der Kunden entworfen und entwickelt (...)

5d   Produkte und Dienstleistungen werden hergestellt, vermarktet und betreut (...)

5e   Kundenbeziehungen werden gemanagt und vertieft"[590].

Als erstes Ergebniskriterium sind die kundenbezogenen Ergebnisse anzuführen, die durch zwei Teilkriterien bestimmt werden:

„6a   Messergebnisse über die Wahrnehmung (...)

6b   Leistungsindikatoren"[591].

---

[588]   EFQM/DGQ 2003b, S. 16 (im Original hervorgehoben).

[589]   EFQM/DGQ 2003b, S. 17 f. (im Original hervorgehoben).

[590]   EFQM/DGQ 2003b, S. 19 f. (im Original hervorgehoben)

[591]   EFQM/DGQ 2003b, S. 21 (im Original hervorgehoben).

Das erste Teilkriterium bringt zum Ausdruck, wie sich die Kundenwahrnehmung in Bezug auf die Organisation äußert. Unter Leistungsindikatoren werden dagegen interne Messresultate verstanden, die zur Leistungsüberwachung, -analyse, -planung und -verbesserung verwendet werden, um eine Einschätzung über die Wahrnehmung der Leistung durch externe Kunden zu erhalten.

Ähnliches liegt bei den mitarbeiterbezogenen Ergebnissen vor, die ebenfalls durch zwei Teilkriterien charakterisiert werden:
„7a   Messergebnisse über die Wahrnehmung (...)
7b   Leistungsindikatoren"[592].

So hat das Teilkriterium 7a zum Inhalt, wie sich die Mitarbeiterwahrnehmung in Bezug auf die Organisation darstellt, und das zweite Teilkriterium zum Gegenstand, dass interne Messergebnisse zur Leistungsüberwachung, -analyse, -planung und -verbesserung der Mitarbeiter verwendet werden, um eine Einschätzung über die Wahrnehmung der Mitarbeiterleistung zu erzielen.

Die gesellschaftsbezogenen Ergebnisse bestehen aus den Teilkriterien:
„8a   Messergebnisse über die Wahrnehmung (...)
8b   Leistungsindikatoren"[593].

Dabei geht es im ersten Teilkriterium um die Wahrnehmung der Gesellschaft gegenüber der Organisation, wobei die damit verbundenen Messresultate auch als Leistungsindikatoren und umgekehrt Berücksichtigung finden können, mit denen die Organisation eine Leistungsüberwachung, -analyse, -planung und -verbesserung betreibt, um eine Einschätzung über die Wahrnehmung der Leistung durch die Gesellschaft zu erzielen.

---

[592]   EFQM/DGQ 2003b, S. 22 (im Original hervorgehoben).

[593]   EFQM/DGQ 2003b, S. 23 (im Original hervorgehoben).

Als letztes der Kriterien sind die Schlüsselergebnisse zu nennen. Zu ihnen gehören die Teilkriterien:

„9a Folgeergebnisse der Schlüsselleistungen (...)

9b Schlüsselleistungsindikatoren"[594].

Die Folgeergebnisse der Schlüsselleistungen werden durch Kennzahlen repräsentiert, die die Organisation aus ihrer Politik und Strategie ableitet. Diese können auch als Schlüsselleistungsindikatoren und umgekehrt zur Verwendung kommen, die wiederum als operative Kennzahlen im Rahmen der Überwachung, zum Prozessverständnis und zur Einschätzung sowie Verbesserung der Folgeergebnisse der Schlüsselleistungen dienen.

Die erläuterten Kriterien bzw. Teilkriterien lassen sich den einzelnen Grundprinzipien zuordnen. So können z. B. sämtliche Teilkriterien der Ergebniskriterien und der Politik und Strategie sowie die Teilkriterien 3a, 5a und 5b dem Grundprinzip der Ergebnisorientierung zugeteilt werden.[595]

Auf dieser Basis gilt es, die Methodik des EFQM-Modells zur Messung der Kriterien bzw. Teilkriterien vorzustellen. Es wird sich dafür eines Verfahrens bedient, das mit RADAR bezeichnet wird.[596] Der Begriff RADAR resultiert aus den dieses Verfahren umfassenden vier Elementen „**R**esults (Ergebnisse), **A**pproach (Vorgehen), **D**eployment (Umsetzung), **A**ssessment and **R**eview (Bewertung und Überprüfung)."[597] Hiermit ist verbunden, dass Ergebnisse durch die Organisation festgelegt werden, die sie mittels ihres Politik- und Strategieprozesses erreichen möchte. Zu den Ergebnissen zählen in Bezug auf die Leistung finanzielle und operationelle sowie die Wahrnehmung durch die Interessengruppen. Zur Erreichung der anvisierten Ergebnisse werden entsprechen-

---

[594] EFQM/DGQ 2003b, S. 24 (im Original hervorgehoben).

[595] Vgl. hierzu und zu einer Gesamtübersicht EFQM/DGQ 2003b, S. 10.

[596] Vgl. hierzu und in der Folge EFQM/DGQ 2003b, S. 27–31.

[597] EFQM/DGQ 2003b, S. 27.

de Maßnahmen in Form eines Verbunds verknüpfter Vorgehensweisen geplant und entwickelt. Dem folgt zur vollständigen Realisierung eine systematische Umsetzung. Eine Bewertung und Überwachung, die eine Messung beinhalten, der Vorgehensweisen und ihrer Umsetzung erfolgt hinsichtlich der erreichten Ergebnisse, um Verbesserungen zu erkennen, nach Bedeutung festzulegen, zu planen und zu implementieren.

Nach der kurzen Einführung in das RADAR-Verständnis werden seine vier Elemente näher beschrieben, die auf die Teilkriterien anzuwenden sind und in sog. Attribute aufgeteilt werden. Im Rahmen des ersten Elements Ergebnisse geht es um die Leistung der Organisation. Als Attribute finden hier Trends, Ziele, Vergleiche, Ursachen und der Umfang Eingang. Hinter Trends stehen die positive Entwicklung der Ergebnisse und/oder eine nachhaltig positive Leistung. Bei Zielen geht es um deren Bestimmung, ihre Angemessenheit und deren Erreichung bzw. Übererfüllung. Vergleichen umfasst das Heranziehen von Leistungen anderer Organisationen. Das Attribut Ursachen bedeutet, dass der Zusammenhang von Vorgehensweisen und den sich daraus ergebenden Resultaten verstanden wird. Beim Umfang handelt es sich um die Berücksichtigung der Resultate aller relevanten Bereiche unter Beachtung einer möglichen Segmentierung.

Das zweite Element Vorgehen verkörpert die geplanten Handlungen und deren Motive. Charakterisiert wird dieses durch die beiden Attribute fundiert und integriert. Fundiert ist ein Vorgehen, wenn es eindeutig begründet ist, auf die aktuellen und zukünftigen Organisationsanforderungen bzw. die Anforderungen der Interessengruppen ausgerichtet ist sowie durch definierte und ausgestaltete Prozesse realisiert wird. Mit einem integrierten Vorgehen wird verbunden, dass dieses auf der Politik und der Strategie beruht und in einer angemessenen Art und Weise mit weiteren Vorgehensweisen verknüpft ist.

Die Realisierung des Vorgehens spiegelt sich in dem Element Umsetzung wider, das durch die Attribute eingeführt, d. h. in sämtlichen erforderlichen Bereichen das Vorgehen implementiert ist, und systematisch, d. h. eine auf der Grundlage der Planung und in einer angemessenen Form strukturierte Umsetzung, beschrieben wird.

Gegenstand des vierten Elements ist die Messung bzw. Bewertung, Überwachung und Verbesserung des Vorgehens und seiner Umsetzung. Attribute sind hier die Messung, das Lernen und die Verbesserung. Demnach sind eine regelmäßige Messung des Vorgehens, seine Realisierung sowie ein ständiges Lernen von Bedeutung. Hieraus werden Informationen gewonnen, um entsprechende Verbesserungen zu lancieren.

Auf Grundlage der Angaben zu den vier RADAR-Elementen wird im Weiteren die EFQM-Messmethodik konkretisiert. So ist vorgesehen, das Element Ergebnis auf jedes Ergebnisteilkriterium und die Elemente Vorgehen, Umsetzung sowie Bewertung und Überprüfung auf jedes Befähigerteilkriterium anzuwenden. Wie dieses aussieht, wird in den folgenden Tabellen veranschaulicht.

Element	Attribut	0 %	25 %	50 %	75 %	100 %
Ergebnisse	Trends • sind positiv und/oder • es liegt eine nachhaltig gute Leistung vor.	Keine Ergebnisse oder anekdotische Angaben	Positive Trends und/oder zufrieden stellende Leistungen für etwa 1/4 der Ergebnisse über mindestens 3 Jahre	Positive Trends und/oder nachhaltig gute Leistungen für etwa 1/2 der Ergebnisse über mindestens 3 Jahre	Positive Trends und/oder nachhaltig gute Leistungen für etwa 3/4 der Ergebnisse über mindestens 3 Jahre	Positive Trends und/oder nachhaltig gute Leistungen für alle der Ergebnisse über mindestens 3 Jahre
	Ziele • sind erreicht, • sind angemessen.	Keine Ergebnisse oder anekdotische Angaben	Erreicht und angemessen für etwa 1/4 der Ergebnisse	Erreicht und angemessen für etwa 1/2 der Ergebnisse	Erreicht und angemessen für etwa 3/4 der Ergebnisse	Erreicht und angemessen für alle Ergebnisse
	Vergleiche • Ergebnisse fallen im Vergleich mit Anderen gut aus und/oder • Ergebnisse fallen mit der anerkannten Weltklasse gut aus.	Keine Ergebnisse oder anekdotische Angaben	Günstige Vergleiche für etwa 1/4 der Ergebnisse	Günstige Vergleiche für etwa 1/2 der Ergebnisse	Günstige Vergleiche für etwa 3/4 der Ergebnisse	Günstige Vergleiche für alle Ergebnisse
	Ursachen • Ergebnisse sind auf das Vorgehen zurückzuführen.	Keine Ergebnisse oder anekdotische Angaben	Ursache und Wirkung für etwa 1/4 der Ergebnisse erklärt	Ursache und Wirkung für etwa 1/2 der Ergebnisse erklärt	Ursache und Wirkung für etwa 3/4 der Ergebnisse erklärt	Ursache und Wirkung für alle Ergebnisse erklärt
	Messung in %	0 5 10	15 20 25 30 35	40 45 50 55 60	65 70 75 80 85	90 95 100
	Umfang • Ergebnisse beziehen sich auf alle relevanten Bereiche. • Ergebnisse sind angemessen segmentiert.	Keine Ergebnisse oder anekdotische Angaben	Ergebnisse beziehen sich auf 1/4 der relevanten Bereiche und Aktivitäten	Ergebnisse beziehen sich auf 1/2 der relevanten Bereiche und Aktivitäten	Ergebnisse beziehen sich auf 3/4 der relevanten Bereiche und Aktivitäten	Ergebnisse beziehen sich auf alle relevanten Bereiche und Aktivitäten
	Messung in %	0 5 10	15 20 25 30 35	40 45 50 55 60	65 70 75 80 85	90 95 100
	Gesamtmessung in %					

Tabelle 5: **RADAR-Messansatz für Ergebnisteilkriterien[598]**

---

[598] Modifiziert entnommen aus EFQM/DGQ 2003b, S. 29.

Element	Attribut	0 %	25 %	50 %	75 %	100 %
Vorgehen	**Fundiert** • Vorgehen ist klar begründet. • Vorgehen basiert auf definierten Prozessen. • Vorgehen ist auf die Interessengruppen ausgerichtet. **Integriert** • Vorgehen unterstützt Politik und Strategie. • Vorgehen ist mit anderen Vorgehensweisen angemessen verknüpft.	Kein Nachweis oder anekdotisch	Einige Nachweise	Nachweise	Klare Nachweise	Umfassende Nachweise
	Messung in %	0 5 10	15 20 25 30 35	40 45 50 55 60	65 70 75 80 85	90 95 100
Umsetzung	• Vorgehen ist eingeführt. **Systematisch** • Vorgehen ist strukturiert umgesetzt, wobei geplant und methodisch vorgegangen wird.	Kein Nachweis für Einführung	In etwa 1/4 der relevanten Bereiche eingeführt	In etwa 1/2 der relevanten Bereiche eingeführt	In etwa 3/4 der relevanten Bereiche eingeführt	In allen relevanten Bereichen eingeführt
	Messung in %	0 5 10	15 20 25 30 35	40 45 50 55 60	65 70 75 80 85	90 95 100
Bewertung und Überprüfung	**Messung** • Die Wirksamkeit des Vorgehens und der Umsetzung wird regelmäßig gemessen. **Lernen** • dient zur Identifikation bester Praktiken und von Verbesserungspotenzialen. **Verbesserung** • Vornahme der Analyse von Mess- und Lernerkenntnissen zur Identifikation, Priorisierung, Planung und Einführung von Verbesserungen	Kein Nachweis oder anekdotisch	Einige Nachweise	Nachweise	Klare Nachweise	Umfassende Nachweise
	Messung in %	0 5 10	15 20 25 30 35	40 45 50 55 60	65 70 75 80 85	90 95 100
	Gesamtmessung in %	0 5 10	15 20 25 30 35	40 45 50 55 60	65 70 75 80 85	90 95 100

Tabelle 6:   **RADAR-Messansatz für Befähigerteilkriterien[599]**

---

[599]   Modifiziert entnommen aus EFQM/DGQ 2003b, S. 30.

Die Tabellen 5 und 6 zeigen überblicksartig in Bezug auf die Ergebnis- und Befähigerteilkriterien die Faktoren, d. h. Attribute, die bei der Messung Berücksichtigung finden. Anhand dieser Faktoren wird für jedes Teilkriterium je nach
Zuordnung zu den Ergebnis- oder Befähigerkriterien ein prozentualer Wert
bzw. Gesamtwert ermittelt, der sowohl durch die 25 %-Intervalle als auch
durch die verfeinerten 5 %-Schritte dargestellt werden kann.[600] Unter Berücksichtigung einer Gewichtung der einzelnen Teilkriterien wird das Ergebnis für
jedes Kriterium bestimmt sowie unter einer weiteren Gewichtung der Kriterien
das Gesamtergebnis berechnet. Dabei ist die Gewichtung der Kriterien der folgenden Abbildung zu entnehmen.

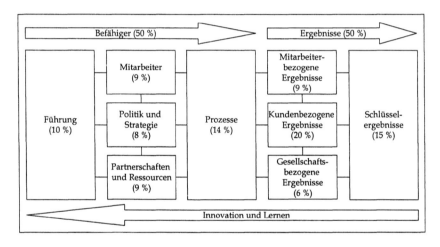

Abbildung 5:   **Allgemeiner Aufbau des EFQM-Modells mit Kriterienge-
wichtung[601]**

Die dargestellte Gewichtung ist von der EFQM festgelegt, wird regelmäßig
überwacht und findet eine weitreichende Akzeptanz. Die Befähigerkriterien

---

[600]   Vgl. EFQM/DGQ 2003a, S. 3.

[601]   Modifiziert entnommen aus EFQM/DGQ 2003b, S. 28.

als auch die Ergebniskriterien verfügen somit über eine jeweilige 50 %-Gewichtung. Die Gewichtung der einzelnen Teilkriterien wird in der folgenden Abbildung 6 deutlich, in der die Teilkriterienergebnisse, die Kriterienergebnisse und das Gesamtresultat zusammenfassend dargestellt sind.

In der Abbildung 6 ist die Ermittlung des Gesamtwerts der Organisation bzw. -seinheit dargelegt. Hier fließen zuerst die Ergebnisse sämtlicher Teilkriterien ein. Durch die Zuordnung der Teilkriterienergebnisse zu den Kriterien erhält man unter Berücksichtigung der vorgesehenen Gewichtung die Kriterienergebnisse. Dabei ist zu beachten, dass die Befähigerteilkriterien im Rahmen des entsprechenden Kriteriums die gleiche Gewichtung aufweisen. Dieses wird durch Addition der prozentualen Resultate der Befähigerteilkriterien und die Division durch die Anzahl der Teilkriterien innerhalb der Kriterien sichergestellt. Falls Teilkriterien nicht von Bedeutung sind, ist der entsprechende Divisor an die Zahl der herangezogenen Teilkriterien anzupassen und das Teilkriterium mit dem Hinweis nicht relevant zu versehen. Für die Gewichtung der Teilkriterien innerhalb der Ergebniskriterien sieht die EFQM die in der Abbildung 6 dargelegte Form vor. Die so ermittelten Kriterienergebnisse gehen dann in die Gesamtberechnung ein. Hier werden die Kriterienresultate mit dem entsprechenden Faktor aus der Abbildung 5 multipliziert. Es ergibt sich so für jedes Kriterium ein Punktwert. Über alle Kriterienpunktwerte wird die Summe gebildet, die dann die Gesamtpunktzahl darstellt.

1. Befähigerkriterien

Kriterium	1	%	2	%	3	%	4	%	5	%

Teilkriterium	1a		2a		3a		4a		5a	
Teilkriterium	1b		2b		3b		4b		5b	
Teilkriterium	1c		2c		3c		4c		5c	
Teilkriterium	1d		2d		3d		4d		5d	
Teilkriterium	1e				3e		4e		5e	

Teilkriteriensumme

: 5   : 4   : 5   : 5   : 5

Ergebnis

(Im Falle von irrelevanten Teilkriterien sind diese mit dem Vermerk nicht relevant zu kennzeichnen. Der Divisor
ist dann an die Zahl der behandelten Teilkriterien anzupassen.)

2. Ergebniskriterien

Kriterium	6	%	%	7	%	%	8	%	%	9	%	%

Teilkriterium	6a		7a		8a		9a	
Teilkriterium	6b		7b		8b		9b	

6a · 0,75   7a · 0,75   8a · 0,25   9a · 0,5
+ 6b · 0,25   7b · 0,25   8b · 0,75   9b · 0,5

Ergebnis

3. Gesamtberechnung mittels Punktevergabe

Kriterium	Ergebnis	Faktor	Punkte
1 Führung		· 1,0	
2 Politik und Strategie		· 0,8	
3 Mitarbeiter		· 0,9	
4 Partnerschaften und Ressourcen		· 0,9	
5 Prozesse		· 1,4	
6 Kundenbezogene Ergebnisse		· 2,0	
7 Mitarbeiterbezogene Ergebnisse		· 0,9	
8 Gesellschaftsbezogene Ergebnisse		· 0,6	
9 Schlüsselergebnisse		· 1,5	

Gesamtpunktzahl

(Sie ergibt sich durch das Addieren der Punkte der einzelnen Kriterien.)

Abbildung 6:   Ermittlung des Gesamtwerts[602]

---

[602] Modifiziert entnommen aus EFQM/DGQ 2003b, S. 31.

Der eben erläuterte Messansatz wird durch die EFQM als Bewertungsmethode aufgefasst, im Verständnis dieser Arbeit jedoch als Messverfahren, d. h. als Bestimmung des Ist-Zustands, interpretiert. Die Ermittlung des Ist-Zustands ist für den Einstieg in das und den weiteren Umgang mit dem EFQM-Modell notwendig. In diesem Zusammenhang sieht die EFQM die Bestimmung des Ist-Zustands als Selbstbewertung vor. Hierfür stellt die EFQM mehrere Methoden zur Verfügung, die teilweise nicht auf den bereits geschilderten Messansatz zurückgreifen. Es handelt sich dabei um die Selbstbewertung mittels Fragebogen, Workshop, Standardformular und Bewerbungssimulation.[603] Für einen praktiklen Einstieg in das EFQM-Modell bietet sich vor allem die Fragebogentechnik an, die in der Praxis am häufigsten verwendet wird und auch im weiteren Umgang mit dem EFQM-Modell eingesetzt werden kann.[604] Diese ist mit einem relativ geringen Aufwand, auch in zeitlicher Hinsicht, verbunden und stellt einen idealen Ausgangspunkt für die mögliche Anwendung einer der anderen Methoden dar.[605] Aus den genannten Gründen wird im Folgenden der mit dieser Methode einhergehende Messansatz erläutert, der der weiteren Arbeit zu Grunde gelegt wird und die Basis für den Einstieg in den eben vorgestellten bildet.

Für die Anwendung der Fragebogenmethode und des damit einhergehenden Messansatzes stellt die EFQM Informationen in ihrem Werk „Excellence bestimmen. Eine Fragebogen-Methode" zur Verfügung.[606] Danach besteht der Fragebogen aus 50 Fragen, die sich über die neun Kriterien des EFQM-Modells verteilen. Die Fragen gehen dabei mit der gleichen Gewichtung in das Gesamtergebnis ein. Beispielhaft wird in der folgenden Tabelle für das Kriterium Führung der Fragebogen dargestellt.

---

[603] Vgl. EFQM/DGQ 2003c, S. 35–42.

[604] Vgl. hierzu und in der Folge Linsi 2003, S. 192.

[605] Vgl. EFQM/DGQ 2003c, S. 35.

[606] Vgl. hierzu und in der Folge EFQM/DGQ 1999. Der zweite von der EFQM entwickelte Ansatz im Rahmen der Fragebogenmethode wird nicht mehr veröffentlicht und daher hier nicht behandelt.

Frage	D	C	B	A
Wirken die Leitung und die ihr direkt unterstellten Personen persönlich und sichtbar daran mit, strategische Aussagen über den Zweck, die Ausrichtung und die Kultur der Organisation zu erarbeiten und zu kommunizieren?				
Haben die Leitung und die ihr direkt unterstellten Personen die Einführung einer Organisationsstruktur und eines Prozessmanagementsystems sichergestellt, das von allen respektiert wird und das in der Lage ist, konsistente und verbesserte Ergebnisse zu liefern?				
Machen die Leitung und die ihr direkt unterstellten Personen durch Beispiel und Taten ihre Unterstützung deutlich? Bekräftigen sie die Werte ihrer Organisation und sind diese Werte auf breiter Front akzeptiert? Werden sie in der ganzen Organisation gelebt?				
Sind alle Führungskräfte für die Mitarbeiter zugänglich? Wirken sie selbst daran mit, die Leistungen von Einzelnen und Teams, die Verbesserungen erreicht haben, sichtbar und rechtzeitig zu belohnen?				
Ergreifen alle Führungskräfte Maßnahmen, um Kunden, Lieferanten und andere Interessengruppen außerhalb der Organisation zu treffen und aktiv daran mitzuwirken, Partnerschaften zu bilden und Verbesserungen mit ihnen zu initiieren?				

Tabelle 7:   EFQM-Fragebogen zum Kriterium Führung[607]

Die Ausprägung der Messergebnisse wird durch die Aufteilung in die Bereiche A, B, C und D vorgenommen. Dabei bedeuten:

---

[607] Modifiziert entnommen aus EFQM/DGQ 1999, S. 15.

- A 100 %, d. h. gänzlich erreicht, womit „ein hervorragendes, flächende-ckendes Vorgehen oder Ergebnis in allen Bereichen und Aspekten"[608] so-wie „eine vorbildliche Lösung oder Leistung"[609] bzw. eine kaum vorstellbare wesentliche Verbesserung gemeint sind,

- B 67 %, d. h. immense Fortschritte, worunter ein eindeutiger Nachweis für gute Realisierungen, korrekte und periodische Überwachungen und Verbesserungen und gewisse Zweifel, „dass die Thematik nicht in vollem Umfang in allen Bereichen und Aspekten angewendet wird"[610], zu verstehen sind,

- C 33 %, d. h. gewisse Fortschritte, die sich durch die Existenz einiger Anzeichen im Hinblick auf die tatsächliche Entwicklung, unregelmäßige Überwachungen zur Vornahme von Verbesserungen und die erfolgreiche Umsetzung oder positive Ergebnisse in Teilbereichen charakterisieren lassen, sowie

- D 0 %, d. h. nicht angefangen bzw. gegeben, was sich durch keine Bewegung und das Vorhandensein einiger guter Ideen, eher jedoch Wunschdenken darstellend, kennzeichnen lässt.

Diese Skalierung wird aus Vereinfachungsgründen von der EFQM vorgeschlagen, kann aber bei Bedarf verfeinert werden. In dieser Arbeit wird dem EFQM-Vorschlag unter der Beachtung gefolgt, dass im Rahmen der Übertragung der Fragebogentechnik auf die Interne Revision auch ein Vermerk nicht anwendbar verwendet wird. Erläuterungen hierzu werden im Abschnitt III.B.4.b)(3)(b) des zweiten Hauptteils gegeben.

Die jeweiligen Messresultate einer jeden Frage werden für ein Kriterium zusammengefasst. Dieses wird für das Kriterium Führung beispielhaft in der Tabelle 8 vorgestellt.

---

[608] EFQM/DGQ 1999, S. 5.

[609] EFQM/DGQ 1999, S. 5.

[610] EFQM/DGQ 1999, S. 5.

Kriterium Führung	D	C	B	A
Anzahl Markierungen (a)				
Faktor in % (b)	0	33	67	100
Produkt (a · b)				
Produktsumme D–A				
Produktsumme : 5 = %-Erfolg				

Tabelle 8: **Beispielhafte Ermittlung des Messergebnisses für das Kriterium Führung**[611]

Für alle anderen Kriterien ist analog unter besonderer Beachtung der Fragenanzahl, die bei der Ermittlung des %-Erfolgs eingeht, bei der Führung durch die Fragenanzahl 5 dargestellt, zu verfahren.

Der %-Erfolg jedes Kriteriums fließt dann in die Gesamtbetrachtung ein. In dieser werden alle Kriterien von der Führung bis zu den Schlüsselergebnissen aufgeführt. Die Anzahl der Markierungen eines jeden Kriteriums, erhalten aus der Messung der einzelnen Kriterienfragen, ist in die Spalten D–A der folgenden Tabelle 9 unter zusätzlicher Aufführung des %-Kriterienerfolgs einzutragen. Hieraus wird die Gesamtanzahl der Markierungen D–A, d. h. über alle Kriterien, ermittelt, mit den entsprechenden Faktoren multipliziert und abschließend durch die Anzahl der Fragen (50) dividiert. Das Ergebnis dieses Vorgehens, das graphisch in der folgenden Tabelle präsentiert wird, stellt den erreichten Ist-Zustand der Organisation bzw. -seinheit dar. Trotz der gleichen Gewichtung aller Fragen gehen die einzelnen Kriterien etwa mit ihrer %-Gewichtung des EFQM-Modells ein, was durch die unterschiedliche Fragenanzahl bezogen auf jedes Kriterium sichergestellt wird.

---

[611]   Modifiziert entnommen aus EFQM/DGQ 1999, S. 34.

	D	C	B	A	%-Erfolg
Führung					
Politik und Strategie					
Mitarbeiter					
Partnerschaften und Ressourcen					
Prozesse					
Kundenbezogene Ergebnisse					
Mitarbeiterbezogene Ergebnisse					
Gesellschaftsbezogene Ergebnisse					
Schlüsselergebnisse					
Gesamtanzahl Markierungen (a)					
Faktor in % (b)	0	33	67	100	
Produkt (a · b)					
Produktsumme D–A					
Produktsumme : 50 = %-Erfolg					

Tabelle 9:   Ermittlung des Gesamtwerts bei Fragebogentechnik[612]

Aus dem so ermittelten Gesamtergebnis und den Ergebnissen der einzelnen Kriterien lassen sich unter Hinzuziehung von Soll-Werten Stärken und Schwächen sowie Verbesserungen identifizieren. Festzuhalten ist weiterhin, dass mit dieser Methode die Teilkriterien des EFQM-Modells und die RADAR-Logik im Wesentlichen abgedeckt werden. In diesem Zusammenhang ist anzumerken, dass die EFQM angibt, dass viele Organisationen bzw. Organisationseinheiten bei ungefähr 20 %, excellente bei ungefähr 50 % und führende bei ungefähr 75 % liegen.

Bevor die Fragenbogenmethode und der damit verbundene Messansatz auf die Interne Revision übertragen werden, ist darauf hinzuweisen, dass die

---

[612]   Modifiziert entnommen aus EFQM/DGQ 1999, S. 36.

EFQM ein Anerkennungsprogramm, bezeichnet als EFQM Levels of Excellence, konzipiert hat, das gleichzeitig auch als Zertifizierungsprogramm angesehen werden kann.[613] Dieses Programm sieht drei Stufen vor, wobei die in
dieser Arbeit vorgestellte Fragebogenmethode als guter Ausgangspunkt hierfür dient, aber im Hinblick auf eine entsprechende Anerkennung in Richtung
des vor der Fragenbogenmethode dargestellten Messansatzes zu erweitern ist.

**(3)   EFQM-Modell-basierter Ansatz zur Qualitätsmessung der Internen
         Revision unter Festlegung adäquater Qualitätsfaktoren**

(a)   Zielsetzung und Vorgehensweise

Das Ziel dieses Abschnitts besteht darin, mit Hilfe der Fragebogenmethode
und der damit verbundenen Messtechnik einen EFQM-Modell-basierten Ansatz zur Qualitätsmessung der Internen Revision zu erarbeiten. Dazu bedarf es
der Bestimmung entsprechender Qualitätsfaktoren, die, wie im entwickelten
Qualitätsmanagementkonzept erarbeitet, mindestens die Definition der Internen Revision, den Ethikkodex und die IIA-Standards abdecken müssen.[614] Da
davon auszugehen ist, dass die Definition durch die Berücksichtigung von
Ethikkodex und IIA-Standards als Faktoren angemessen erfüllt wird, wird diese hier nicht mehr separat behandelt. Somit sind der Ethikkodex und die IIA-
Standards unter Beachtung der bereits vorgenommenen Anpassung als Faktoren zu berücksichtigen, die den Kriterien des EFQM-Modells entsprechend
zuzuordnen sind. Falls Kriterien des EFQM-Modells in Form von Fragen aus
der Fragebogenmethode nur ungenügend im Ethikkodex und den IIA-
Standards abgebildet sind, erfolgt eine Berücksichtigung in dem zu entwickelnden Messansatz und eine Anpassung der genannten Vorschriften. Darauf
wird verzichtet, wenn eine Eignung für die Interne Revision nicht vorliegt.

---

[613]   Vgl. hierzu und in der Folge EFQM/DGQ 2003c, S. 43.

[614]   Vgl. Abschnitt III.B.1.d) des zweiten Hauptteils.

Im Folgenden werden daher die neun Kriterien des EFQM-Modells auf die Interne Revision unter Hinzuziehen des Ethikkodex und der IIA-Standards in Form der in dieser Arbeit bereits angepassten Version angewendet, wobei für jedes Kriterium eine Messung präsentiert und abschließend eine zusammenfassende Messung des Ergebnisses der Internen Revision vorgestellt wird.[615]

(b) Führung

Das Kriterium Führung spiegelt sich in einigen IIA-Standards wider. Da die Standards bereits ausführlich erläutert worden sind,[616] wird im Weiteren auf deren Beschreibung verzichtet und direkt entsprechend der Fragebogenmethode eine adäquate Frage in Bezug auf den bzw. die relevanten IIA-Standard(s) entwickelt.[617] Lediglich bei nicht ganz klaren Sachverhalten erfolgt eine Erklärung der Zuordnung der Standards zu den Kriterien. Im Falle eines Nichtvorhandenseins geeigneter Standardreferenzen wird ebenfalls eine Erläuterung angestellt. Dem Kriterium Führung werden somit die in der folgenden Tabelle aufgeführten IIA-Standards zugerechnet und mit einer dazugehörigen Frage versehen. Die Tabelle dient gleichzeitig als Messinstrument und Qualitätscheckliste für das Kriterium Führung.

Fragen zum Kriterium Führung	Referenz	D	C	B	A
1. Hat der Leiter der Internen Revision ein Qualitätsmanagementsystem, das aus den normativ-strategischen Bestandteilen Qualitätspolitik, Qualitätsverfassung, Qualitätskultur, quali-	1300– 1321 2000				

---

[615]   Die erläuterte Vorgehensweise ist an Linsi angelehnt. Vgl. Linsi 2003, S. 193–225.

[616]   Vgl. zu den gegenwärtig existierenden, interpretiert in Bezug auf den der Arbeit als Basis dienenden Betrachtungsgegenstand und weitere getroffene Annahmen, Abschnitt II. des ersten Hauptteils bzw. zu den bereits angepassten Abschnitt III.B.3.a) des zweiten Hauptteils.

[617]   Gleiches gilt für den Ethikkodex. Vgl. zum Kodex Ethikkodex und Ethikkodex-Einleitung. Anzumerken ist, dass die Qualitätsfaktoren das Verständnis des Ethikkodex und der IIA-Standards repräsentieren.

tätsorientierte Verhaltensentwicklung, Qualitätsstruktur und Qualitätsstrategie sowie aus der Qualitätsplanung als Bindeglied zu den operativen Bestandteilen Qualitätserzeugung, Qualitätsmessung, Qualitätsbewertung und -berichterstattung, Qualitätshandlung und -honorierung besteht, installiert und pflegt er dieses? Werden in diesem Zusammenhang die von den IIA-Standards geforderten Inhalte der einzelnen Komponenten erfüllt?					
2. Erstellt der Leiter der Internen Revision zur Priorisierung der Tätigkeiten eine risikobasierte Planung?	2010				
3. Basiert die Planung der gesamten Prüfungsaufträge auf einer dokumentierten, mindestens jährlich vorgenommenen Risikoeinschätzung und werden die Ansichten von vorgesetzter Stelle und Unternehmensleitung berücksichtigt?	2010.A1				
4. Werden vorgeschlagene Beratungsaufträge vor ihrer Annahme vom Leiter der Internen Revision hinsichtlich ihrer Auswirkungen auf die Verbesserung des Risikomanagementsystems und der Geschäftsprozesse sowie die Wertsteigerung beurteilt und ausgewählt und finden diese Eingang in die Gesamtplanung?	2010.C1				
5. Teilt der Leiter der Internen Revision die Gesamtplanung und den damit verbundenen Ressourcenbedarf der vorgesetzten Stelle und der Unternehmensleitung mit und werden diese von ihnen genehmigt? Wird auch bei zwischenzeitlichen Änderungen so verfahren?	1314 1317 2020				
6. Erfolgt zur Vermeidung von Doppelarbeiten und zur Tätigkeitsoptimierung ein Informationsaustausch mit unternehmensinternen und -externen Prüfungs- und Beratungseinheiten	2050				

durch den Leiter der Internen Revision und werden Aktivitäten mit diesen Einheiten abgestimmt?				
7. Findet eine periodische Berichterstattung durch den Leiter der Internen Revision an die vorgesetzte Stelle und die Unternehmensleitung über die gesamte Tätigkeit statt?	1320 2060			
8. Erfolgt eine auftragsbezogene Überwachung?	1319 1320 2340			
9. Besteht ein System zur Überwachung der Umsetzung der in den Berichten der Internen Revision festgehaltenen Prüfungs- und Beratungsfeststellungen (Follow-up-System)?	2500 2500.A1 2500.C1			
10. Ist gewährleistet, dass die (Netto-)Risiken der Unternehmensleitung bewusst sind, und werden diese Risiken von der Unternehmensleitung akzeptiert?	2600			
Anzahl Markierungen (a)				
Faktor in % (b)	0	33	67	100
Produkt (a · b)				
Produktsumme D–A				
Kriterienergebnis (Produktsumme : 10)				

Tabelle 10:   Checkliste Führung der Internen Revision[618]

Der IIA-Standard 2000 wird dem Qualitätsmanagementbereich zugeteilt, da damit die effektive Führung der Internen Revision im Hinblick auf eine wertschöpfende Tätigkeitsausübung sichergestellt wird.[619]

---

[618] Modifiziert entnommen aus Linsi 2003, S. 197.

[619] Vgl. Abschnitt II.C. des ersten Hauptteils.

In Bezug auf die Messmethode ist anzumerken, dass die Skalierung A–D der aus der EFQM-Fragebogentechnik entspricht, die Ermittlung des Kriterienergebnisses jedoch im Gegensatz dazu zur praktikableren Handhabung angepasst wird. So werden die Fragen zusammen mit der Messung in einer Checkliste für ein Kriterium dargelegt und zwar derart, dass nach der Ermittlung des Messwerts für jede Frage die Anzahl der Markierungen je Spalte A–D bestimmt wird, diese mit dem entsprechenden Faktor (0 %, 33 %, 67 % oder 100 %) multipliziert wird, die Produkte dann addiert und durch die Anzahl der Fragen (10) dividiert werden. Das Kriterienergebnis wird schließlich in Punkten dargestellt.[620]

(c)   Politik und Strategie

Das Kriterium Politik und Strategie wird durch die in der Tabelle 11 referenzierten IIA-Standards abgebildet.

---

[620]   Es ist, wenn notwendig, auf volle Punkte zu runden. Linsi verwendet ebenfalls diese Messmethodik. Vgl. Linsi 2003, S. 197. Hinzuweisen ist darauf, dass für einige Interne Revisionen nicht alle Fragen bzw. deren einzelne Inhalte anwendbar sind. Dementsprechend sind die Fragen, deren Sachverhalte für eine Interne Revision keine Bedeutung haben bzw. aus Gründen entgegenstehender Gesetze oder gesetzesähnlicher Vorschriften keine Anwendung finden können, mit dem Vermerk nicht anwendbar zu kennzeichnen. Sind einzelne Elemente einer Frage ohne Bedeutung bzw. Anwendung, so sind diese bei der Messung nicht zu berücksichtigen und lediglich der anwendbare Teil der Frage im Hinblick auf eine Markierung mit A, B, C oder D zu betrachten. In der Berichterstattung ist hierauf explizit einzugehen. Im Falle eines Vermerks nicht anwendbar für eine Frage ist die Anzahl der Fragen bei der Ermittlung des Kriterienergebnisses dann zu reduzieren.

Fragen zum Kriterium Politik und Strategie	Referenz	D	C	B	A
1. Sind der Zweck, die Befugnisse und die Verantwortung einschließlich der Art der zu erbringenden Prüfungs- und Beratungsleistungen der Internen Revision in einer Charter, konsistent mit der Definition der Internen Revision, dem Ethikkodex und den IIA-Standards, festgelegt, wird die Charter periodisch geprüft und von der vorgesetzten Stelle und der Unternehmensleitung genehmigt?	1000 1000.A1 1000.C1 1010				
2. Ist die Interne Revision organisatorisch so verankert, dass ihr die notwendige Unabhängigkeit zukommt und bestätigt der Leiter der Internen Revision gegenüber seiner vorgesetzten Stelle und der Unternehmensleitung mindestens jährlich diese Unabhängigkeit bzw. teilt Beeinträchtigungen mit?	1100 1110 1111 1130				
3. Unterliegen die Bestimmung des Prüfungsumfangs, die Tätigkeitsdurchführung und die Berichterstattung bei Prüfungsleistungen keiner Beeinflussung?	1110.A1				
4. Legt der Leiter der Internen Revision die Politik, Strategie und Prozesse, mit denen die Aktivitäten gelenkt werden, fest und ist damit eine flexible Anpassung an geänderte Bedingungen möglich?	1310 1311 1314 2040				
5. Stehen die Politik und Strategie im Einklang mit den Unternehmenszielen?	1311 1314 2010				
6. Sind den Mitarbeitern der Internen Revision die für ihre Aktivitäten relevanten Ziele und die dafür vorhandenen Pläne bekannt?	1316 1317 2200				
Anzahl Markierungen (a)					
Faktor in % (b)		0	33	67	100

Produkt (a · b)				
Produktsumme D–A				
Kriterienergebnis (Produktsumme : 6)				

Tabelle 11:   **Checkliste Politik und Strategie der Internen Revision**[621]

(d)   Mitarbeiter

Für das Kriterium Mitarbeiter ergibt sich die folgende Checkliste.

Fragen zum Kriterium Mitarbeiter	Referenz	D	C	B	A
1. Besteht ein Überwachungs- und Verbesserungssystem zur Einhaltung der Definition der Internen Revision, des Ethikkodex einschließlich der Objektivität, der IIA-Standards und weiterer Vorgaben durch die Mitarbeiter?	1100 1120 1300 Ethik- kodex				
2. Erfolgt bei Beeinträchtigungen der Objektivität und Unabhängigkeit der Internen Revisoren eine Offenlegung gegenüber den entsprechenden Parteien?	1130 1130.A1 1130.A2 1130.C1 1130.C2				
3. Besitzen die Internen Revisoren im Einzelnen und im Ganzen die notwendige Eignung und Kompetenz zur Erfüllung der Aufgaben?	1200 1210, .A2, .A3 1316 Ethik- kodex				
4. Besteht ein System, dass dem Leiter der Internen Revision das geforderte Wissen und die Fähigkeiten der Mitarbeiter verdeutlicht und	1210.A1 1210.C1 1315				

---

[621]   Modifiziert entnommen aus Linsi 2003, S. 203.

wird dieses gepflegt? Werden im Falle der Mängelfeststellung in Bezug auf die Aufgabenerledigung entsprechende Maßnahmen ergriffen?	1316				
5. Verfügen die Internen Revisoren über eine entsprechende berufliche Sorgfaltspflicht?	1200 1220, .A1, .A2, .A3, .C1 1316 Ethikkodex				
6. Besteht eine permanente Weiterbildung der Mitarbeiter?	1230 1316				
7. Existiert ein Mess- und Bewertungssystem, mit dem die Leistung der Internen Revisoren beurteilt wird und mit dem eine Honorierung verknüpft ist?	1316 1319 1320 1321				
8. Werden die Internen Revisoren entsprechend ihrer Verantwortung in die Arbeitsabläufe integriert, zu eigenständigem Handeln ermächtigt und informiert?	1314 1317 2200 u. a.[622]				
Anzahl Markierungen (a)					
Faktor in % (b)		0	33	67	100
Produkt (a · b)					
Produktsumme D–A					
Kriterienergebnis (Produktsumme : 8)					

Tabelle 12: **Checkliste Mitarbeiter der Internen Revision**[623]

---

[622] Neben den genannten IIA-Standards ist dieser Fragenkomplex Gegenstand einer Vielzahl weiterer Standards, wobei hier nur eine Auswahl aufgeführt ist.

[623] Modifiziert entnommen aus Linsi 2003, S. 200.

(e) Partnerschaften und Ressourcen

Im Hinblick auf das Kriterium Partnerschaften und Ressourcen gestaltet sich die Checkliste wie folgt.

Fragen zum Kriterium Partnerschaften und Ressourcen	Referenz	D	C	B	A
1. Ist gewährleistet, dass die Ressourcen der Internen Revision ausreichend und angemessen sind sowie effektiv verwendet werden, um die gesetzten Ziele zu erreichen?	1316 2030				
2. Besteht ein Informations- und Aktivitätenaustausch bzw. eine Koordination mit unternehmensinternen und -externen Einheiten zur effektiveren und effizienteren Tätigkeitsausübung?	2050				
Anzahl Markierungen (a)					
Faktor in % (b)		0	33	67	100
Produkt (a · b)					
Produktsumme D–A					
Kriterienergebnis (Produktsumme : 2)					

Tabelle 13: **Checkliste Partnerschaften und Ressourcen der Internen Revision**[624]

---

[624] Modifiziert entnommen aus Linsi 2003, S. 206.

(f) Prozesse

Das Kriterium Prozesse stellt den Übergang zu den Ergebniskriterien dar und wird durch die folgenden Fragen beschrieben.

Fragen zum Kriterium Prozesse	Referenz	D	C	B	A
1. Existiert in der Internen Revision ein Qualitätsmanagementsystem mit den in den IIA-Standards geforderten Inhalten?	1300–1321				
2. Beurteilt die Interne Revision die von der Unternehmensleitung und seinen Mitgliedern implementierten Systeme und die damit verbundenen Prozesse und werden angemessene Maßnahmen zu deren Verbesserung vorgeschlagen?	2100 2110				
3. Beurteilt die Interne Revision bei Prüfungsleistungen die Ausgestaltung, die Verwirklichung und die Effektivität der unternehmerischen ethikrelevanten Ziele, Programme und Tätigkeiten und wie die IT-Governance die Unternehmensstrategien und -ziele stärkt und unterstützt?	2110.A1 2110.A2				
4. Stimmen die Ziele von Beratungsmandaten mit den Werten und Vorgaben des Unternehmens überein?	2110.C1				
5. Evaluiert die Interne Revision die Effektivität des Risikomanagementsystems und der damit verbundenen Prozesse in Bezug auf die Verlässlichkeit und Integrität finanzieller und betrieblicher Daten, Wirksamkeit und Angemessenheit der Geschäftsprozesse, Werterhaltung der Aktiva und Einhaltung von Gesetzen und weiteren Regelungen und werden diesbezüglich Verbesserungsvorschläge erarbeitet bzw. entwickelt?	2100 2120 2120.A1				

6. Wird das mögliche Eintreten doloser Handlungen und der Umgang mit diesen in die Evaluation bei Prüfungen einbezogen?	2120.A2				
7. Erfolgt während Beratungsaufträgen die Adressierung mandatsabhängiger Risiken und sind sich die Internen Revisoren dabei anderer wesentlicher Risiken bewusst?	2120.C1				
8. Bringen die Internen Revisoren die im Rahmen von Beratungsmandaten identifizierten Risiken in die Beurteilung des Risikomanagements ein?	2120.C2				
9. Ist sichergestellt, dass Interne Revisoren bei der Implementierung und Weiterentwicklung des Risikomanagements im Rahmen von Beratungsaufträgen keine Führungsverantwortung eingehen?	2120.C3				
10. Assistiert die Interne Revision das Unternehmen bei der Erhaltung effektiver Überwachung durch eine Beurteilung deren Effektivität und Effizienz und deren ständige Verbesserung, wobei sich die Evaluation auf die Risiken der von der Unternehmensleitung und seinen Mitgliedern implementierten Systeme und Prozesse, der Geschäftsprozesse und der Informationssysteme hinsichtlich Verlässlichkeit und Integrität finanzieller und betrieblicher Daten, Wirksamkeit und Angemessenheit der Geschäftsprozesse, Werterhaltung der Aktiva und Einhaltung von Gesetzen und weiteren Regelungen bezieht?	2100 2130 2130.A1				
11. Geben Interne Revisoren Einschätzungen zur Strategiekonformität der Geschäftsprozesse und -programme und deren Ergebnisse sowie deren strategiekonformer Einführung bzw. Durchführung bei Prüfungsaufträgen ab?	2130.A2 2130.A3				

12. Weisen Interne Revisoren bei Beratungsaufträgen auf zielkonforme Überwachungen hin und sind sie aufmerksam für bedeutsame Überwachungsaspekte?	2130.C1				
13. Bringen die Internen Revisoren die im Rahmen von Beratungsaufträgen identifizierten Überwachungssachverhalte in die Beurteilung der Überwachung ein?	2130.C2				
14. Erfolgt die Auftragsplanung ganzheitlich, d. h. werden die Auftragsziele, der -umfang, die -zeitplanung und die -ressourcen sowie im Hinblick auf die zu überwachenden Bereiche deren Ziele, deren Mittel bzw. Maßnahmen zur Überwachung der Performance, deren wesentliche Risiken, deren Ressourcen, deren Geschäftsprozesse, deren Mittel bzw. Maßnahmen, um die potenziellen Auswirkungen von Risiken in einem akzeptablen Rahmen zu halten, deren Effektivität und Effizienz des Risikomanagements und der Überwachung im Vergleich zu einem entsprechenden Überwachungsregelwerk oder -modell sowie die Möglichkeiten zur Durchführung bedeutsamer Verbesserungen des Risikomanagements und der Überwachung betrachtet und wird dieses dokumentiert?	1317 2200 2201				
15. Erfolgt im Rahmen einer Auftragsprüfungsplanung für eine unternehmensexterne Einheit eine schriftliche Vereinbarung über die Ziele, den Umfang, die Verantwortlichkeiten und andere Erwartungen einschließlich Restriktionen über die Verteilung der Ergebnisse und des Zugangs zu den Auftragsaufzeichnungen?	1317 2201.A1				
16. Sind Beratungsauftragsziele bestimmt und werden bei der Planung von Beratungsaufträgen die Ziele, der Umfang, die Verantwortlich-	1317 2201.C1 2210				

keiten und andere Auftraggebererwartungen mit dem Auftraggeber abgestimmt? Ist dieses bei bedeutsamen Engagements schriftlich fixiert?	2210.C1				
17. Sind Prüfungsauftragsziele bestimmt und sind hierbei eine Risikobeurteilung des zu überwachenden Bereichs, wobei die Ziele deren Ergebnis zu reflektieren haben, die Wahrscheinlichkeit von bedeutsamen Fehlern, dolosen Handlungen, Nichtkonformität mit Regelungen und sonstigen Gefahren sowie die Adäquatheit der Kriterien der Führungsebenen zur Evaluation der Zielerfüllung einbezogen?	1317 2210 2210.A1 2210.A2 2210.A3				
18. Sind der Prüfungsumfang und die -ressourcenallokation zur Erreichung der Auftragsziele ausreichend, d. h. Berücksichtigung relevanter Systeme, von Aufzeichnungen, der Personalkapazität und der Vermögensgegenstände, auch von Dritten?	2220 2220.A1 2230				
19. Wird im Falle des Erkennens eines bedeutsamen Beratungsbedarfs im Rahmen von Prüfungen eine spezielle schriftliche Vereinbarung über die Ziele, den Umfang, die Verantwortlichkeiten und sonstigen Erwartungen getroffen sowie die Resultate des Beratungsauftrags gem. der Beratungsstandards kommuniziert?	2220.A2				
20. Sind der Beratungsumfang und die -ressourcenallokation zur Erreichung der Auftragsziele ausreichend, wird mit dem Umfang gewährleistet, dass die vereinbarten Ziele erreicht werden, und werden bei Zweifeln an diesem Umfang während der Tätigkeit diese mit dem Auftraggeber erörtert, um über die Fortsetzung zu bestimmen?	2220 2220.C1 2230				

21. Sind für jede Prüfung zielentsprechende Arbeitsprogramme entwickelt und dokumentiert, die die Arbeitsschritte der Identifikation, Analyse, Beurteilung und Aufzeichnung von Informationen während des Auftrags zum Gegenstand haben und vor ihrer Durchführung einer Genehmigung unterliegen?	2240 2240.A1			
22. Sind für jede Beratung zielentsprechende Arbeitsprogramme entwickelt und dokumentiert?	2240 2240.C1			
23. Werden während der Auftragsdurchführung hinreichende, verlässliche, relevante und nützliche Informationen identifiziert?	2310			
24. Erfolgt bei der Auftragsdurchführung eine angemessene Analyse und Beurteilung von Informationen?	2320			
25. Werden während Beratungsaufträgen wesentliche unternehmerische Sachverhalte identifiziert, sind diese der vorgesetzten Stelle und der Unternehmensleitung durch den Leiter der Internen Revision mitgeteilt?	2440.C2			
26. Werden bei der Auftragsdurchführung bedeutende Informationen zur Zementierung der Schlussfolgerungen und Auftragsresultate dokumentiert?	2330			
27. Steuert der Leiter der Internen Revision während Prüfungen den Zugang zu den Aufzeichnungen und holt er vor der Datenweitergabe an unternehmensexterne Einheiten die Zustimmung der Unternehmensleitung und/oder eines Juristen ein?	2330.A1			
28. Bestimmt der Leiter der Internen Revision die Dauer der Prüfungsdokumentenaufbewahrung in Abhängigkeit vom Speichermedium und in Übereinstimmung mit Unternehmens-	2330.A2			

vorgaben bzw. jeglichen anderen Regelungen?	
29. Existieren Vorgaben bzw. Fristen durch den Leiter der Internen Revision für die Aufbewahrung von Beratungsunterlagen, die konsistent mit den unternehmerischen Richtlinien und sonstigen Anforderungen sind, und auch die Veröffentlichung an unternehmensinterne und -externe Einheiten regeln?	2330.C1
30. Werden die Auftragsergebnisse zutreffend, objektiv, eindeutig, prägnant, konstruktiv, vollständig und zeitgerecht durch den Leiter der Internen Revision an die relevanten Einheiten kommuniziert und zwar derart, dass die Auftragsziele und der -umfang, Schlussfolgerungen, Empfehlungen und Aktionspläne ersichtlich sind? Liegt bei der Weitergabe von Prüfungsresultaten an unternehmensexterne Einheiten ein Vermerk über deren Verteilungs- und Gebrauchsumfang vor und hat der Leiter der Internen Revision in diesem Zusammenhang das damit verbundene Risiko evaluiert, die Unternehmensleitung und/oder einen Rechtsberater konsultiert sowie den Rahmen der Weitergabe limitiert?	1320 2400 2410 2410.A1 2410.A2 2410.A3 2410.C1 2420 2440 2440.A1 2440.A2 2440.C1
31. Kommuniziert der Leiter der Internen Revision im Falle einer bedeutsamen fehlerhaften finalen Berichterstattung die korrekten Informationen an die Einheiten, die die ursprüngliche Information erhalten haben?	2421
32. Wird die Auftragseinhaltung in Bezug auf die Definition der Internen Revision, den Ethikkodex und die IIA-Standards bekannt gemacht und bei Nichtübereinstimmung der Grund bzw. die Gründe dafür, die entsprechenden nicht eingehaltenen Bereiche der Regelungen und die	1320 2430 2431

Auswirkungen auf den Auftrag und die Kommunikationsergebnisse veröffentlicht?				
Anzahl Markierungen (a)				
Faktor in % (b)	0	33	67	100
Produkt (a · b)				
Produktsumme D–A				
Kriterienergebnis (Produktsumme : 32)				

Tabelle 14:   **Checkliste Prozesse der Internen Revision**[625]

(g)   Kundenbezogene Ergebnisse

Aus den gegenwärtig vorliegenden IIA-Standards ist kein Bezug zum Kriterium kundenbezogene Ergebnisse erkennbar. Die im Rahmen dieser Arbeit aufgezeigte notwendige, umfassende Qualitätsdefinition der Internen Revision verlangt jedoch, dass diese auch eine ergebnisorientierte Perspektive, d. h. die Erfüllung der Bezugsgruppenziele, umfassen muss. Das Einfließen dieser in das hier erarbeitete Qualitätsmanagementkonzept, mit dem eine Anpassung der IIA-Standards vorgenommen wurde, hat zu einer Berücksichtigung der Bezugsgruppen geführt, ohne individuelle IIA-Standards zur Kundenzufriedenheit und deren Erhebung zu erarbeiten. Im Zusammenhang mit dem EFQM-Modell resultiert daraus, entsprechende neue IIA-Standards zu gestalten. Hierfür bietet sich die in der folgenden Tabelle vorgestellte Lösung an.

IIA-Standard	Titel und Inhalt
2700	**Kundenzufriedenheit** Der Leiter der Internen Revision muss sicherstellen, dass die Kundenzufriedenheit regelmäßig erhoben wird, und sollte die Ergebnisse mit anderen Internen Revisionen und/oder Organisationseinheiten vergleichen.

---

[625]   Modifiziert entnommen aus Linsi 2003, S. 208 f.

2710	**Zufriedenheit der geprüften und beratenden Bereiche** Nach Abschluss jedes Prüfungs- und Beratungsauftrags muss dem geprüften bzw. beratenden Bereich ein standardisiertes Kundenzufriedenheitsformular zugestellt werden. Die Ergebnisse müssen vom Leiter der Internen Revision dokumentiert und ausgewertet werden sowie als Grundlage für eine eventuelle Umsetzung von geäußerten Verbesserungsvorschlägen Verwendung finden.
2720	**Zufriedenheit der vorgesetzten Stelle und der Unternehmensleitung** Jährlich muss der vorgesetzten Stelle und der Unternehmensleitung ein standardisiertes Kundenzufriedenheitsformular zugestellt werden. Die Ergebnisse müssen vom Leiter der Internen Revision dokumentiert und ausgewertet werden sowie als Grundlage für eine eventuelle Umsetzung von geäußerten Verbesserungsvorschlägen Verwendung finden.
2730	**Vergleich der Kundenzufriedenheit mit anderen Internen Revisionen und/oder Organisationseinheiten** Der Leiter der Internen Revision sollte die Kundenzufriedenheitsergebnisse mit anderen Internen Revisionen und/oder Organisationseinheiten vergleichen, um daraus ggf. Verbesserungen abzuleiten.

Tabelle 15:   **Neue IIA-Standards zur Kundenzufriedenheit[626]**

In der Literatur sind Kundenzufriedenheitsformulare erarbeitet worden und werden daher hier nicht weiter präzisiert.[627]

---

[626] Modifiziert entnommen aus Linsi 2003, S. 211.

[627] Vgl. zu einem möglichen Formular für die vorgesetzte Stelle Linsi 2003, S. 167, wobei zu beachten ist, dass dessen vorgesetzte Stelle aufgrund seiner Betrachtung der Verwaltungsrat bzw. der Prüfungsausschuss ist. Eine sinngemäße allgemeine Übertra-

(Fortsetzung der Fußnote auf der nächsten Seite)

Aus der Gesamtheit der neuen IIA-Standards zur Kundenzufriedenheit ergibt sich die Aufstellung einer nachfolgenden Checkliste für das Kriterium kundenbezogene Ergebnisse.

Fragen zum Kriterium kundenbezogene Ergebnisse	Referenz	D	C	B	A
1. Ist gewährleistet, dass die Kundenzufriedenheit der geprüften und beratenden Bereiche nach dem jeweiligen Auftragsende mittels eines standardisierten Formulars erhoben wird und werden die Ergebnisse durch den Leiter der Internen Revision ausgewertet, diskutiert und ggf. daraus resultierende Verbesserungen umgesetzt?	2710				
2. Ist gewährleistet, dass die Kundenzufriedenheit der vorgesetzten Stelle und der Unternehmensleitung mittels eines standardisierten Formulars jährlich erhoben wird und werden die Ergebnisse durch den Leiter der Internen Revision ausgewertet, diskutiert und ggf. daraus resultierende Verbesserungen umgesetzt?	2720				
3. Weisen die Kundenzufriedenheitsergebnisse einen positiven Trend oder ein nachhaltig hohes Niveau auf?	2710 2720				

gung auf die vorgesetzte Stelle ist daher vorzunehmen. Dieses Formular eignet sich des Weiteren unter Beachtung der eben angesprochenen Anpassungen auch für die Befragung der Unternehmensleitung. Vgl. zu einem geeigneten Formular für den geprüften Bereich Linsi 2003, S. 168. Auch hier ist die Bezeichnung Verwaltungsrat durch vorgesetzte Stelle für eine allgemeingültige Darstellung zu ersetzen. Dieses Formular ist im Hinblick auf einen Beratungsauftrag unter entsprechenden Anpassungen ebenfalls anwendbar. Vgl. auch zu einem Formular für den geprüften Bereich IIR-Revisionsstandard Nr. 3, Anlage 2; für den überwachten Bereich The IIA Research Foundation 2006, Tool 4, S. 3 f.

4. Werden die Kundenzufriedenheitsergebnisse mit den Resultaten anderer Interner Revisionen und/oder gleichwertiger Einheiten verglichen und sind die Ergebnisse auf einem identischen Niveau oder besser als die der anderen Einheiten?	2730				
Anzahl Markierungen (a)					
Faktor in % (b)		0	33	67	100
Produkt (a · b)					
Produktsumme D-A					
Kriterienergebnis (Produktsumme : 4)					

Tabelle 16:   **Checkliste kundenbezogene Ergebnisse der Internen Revision**[628]

(h)   Mitarbeiterbezogene Ergebnisse

Für die mitarbeiterbezogenen Ergebnisse gilt grundsätzlich der gleiche Sachverhalt wie bei den kundenbezogenen Ergebnissen mit der Erweiterung, dass neben der Mitarbeiterzufriedenheit auch Leistungsindikatoren für die Internen Revisoren zur Vorhersage ihrer Leistung zu berücksichtigen sind.[629] Dementsprechend sind die IIA-Standards um die in der folgenden Tabelle dargestellten neuen Sachverhalte zu ergänzen.

---

[628]   Modifiziert entnommen aus Linsi 2003, S. 212.

[629]   Vgl. Linsi 2003, S. 214.

IIA-Standard	Titel und Inhalt
2800	**Mitarbeiterzufriedenheit und -leistung** Der Leiter der Internen Revision muss jährlich die Mitarbeiterzufriedenheit und -leistung ermitteln und sollte die Gesamtergebnisse mit anderen Internen Revisionen und/oder Organisationseinheiten vergleichen.
2810	**Mitarbeiterzufriedenheit** Der Leiter der Internen Revision muss jährlich auf Basis eines standardisierten Formulars die Zufriedenheit der Internen Revisoren ermitteln. Die Ergebnisse müssen vom Leiter der Internen Revision mit den betreffenden Internen Revisoren besprochen, dokumentiert und, bei Bedarf, Maßnahmen zu ihrer Erhöhung ergriffen werden.
2820	**Mitarbeiterleistung** Der Leiter der Internen Revision muss jährlich die Leistungen der Internen Revisoren beurteilen, dieses mit ihnen besprechen, ggf. Maßnahmen zur Leistungsverbesserung einleiten und eine Dokumentation hierüber vornehmen.
2830	**Vergleich der Mitarbeiterzufriedenheit und -leistung mit anderen Internen Revisionen und/oder Organisationseinheiten** Der Leiter der Internen Revision sollte die gesamten Mitarbeiterzufriedenheits- und die Mitarbeiterleistungsbeurteilungsresultate mit anderen Internen Revisionen und/oder Organisationseinheiten vergleichen, um daraus ggf. Verbesserungen abzuleiten.

Tabelle 17:   Neue IIA-Standards zur Mitarbeiterzufriedenheit und -leistung[630]

---

[630] Modifiziert entnommen aus Linsi 2003, S. 217.

Für das im IIA-Standard 2810 genannte standardisierte Formular zur Ermittlung der Mitarbeiterzufriedenheit liegen bereits geeignete Beispiele in der Literatur vor, so dass dieses hier nicht weiter ausgeführt wird.[631]

Die im IIA-Standard 2820 genannte Beurteilung der Mitarbeiterleistung hat anhand von Leistungsindikatoren, bei denen es sich um Messergebnisse handelt, die der Leiter der Internen Revision zur Überwachung, Analyse, Planung und Verbesserung der Leistung der Internen Revisoren sowie zur Vorhersage, wie die Internen Revisoren diese Leistung auffassen werden, verwendet, zu erfolgen.[632] Um Messergebnisse zu ermitteln, bedarf es zunächst der Identifikation adäquater Messkriterien bzw. -faktoren. Diese werden hier speziell für die Interne Revision erarbeitet. Zurückgegriffen wird dabei auf Ausführungen des DIIR und der EFQM sowie den Ethikkodex und die IIA-Standards.

Das DIIR hat im Jahre 2002 ein „Konzept zur Gewinnung und Qualifizierung von Mitarbeitern für die Interne Revision" veröffentlicht.[633] Hierin enthalten sind auch Angaben zum Anforderungsprofil von Internen Revisoren, das eine geeignete Basis für die Kriterien zur Messung der Mitarbeiterleistung bietet.[634] Als erste Kriterienkategorie wird im DIIR-Konzept das fachliche Wissen und Können aufgeführt. Hierunter fallen auf der einen Seite Unternehmens- und Fachkenntnisse, die sich darin äußern, dass Interne Revisoren über allgemeine Kenntnisse der Unternehmensführung und -organisation, weit gefächerte Fachkenntnisse gepaart mit vertieftem Fach- und Systemverständnis sowie unternehmensrelevante, IT- und Fremdsprachenkenntnisse verfügen sollten. Auf

---

[631]   Vgl. Linsi 2003, S. 215 m. w. N., wobei anzumerken ist, dass in das dort vorgestellte
       Formular explizit die Zufriedenheit mit der monetären und nichtmonetären Honorie-
       rung aufzunehmen ist. Dieses gilt ebenfalls für ein IIA-Formular, bei dem des Weite-
       ren zu berücksichtigen ist, dass der Begriff Audit Committee durch die vorgesetzte
       Stelle zu ersetzen ist und das dortige Kriterium 44. zu streichen ist. Vgl. The IIA Re-
       search Foundation 2006, Tool 5, S. 2–4.

[632]   Vgl. EFQM/DGQ 2003b, S. 22.

[633]   Vgl. IIR 2002.

[634]   Vgl. hierzu und in der Folge IIR 2002, S. 4 f. und 9–15.

der anderen Seite bedarf es der Anwendung und Kenntnis von Techniken, d. h. Prüfungs-, Beratungs-, Verhandlungs-, Gesprächs- und Präsentationstechniken sowie Problemlösungsverfahren. Die zweite Kategorie stellt das Analyse- und Denkvermögen dar, das sich durch eine zügige Auffassungsgabe, das analytische Denkvermögen, das Effizienzkategoriendenken sowie die Kreativität und den Ideenreichtum beschreiben lässt. In der dritten Kategorie geht es um die persönlichen Grundanforderungen. Diese werden repräsentiert durch „Genauigkeit, Sorgfalt, Objektivität, Verschwiegenheit"[635], Initiative und Engagement, Durchsetzungsvermögen, Kritikfähigkeit und Lernbereitschaft, Mobilität und interkulturelle Kompetenz. Die Zusammenarbeit und Kommunikation verkörpert die vierte Anforderungskategorie. Hierzu zählen Verhandlungsgeschick und Überzeugungsfähigkeit, genaues Darstellungs- und Ausdrucksvermögen, Teamfähigkeit, Erzeugung eines konstruktiven Arbeitsklimas sowie Auftreten in sicherer und verbindlicher Form. Die letzte Kategorie setzt sich mit dem Einsatz und der Führung von Internen Revisoren auseinander, die sich durch die Aufgabendelegation, die Mitarbeiterinformation und -förderung charakterisieren lässt. Die aufgeführten Kategorien mit ihren verschiedenen Merkmalen bieten einen guten Ansatzpunkt im Hinblick auf geeignete Messkriterien zur Mitarbeiterleistung, sind aber auszuweiten.

Betrachtet man den Ethikkodex, so haben Interne Revisoren rechtschaffen, objektiv, vertraulich und fachkompetent zu sein.[636] Diese vier Aspekte und die damit verbundenen Inhalte sind in die Messkriterien aufzunehmen und mit den Anforderungen seitens des DIIR zu verbinden.

Ergänzend zum Ethikkodex sind die IIA-Standards zu betrachten. Da sich die dort enthaltenen Aspekte in Bezug auf die Mitarbeiter weitestgehend in den Anforderungen des Ethikkodex und des DIIR-Konzepts widerspiegeln, wird auf eine separate Erläuterung der relevanten IIA-Standards verzichtet.

---

[635] IIR 2002, S. 5.

[636] Vgl. Ethikkodex.

Bei der Bestimmung der Messkriterien bietet sich auch ein Rückgriff auf die
EFQM an, die Beispiele für mögliche Kriterien im Rahmen von Kategorien
nennt.[637] Unter Berücksichtigung der bereits vorgenommenen Ausführungen
lassen sich daraus für die Internen Revisoren als Kriterien in einer Kategorie
erreichte Leistungen die Produktivität (Anzahl Überstunden oder das Verhältnis geplante zu benötigte Stunden) und die Weiterbildungserfolgsquote, in einer zweiten Kategorie Motivation und Beteiligung die Teilnahme in Verbesse-
rungsteams, das Verhältnis von umgesetzten zu eingebrachten Verbesserungsvorschlägen des Internen Revisors sowie die monetäre und nichtmonetäre Anerkennung und in einer dritten Kategorie Zufriedenheit die Tage der
krankheitsbedingten Abwesenheit sowie die Anzahl der Beschwerden ableiten. Die aus den EFQM-Ausführungen auf die Interne Revision übertragenen
Kriterien sind mit denen des Ethikkodex und des DIIR-Konzepts zu verknüpfen.

Hieraus ergibt sich ein Kriterienkatalog zur Messung der Mitarbeiterleistung
in der in der folgenden Tabelle dargestellten Form.

Kategorie	Kriterium
Erreichte Leistung	• Kenntnisse in der allgemeinen Unternehmensfüh-rung und -organisation, • weit gefächerte Fachkenntnisse, • vertieftes Fach- und Systemverständnis, • unternehmensrelevante Kenntnisse, • IT-Kenntnisse, • Fremdsprachenkenntnisse, • Kenntnis und Anwendung von Prüfungs- und Bera-tungstechniken, • Kenntnis und Anwendung von Verhandlungs- und

---

[637] Vgl. hierzu und in der Folge EFQM/DGQ 2003b, S. 22, wobei im Folgenden teilweise
auch auf Linsi 2003, S. 217, rekurriert wird.

	Gesprächstechniken,
	• Kenntnis und Anwendung von Präsentationstechniken,
	• Kenntnis und Anwendung von Problemlösungsverfahren,
	• zügige Auffassungsgabe,
	• analytisches Denkvermögen,
	• Effizienzkategoriendenken,
	• Genauigkeit, Sorgfalt, Objektivität, Verschwiegenheit und Rechtschaffenheit,
	• Initiative und Engagement,
	• Durchsetzungsvermögen,
	• Kritikfähigkeit und Lernbereitschaft,
	• Mobilität,
	• interkulturelle Kompetenz,
	• Verhandlungsgeschick und Überzeugungsfähigkeit,
	• genaues Darstellungs- und Ausdrucksvermögen,
	• Teamfähigkeit,
	• Erzeugung eines konstruktiven Arbeitsklimas,
	• Auftreten in sicherer und verbindlicher Form,
	• Aufgabendelegation,
	• Mitarbeiterinformation,
	• Produktivität (Anzahl Überstunden oder Verhältnis geplante zu benötigte Stunden) und
	• Weiterbildungserfolgsquote.
Motivation und Beteiligung	• Teilnahme in Verbesserungsteams,
	• Verhältnis von umgesetzten zu eingebrachten Verbesserungsvorschlägen des Internen Revisors und
	• monetäre und nichtmonetäre Anerkennung.
Zufriedenheit	• Tage der krankheitsbedingten Abwesenheit und
	• Anzahl der Beschwerden.

Tabelle 18: **Kriterien zur Messung der Mitarbeiterleistung**

Bei den aufgeführten Kriterien handelt es sich um eine umfangreiche Auflistung wesentlicher Faktoren, die das Leistungsspektrum der Internen Revisoren abdecken, jedoch auch in Abhängigkeit von der individuellen Unternehmenssituation zu sehen sind. Auf dieser Basis sind durch den Leiter der Internen Revision Ziele für die einzelnen Internen Revisoren festzulegen und diese im Rahmen der Beurteilung mit dem Ist-Zustand der einzelnen Kriterien zu vergleichen, um hieraus Verbesserungsmaßnahmen zusammen mit den Internen Revisoren einzuleiten und umzusetzen, was schon nach der erstmaligen Festlegung der Zielwerte vorzunehmen ist.

Aus den Erläuterungen zum Kriterium mitarbeiterbezogene Ergebnisse resultieren zu dessen Messung die in der folgenden Tabelle präsentierten Fragen.

Fragen zum Kriterium mitarbeiterbezogene Ergebnisse	Referenz	D	C	B	A
1. Ist gewährleistet, dass die Mitarbeiterzufriedenheit durch den Leiter der Internen Revision mittels eines standardisierten Formulars jährlich bestimmt wird, die Resultate dokumentiert und mit den betreffenden Internen Revisoren diskutiert werden sowie ggf. daraus resultierende Maßnahmen zur Erhöhung der Mitarbeiterzufriedenheit vorliegen?	2810				
2. Beurteilt der Leiter der Internen Revision jährlich die Leistung seiner Mitarbeiter, bespricht er dieses mit ihnen und existieren Maßnahmen zu ihrer Verbesserung? Nimmt der Leiter hierüber eine Dokumentation vor?	2820				
3. Weisen die Mitarbeiterzufriedenheits- und die -leistungsbeurteilungsergebnisse einen positiven Trend oder ein nachhaltig hohes Niveau auf?	2810 2820				
4. Werden die Mitarbeiterzufriedenheits- und -leistungsbeurteilungsergebnisse mit den Resultaten anderer Interner Revisionen und/oder	2830				

gleichwertiger Einheiten verglichen und sind die Ergebnisse auf einem identischen Niveau oder besser als die der anderen Einheiten?				
Anzahl Markierungen (a)				
Faktor in % (b)	0	33	67	100
Produkt (a · b)				
Produktsumme D–A				
Kriterienergebnis (Produktsumme : 4)				

Tabelle 19: Checkliste mitarbeiterbezogene Ergebnisse der Internen Revision[638]

(i)   Gesellschaftsbezogene Ergebnisse

Das Kriterium gesellschaftsbezogene Ergebnisse, das sich mit dem Verhältnis der Organisation bzw. -seinheit zur allgemeinen Öffentlichkeit auseinandersetzt, findet in den momentan vorliegenden IIA-Standards keine direkte Erwähnung. Durch die im Rahmen dieser Arbeit aufgezeigte notwendige Anpassung der IIA-Standards in Bezug auf das Qualitätsmanagement hat dieser Sachverhalt unmittelbar Einzug gehalten. Dieses äußert sich vor allem darin, dass in der Qualitätspolitik eine weitreichende soziale Verpflichtung und in der Qualitätsverfassung eine aktive Mitarbeit in relevanten Gremien zu bestehen hat.[639] Vor diesem Hintergrund und der gegenwärtig existierenden weltwirtschaftlichen Krise ist es von immenser Bedeutung, dass die Interne Revision proaktiv die Öffentlichkeit über ihre Rolle, insbesondere aber auch ihre Grenzen, informiert, um damit eine potenzielle Erwartungslücke zu begrenzen.[640] Aufgrund dieser Relevanz und im Zusammenhang mit dem EFQM-

---

[638]   Modifiziert entnommen aus Linsi 2003, S. 218.

[639]   Vgl. Abschnitt III.B.3.a) des zweiten Hauptteils

[640]   Vgl. Linsi 2003, S. 221.

Modell bedarf es der Erarbeitung eines eigenständigen IIA-Standards, der sich dieser Problematik annimmt.

IIA-Standard	Titel und Inhalt
2900	**Gesellschaftliche Beziehungen** Der Leiter der Internen Revision und seine Mitarbeiter müssen einen Beitrag zur Förderung des Ansehens des Berufsstands in der Öffentlichkeit leisten. Die Aktivitäten sollten mit denen anderer Interner Revisionen und/oder Organisationseinheiten verglichen werden, um daraus ggf. Verbesserungen abzuleiten. **Interpretation** Eine Förderung kann sich z. B. in der aktiven Teilnahme in Fachverbänden, in der Veröffentlichung von Beiträgen, in der Organisation von Veranstaltungen und in der Teilnahme an Benchmarking-Aktivitäten äußern.

Tabelle 20:   Neuer IIA-Standard zu gesellschaftlichen Beziehungen[641]

Aus diesem neuen IIA-Standard resultieren zur Messung des Kriteriums gesellschaftsbezogene Ergebnisse die in der folgenden Tabelle dargestellten Fragestellungen.

Fragen zum Kriterium gesellschaftsbezogene Ergebnisse	Referenz	D	C	B	A
1. Ist gewährleistet, dass der Leiter der Internen Revision und die Mitarbeiter das Ansehen des Berufsstands der Internen Revision nachhaltig fördern?	2900				

---

[641]   Modifiziert entnommen aus Linsi 2003, S. 220.

2. Zeigen die Tätigkeiten des Leiters der Internen Revision und seiner Mitarbeiter bezüglich der Berufsstandsförderung einen positiven Trend oder ein nachhaltig hohes Niveau auf?	2900			
3. Wird der Umfang der Tätigkeiten mit dem anderer Interner Revisionen und/oder gleichwertiger Einheiten verglichen und ist er auf einem identischen Niveau oder besser?	2900			
Anzahl Markierungen (a)				
Faktor in % (b)	0	33	67	100
Produkt (a · b)				
Produktsumme D–A				
Kriterienergebnis (Produktsumme : 3)				

Tabelle 21: **Checkliste gesellschaftsbezogene Ergebnisse der Internen Revision**[642]

(j) Schlüsselergebnisse

Überträgt man das Kriterium Schlüsselergebnisse auf die Interne Revision, so ist damit vor allem verbunden, dass der Leiter zu gewährleisten hat, dass die Interne Revision zur Wertsteigerung des Unternehmens beizutragen hat.[643] Dieses kommt in den gegenwärtigen IIA-Standards, insbesondere im IIA-Standard 2000 in Verbindung mit dem IIA-Standard 1300, zum Ausdruck. Verstärkt wird dieser Sachverhalt durch die im Rahmen dieser Arbeit angepassten IIA-Standards im Bereich 13xx.[644] Die angepasste Version verdeutlicht, dass das Qualitätsmanagement zur Führung im Sinne einer Wertsteigerung dient. Dementsprechend muss der Leiter die Qualität der Internen Revision

---

[642] Modifiziert entnommen aus Linsi 2003, S. 221.

[643] Vgl. Linsi 2003, S. 223.

[644] Vgl. Abschnitt III.B.3.a) des zweiten Hauptteils.

ermitteln und der vorgesetzten Stelle und der Unternehmensleitung über sie und ihre Entwicklung berichten. Damit kann er den Beitrag der Internen Revision zur Wertsteigerung darlegen. Da dieses bereits in den angepassten IIA-Standards 1319 und 1320 enthalten ist, wird auf einen neuen IIA-Standard zu diesem Themenbereich verzichtet.

Eingang in die Schlüsselergebnisse findet des Weiteren der im IIA-Standard 2600 geäußerte Sachverhalt, dass der Leiter der Internen Revision im Falle einer Risikoakzeptanz durch die Unternehmensleitung, die seiner Meinung nach für das Unternehmen nicht tragbar sein könnte, dieses mit der Unternehmensleitung zu diskutieren hat.[645] Wird hierüber keine Einigung erzielt, ist mit der vorgesetzten Stelle Rücksprache zu halten.

Aus den Erläuterungen ergeben sich zur Messung des Kriteriums Schlüsselergebnisse die in der folgenden Tabelle präsentierten Fragen.

Fragen zum Kriterium Schlüsselergebnisse	Referenz	D	C	B	A
1. Weist das Qualitätsergebnis der Internen Revision einen positiven Trend oder ein nachhaltig hohes Niveau auf?	1319 1320				
2. Diskutiert der Leiter der Internen Revision jedes aus seiner Sicht nicht tragbare Risiko für das Unternehmen, das von der Unternehmensleitung akzeptiert worden ist, mit der Unternehmensleitung?	2600				
3. Erfolgt bei keiner Einigung in Bezug auf 2. eine Rücksprache mit der vorgesetzten Stelle?	2600				
Anzahl Markierungen (a)					
Faktor in % (b)		0	33	67	100
Produkt (a · b)					

---

[645] Vgl. Linsi 2003, S. 223.

Produktsumme D–A	
Kriterienergebnis (Produktsumme : 3)	

Tabelle 22:   Checkliste Schlüsselergebnisse der Internen Revision[646]

(k)   Messergebnis der Internen Revision

Die Qualität der Internen Revision lässt sich nun auf Basis der Ergebnisse der neun Kriterien unter Verwendung ihrer von der EFQM vorgeschlagenen Gewichtung bestimmen. Dieses ist in der folgenden Tabelle dargestellt.

Kriterium	Kriterien-ergebnis	Gewichtungs-faktor	Gewichtetes Ergebnis
Führung		1,0	
Politik und Strategie		0,8	
Mitarbeiter		0,9	
Partnerschaften und Ressourcen		0,9	
Prozesse		1,4	
Kundenbezogene Ergebnisse		2,0	
Mitarbeiterbezogene Ergebnisse		0,9	
Gesellschaftsbezogene Ergebnisse		0,6	
Schlüsselergebnisse		1,5	
Gesamtergebnis der Internen Revision (Summe aller gewichteten Kriterienergebnisse)			

Tabelle 23:   Qualitätsmessung der Internen Revision[647]

---

[646]   Modifiziert entnommen aus Linsi 2003, S. 224.

[647]   Modifiziert entnommen aus Linsi 2003, S. 225.

Zur Qualitätsmessung der Internen Revision sind die einzelnen ermittelten Ergebnisse der Kriterien in die zweite Spalte der Tabelle einzutragen und mit dem entsprechenden Faktor der EFQM zu multiplizieren. Hieraus resultiert ein gewichtetes Ergebnis für jedes Kriterium. Die Summe aller gewichteten Kriterienergebnisse stellt dann das Qualitätsergebnis, gemessen in Punkten, mit einer maximal möglichen Punktzahl von 1.000, der Internen Revision dar.[648]

(4) Würdigung

Bei dem vorgestellten, auf dem EFQM-Modell basierenden Ansatz zur Qualitätsmessung der Internen Revision handelt es sich um einen umfassenden, strukturierten und praktikablen Ansatz, der die Potenzial-, Prozess- und Ergebnisfaktoren der Internen Revision abbildet und dem der Arbeit zu Grunde gelegten, weit gefassten, Qualitätsverständnis gerecht wird.[649]

Diese Methode erlaubt die Ermittlung des qualitativen Ist-Zustands der Internen Revision und ermöglicht gleichzeitig durch die Ausrichtung der Kriterienmessung an einer %-Skala und Punkten, den Vergleich mit den Maximalwerten. Hieraus und aus der Verwendung anderer Soll-Werte werden Verbesserungsmöglichkeiten deutlich, die es zu realisieren gilt. Damit wird die Grundlage für einen kontinuierlichen Verbesserungsprozess, der mehrdimensionales Denken fördert,[650] gelegt. In diesem Zusammenhang kann ein Vergleich mit anderen Organisationseinheiten, die auf die EFQM-Kriterien zu-

---

[648] Diese Vorgehensweise ist angelehnt an Linsi. Vgl. Linsi 2003, S. 225. In diesem Zusammenhang ist anzumerken, dass Linsi neben der revisionsspezifischen auch die allgemeine EFQM-Sichtweise behandelt, die für diese Arbeit nicht relevant erscheint.

[649] Vgl. zu einer Würdigung des EFQM-Modells in der Internen Revision auch Linsi 2003, S. 226 f.

[650] Vgl. Horváth & Partners 2007, S. 360, die diese Aussage in Bezug auf das allgemeine EFQM-Modell treffen. Ihre Aussagen hinsichtlich der Beurteilung des generellen EFQM-Modells finden sich teilweise bezogen auf den in dieser Arbeit präsentierten Ansatz in diesem Abschnitt wieder. Vgl. Horváth & Partners 2007, S. 360–363.

rückgreifen, und/oder Internen Revisionen, die ihre Qualität anhand identischer Qualitätsfaktoren ermitteln, angestellt werden.

Die hier präsentierte Methode eignet sich des Weiteren als Grundlage für die Qualitätsberichterstattung und ist offen für unternehmens-, branchen- und länderspezifische Sachverhalte. So können ergänzende Fragen zu den Kriterien integriert werden, um entsprechende Aspekte einfließen zu lassen. Dieses ist jedoch vor dem Hintergrund zu sehen, dass mit dem hier erarbeiteten Ansatz die Übereinstimmung mit der Definition der Internen Revision, dem Ethikkodex und den in der angepassten Version vorliegenden IIA-Standards festgestellt wird.

Diese Messmethode kann auch als Grundlage für die Messung und Bewertung bzw. Zertifizierung durch revisionsexterne Personen herangezogen werden bzw. als Ausgangspunkt für eine in der Zukunft angestrebte Zertifizierung der Internen Revision durch die EFQM dienen.

Ein weiterer wesentlicher Vorteil besteht darin, dass für das EFQM-Modell empirisch gezeigt worden ist, dass seine wirksame Einführung in Unternehmen zu einer Wertsteigerung geführt hat.[651] Übertragen auf die Interne Revision und den vorgestellten Ansatz bedeutet dies, dass die Interne Revision das Qualitätsergebnis des EFQM-Modell-basierten Ansatzes als Wertbeitrag in nichtmonetärer Form verwenden sollte. Mit einer Steigerung ihres Qualitätsergebnisses bzw. eines nachhaltig hohen Qualitätsniveaus kann der Leiter der Internen Revision der vorgesetzten Stelle und der Unternehmensleitung somit den Beitrag der Internen Revision verdeutlichen.

Neben den aufgezeigten Stärken existieren aber auch Schwächen des Ansatzes. So fehlt es aufgrund des umfassenden Charakters an einer Fokussierung

---

[651]   Vgl. The Centre of Quality Excellence, the University of Leicester 2005.

bestimmter Sachverhalte. Es liegt somit ein Ansatz vor, der seine Stärken auf der operativen Ebene hat.

Des Weiteren ist im Rahmen der Ermittlung des Qualitätsergebnisses der Internen Revision zu beachten, dass das Qualitätsresultat als ein Schlüsselergebnis betrachtet wird und daher bei der Ermittlung des Kriterienergebnisses Schlüsselergebnisse eingeht. Somit bedarf es vor der Ermittlung des Qualitätsergebnisses der Bestimmung der gewichteten Ergebnisse der ersten acht Kriterien sowie der Schlüsselergebnisse, ohne die Frage zum Qualitätsergebnis einzubeziehen. Dementsprechend ist der Divisor für die Ermittlung des Kriterienergebnisses Schlüsselergebnisse um eins zu reduzieren. Das so ermittelte Zwischenergebnis der Qualität stellt damit die Grundlage für die Beantwortung der Frage zum Qualitätsergebnis dar. Hieraus ergibt sich dann unter Anpassung des eben genannten Divisors um eins das Kriterienergebnis Schlüsselergebnisse. Unter Beachtung der Gewichtung dieses Kriterienergebnisses und der aufgeführten acht gewichteten Kriterienergebnisse resultiert das endgültige Qualitätsergebnis der Internen Revision, das ihren Wertbeitrag darstellt.

Summarisch ist festzuhalten, dass der in dieser Arbeit entwickelte EFQM-Modell-basierte Messansatz geeignet ist, in das ebenfalls in dieser Untersuchung erarbeitete Qualitätsmanagementkonzept einzugehen und zwar derart, dass damit die qualitätsorientierte Verhaltensentwicklung und das operative Qualitätsmanagement gesteuert werden können, d. h. von der Zielbildung über die Messung bis zur Handlung und Honorierung. Dieser Messansatz kann auch zur Bestimmung der Qualitätsstrategie dienen. Die genaue Anwendung des Ansatzes im Qualitätsmanagement wird, falls er sich im Vergleich zu den noch zu würdigenden Ansätzen als der zweckmäßigste erweist, in der Modellierung des Qualitätsmanagementkonzepts dargelegt. In diesem Zusammenhang wird dann auch aufgezeigt werden, wie der Ansatz auf einzelne Aufträge der Internen Revision wirkt.

Nach dem der EFQM-Modell-basierte Messansatz unter der Festlegung adäquater Qualitätsfaktoren vorgestellt worden ist, wird im nächsten Abschnitt eine mögliche Alternative beleuchtet.

c) Ansatz im Rahmen des IIR-Revisionsstandards Nr. 3 und seiner Ergänzung

(1) Allgemeines und Struktur

Im IIR-Revisionsstandard Nr. 3 werden in der Anlage 1 Faktoren präsentiert, mit denen die Qualität der Internen Revision durch ihren Leiter, aber auch durch andere Personen gemessen werden kann, ohne jedoch eine genaue Messskala vorzugeben.[652] Für eine Skalierung kann sich der Ergänzung des Standards, die beschreibt, wie Qualitätsüberwachungen durch unternehmensexterne Personen vorgenommen werden können,[653] bedient werden. In dieser Ergänzung werden ebenfalls Faktoren aufgeführt, mit denen die Qualität zu messen ist.[654] In diesem Zusammenhang wird in der Ergänzung darauf hingewiesen, dass diese Faktoren die Anforderungen an eine angemessene und wirksame Interne Revision widerspiegeln und für die Qualitätsmessung durch den Leiter der Internen Revision zu verwenden sind.[655] Da die Qualitätsfaktoren in der Ergänzung nicht vollständig, aber weitestgehend denen im Standard entsprechen, ist nicht eindeutig zu erkennen, welche Faktoren durch den Leiter der Internen Revision bei der Messung Anwendung finden sollen. In dieser Untersuchung wird davon ausgegangen, dass aufgrund der im Jahre 2007 erschienenen Ergänzung die Faktoren aus dem Standard, der im Jahre 2002 veröffentlicht worden ist, eine Überarbeitung erfahren haben und damit denen aus dem Standard vorzuziehen sind. Das DIIR sollte vor diesem Hintergrund eine aktualisierte Version des IIR-Revisionsstandards Nr. 3 publizieren, in der die Faktoren aus der Ergänzung Einzug halten. Somit erfolgt im Weiteren eine Betrachtung anhand der Faktoren aus der Ergänzung. Da der Standard, wie eben beschrieben, keine genaue Messskala bietet, die Ergänzung

---

[652] Vgl. IIR-Revisionsstandard Nr. 3, Anlage 1.

[653] Vgl. IIR 2007, insbesondere S. 16.

[654] Vgl. IIR 2007, S. 7–15.

[655] Vgl. IIR 2007, S. 5.

dieses aber leistet und einen Ansatz für die Qualitätsmessung durch unternehmensexterne Personen offeriert, kann der Ansatz der Ergänzung auch vom Leiter der Internen Revision angewendet werden. Er wird daher den weiteren Ausführungen zu Grunde gelegt und präsentiert.

Der Ansatz bietet als mögliche Messausprägungen, die in Punkten dargestellt werden, der Qualitätsfaktoren die folgenden Möglichkeiten:[656]

- 3 Punkte, d. h. angemessen bzw. erfüllt,
- 2 Punkte, d. h. leichte Verbesserungsmöglichkeiten,
- 1 Punkt, d. h. deutliche Verbesserungsmöglichkeiten,
- 0 Punkte, d. h. unzureichend, und
- nicht anwendbar.

Insgesamt umfasst der Ansatz 81 Qualitätsfaktoren, denen die eben genannten, entsprechenden Messgrößen zuzuordnen sind, die für Prüfungsleistungen und, soweit anwendbar, ebenfalls für Beratungsleistungen gelten.[657] Diese sind den Rubriken Grundlagen (22 Faktoren), Durchführung (42 Faktoren) und Mitarbeiter (17 Faktoren) in der Anzahl der in den Klammern angegeben Werten zugeordnet. Die Rubriken sind unterteilt in Betrachtungsfelder. So gehören zur Rubrik Grundlagen die Betrachtungsfelder Organisation, Eingliederung im Unternehmen und Tätigkeitsfelder (10 Faktoren), Budget (2 Faktoren) und Planung (10 Faktoren). Die Rubrik Durchführung gliedert sich in die Felder Vorbereitung (8 Faktoren), Prüfung (14 Faktoren), Berichterstattung (12 Faktoren, Prüfungsnacharbeit (4 Faktoren) und Follow-up (4 Faktoren). Zur dritten Rubrik Mitarbeiter zählen die Auswahl (4 Faktoren), die Entwicklung bzw. Fortbildung (5 Faktoren) und die Führung der Internen Revision (8 Faktoren). Auf eine vertiefte Erläuterung der einzelnen Faktoren wird an dieser Stelle verzichtet. Hierzu ist auf die Literatur, d. h. die Ergänzung, zu verweisen.

---

[656] Vgl. IIR 2007, S. 5.

[657] Vgl. hierzu und in der Folge IIR 2007, S. 7–15.

Nachdem die Faktoren im Rahmen der Messung mit den entsprechenden Punkten versehen worden sind, sind für jedes der elf Betrachtungsfelder die gemessenen Punkte zu summieren.[658] Daraus ergibt sich ein Messergebnis für das entsprechende Feld. Das Ermitteln eines Gesamtergebnisses wird nicht dargestellt. Es ist aber davon auszugehen, dass die Ergebnisse der elf Betrachtungsfelder zu addieren sind und daher eine maximale Punktzahl von 243 (81 Faktoren multipliziert mit 3 Punkten) erreicht werden kann.

Mit diesem Ansatz ist gleichzeitig eine Bewertung möglich. So wird festgelegt, dass bei einer Zielerreichung der maximal möglichen Punktzahl eines Betrachtungsfelds von größer als 90 % das Feld als angemessen bzw. erfüllt angesehen wird, von 75 %–90 % leichte Verbesserungsmöglichkeiten und von 50 %–75 % deutliche Verbesserungsmöglichkeiten bestehen und von kleiner als 50 % eine unzureichende Interne Revision vorliegt. Dieses Bewertungsschema kann dann auch auf die Gesamtbewertung übertragen werden.

Abschließend ist noch festzuhalten, dass eine Interne Revision mit Hilfe des geschilderten Ansatzes als unzureichend bewertet wird, wenn mindestens einer der folgenden Qualitätsfaktoren nicht erfüllt wird:[659]

- Existenz einer offiziellen schriftlichen Geschäftsordnung,
- Gewährleistung der Unabhängigkeit, der Neutralität und des uneingeschränkten Prüfungs- und Beratungsspielraums,
- Erstellung des Prüfungsplans auf Basis eines standardisierten und risikoorientierten Planungsprozesses,
- Vorhandensein einer ordnungsgemäßen, einheitlichen und sachgerechten Dokumentation der Prüfungshandlungen und -resultate in Bezug auf Art und Umfang sowie
- Existenz eines Follow-up-Prozesses.

---

[658] Vgl. hierzu und in der Folge IIR 2007, S. 5.

[659] Vgl. IIR 2007, S. 6.

Nach der Schilderung des DIIR-Messansatzes wird er einer Würdigung unterzogen, in die auch ein Vergleich mit dem EFQM-Modell-basierten Messansatz eingeht.

(2) Würdigung einschließlich des Vergleichs mit dem EFQM-Modell-basierten Messansatz

Der DIIR-Ansatz stellt, wie der EFQM-Modell-basierte Messansatz, eine Möglichkeit zur Qualitätsmessung in der Internen Revision dar. Aus dem globalen Vergleich der beiden Methoden resultiert, dass der DIIR-Ansatz gegenüber dem anderen Ansatz einige Faktoren detaillierter behandelt,[660] Ergänzungen enthält,[661] aber auch Inhalte von Faktoren bzw. bedeutende Faktoren, insbesondere im Rahmen der Ergebnisfaktoren die Mitarbeiterzufriedenheit, vermissen lässt sowie weitere Faktoren, wie die aus den IIA-Standards zu berücksichtigenden spezifischen Sachverhalte bei Beratungsaufträgen, nicht explizit aufführt. In diesem Zusammenhang wird lediglich im Qualitätsfaktor Nr. 80 abgebildet, dass die IIA-Standards beachtet und Abweichungen davon berichtet werden.[662] Da die im DIIR-Ansatz aufgeführten vertieften und ergänzten Qualitätssachverhalte jedoch nicht als essentiell für die Qualitätsmessung der Internen Revision angesehen werden, was sich ferner darin widerspiegelt, dass das IIA diese Aspekte nicht ausdrücklich in ihren neuen Standards berücksichtigt, werden diese in der vorliegenden Arbeit nicht weiter verfolgt. Damit wirken sich diese Sachverhalte auch nicht auf eine Anpassung der gegenwärtigen IIA-Standards aus.

---

[660]   Als Beispiel ist der Qualitätsfaktor Nr. 64 anzuführen, der aussagt, ob Kriterien festgelegt worden sind, wann und zu welchem spätesten Zeitpunkt Follow-up-Prüfungen durchzuführen sind. Vgl. IIR 2007, S. 13, Nr. 64.

[661]   Als Beispiel hierfür dient der Qualitätsfaktor Nr. 27, der beinhaltet, dass mit dem zu überwachenden Bereich ein Kick-off-Meeting abzuhalten ist. Vgl. IIR 2007, S. 9, Nr. 27.

[662]   Vgl. IIR 2007, S. 15, Nr. 80.

Ergänzend zu den bisherigen Ausführungen ist anzumerken, dass der DIIR-Ansatz die Beziehungen zwischen den Betrachtungsfeldern nicht darlegt, keine Gewichtung der einzelnen Qualitätsfaktoren bis auf die im vorherigen Kapitel genannten fünf Faktoren anstellt und nicht explizit auf die Ermittlung des Gesamtergebnisses eingeht. Dieses ermöglicht jedoch der EFQM-Modell-basierte Ansatz.

Unter Berücksichtigung dieser Mängel gestattet der DIIR-Ansatz die Bestimmung des qualitativen Ist-Zustands der Internen Revision und erlaubt gleichzeitig durch die Ausrichtung der Faktorenmessung an Punkten den Vergleich mit den Maximalwerten. Hieraus und aus der Verwendung anderer Soll-Werte werden Verbesserungspotenziale deutlich, die es zu realisieren gilt. Dieses stellt die Grundlage für einen kontinuierlichen Verbesserungsprozess dar. In diesem Zusammenhang kann ein Vergleich mit anderen Internen Revisionen angestellt werden. So dient dieser Ansatz als Grundlage für eine Messung und Bewertung bzw. Zertifizierung durch entsprechende revisionsexterne Assessoren.[663]

Das DIIR sieht das Qualitätsmanagement als „ein Programm zur Qualitätssicherung und -verbesserung, das alle Aspekte der Revisionsarbeit umfasst und zur kontinuierlichen Überwachung ihrer Wirksamkeit dient. Zweck des Qualitätsmanagements ist es, hinreichend sicherzustellen, dass die Arbeit der Internen Revision zur Wertsteigerung und Verbesserung der Geschäftsprozesse beiträgt."[664] Hieraus kann abgeleitet werden, dass das Gesamtergebnis den Wertbeitrag der Internen Revision in nichtmonetärer Form darstellt. Mit einer Steigerung des Qualitätsergebnisses bzw. eines nachhaltig hohen Qualitätsniveaus kann der Leiter der Internen Revision daher den Beitrag der Internen Revision verdeutlichen.

---

[663] Vgl. IIR 2007, S. 4 f. und 20.

[664] IIR-Revisionsstandard Nr. 3, Präambel.

Der DIIR-Ansatz ist auch dienlich für die Qualitätsberichterstattung. Es ist aber zu beachten, dass er aufgrund der in einigen Bereichen fehlenden direkten Bezüge zu den einzelnen IIA-Standards, die dadurch ausgeglichen werden, dass in dem Qualitätsfaktor Nr. 80 summarisch enthalten ist, dass die IIA-Standards beachtet und Abweichungen hiervon kommuniziert werden,[665] nur als eindeutiger Konformitätsnachweis mit diesen gelten kann, wenn genau auf die Einhaltung der IIA-Standards hingewiesen wird. Um einen direkten Bezug auf die einzelnen IIA-Standards nehmen zu können und um die weiteren genannten Schwächen bei den Qualitätsfaktoren auszugleichen, ist der DIIR-Ansatz um die Qualitätsfaktoren bzw. deren Inhalte zu erweitern, die im EFQM-Modell-basierten Messansatz enthalten sind und die noch nicht im DIIR-Ansatz (direkt) Eingang gehalten haben. Damit besteht die Möglichkeit, die Erfüllung der IIA-Standards klar und eindeutig zu erkennen. Insgesamt ist somit eine Messung der Potenzial-, Prozess- und Ergebnisfaktoren der Internen Revision möglich. Hiermit wird einem weit gefassten Qualitätsverständnis Rechnung getragen, ohne eine weitestgehende Priorisierung bestimmter Sachverhalte vorzunehmen.

Zusammenfassend ist zu konstatieren, dass der DIIR-Ansatz unter den genannten notwendigen Anpassungen eine adäquate Messmöglichkeit darstellt, die ihre Stärke in der operativen Sicht hat. Da die zusätzlich in diesem Verfahren gegenüber dem EFQM-Modell-basierten Ansatz berücksichtigten Qualitätsaspekte nicht als essentiell angesehen werden und der EFQM-Modell-basierte Ansatz die genannten Vorzüge aufweist, wird dieser als die geeignetere Methode identifiziert und den folgenden Ausführungen zu Grunde gelegt sowie mit einem weiteren Messansatz, der Balanced Scorecard, verglichen.

---

[665] Vgl. IIR 2007, S. 15, Nr. 80.

d)   Balanced Scorecard

(1)   Entwicklung, Bedeutung und weitere grundlegende Ausführungen

Die Balanced Scorecard ist Anfang der 1990er Jahre von Kaplan/Norton entwickelt worden, um einen Ansatz zur Messung und Steuerung von Organisationen zu schaffen,[666] wobei die ausführliche Darstellung des Ansatzes von
Kaplan/Norton erst im Jahre 1996 publiziert worden ist.[667] Seit diesen Veröffentlichungen wird sich intensiv mit der Balanced Scorecard in Theorie und
Praxis auseinandergesetzt, was sich vor allem in ihrer Umsetzung in zahlreichen Unternehmen widerspiegelt.[668]

Das Ziel dieses Ansatzes besteht in der Unterstützung des Managements bei
der Umsetzung der Vision und Strategie in genaue strategische Ziele und
Maßnahmen, wodurch ihre Mess- und Steuerbarkeit erreicht werden soll.[669]
Die Balanced Scorecard verfolgt eine einfach zu verstehende und übersichtli-
che Präsentation des jeweils erzielten Leistungsstands unter Aufführung sämtlicher relevanter strategischer Ziele, deren Messfaktoren und Zielvorgaben,
des Unternehmens.

Die Ausgangsbasis sämtlicher Überlegungen ist die Unternehmensvision und
-strategie.[670] Hieraus sind die konkreten strategischen Ziele des Unternehmens
abzuleiten und mit geeigneten Messfaktoren, die entsprechend dem Ansatz
ein ausgewogenes Verhältnis an finanziellen und nichtfinanziellen Größen
repräsentieren sollten, zu operationalisieren.[671] Mit Hilfe der Messfaktoren

---

[666]   Vgl. Kaplan/Norton 1992.

[667]   Vgl. Kaplan/Norton 1996a; zu einer deutschen Übersetzung Kaplan/Norton 1997.

[668]   Vgl. Horváth & Partners 2007, S. V; Zwingmann/Dieninghoff/Meyer 2003, S. 142.

[669]   Vgl. hierzu und in der Folge Zwingmann/Dieninghoff/Meyer 2003, S. 142.

[670]   Vgl. hierzu und in der Folge Horváth & Partners 2007, S. 2 f.

[671]   In diesem Zusammenhang ist darauf hinzuweisen, dass der Begriff Balanced auf die
Ausgewogenheit des Ansatzes und der Begriff Scorecard auf den eindeutigen Bezug

(Fortsetzung der Fußnote auf der nächsten Seite)

werden Zielvorgaben formuliert, entsprechende Maßnahmen festgelegt, die Ist-Werte ermittelt und den Zielvorgaben gegenübergestellt. Für die strategischen Ziele bzw. Messfaktoren gilt, dass sie über Ursache-Wirkungs-Beziehungen miteinander zu verknüpfen sind, um deren Abhängigkeiten und ein transparentes Bild zu erzeugen, und zusammen mit den strategischen Zielvorgaben und Maßnahmen konkreten Betrachtungsfeldern, den sog. Perspektiven, zugeteilt werden. Zur Gewährleistung einer Übersichtlichkeit und Handhabbarkeit sollte eine überschaubare Anzahl von strategischen Zielen bzw. Messfaktoren, d. h. etwa 15–20, Eingang in die verschiedenen Dimensionen der Balanced Scorecard finden. Kaplan/Norton schlagen in ihrer Darstellung vier Perspektiven und zwar die finanzielle Perspektive, die Kundenperspektive, die interne Geschäftsprozessperspektive und die Lern- und Wachstumsperspektive vor und verdeutlichen deren Abhängigkeiten, wobei die Finanzdimension in der Hierarchie an oberster Stelle steht.[672]

Aufgrund der individuellen Visionen, strategischen Ziele und Messfaktoren von Unternehmen sind die Perspektiven und damit die Balanced Scorecard unternehmensspezifisch zu gestalten, d. h. die Perspektiven sind nicht festgelegt. Diese Offenheit ermöglicht eine Anwendung sowohl auf Unternehmensebene als auch auf der Ebene von Organisationseinheiten bzw. Abteilungen. Hierzu ist anzumerken, dass die Balanced Scorecard seit den Veröffentlichungen von Kaplan/Norton auf verschiedene Branchen, Unternehmen und Organisationseinheiten bezogen worden ist und damit unterschiedliche Ausprägungen erfahren hat.[673]

---

zur Messung des Erfolgs zurückzuführen ist. Vgl. Horváth & Partners 2007, S. 2; Kaplan/Norton 1996a, S. VII–XI; Kaplan/Norton 1997, S. VII–XI.

[672] Vgl. Kaplan/Norton 1996a; Kaplan/Norton 1997.

[673] Als Beispiel wird an dieser Stelle auf eine Balanced Scorecard für Wirtschaftsprüfungsgesellschaften verwiesen. Vgl. Wiemers 2001, S. 657–713. Auf ihre Anwendung in der Internen Revision wird später eingegangen.

Im Hinblick auf die Bedeutung der Balanced Scorecard ist festzuhalten, dass sich zahlreiche Unternehmen mit ihr auseinandersetzen bzw. mit ihr arbeiten und dass die das Modell anwendenden Organisationen nachweislich eine bessere Leistungsentwicklung als ihre Wettbewerber aufweisen und diesem Ansatz positive Auswirkungen auf wesentliche Kennzahlen, die den Wert des Unternehmens steigern, zumessen.[674] Hiermit kann verbunden werden, dass die Balanced Scorecard unter Ausrichtung auf die Steigerung des Unternehmenswerts eine geeignete Methode zur Erreichung dieses Ziels darstellt.

Die Präsentation des generellen Aufbaus einer Balanced Scorecard erfolgt im nächsten Abschnitt. Diese Darstellung dient als Grundlage für die Entwicklung einer Balanced Scorecard der Internen Revision.

(2) Allgemeiner Aufbau

Der allgemeine Aufbau der Balanced Scorecard wird in Abbildung 7 dargestellt. Hier wird deutlich, dass die Vision und Strategie auf die festgelegten Perspektiven, in der Abbildung durch die Finanz-, die Kunden-, die interne Geschäftsprozess- und die Lern- und Wachstumsdimension repräsentiert, einwirken. Für die einzelnen Perspektiven sind strategische Ziele, geeignete Messfaktoren bzw. Kennzahlen, Zielvorgaben und Maßnahmen zu bestimmen sowie die Abhängigkeiten der strategischen Ziele und Kennzahlen zu verdeutlichen.[675]

Die Ursache-Wirkungs-Beziehungen für strategische Ziele werden beispielhaft, bezogen auf ein Industrieunternehmen, in Abbildung 8 dargelegt. So wird entsprechend der Zielsetzung in dieser Arbeit die Unternehmenswertsteigerung als oberstes Ziel angesehen. Abzuleiten hiervon sind relevante strategische Ziele für die einzelnen Perspektiven. Die Wirkungsweise zwischen

---

[674] Vgl. Horváth & Partners 2007, S. 23–27.

[675] Vgl. im Detail Kaplan/Norton 1996a; Kaplan/Norton 1997.

den verschiedenen Zielen ist durch Richtungspfeile in der Abbildung 8 kenntlich gemacht. Zur Verdeutlichung der Abhängigkeiten wird anhand des gestrichelten Pfads eine Ursache-Wirkungs-Kette erläutert. Eine Verringerung der Mitarbeiterfluktuation bedingt eine Erhöhung der Mitarbeiterzufriedenheit, die wiederum zu einer Qualitätsverbesserung führt. Daraus resultiert eine Erhöhung der Marktanteile, die eine Umsatzsteigerung zur Folge hat. Hieraus wird eine Steigerung des Betriebsergebnisses generiert, die zu einer Zunahme des Free Cash Flow und damit zur Steigerung des Unternehmenswerts führt. Hierin spiegelt sich auch die Hierarchie der einzelnen Perspektiven wider.

Anzumerken ist, dass der Erfolg der im Rahmen der Balanced Scorecard festgehaltenen Maßnahmen in periodischen Abständen zu überwachen und über das Ergebnis an die entsprechenden Stellen zu berichten ist.

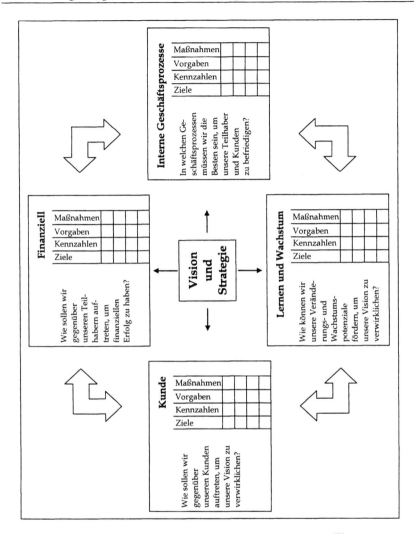

Abbildung 7:   Allgemeiner Aufbau der Balanced Scorecard[676]

---

[676] Modifiziert entnommen aus Kaplan/Norton 1996a, S. 9; Kaplan/Norton 1996b, S. 76; Kaplan/Norton 1997, S. 9.

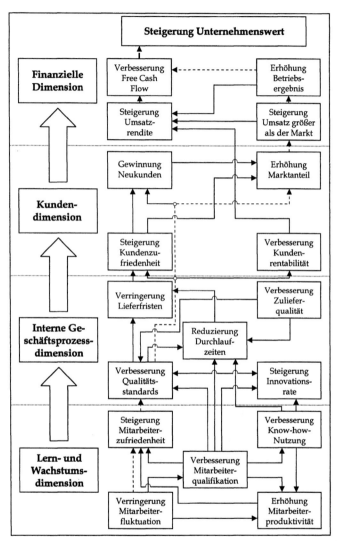

Abbildung 8:   **Beispielhafte strategische Ziele und deren Ursache-Wir-kungs-Beziehung**[677]

---

[677]   Modifiziert entnommen aus Erichsen 2000, S. 478.

(3)   Struktur in der Internen Revision unter Bestimmung adäquater strategischer Qualitätsfaktoren

Abgeleitet aus der allgemeinen Betrachtung ist eine Balanced Scorecard für die Interne Revision zu entwickeln. Dieser Ausgestaltung haben sich bereits einige Personen aus theoretischer Sicht angenommen und verschiedene Ausprägungsformen erarbeitet.[678] Auch in der Praxis der Internen Revision findet die Balanced Scorecard Anwendung.[679]

Da die Qualität als Schlüsselergebnis für die Interne Revision zur Verdeutlichung ihres Wertbeitrags identifiziert worden ist,[680] wird auf dieser Grundlage eine qualitätsorientierte Balanced Scorecard erstellt.

Ausgangspunkt einer derartigen Balanced Scorecard ist somit die Vision und Strategie der Internen Revision. Wie im Qualitätsmanagementkonzept dargelegt, verkörpert die Vision das Erreichen einer höchstmöglichen Qualität, was durch eine zielgerichtete Strategie sicherzustellen ist.[681] Zur Strategiebestimmung ist auf den EFQM-Modell-basierten Messansatz zurückzugreifen, da er als geeignete Methode zur Qualitätsmessung der Internen Revision angesehen wird.[682] Abgeleitet hiervon hat die Strategie wie folgt zu lauten: Erreichung der Maximalpunktzahl des Gesamtergebnisses des EFQM-Modell-basierten Messansatzes, d. h. 1.000 Punkte.

Auf Basis dieser Strategie und der allgemeinen wissenschaftlichen Erkenntnis, dass vor diesem Hintergrund wesentliche Qualitätsfaktoren des EFQM-

---

[678]   Vgl. Frigo 2002; Seminogovas/Rupšys 2006; Ziegenfuss 2000; Zwingmann/Dieninghoff/Meyer 2003.

[679]   Vgl. zu einem Beispiel Frigo 2002, S. 61–79.

[680]   Vgl. Abschnitt III.B.4.b)(4) des zweiten Hauptteils.

[681]   Vgl. Abschnitt III.B.1.b)(4) des zweiten Hauptteils.

[682]   Vgl. hierzu und in der Folge Abschnitt III.B.4.b)(3) und (4) des zweiten Hauptteils.

Modells mit den entsprechenden Zielvorgaben in einer Balanced Scorecard zu verankern sind,[683] dient der EFQM-Modell-basierte Messansatz zur Identifizierung entsprechender Perspektiven und zur Determinierung der für die Perspektiven zu bestimmenden konkreten strategischen Ziele, Messfaktoren, Zielvorgaben und Maßnahmen.

Um geeignete Perspektiven zu erarbeiten, sind die neun Kriterien des EFQM-Modell-basierten Messansatzes im Hinblick auf eine mögliche Aggregation zu analysieren. Als erste Perspektive bietet sich die Schlüsselergebnisdimension an, in der das Kriterium Schlüsselergebnisse Berücksichtigung findet und die sich im Kern damit auseinandersetzt, wie die Interne Revision gegenüber der vorgesetzten Stelle und der Unternehmensleitung aufzutreten hat, um ihren Erfolg zu verdeutlichen. Eine zweite Perspektive stellt eine Kundendimension dar, die das Kriterium kundenbezogene Ergebnisse widerspiegelt. Dabei geht es im Wesentlichen darum, wie die Interne Revision von den überwachten Bereichen und der vorgesetzten Stelle und Unternehmensleitung gesehen wird. Als dritte Perspektive lässt sich eine Prozessdimension identifizieren, die das Kriterium Prozesse abbildet. Hier steht der Aspekt im Vordergrund, wie die Prüfungs- und Beratungsleistungen bzw. -prozesse vor dem Hintergrund der Zielerfüllung der kundenbezogenen Dimension und Schlüsselergebnisdimension auszusehen haben. Eine letzte und damit vierte Perspektive ist die Lern- und Wachstumsdimension, die die weiteren Kriterien und zwar Führung, Politik und Strategie, Mitarbeiter, Partnerschaften und Ressourcen, mitarbeiter- und gesellschaftsbezogene Ergebnisse umfasst. Hierbei handelt es sich im Kern um den Sachverhalt, wie die Interne Revision ihre Lern- und Wachstumspotenziale nutzen und fördern kann, um ihre Vision zu verwirklichen. Aus diesen Erläuterungen resultiert die in der folgenden Abbildung dargestellte Struktur einer Balanced Scorecard für die Interne Revision.

---

[683] Vgl. im Rahmen eines Beispiels Horváth & Partners 2007, S. 364–366.

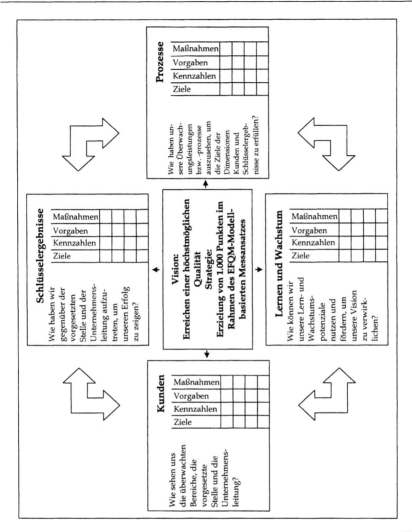

Abbildung 9: **Aufbau einer Balanced Scorecard für die Interne Revision[684]**

---

[684] Modifiziert entnommen aus Kaplan/Norton 1996a, S. 9, Kaplan/Norton 1996b, S. 76; Kaplan/Norton 1997, S. 9.

Nach dem die vier Perspektiven bestimmt worden sind, sind daran anknüpfend konkrete strategische Ziele für die einzelnen Perspektiven festzulegen. Hierfür wird sich der Qualitätsfaktoren des EFQM-Modell-basierten Messansatzes, die dort in Fragen dargestellt sind, bedient.

Beginnend mit der Schlüsselergebnisdimension werden für diese Perspektive zwei strategische Ziele ermittelt und zwar erstens positiver Trend oder nachhaltig hohes Niveau des Qualitätsergebnisses der Internen Revision und zweitens Diskussion des Leiters der Internen Revision mit der Unternehmensleitung über jedes aus seiner Sicht nicht tragbare Risiko für das Unternehmen, das von der Unternehmensleitung akzeptiert worden ist, wobei zu berücksichtigen ist, dass bei keiner Einigung eine Rücksprache mit der vorgesetzten Stelle erfolgt.

Für die Kundendimension kommen vier strategische Ziele in Betracht. Das erste Ziel liegt in der Gewährleistung der Zufriedenheitserhebung der überwachten Bereiche sowie der Sicherstellung der Ergebnisauswertung durch den Leiter der Internen Revision, ihrer Diskussion und ggf. der Umsetzung daraus resultierender Verbesserungen. Dem schließt sich das zweite Ziel, die Gewährleistung der jährlichen Zufriedenheitserhebung der vorgesetzten Stelle und Unternehmensleitung sowie der Sicherstellung der Ergebnisauswertung durch den Leiter der Internen Revision, ihrer Diskussion und ggf. der Umsetzung daraus resultierender Verbesserungen, an. Das dritte Ziel wird durch den positiven Trend oder ein nachhaltig hohes Niveau der Kundenzufriedenheitsergebnisse repräsentiert. Als letztes Ziel wird der Vergleich der Kundenzufriedenheitsergebnisse mit den Resultaten anderer Interner Revisionen und/oder gleichwertiger Einheiten unter der Berücksichtigung, ob die Ergebnisse auf einem identischen Niveau oder besser als die der anderen Einheiten sind, identifiziert.

Dem Kriterium Prozesse sind im EFQM-Modell-basierten Messansatz einige Qualitätsfaktoren zugeordnet, so dass hieraus für die Balanced Scorecard summarisch ein strategisches Ziel und zwar die Erreichung der maximalen Punktzahl für das Kriterium Prozesse des EFQM-Modell-basierten Messansatzes, d. h. 140 Punkte (Gewichtungsfaktor 1,4 multipliziert mit der ungewichteten maximalen Punktzahl von 100), bestimmt wird.

Abschließend sind der Lern- und Wachstumsdimension strategische Ziele zuzuordnen. Da hier die Kriterien Führung, Politik und Strategie, Mitarbeiter, Partnerschaften und Ressourcen, mitarbeiterbezogene Ergebnisse und gesellschaftsbezogene Ergebnisse einfließen, werden die strategischen Ziele in dieser Dimension, wie bei der Prozessdimension, summarisch für die fünf Kriterien aufgestellt, so dass jeweils die Ziele die Erreichung der Kriterienmaximalpunktzahl Führung (100 Punkte), Politik und Strategie (80 Punkte), Mitarbeiter (90 Punkte), Partnerschaften und Ressourcen (90 Punkte), mitarbeiterbezogene Ergebnisse (90 Punkte) und gesellschaftsbezogene Ergebnisse (60 Punkte) sind.

Für die Berücksichtigung der Anzahl der strategischen Ziele ist summarisch festzuhalten, dass sie annähernd den Gewichtungsfaktoren der neun Kriterien des EFQM-Modell-basierten Messansatzes entsprechen. Analysiert man die Beziehungen der strategischen Ziele untereinander, so ist festzustellen, dass vielfältige Ursache-Wirkungs-Verknüpfungen existieren, die alle auf die Schlüsselergebnisse einwirken. In der folgenden Abbildung sind die Verhältnisse anhand der Perspektiven dargestellt.

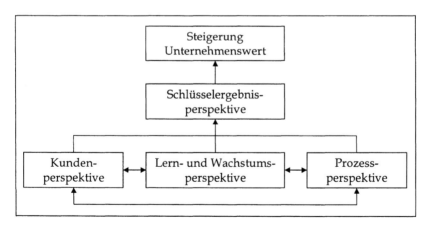

Abbildung 10: **Abhängigkeiten der Balanced-Scorecard-Perspektiven in der Internen Revision**

Die Kunden-, die Lern- und Wachstums- sowie die Prozessperspektive werden nicht hierarchisiert, da alle drei Perspektiven direkt, in Teilen indirekt auf die Schlüsselergebnisse einwirken. Insgesamt folgt daraus, dass die drei Perspektiven Beziehungen untereinander aufweisen, jedoch alle ausgerichtet sind auf die Schlüsselergebnisperspektive, die sich an der Steigerung des Unternehmenswerts orientiert.

Die im Rahmen der vier Perspektiven genannten strategischen Ziele werden zusammenfassend in der folgenden Tabelle präsentiert und gleichzeitig mit geeigneten Messfaktoren versehen. Des Weiteren werden in der Tabelle Zielvorgaben und ausgewählte Maßnahmen dargestellt, wobei diese nur als Beispiel dienen können, da je nach Interner Revision und ihrem Qualitätsentwicklungsstand die Zielvorgaben in Bezug auf den jeweiligen zeitlichen Horizont und die entwickelnden Maßnahmen differieren können.

Schlüsselergebnisperspektive	
1. Strategisches Ziel	Positiver Trend oder nachhaltig hohes Niveau des Qualitätsergebnisses
1. Messfaktor	Frage 1. in Tabelle 22
1. Zielvorgabe	Erreichung der Markierung A zur Frage 1. in Tabelle 22 in fünf Jahren
1. Ausgewählte Maßnahme	Verbesserung der organisatorischen Abläufe
2. Strategisches Ziel	Diskussion des Leiters der Internen Revision mit der Unternehmensleitung über jedes aus seiner Sicht nicht tragbare Risiko für das Unternehmen, das von der Unternehmensleitung akzeptiert worden ist, wobei zu berücksichtigen ist, dass bei keiner Einigung eine Rücksprache mit der vorgesetzten Stelle erfolgt
2. Messfaktor	Frage 2. und 3. in Tabelle 22
2. Zielvorgabe	Erreichung der Markierung A zur Frage 2. und 3. in Tabelle 22 jährlich
2. Ausgewählte Maßnahme	Laufende Kommunikation zwischen der Internen Revision, Unternehmensleitung und vorgesetzten Stelle

Kundenperspektive	
1. Strategisches Ziel	Gewährleistung der Zufriedenheitserhebung der überwachten Bereiche sowie der Sicherstellung der Ergebnisauswertung durch den Leiter der Internen Revision, ihrer Diskussion und ggf. der Umsetzung daraus resultierender Verbesserungen
1. Messfaktor	Frage 1. in Tabelle 16
1. Zielvorgabe	Erreichung der Markierung A zu Frage 1. in Tabelle 16 in fünf Jahren
1. Ausgewählte Maßnahme	Einführung und Aufrechterhaltung eines Erhebungs-, Auswertungs- und Umsetzungssystems in Bezug auf die Zufriedenheit der überwachten Bereiche
2. Strategisches Ziel	Gewährleistung der jährlichen Zufriedenheitserhebung der vorgesetzten Stelle und Unternehmensleitung sowie der Sicherstellung der Ergebnisauswertung durch den Leiter der Internen Revision, ihrer Diskussion und ggf. der Umsetzung daraus resultierender Verbesserungen
2. Messfaktor	Frage 2. in Tabelle 16
2. Zielvorgabe	Erreichung der Markierung A zu Frage 2. in Tabelle 16 jährlich
2. Ausgewählte Maßnahme	Implementierung und Aufrechterhaltung eines Erhebungs-, Auswertungs- und Umsetzungssystems in Bezug auf die Zufriedenheit der vorgesetzten Stelle und der Unternehmensleitung
3. Strategisches Ziel	Positiver Trend oder nachhaltig hohes Niveau der Kundenzufriedenheitsergebnisse
3. Messfaktor	Frage 3. in Tabelle 16
3. Zielvorgabe	Erreichung der Markierung A zu Frage 3. in Tabelle 16 in fünf Jahren
3. Ausgewählte Maßnahme	Kontinuierlicher Informationsaustausch mit den Kunden
4. Strategisches Ziel	Vergleich der Kundenzufriedenheitsergebnisse mit den Resultaten anderer Interner Revisionen und/oder

	gleichwertiger Einheiten unter der Berücksichtigung, dass die Ergebnisse auf einem identischen Niveau oder besser als die der anderen Einheiten sind
4. Messfaktor	Frage 4. in Tabelle 16
4. Zielvorgabe	Erreichung der Markierung A zu Frage 4. in Tabelle 16 in fünf Jahren
4. Ausgewählte Maßnahme	Benchmarking in Bezug auf Kundenzufriedenheitsergebnisse
Prozessperspektive	
1. Strategisches Ziel	Erreichung der maximalen Punktzahl für das Kriterium Prozesse
1. Messfaktor	Gewichtetes Gesamtergebnis für das Kriterium Prozesse in Tabelle 23
1. Zielvorgabe	140 Punkte in fünf Jahren
1. Ausgewählte Maßnahme	Beurteilung der von der Unternehmensleitung und seinen Mitgliedern implementierten Systeme, des Risikomanagement- und Überwachungssystems und der damit verbundenen Prozesse sowie angemessene Maßnahmenvorschläge zu deren Verbesserung
Lern- und Wachstumsperspektive	
1. Strategisches Ziel	Erreichung der maximalen Punktzahl für das Kriterium Führung
1. Messfaktor	Gewichtetes Gesamtergebnis für das Kriterium Führung in Tabelle 23
1. Zielvorgabe	100 Punkte in fünf Jahren
1. Ausgewählte Maßnahme	Einführung und Pflege eines Qualitätsmanagementsystems
2. Strategisches Ziel	Erreichung der maximalen Punktzahl für das Kriterium Politik und Strategie
2. Messfaktor	Gewichtetes Gesamtergebnis für das Kriterium Politik und Strategie in Tabelle 23
2. Zielvorgabe	80 Punkte in fünf Jahren
2. Ausgewählte Maßnahme	Erstellung und Pflege einer Geschäftsordnung/Charter

3. Strategisches Ziel	Erreichung der maximalen Punktzahl für das Kriterium Mitarbeiter
3. Messfaktor	Gewichtetes Gesamtergebnis für das Kriterium Mitarbeiter in Tabelle 23
3. Zielvorgabe	90 Punkte in fünf Jahren
3. Ausgewählte Maßnahme	Kontinuierliche Mitarbeiterweiterbildung
4. Strategisches Ziel	Erreichung der maximalen Punktzahl für das Kriterium Partnerschaften und Ressourcen
4. Messfaktor	Gewichtetes Gesamtergebnis für das Kriterium Partnerschaften und Ressourcen in Tabelle 23
4. Zielvorgabe	90 Punkte in fünf Jahren
4. Ausgewählte Maßnahme	Angemessene und ausreichende Ressourcenausstattung
5. Strategisches Ziel	Erreichung der maximalen Punktzahl für das Kriterium mitarbeiterbezogene Ergebnisse
5. Messfaktor	Gewichtetes Gesamtergebnis für das Kriterium mitarbeiterbezogene Ergebnisse in Tabelle 23
5. Zielvorgabe	90 Punkte in fünf Jahren
5. Ausgewählte Maßnahme	Auswahl qualifizierter Mitarbeiter
6. Strategisches Ziel	Erreichung der maximalen Punktzahl für das Kriterium gesellschaftsbezogene Ergebnisse
6. Messfaktor	Gewichtetes Gesamtergebnis für das Kriterium gesellschaftsbezogene Ergebnisse in Tabelle 23
6. Zielvorgabe	60 Punkte in fünf Jahren
6. Ausgewählte Maßnahme	Mitarbeit in relevanten Gremien

Tabelle 24: **Perspektiven der Balanced Scorecard für die Interne Revision mit ihren strategischen Zielen, Messfaktoren, Zielvorgaben und ausgewählten Maßnahmen**

Mit den Inhalten der Tabelle 24 ist eine Balanced Scorecard für die Interne Revision finalisiert worden, die in der nachfolgenden Würdigung in Bezug zum EFQM-Modell-basierten Messansatz gesetzt wird.

(4)   Würdigung einschließlich des Vergleichs mit dem EFQM-Modell-basierten Messansatz

Bei der erarbeiteten Balanced Scorecard handelt es sich um einen breit angelegten, strukturierten und praktikablen Ansatz, der die Potenzial-, Prozess- und Ergebnisfaktoren der Internen Revision in fokussierter Form abbildet und dem der Arbeit zu Grunde gelegten, weit gefassten, Qualitätsverständnis gerecht wird.

Wie im vorherigen Abschnitt gezeigt wurde, wird sich zur Qualitätsmessung im Rahmen der Balanced Scorecard entsprechender Faktoren bedient, mit denen der qualitative Ist-Zustand der Internen Revision ermittelt wird. Dabei ist zu beachten, dass im Gegensatz zum EFQM-Modell-basierten Messansatz eine Konzentration vorgenommen wird. In diesem Zusammenhang ist deutlich geworden, dass zum Aufbau einer Balanced Scorecard geeignete Messfaktoren zu bestimmen sind, die sie jedoch nicht selber liefert, sondern in sie einzubetten sind. Hierzu sind die Faktoren des EFQM-Modell-basierten Messansatzes als geeignet identifiziert worden, die in ausgewählter Form in die Balanced Scorecard integriert worden sind. Damit konzentriert sich die Balanced Scorecard auf strategische Messfaktoren.

Die Festlegung der Messfaktoren resultiert daraus, dass die Balanced Scorecard nicht nur einen Messansatz, sondern ein strategieorientiertes Steuerungsmodell darstellt.[685] So werden im Vorwege der Messfaktorenfestlegung aus der Strategie strategische Ziele ermittelt, diesen strategische Messfaktoren zugeteilt, entsprechende Vorgaben bestimmt und Maßnahmen entwickelt.

---

[685]   Vgl. allgemein Horváth & Partners 2007, S. 361.

Aus der Verwendung der Soll- bzw. Vorgabenwerte und der Gegenüberstellung mit den Ist-Werten werden strategische Verbesserungsmöglichkeiten deutlich, die es zu realisieren gilt. Damit wird die Grundlage für einen strategischen kontinuierlichen Verbesserungsprozess, der mehrdimensional wirkt, gelegt.

Die Balanced Scorecard eignet sich ferner als Grundlage für die Qualitätsberichterstattung und ist offen für unternehmens-, branchen- und länderspezifische Aspekte. So können strategische Ziele, Messfaktoren, Zielvorgaben und Maßnahmen individuell festgelegt werden, wobei zu berücksichtigen ist, dass die in dieser Arbeit dargelegten strategischen Ziele, Messfaktoren und Zielvorgaben, ohne den Zeithorizont in allgemeiner Form zu bestimmen, der aber auf den Zeitpunkt der Zertifizierung durch die IIA-zertifizierten Qualitätsassessoren auszurichten ist, von allen Internen Revisionen Anwendung finden müssen. Dieses ist vor dem Hintergrund zu sehen, dass mit dem hier erarbeiteten Ansatz die Übereinstimmung mit der Definition der Internen Revision, dem Ethikkodex und den in der angepassten Version vorliegenden IIA-Standards festgestellt wird.

Ein weiterer bedeutender Vorteil besteht darin, dass für die Balanced Scorecard empirisch gezeigt worden ist, dass mit ihrem Einsatz positive Auswirkungen auf die Steigerung des Unternehmenswerts verbunden sind.[686] In Bezug auf die Interne Revision bedeutet dies, dass der Einsatz der Balanced Scorecard im Qualitätsmanagement in der Internen Revision sinnvoll erscheint.

Neben den aufgezeigten Stärken existieren aber auch Schwächen des Ansatzes, wobei ein Nachteil bereits deutlich geworden ist und zwar, dass im Rahmen der Balanced Scorecard strategische Ziele, Messfaktoren, Zielvorgaben und Maßnahmen zu bestimmen sind. Hierfür stellt der EFQM-Modell-basierte Messansatz jedoch eine geeignete Grundlage dar.

---

[686] Vgl. Horváth & Partners 2007, S. 23–27.

Ein zusätzlicher Nachteil besteht in der fehlenden umfassenden Qualitätsbetrachtung, dem der Vorteil einer Schwerpunktsetzung bestimmter Sachverhalte aber direkt gegenübersteht.

Als alleinige Basis für eine Messung und Bewertung durch revisionsexterne Personen bzw. Zertifizierung der Internen Revision reicht die Balanced Scorecard nicht aus. Hierfür bedarf es weiterer Methoden, wie z. B. des EFQM-Modell-basierten Messansatzes.

Die Balanced Scorecard ist somit ein Ansatz, der seine Stärken auf der strategischen Ebene hat und eine Verbindung zur operativen Sichtweise ermöglicht.

Summarisch ist festzuhalten, dass die Balanced Scorecard in der in dieser Arbeit entwickelten qualitätsorientierten Form geeignet ist in das erarbeitete Qualitätsmanagementkonzept einzugehen und zwar derart, dass sie auf der strategischen Ebene unter der Festlegung von strategischen Zielen, Messfaktoren, Zielvorgaben und Maßnahmen wirkt und mit der operativen Sichtweise verknüpft ist.

Stellt man einen globalen Vergleich der erarbeiteten Balanced Scorecard mit dem EFQM-Modell-basierten Messansatz an, so ist festzustellen, dass beide ihre Stärken und Schwächen aufweisen und sich sinnvoller Weise die Balanced Scorecard des EFQM-Modell-basierten Messansatzes bedient.[687] Um ihre jeweiligen Stärken zur Geltung zu bringen, aber vor allem um die Schwächen auszugleichen, sind die beiden Modelle zu verbinden.[688] So wird z. B. die fehlende Fokussierung des EFQM-Modell-basierten Messansatzes durch die Balanced Scorecard aufgehoben. Wie eine Verknüpfung in Teilen aussehen kann, ist bereits in dem Aufbau einer qualitätsorientierten Balanced Scorecard für die

---

[687] Vgl. zu den Gemeinsamkeiten und Unterschieden von Balanced Scorecard und EFQM-Modell aus allgemeiner Sicht Horváth & Partners 2007, S. 360–363.

[688] Vgl. zur Integration der beiden Ansätze aus allgemeiner Sicht Horváth & Partners 2007, S. 363–366.

Interne Revision gezeigt worden und spiegelt sich des Weiteren darin wider, dass die Balanced Scorecard auf der strategischen, der EFQM-Modell-basierte Messansatz im Wesentlichen auf der operativen Ebene des Qualitätsmanagements eingesetzt werden sollte.

Auf Basis der Erkenntnis, dass die Balanced Scorecard und der EFQM-Modell-basierte Messansatz zusammen eine adäquate Kombination für die strategische und operative Steuerung des Qualitätsmanagements in der Internen Revision darstellen, wird unter ihrer Verwendung das in dieser Arbeit entwickelte Qualitätsmanagementkonzept modelliert. Im nächsten Abschnitt wird somit vertiefend erläutert, wie die beiden Ansätze aufeinander abgestimmt ihre volle Wirkung entfalten können.

5. Modellierung des Qualitätsmanagementkonzepts unter Verwendung des EFQM-Modell-basierten Messansatzes und der Balanced Scorecard

a) Grundlegendes

Das in dieser Arbeit entwickelte Qualitätsmanagementkonzept[689] wird unter Rückgriff auf den EFQM-Modell-basierten Messansatz und die Balanced Scorecard in ein anwendungsgerechtes Modell überführt. Hierzu werden die einzelnen Elemente des Qualitätsmanagementkonzepts in eine modellhafte Form übertragen und präsentiert.

---

[689] Vgl. Abschnitt III.B.1.a)–d) des zweiten Hauptteils.

b) Normativ-strategische Bestandteile

(1) Qualitätspolitik

Die Qualitätspolitik stellt den Ausgangspunkt des Qualitätsmanagements dar und ist entsprechend festzulegen.[690] Mit ihr werden Ziele für das gesamte Qualitätsgeschehen, die Grundausrichtung in Bezug auf Qualität und der Aktionsrahmen für die strategische und operative Qualitätsumsetzung determiniert. Sie ist wie folgt auszurichten:

- Streben nach höchstmöglicher Qualität, verstanden als die Übereinstimmung der Potenzial- und Prozessfaktoreneigenschaften mit deren festgelegten Idealzuständen (herstellorientierte Sicht) sowie die Erfüllung der Anspruchsgruppen- bzw. Kundenziele (ergebnisorientierte Sicht), die sich in der Bedürfnisbefriedigung der unmittelbaren Gruppen, d. h. der vorgesetzten Stelle, Unternehmensleitung, überwachten Bereiche und Mitarbeiter, abbilden lassen,
- Stellen der Qualität in den Mittelpunkt der Tätigkeit,
- Verdeutlichen der Leistung mittels Qualitätsnachweis,
- Ansehen der Mitarbeiter als das wichtigste Potenzial mit einer adäquaten Entlohnung und Entwicklungsförderung und
- Verbessern des Ansehens der Internen Revision, des Unternehmens und des Berufsstands.

Die Qualitätspolitik ist in einem Leitbild festzuhalten.

(2) Qualitätsverfassung

Die Bestimmung der Qualitätspolitik geht mit der Qualitätsverfassung einher.[691] Sie dient als ihre Stütze. In ihr finden auf der einen Seite unternehmens-

---

[690] Vgl. hierzu und in der Folge Abschnitt III.B.1.b)(1) des zweiten Hauptteils.

[691] Vgl. hierzu und in der Folge Abschnitt III.B.1.b)(2) des zweiten Hauptteils.

externe Normen, zu denen mindestens die Definition der Internen Revision, der Ethikkodex und die IIA-Standards zählen, und unternehmensinterne Regelungen Berücksichtigung. Auf der anderen Seite lässt die Qualitätsverfassung Freiräume für die Gestaltung des Qualitätsmanagements. Vor diesem Hintergrund hat sie folgende Eigenschaften zu erfüllen:

- Verdeutlichen der Relevanz des Qualitätsmanagements als Nachweis in Bezug auf die Wertsteigerung,
- Umfassen unternehmensexterner und -interner Normen, mindestens der Definition der Internen Revision, des Ethikkodex und der IIA-Standards,
- Fordern, dass die im Qualitätsmanagement verwendeten Komponenten individuelle Spielräume besitzen,
- Zuweisen der Gesamtverantwortung für das Qualitätsmanagement an den Leiter der Internen Revision unter Beachtung, dass dieser die Mitarbeiter in die qualitätsbezogenen Aufgaben einbindet und damit für jeden Internen Revisor Qualität zur Aufgabe wird und sich jeder für die eigene Qualität verantwortlich zeichnet und
- Verlangen einer aktiven Mitwirkung der Internen Revisoren in relevanten Gremien, wie z. B. in Arbeitskreisen von Fachverbänden.

(3)   Qualitätskultur

Die Qualitätspolitik und -verfassung werden auf der normativen Ebene durch die Qualitätskultur ergänzt.[692] Die „Qualitätskultur in der Internen Revision umfasst das bestehende gemeinsame Normen- und Wertegerüst der Internen Revisoren, auf deren Grundlage Qualitätsfragen in der Internen Revision gehandhabt werden. Die Qualitätskultur steuert dabei die Bereitschaft der Internen Revisoren, Qualitätsaspekte bewusst wahrzunehmen, indem sie deren Sensibilität gegenüber Qualitätsfaktoren beeinflusst. Die Qualitätskultur prägt darüber hinaus die Art und Weise, wie Qualitätsfragen innerhalb der Internen Revision sowie zwischen Interner Revision und Internen Revisionskunden

---

[692]   Vgl. hierzu und in der Folge Abschnitt III.B.1.b)(3) des zweiten Hauptteils.

kommuniziert werden."[693] Sie hat daher folgende Charakteristika aufzuweisen:

- Auftreten des Leiters der Internen Revision als Vorbild, d. h. Vorleben und Vermitteln der entsprechenden Normen und Werte im täglichen Ablauf, das auf dem Vorgeben von Zielen und deren Durchsetzung beruht,

- Existieren eines Qualitätsbewusstseins in der Internen Revision und damit bei allen Internen Revisoren, das, wie in der Qualitätspolitik beschrieben, eine herstell- und eine ergebnisorientierte Perspektive umfasst,

- Berücksichtigen von unternehmens-, abteilungs- und funktionsbezogenen Werten und Zielen bei der Tätigkeit[694] und

- Agieren der Internen Revisoren in eigenverantwortlicher Form, d. h. jeder ist Träger der Qualitätskultur sowie mitverantwortlich für die Qualität der Internen Revision und hat aktiv Verantwortung in Form der Erarbeitung eigener Vorschläge und Problemlösungen auf Basis des ganzheitlichen unternehmerischen Verständnisses zu übernehmen unter der Prämisse, dass dem Leiter der Internen Revision die endgültige Qualitätsverantwortung zugeteilt ist.

(4)   Qualitätsstrategie

Der strategische Bestandteil Qualitätsstrategie legt „mittel- und langfristige Ziele und Maßnahmen zur Umsetzung der Qualitätspolitik und zur Erfüllung der Bedürfnisse der Bezugsgruppen"[695] fest und umfasst den Aufbau sowie die Pflege bzw. die Erweiterung strategischer Erfolgspotenziale.[696]

Die Qualitätsstrategie beruht somit auf der qualitätspolitischen Sicht, die ein Streben nach höchstmöglicher Qualität vorsieht. Für die Bestimmung der Stra-

---

[693]   Steffelbauer-Meuche 2004, S. 106.

[694]   Vgl. Ethikkodex, Tz. 1.4.

[695]   Seghezzi 2003, S. 166.

[696]   Vgl. hierzu und in der Folge Abschnitt III.B.1.b)(4) des zweiten Hauptteils.

tegie ist sich zuerst des EFQM-Modell-basierten Messansatzes zu bedienen, der eine geeignete Methode zur Qualitätsmessung der Internen Revision darstellt.[697] Dieser Ansatz bezieht sich auf die Einhaltung der Definition der Internen Revision, des Ethikkodex und der in dieser Untersuchung als notwendig erachteten angepassten Version der IIA-Standards. Es besteht auch die Möglichkeit, Ergänzungen einzubringen. Daraus resultiert, dass die Strategie wie folgt zu lauten hat: Erreichung der Maximalpunktzahl des Gesamtergebnisses des EFQM-Modell-basierten Messansatzes, d. h. 1.000 Punkte.

Auf Basis dieser Festlegung ist die gegenwärtige Position der Internen Revision mittels einer Messung und Bewertung anhand des EFQM-Modell-basierten Messansatzes zu ermitteln. Hieraus lassen sich Qualitätsstärken und -schwächen identifizieren. Die Gesamtlage sollte auch mit anderen Internen Revisionen und Einheiten aus dem eigenen Unternehmen verglichen werden.

Aus der Ermittlung des qualitativen Ist-Zustands der Internen Revision sind durch den Leiter der Internen Revision unter Einbeziehung verantwortlicher Mitarbeiter strategische Ziele, Messfaktoren, Zielvorgaben und Maßnahmen zu bestimmen, die auf die Vision des Erreichens einer höchstmöglichen Qualität und die Strategie der Erzielung von 1.000 Punkten ausgerichtet sind.[698] Hierfür ist eine qualitätsorientierte Balanced Scorecard zu verwenden, die an dieser Stelle nicht erneut vorgestellt wird, da sie in ihrer in der Arbeit bereits entwickelten Form anzuwenden ist.[699] Dabei ist zu beachten, dass die Festlegung von Zielvorgaben hinsichtlich des zeitlichen Horizonts und der zu erarbeitenden Maßnahmen individuell auszugestalten ist, wobei der zeitliche Horizont aber auf den Zeitpunkt der unternehmensexternen Überwachung, auf die im weiteren Verlauf der Modelldarstellung eingegangen wird, auszurich-

---

697 Vgl. hierzu und in der Folge Abschnitt III.B.4.b)(3) und (4) des zweiten Hauptteils.

698 Anzumerken ist, dass der Leiter die Qualitätsstrategie der vorgesetzten Stelle und Unternehmensleitung vorzulegen und sich diese von ihnen zu genehmigen lassen hat.

699 Vgl. hierzu und in der Folge Abschnitt III.B.4.d)(3) des zweiten Hauptteils.

ten ist, sowie im Falle weiterer unternehmensrelevanter Aspekte, die sich nicht in dem vorgestellten EFQM-Modell-basierten Messansatz und damit auch nicht in der Balanced Scorecard widerspiegeln, diese entsprechend zu integrieren sind.

Der Leiter der Internen Revision überführt unter Einbindung verantwortlicher Mitarbeiter die strategischen Maßnahmen in das operative Geschehen bzw. hinsichtlich der individuellen Mitarbeiterförderung und -betrachtung in die qualitätsorientierte Verhaltensentwicklung, die neben der Qualitätsstruktur als dritter strategischer Bestandteil des Qualitätsmanagements anzusehen ist.

Die Überwachung der Strategie ist ebenfalls durch den Leiter der Internen Revision vorzunehmen. Sie spiegelt sich einerseits im Rahmen der operativen Messung, Bewertung und Berichterstattung durch die sie repräsentierende kurzfristige Sicht sowie in der qualitätsorientierten Verhaltensentwicklung wider. Anderseits sind die aus der operativen Sicht und aus der qualitätsorientierten Verhaltensentwicklung resultierenden Messergebnisse für eine Betrachtung der Qualitätsstrategie derart zu verwenden, dass diese im Zusammenhang mit der jährlich durchzuführenden operativen Abteilungsüberwachung mit den strategischen Vorgaben verglichen werden und zu einem neuen Handlungs- und Planungsprozess führen, mit dem ggf. eine Anpassung der strategischen Maßnahmen und damit der Inhalte der Balanced Scorecard verbunden ist.[700]

---

[700]   In diesem Zusammenhang ist darauf hinzuweisen, dass die angepasste Planung der vorgesetzten Stelle und Unternehmensleitung durch den Leiter der Internen Revision mitzuteilen ist und einer Genehmigung durch diese Stellen bedarf.

(5) Qualitätsstruktur

Die Qualitätsstrategie wird durch die Qualitätsstruktur gestützt, die aus der Qualitätsorganisation und weiteren Strukturkomponenten besteht.[701]

Die Gestaltung der Qualitätsorganisation lässt sich durch folgende Aspekte beschreiben:

- Dem Leiter der Internen Revision obliegt als Gesamtverantwortlichem für das Qualitätsmanagement die geeignete Qualitätsorganisationsgestaltung.

- Aufgrund der den Mitarbeitern der Internen Revision zugewiesenen Qualitätsverantwortung, vor allem durch den Ethikkodex, und einer ihnen umfänglich überlassenen selbstständigen Tätigkeitsausführung sind sie so in das Qualitätsmanagement zu integrieren, dass Qualität für jeden von ihnen zur Aufgabe wird und sich jeder für die eigene Qualität verantwortlich zeichnet, wobei die Gesamtverantwortung beim Leiter liegt.

- Qualität hat einen Bestandteil der täglichen Arbeit darzustellen und muss von jedem in der Internen Revision wahrgenommen werden.

- Somit gilt für die Qualitätsorganisation, dass sie derart in die bestehende Aufbau- und Ablauforganisation der Internen Revision zu integrieren ist, dass der Leiter der Internen Revision auf der Grundlage von Qualitätszielvorgaben entsprechende Maßnahmen bestimmt, diese den Mitarbeitern bzw. Revisionsgruppen zuführt, sie moderiert und koordiniert sowie die Internen Revisoren bzw. Gruppen unterstützt, die ihm über ihre Resultate berichten.

Neben der Gestaltung der Qualitätsorganisation liegen die Einführung und Pflege weiterer Strukturkomponenten im Verantwortungsbereich des Leiters der Internen Revision. Zu diesen Komponenten zählen ein Qualitätsdokumentations-, ein Qualitätsinformations- und ein Qualitätsüberwachungssystem

---

[701] Vgl. hierzu und in der Folge Abschnitt III.B.1.b)(5) des zweiten Hauptteils.

sowie die Berücksichtigung qualitätsbezogener Aspekte im Personalführungssystem.

Das Qualitätsdokumentationssystem, das zur allgemeinen Darlegung des Qualitätsmanagements dient, um unternehmensintern und -extern die Qualitätsbedeutung und -handhabung verdeutlichen zu können, ist hierarchisch aufzubauen. An oberster Stelle hat ein Qualitätsmanagementhandbuch zu stehen, in dem sich die Qualitätspolitik, die -verfassung, die -kultur, die -strategie und die -struktur, die qualitätsorientierte Verhaltensentwicklung in genereller Form, die Aufgaben und Verantwortlichkeiten in Bezug auf Qualität und grundsätzliche Angaben zu den operativen Abläufen wieder finden. Ergänzt wird das Handbuch durch konkrete Verfahrens- bzw. Arbeitsanweisungen. Die Systeminhalte müssen einen aktuellen Stand repräsentieren sowie zutreffend und präzise sein. Bei Bedarf hat unter Berücksichtigung von Mitarbeiteranregungen eine Anpassung der Inhalte zu erfolgen.

Die Qualitätsstruktur wird des Weiteren durch das Qualitätsinformationssystem geprägt. Über dieses System werden Qualitätsdaten durch den Leiter der Internen Revision und seine Mitarbeiter erfasst, ausgewertet und verarbeitet. Dabei ist das System in die existierenden Informationssysteme der Internen Revision einzubetten. Es existiert somit ein integriertes Qualitätsinformationssystem. Das System bzw. die Daten, zentral durch den Leiter der Internen Revision zu verwalten, sind je nach individueller Kompetenz und Zugriffsnotwendigkeit der Internen Revisoren diesen zugänglich zu machen. Mithilfe des Systems sind Qualitätsdaten auf Abteilungs-, Auftrags- und Mitarbeiterebene darzustellen. Da die Qualitätsdaten, vor allem die hinsichtlich der Abteilungsebene, für die vorgesetzte Stelle und die Unternehmensleitung von Relevanz sind, sind die Qualitätsinformationen der Internen Revision in das unternehmensweite Managementinformationssystem unter Berücksichtigung von Zugriffsrechten einzubeziehen. Die Daten aus dem Qualitätsinformationssystem sind zusammen mit den Angaben aus dem Qualitätsmanagementhandbuch für die Darstellung des Qualitätsmanagements in der Internen Revision im Lagebericht bzw. bei seiner Nichtanwendung in einer anderen Form der externen Berichterstattung des Unternehmens, wie z. B. in einem Corporate-Governance-Bericht oder Management Commentary, zu verwenden.

Im engen Zusammenhang mit dem Qualitätsinformationssystem steht das Qualitätsüberwachungssystem, das „zur Steuerung qualitätsrelevanter Vorgänge"[702] dient. Es ist in die gesamten Arbeitsabläufe der Internen Revision einzubinden und unterstützt die Interne Revision bei der Zielbildung, Planung, Kontrolle, Prüfung, Koordination und Information in Bezug auf Qualität. Eine wesentliche Rolle nehmen dabei die Kontroll- und Prüfungsmaßnahmen ein. So zählen zu den unternehmensinternen eine Auftragsqualitätskontrolle durch eingebundene verantwortliche Personen und eine Abteilungsqualitätsüberwachung durch den Leiter der Internen Revision mindestens jährlich und in periodischer Form durch qualifizierte Personen, die jedoch nicht der Internen Revision angehören. Die unternehmensexternen Maßnahmen umfassen eine Abteilungsqualitätsprüfung, die mindestens alle fünf Jahre im Rahmen einer Zertifizierung vorzunehmen ist, durch qualifizierte, unternehmensunabhängige Personen. Weitere Ausführungen zur Überwachung sind den bereits vorgenommenen Ausführungen zur Qualitätsstrategie sowie den Erläuterungen zur qualitätsorientierten Verhaltensentwicklung und zum operativen Geschehen zu entnehmen.

In das Personalführungssystem fließen qualitätsorientierte Aspekte ein, die die Qualitätsstruktur mitbestimmen. Es sind somit Elemente zu schaffen, „die zur bewussten Gestaltung qualitätsbezogener Arbeitsbedingungen führen."[703] Diese sind zur Erreichung und Aufrechterhaltung einer hohen Qualität notwendig. Konkret handelt es sich dabei um die Weiterbildung jedes Internen Revisors und die Anerkennung durch monetäre sowie nichtmonetäre Anreize. Die materielle und immaterielle Belohnung, die sich auf einzelne Interne Revisoren, Gruppen und deren Projekte bezieht, sollte spontan als auch zu bestimmten Zeitpunkten erfolgen. Grundlage hierfür sind die Beurteilungen durch den direkten Vorgesetzten und die Kunden. Diese Aspekte finden ins-

---

[702] Seghezzi 2003, S. 184.

[703] Seghezzi 2003, S. 185.

besondere ihren Niederschlag in der qualitätsorientierten Verhaltensentwicklung.

(6)   Qualitätsorientierte Verhaltensentwicklung

Der strategische Bestandteil, die qualitätsorientierte Verhaltensentwicklung, hat die Entwicklung jedes Internen Revisors sowie das Lernen in der Internen Revision zum Gegenstand.[704]

Die Leistung der Internen Revisoren hängt von deren Motivation und Fähigkeiten ab. Zu ihrer Leistungsmessung sind im Rahmen des EFQM-Modellbasierten Messansatzes Kriterien erarbeitet worden.[705] Die Motivation wird durch die Arbeitszufriedenheit bzw. die materielle und immaterielle Belohnung bestimmt. Die Fähigkeiten werden durch Weiterbildungsmaßnahmen verbessert.[706] Der Leiter der Internen Revision hat diesbezüglich, im Hinblick auf die Unternehmenszielerfüllung der Wertsteigerung, die Aufgabe, für eine entsprechende Motivation und die Existenz bzw. das Fördern der im EFQM-Modell-basierten Messansatz aufgeführten Fähigkeiten seiner Mitarbeiter zu sorgen. Somit sind monetäre und nichtmonetäre Anreize, wie z. B. Anerkennung und Verantwortungsübertragung,[707] zu schaffen, die das zielgerichtete Wirken stärken. Die Verhaltensentwicklungssysteme strahlen auf das operative Geschehen aus.

Merkmale der qualitätsorientierten Verhaltensentwicklung, die sich auf das Wahrnehmungs- und Verhaltensmuster des Leiters der Internen Revision und seiner Mitarbeiter beziehen, sind:

---

[704]   Vgl. hierzu und in der Folge Abschnitt III.B.1.b)(6) des zweiten Hauptteils.

[705]   Vgl. Abschnitt III.B.4.b)(3)(h) des zweiten Hauptteils.

[706]   Gem. IIA-Standard 1230 und Ethikkodex besteht für Interne Revisoren eine regelmäßige fachliche Weiterbildungsverpflichtung. Vgl. Ethikkodex, Tz. 4.3.

[707]   Vgl. aus revisionsspezifischer Sicht Amling/Bantleon 2007, S. 238 f., und aus allgemein unternehmerischer Sicht Seghezzi 2003, S. 206 f.

- Der Stil des Leiters der Internen Revision fungiert als Bindeglied von Qualitätskultur und Verhaltensentwicklung. Basierend auf der vorgenommenen Gesamtplanung überlässt er seinen Mitarbeitern eine weitreichende selbstständige Tätigkeitsausübung. Durch fortlaufende Kommunikation mit den Mitarbeitern werden die Arbeitsresultate und die individuelle Entwicklung gefördert.

- Die Mitarbeiter sind in die Qualitätsmanagementaktivitäten eingebunden und stützen diese.

- Die Internen Revisoren erwerben im Rahmen ihrer aktiven Verantwortungsausübung durch ihre Fachkompetenz und Persönlichkeit Autorität, die durch ihre Position in der Internen Revision gestärkt wird.

- Die Stellung der Internen Revisoren ist durch eine stetige Weiterbildung zu erarbeiten, aufrecht zu erhalten und auszuweiten.[708] Hierfür sind unternehmensinterne und -externe Aktivitäten vorzunehmen.

Die qualitätsorientierte Verhaltensentwicklung basiert hinsichtlich der Internen Revisoren auf einem Prozess, der auf der Qualitätsstrategie aufbaut und hieraus abgeleitet für jeden Mitarbeiter persönliche Leistungs- und Entwicklungsziele und -maßnahmen durch den Leiter der Internen Revision bestimmt. Der Leiter der Internen Revision hat dabei die im EFQM-Modell-basierten Messansatz erarbeiteten Kriterien zur Mitarbeiterleistung zu verwenden.[709] Während die Realisierung von Fortbildungsmaßnahmen im strategischen Bereich angesiedelt ist, erzeugen die Internen Revisoren ihre Leistung im operativen Geschehen. Die beiden Sachverhalte werden in der qualitätsorientierten Verhaltensentwicklung für jeden Mitarbeiter zusammengeführt, gemessen, in Bezug zu den Vorgaben gesetzt und durch den Leiter der Internen Revision mit dem entsprechenden Internen Revisor erörtert. Als Folge dessen werden neue Handlungen abgeleitet und Honorierungen durchgeführt. Dieser Pro-

---

[708] Vgl. Ethikkodex, Tz. 4.3; IIA-Standard 1230; IIA-Standard 2030.

[709] Vgl. Abschnitt III.B.4.b)(3)(h) des zweiten Hauptteils.

zess, der jährlich vorzunehmen ist, steht in engem Zusammenhang mit den Abläufen auf Auftrags- und Abteilungsebene.

c)   Operative Bestandteile

(1)   Qualitätsplanung

Die Qualitätsplanung führt den normativ-strategischen und operativen Teil des Qualitätsmanagements zusammen.[710] Sie wird dem operativen Geschehen zugeordnet, obwohl sie bereits auf der strategischen Ebene Eingang findet.

Die Festlegungen in der Qualitätsstrategie sind in kurzfristige Ziele und Maßnahmen im Hinblick auf die Abteilung durch den Leiter der Internen Revision unter Einbindung verantwortlicher Interner Revisoren zu übertragen.[711] Dieses hat unter Anwendung des EFQM-Modell-basierten Messansatzes im Einklang mit den Inhalten der Balanced Scorecard zu erfolgen. Die kurzfristigen Abteilungsziele und -maßnahmen sind in die einzelnen Aufträge zu überführen. Auch für die Planung der einzelnen Aufträge ist der EFQM-Modell-basierte Messansatz zu verwenden. Entsprechend der Auftragsart sind die relevanten Qualitätsfaktoren zu berücksichtigen. Für die Bestimmung ihrer Soll-Werte ist festzuhalten, dass sie eine A-Ausprägung des Messansatzes zum Ziel haben müssen. Unter diesen Prämissen ist es der Internen Revision möglich, ihr Abteilungs- und Auftragswirken in Übereinstimmung mit der Definition der Internen Revision, dem Ethikkodex und den IIA-Standards sicherzustellen.

(2)   Qualitätserzeugung

Die in der Qualitätsplanung festgelegten Aktivitäten, die aus den Qualitätsfaktoren und ihren Soll-Werten resultieren, sind im Rahmen der Qualitätserzeu-

---

[710]   Vgl. hierzu und in der Folge Abschnitt III.B.1.c)(1) des zweiten Hauptteils.

[711]   Zu beachten ist, dass die Abteilungsplanung der vorgesetzten Stelle und Unternehmensleitung zu berichten ist und einer Genehmigung durch sie bedarf.

gung umzusetzen.[712] Dieses erfolgt auftrags- bzw. abteilungsbezogen. Ausfluss der Qualitätserzeugung ist der Ist-Zustand des jeweiligen Qualitätsfaktors, den es zu messen gilt.

(3)   Qualitätsmessung

Die Qualitätsmessung verkörpert die strukturierte Zuordnung von Zahlen bzw. Daten zu den jeweiligen Qualitätsfaktoren des EFQM-Modell-basierten Messansatzes, wodurch die qualitätsbezogenen Maßnahmen und die Resultate der Internen Revision und der einzelnen Aufträge quantifiziert werden.[713]

Die Messung hat unternehmensintern und -extern zu erfolgen. Die unternehmensinterne Messung wird von involvierten verantwortlichen Personen, wie Prüfungs-, Abteilungs- und/oder Leiter der Internen Revision, im Rahmen der einzelnen Aufträge und vom Leiter der Internen Revision jährlich in Bezug auf die gesamte Abteilung durchgeführt. Sie beinhaltet auch die periodisch vorzunehmende, abteilungsbezogene Messung durch qualifizierte[714], jedoch nicht der Internen Revision angehörende Personen, die dabei den EFQM-Modell-basierten Messansatz anzuwenden haben. Dieser dient auch zur unternehmensexternen Abteilungsmessung, die alle fünf Jahre im Zuge einer Zertifizierung durch qualifizierte, unternehmensunabhängige Personen vorzunehmen ist. Als qualifiziert im Rahmen der unternehmensexternen Sicht gelten Personen, die vom IIA als Qualitätsassessoren anerkannt und registriert sind.[715] Mit der Zertifizierung wird sichergestellt, dass die Interne Revision nach der Definition der Internen Revision, dem Ethikkodex und den IIA-Standards handelt.

---

[712]   Vgl. hierzu und in der Folge Abschnitt III.B.1.c)(2) des zweiten Hauptteils.

[713]   Vgl. hierzu und in der Folge Abschnitt III.B.1.c)(3) des zweiten Hauptteils.

[714]   Zur Qualifikation zählt mindestens die Kenntnis über die Inhalte des IPPF.

[715]   Dementsprechend haben das IIA bzw. die angeschlossenen Fachverbände ihre Qualitätsassessoren im Hinblick auf den EFQM-Modell-basierten Messansatz zu schulen. Diese Assessoren sind dann einheitlich als IIA-zertifizierte Qualitätsassessoren zu titulieren und zu registrieren.

Des Weiteren kann in die Zertifizierung auch die Beurteilung des eingeführten Qualitätsmanagementsystems integriert werden, so dass die Aussage getroffen werden kann, dass das Qualitätsmanagement in der Internen Revision nach dem in dieser Arbeit entwickelten Modell unterhalten wird, mit dem die Erfüllung der Definition der Internen Revision, des Ethikkodex und der IIA-Standards gewährleistet wird.

(4) Qualitätsbewertung und -berichterstattung

Als Folge der Qualitätsmessung wird im Rahmen der Qualitätsbewertung bestimmt, inwieweit die Ist-Zustände der Qualitätsfaktoren den Soll-Werten entsprechen.[716] Damit verbunden sind eine Abweichungsanalyse, eine Bewertung und Deutung der Abweichungsursachen sowie eine Prognose der Abweichungskonsequenzen und ihre Darstellung.

Sie erfolgt im Einklang zur Messung unternehmensintern und -extern. Die unternehmensinterne Bewertung durch die verantwortlichen Personen im Rahmen der einzelnen Aufträge und den Leiter der Internen Revision im Hinblick auf die gesamte Abteilung umfasst die gesamten angeführten Aspekte, denen die Auftrags- und Abteilungs-Soll-Werte zu Grunde liegen. Im Gegensatz dazu hat die unternehmensinterne Bewertung durch qualifizierte, jedoch nicht der Internen Revision angehörende Personen als Soll-Werte die Maximalausprägung, d. h. A, des EFQM-Modell-basierten Messansatzes für die Qualitätsfaktoren zu verwenden. Dieses ist auch in die unternehmensexterne Bewertung einzubeziehen.

Die in der Qualitätsbewertung ermittelten Resultate sind zeitnah und transparent zu kommunizieren. Die Ergebnisse der einzelnen Aufträge sind durch involvierte verantwortliche Personen nach erfolgten Zwischen- und Endbewertungen den entsprechenden Internen Revisoren und dem Leiter der Internen

---

[716] Vgl. hierzu und in der Folge Abschnitt III.B.1.c)(4) des zweiten Hauptteils.

Revision, falls er diese nicht selber vorgenommen hat, zu berichten. Die Schlussergebnisse entsprechender Qualitätsauftragsfaktoren gehen in die finale Auftragsberichterstattung gegenüber den entsprechenden Parteien ein. In diese ist aufzunehmen, ob der Auftrag gem. der Definition der Internen Revision, des Ethikkodex und der IIA-Standards ausgeführt worden ist. Ist deren Nichteinhaltung gegeben, sind die nicht eingehaltenen Regelungen, die Gründe für deren Nichterfüllung und die damit verbundenen Auswirkungen darzulegen. Über die Endergebnisse berichtet der Leiter der Internen Revision jährlich der vorgesetzten Stelle und der Unternehmensleitung. Er integriert in diese Berichterstattung auch das Abteilungsresultat. Die Ergebnisse durchgeführter Messungen und Bewertungen revisionsexterner Personen kommuniziert der Leiter der Internen Revision nach ihrer Durchführung der vorgesetzten Stelle und der Unternehmensleitung. Der Leiter gibt stets an, ob die Interne Revision bei ihrem Wirken in Übereinstimmung mit der Definition der Internen Revision, dem Ethikkodex und den IIA-Standards handelt, und er hat bei einer Nichteinhaltung dieser, die die gesamte Tätigkeit der Internen Revision beeinflusst, die Auswirkungen darzulegen. Damit verdeutlicht er den Beitrag der Internen Revision zur eigenen und zur Wertsteigerung des Unternehmens.

Bedeutsame Aspekte aus den Bewertungen und ihrer Berichterstattung sowie generelle Angaben zum Qualitätsmanagement der Internen Revision finden Eingang in den Lagebericht bzw. bei seiner Nichtanwendung in ein anderes Medium der externen Berichterstattung des Unternehmens.

(5) Qualitätshandlung und -honorierung

Die Qualitätshandlung und -honorierung folgen der Qualitätsbewertung.[717] Darin festgestellte Abweichungen führen zu Handlungen, um die angestrebten Ziele zu erreichen. Entsprechend dem Abweichungsgrad sind Handlungen durch die involvierten verantwortlichen Personen bzw. den Leiter der Inter-

---

[717] Vgl. hierzu und in der Folge Abschnitt III.B.1.c)(5) des zweiten Hauptteils.

nen Revision zu initiieren, die zu einem neuen, mit der Planung beginnenden Prozess führen. Das hat Einfluss auf die strategischen und operativen Aspekte sowie das Wirken der gesamten Abteilung und die einzelnen Aufträge. Damit ist ein ständiger Verbesserungsprozess gewährleistet, der mit dem Ziel der Wertsteigerung einhergeht.

Um diesem Ziel Nachdruck zu verleihen, ist entsprechend der Bewertung eine qualitätsbezogene Honorierung in monetärer und nichtmonetärer Form vorzunehmen, von der eine motivierende Wirkung und eine Leistungssteigerung zu erwarten sind.

Unter Verwendung der Balanced Scorecard und des EFQM-Modell-basierten Messansatzes ist ein ganzheitliches Qualitätsmanagementmodell erarbeitet worden. Damit kann die Interne Revision im Hinblick auf das Unternehmensziel der Wertsteigerung adäquat geführt werden und ihren Beitrag deutlich machen.

IV. Zwischenfazit

Die langfristige Wertmaximierung als unternehmerisches Oberziel verlangt, dass sämtliche Aktivitäten und Organisationseinheiten wertorientiert auszurichten sind. Diese wertorientierte Unternehmensführung strahlt auch auf die Interne Revision aus. Sie ist daher wertorientiert zu führen und muss verdeutlichen, welchen Wertbeitrag sie erbringt bzw. wie sie ihren Wert erhöht und somit zur Wertsteigerung des Unternehmens beiträgt. Auch aus ihrem Selbstverständnis der Mehrwertgenerierung und ihrer Legitimation im Unternehmen hat die Interne Revision diesen Nachweis zu erbringen. Da es der Internen Revision aufgrund ihrer kaum monetär quantifizierbaren Leistungen nicht möglich ist, einen monetären Wertbeitrag zu bestimmen und darzulegen, muss sie sich eines Ansatzes bedienen, mit dem sie in geeigneter Form ihren Wert bzw. ihren Beitrag zur Wertsteigerung dokumentiert. Hierfür bietet sich das Qualitätsmanagement an, das auch aus Sicht des IIA und des DIIR eine wertorientierte bzw. effektive und effiziente Führung der Internen Revision ermöglicht.

Qualität bedeutet in diesem Zusammenhang für die Dienstleistungseinheit Interne Revision, dass sie sowohl eine herstell- als auch eine ergebnisorientierte Perspektive zu umfassen hat. „Die herstellorientierte Qualität der Internen Revision ist der Grad der Übereinstimmung der Eigenschaften der Potenzial- und Prozessfaktoren mit deren festgeschriebenen Idealzuständen. Die ergebnisorientierte Qualität der Internen Revision ist das Maß, in welchem die Dienstleistung die Erfordernisse der relevanten Stakeholder erfüllt, wobei sich die Erfordernisse letztlich an den Bedürfnissen der Stakeholder der Internen Revision orientieren."[718] Das Qualitätsmanagement muss somit den beiden Perspektiven gerecht werden. Ein entsprechendes Konzept und ein dieses realisierende Modell sind daher notwendig.

---

[718] Linsi 2003, S. 149 bzw. 150 (im Original hervorgehoben und Anmerkung, dass Rechtschreibung aufgrund von Fehlern angepasst worden ist).

Das allgemeine Konzept Total Quality Management verwährt einen vereinfachten Zugang zu einem systematischen Qualitätsmanagement in der Internen Revision, so dass in dieser Arbeit ein eigenständiges Konzept entwickelt
worden ist, das mit dem Total-Quality-Management-Verständnis verglichen
wird. Zu den Bestandteilen des erarbeiteten Konzepts, das auf Basis des der
Untersuchung zu Grunde gelegten Betrachtungsgegenstands und weiterer in
diesem Zusammenhang getroffener Annahmen in allgemeiner Form hergeleitet worden ist, zählen die normativ-strategischen Elemente Qualitätspolitik,
Qualitätsverfassung, Qualitätskultur, Qualitätsstrategie, Qualitätsstruktur und
qualitätsorientierte Verhaltensentwicklung sowie die Qualitätsplanung als
Bindeglied zu den operativen Bestandteilen Qualitätserzeugung, Qualitätsmessung, Qualitätsbewertung und -berichterstattung, Qualitätshandlung und
-honorierung, die auf die Erfüllung der Strategie hinwirken. Sein Vergleich mit
dem Total Quality Management zeigt einen engen Bezug auf, aber auch, dass
das erarbeitete Konzept durch ein eindeutiges und strukturiertes Verständnis
und Vorgehen gekennzeichnet ist. Damit ist ein vollständiges Konzept für das
Qualitätsmanagement in der Internen Revision erbracht worden.

Mit dem Aufzeigen der gegenwärtig existierenden revisionsspezifischen Qualitätsmanagementkonzepte, der IIA-Standards 1300–1322 und des IIR-Revisionsstandards Nr. 3 und seiner Ergänzung, sind unter Berücksichtigung des
Vergleichs mit dem erarbeiteten Konzept deren Schwächen veranschaulicht
worden. Das entwickelte Konzept überbrückt diese Defizite und führt somit
zu einer Anpassung der IIA-Standards 1300–1322 sowie des IIR-Revisionsstandards Nr. 3 und seiner Ergänzung.

Für die Umsetzung bzw. Modellierung des erarbeiteten Konzepts ist ein adä-
quater Qualitätsmessansatz notwendig, der eine Messung anhand geeigneter
Qualitätsfaktoren ermöglicht. Als potenzielle Ansätze bieten sich hierfür das
EFQM-Modell, der Messansatz des IIR-Revisionsstandards Nr. 3 und seiner
Ergänzung sowie die Balanced Scorecard an. Im Hinblick auf das EFQM-

Modell ist ein auf diesem Modell basierter Messansatz für die Interne Revision erarbeitet worden, in dem als Qualitätsfaktoren der Ethikkodex und die IIA-Standards, bereits in der durch das Konzept angepassten Form, Berücksichtigung finden.[719] Mit der Herleitung des EFQM-Modell-basierten Messansatzes geht ebenfalls eine Anpassung der IIA-Standards einher, da diese seine geforderten Aspekte bisher nur unzureichend erfüllen. Die Stärke dieses Ansatzes besteht vor allem darin, dass damit das operative Qualitätsmanagement und die qualitätsorientierte Verhaltensentwicklung in geeigneter Form gesteuert werden können. Er ist daher dem Messansatz des IIR-Revisionsstandards Nr. 3 und seiner Ergänzung vorzuziehen. Im Rahmen der Darstellung des dritten Ansatzes ist eine qualitätsorientierte Balanced Scorecard mit einer Schlüsselergebnis-, Kunden-, Prozess- sowie Lern- und Wachstumsperspektive für die Interne Revision präsentiert worden. Dabei konnte gezeigt werden, dass die Balanced Scorecard auf den EFQM-Modell-basierten Messansatz zurückgreift und zusammen mit ihm eine adäquate Kombination für die operative und strategische Steuerung des Qualitätsmanagements verkörpert. So ist die Balanced Scorecard auf der strategischen und der EFQM-Modell-basierte Messansatz im Wesentlichen auf der operativen Ebene einzusetzen.

Mit der Verbindung der beiden Ansätze wird somit eine Modellierung des erarbeiteten Qualitätsmanagementkonzepts möglich. Das Modell detailliert das Konzept und stellt der Internen Revision eine anwendungsgerechte Form des Qualitätsmanagements zur Verfügung.

Bevor das Konzept bzw. das Modell in einen gänzlich überarbeiteten IIR-Revisionsstandard Nr. 3 und seine Ergänzung mündet, ist empirisch zu prüfen, ob ihre Inhalte von der Internen Revisionspraxis geteilt werden. Aus diesem Grund wird im nächsten Abschnitt das erarbeitete Konzept bzw. Modell einer empirischen Untersuchung in Form eines Fragebogens unterzogen, in die gleichzeitig Fragen zur gegenwärtigen Gestaltung des Qualitätsmanagements

---

[719] Die Definition der Internen Revision ist hier nicht separat eingegangen, da davon auszugehen ist, dass sie sich im Ethikkodex und den IIA-Standards widerspiegelt.

in der Praxis und zum generellen Handeln der Internen Revision integriert sind. Falls sich hieraus Auswirkungen auf die angepassten IIA-Standards ergeben, wird dieses im vierten Hauptteil realisiert.

Dritter Hauptteil:

Empirische Untersuchung zum Qualitätsmanagement in der Internen Revision

I. Zielsetzungen, Aufbau und Durchführung der empirischen Untersuchung

A. Zielsetzungen

Nachdem ein theoretisches Qualitätsmanagementkonzept und -modell für die Interne Revision im vorangegangenen Hauptteil entwickelt worden sind, zielt die Untersuchung primär auf die empirische Fundierung der Bedeutung des Qualitätsmanagements und der erarbeiteten wissenschaftlichen Inhalte des Qualitätsmanagementkonzepts bzw. -modells ab. Hierin spiegeln sich auch die Aspekte der gegenwärtigen Existenz eines Qualitätsmanagements in der Internen Revisionspraxis und seiner Ausgestaltung wider. Mit der Untersuchung wird des Weiteren das Ziel verfolgt, Erkenntnisse über das grundsätzliche Handeln der Internen Revision zu gewinnen.

Die empirischen Resultate dienen dann zum Ziehen von Schlussfolgerungen, die insbesondere im Hinblick auf das Qualitätsmanagement, worunter eine mögliche Anpassung des theoretisch hergeleiteten Qualitätsmanagementkonzepts bzw. -modells, aber auch die eventuelle Verbesserung des Qualitätsmanagements in der Praxis zu verstehen sind, angestellt werden.

Die Untersuchung repräsentiert eine Primärforschung, d. h. es handelt sich um die Erhebung neuer Informationen und nicht um die Literaturauswertung bestehender Daten.[720]

B. Aufbau und Durchführung

Zur Erreichung der mit der Untersuchung verbundenen Zielsetzungen bedarf es, bezogen auf die Grundgesamtheit, der Verwendung eines geeigneten Erhebungsinstrumentariums. Als Grundgesamtheit der Untersuchung dienen alle deutschen Unternehmen, in denen eine Interne Revisionseinheit existiert.

---

[720] Vgl. Berekoven/Eckert/Ellenrieder 2006, S. 49; Kaya 2007, S. 49.

Zur Datenerhebung ist ein entsprechendes Instrument zu identifizieren und auszugestalten. Bei der Identifikation ist auf die Methoden zur Erhebung von Originärdaten zurückzugreifen, die vor allem in der empirischen Sozialforschung erarbeitet worden sind. Zu diesen Methoden zählen prinzipiell die Befragung und die Beobachtung.[721] Für die empirische Untersuchung in dieser Arbeit wird sich der Befragung in standardisierter Form, d. h. eines Fragebogens, bedient. Dieser wurde postalisch den ausgewählten Befragten, die im Weiteren dargestellt werden, zugesandt und war schriftlich von diesen auszufüllen.[722] Die Gründe für die Anwendung dieser Erhebungsart werden im Folgenden kurz erläutert.

Mit einem Fragebogen wird gewährleistet, dass für alle Befragten die Inhalte identisch sind und damit vergleichbare Antworten sowie eine zweckmäßige Verarbeitung und Auswertung der Daten möglich sind.[723] Das schriftliche Ausfüllen des Fragebogens durch die Befragten führt grundsätzlich dazu, dass diese aufgrund der ihnen zur Bearbeitung eingeräumten Zeit die Inhalte gut durchdenken und präzise antworten können.[724]

Nach der Festlegung der Erhebungsmethode und bevor ihre Ausgestaltung beschrieben wird, ist auf die ausgewählten Unternehmen einzugehen.

Da die Anzahl deutscher Unternehmen, die über eine Interne Revisionseinheit verfügen, unbekannt ist, ist folglich die absolute Größe der Grundgesamtheit nicht bekannt. Auf ihre Bestimmung, d. h. eine Abfrage bei allen deutschen Unternehmen in Bezug auf die Existenz einer Internen Revisionseinheit, und damit eine Kenntnis über die relevanten Unternehmen ist aus Realisierbar-

---

[721] Vgl. Berekoven/Eckert/Ellenrieder 2006, S. 49; Kaya 2007, S. 50.

[722] Anzumerken ist, dass diese Form im Rahmen von empirischen Erhebungen eine breite Anwendung findet. Vgl. Bakhaya 2006, S. 277 m. w. N.

[723] Vgl. Berekoven/Eckert/Ellenrieder 2006, S. 99.

[724] Vgl. Bakhaya 2006, S. 277.

keits- und finanziellen Gründen verzichtet worden. Dementsprechend ist bei der Auswahl der Untersuchungsteilnehmer nicht auf die Verfahren der Zufallsauswahl, sondern auf die der bewussten Auswahl zurückgegriffen worden.[725] In die bewusste Auswahl sind die deutschen Unternehmen aus dem DAX, Midcap Deutschen Aktienindex (MDAX) und Technology Deutschen Aktienindex (TecDAX) einbezogen worden. Es handelt sich dabei um 104 Unternehmen, die zum 23.03.2009 in den drei Indizes notiert waren.[726] Diese Unternehmen sind selektiert worden, da aufgrund der gesetzlichen Vorschriften und ihrer Größe davon auszugehen ist, dass diese über eine Interne Revisionseinheit im Unternehmen verfügen,[727] und vor diesem Hintergrund sowie ihrer internationalen Ausrichtung und Bedeutung zu erwarten ist, dass sie sich gezielt mit der Thematik einer effektiven und effizienten Internen Revision auseinandersetzen und sich damit vor allem mit dem Qualitätsmanagement in der Internen Revision in aller Regel auskennen. Als konkreter Ansprechpartner ist der Leiter der Internen Revision bestimmt worden, da ihm entsprechend des IIA-Standards 1300 die Verantwortung für das Qualitätsmanagement zukommt und er somit als geeignete Befragungsperson für die Untersuchung erscheint. Hieraus lässt sich ableiten, dass der Fragebogen vollständig ausgefüllt werden würde und qualifizierte allgemeingültige Tendenzaussagen erzielt werden können. Die Ergebnisse der befragten deutschen Unternehmen erlauben somit unter besonderer Berücksichtigung des Aspekts, dass diese Unternehmen als eine repräsentative Teilmenge der Grundgesamtheit angesehen werden können, und auch vor dem Hintergrund der Rücklaufquote von 29 %,[728] einen zutreffenden Schluss auf alle deutschen Unternehmen mit einer Internen Revisionseinheit.

---

[725]   Vgl. zu den Verfahren Berekoven/Eckert/Ellenrieder 2006, S. 52–58.

[726]   Vgl. o. V. 2009.

[727]   Vgl. zur gesetzlichen Vorschrift im Hinblick auf die Rechtsform der Aktiengesellschaft Abschnitt I.C.2. des ersten Hauptteils. Für die weiteren Rechtsformen der ausgewählten Gesellschaften gilt Analoges.

[728]   Vgl. zur Rücklaufquote Abschnitt II. des dritten Hauptteils, insbesondere Tabelle 25.

Die Gestaltung des Fragebogens ist im Hinblick auf die mit der Befragung verbundenen Ziele vorgenommen worden.[729] Der Fragebogen teilt sich in zwei
Bereiche und zwar in allgemeine Angaben zu dem befragten Unternehmen
und zur Internen Revision sowie in Angaben zum Qualitätsmanagement in
der Internen Revision auf. Die Fragenanzahl, die sich insgesamt auf 22 beläuft,
und -inhalte sind entsprechend auf die Ziele ausgerichtet worden. Insbesondere ist aber vor dem Hintergrund der Erzielung einer hohen Rücklaufquote anzumerken, dass der Bereich des Qualitätsmanagements nur in seinen wesentlichen Elementen abgedeckt werden konnte, da eine detailliertere Abfrage eine
Nichtbeantwortung vermuten ließ. Für einen erleichterten Einstieg in den Fragebogen sind auf der zweiten Seite sein Aufbau und Bearbeitungshinweise integriert sowie die ersten Fragen mit generellen Aspekten des Unternehmens
und der Internen Revision versehen worden, um dann konkret das Qualitätsmanagement zu behandeln. Die Fragen sind dabei klar, übersichtlich, knapp
und verständlich formuliert.[730] Sie sind weitestgehend in geschlossener Form
abgefasst, enthalten aber auch Freiräume für eigene Angaben. Dieses ermöglicht dem Befragten eine zügige, auf wenige Minuten beschränkte und angenehme Bearbeitung des Fragebogens, die eine hohe Rücklaufquote erwarten
lässt.[731]

Da die Beantwortung und Rücksendung des Fragebogens durch die Motivation der Leiter der Internen Revision geprägt ist,[732] ist zur Verdeutlichung der
Themenrelevanz eine Unterstützung der Untersuchung durch das DIIR einge-

---

[729] Der Fragebogen ist dem Anhang zu entnehmen.

[730] Vgl. Friedrichs 1990, S. 236.

[731] Ergänzend ist in Bezug auf die gestellten Fragen vor allem noch anzumerken, dass sie
Kontrollfragen umfassen, d. h. es werden an Stellen im Fragebogen Sachverhalte vor-
heriger Fragen mittels einer leicht abweichenden Formulierung erneut aufgegriffen,
womit geprüft wird, ob konsistent geantwortet wird. Vgl. Brosius/Koschel/Haas 2009,
S. 111.

[732] Vgl. Friedrichs 1990, S. 236.

holt worden.[733] Die Unterstützung äußert sich darin, dass in dem Fragebogen und in dem an die Befragungsteilnehmer versendeten Anschreiben das DIIR integriert worden ist.[734] Um den Fragebogen und das Anschreiben zielgerecht an die Leiter der Internen Revision richten zu können, sind die anzuschreibenden Unternehmen telefonisch kontaktiert worden, um deren Namen zu erfragen. Dabei war es nicht in allen Fällen möglich, diese zu erfahren, so dass alternativ die relevanten, von den Unternehmen genannten Sekretariate bzw. Stellen angeschrieben worden sind, mit der Bitte das Anschreiben und den Fragebogen an den Leiter der Internen Revision der Gesellschaft weiterzugeben.[735] Dementsprechend ist das im Anhang beigefügte Anschreiben, das ein personifiziertes Anschreiben an den Leiter darstellt, modifiziert worden. Es ist zu erwähnen, dass der DIIR-Vorstand das Anschreiben und den Fragebogen akzeptiert hat,[736] so dass neben Universitätsangehörigen auch revisionsspezifische Personen den Fragebogen auf seine Eignung getestet haben.

In diesem Zusammenhang ist auf die grundlegenden Kriterien eines Messvorgangs und seines Instrumentariums einzugehen, die zu verlässlichen und qualitativ hochwertigen Messergebnissen und Schlussfolgerungen führen. Zu diesen Kriterien gehören neben der Objektivität die Reliabilität und Validität.[737]

Objektivität bedeutet eine Unabhängigkeit der Messresultate vom Untersuchungsleiter und wird unterteilt in die Durchführungs-, Auswertungs- und Interpretationsobjektivität. Bei der Durchführungsobjektivität handelt es sich um

---

[733] An dieser Stelle sei dem DIIR für seine Unterstützung herzlich gedankt.

[734] Das Anschreiben ist ebenfalls im Anhang beigefügt.

[735] Im Rahmen der Kontaktaufnahme haben insgesamt 13 Interne Revisionen bzw. Unternehmen es abgelehnt, an der Untersuchung teilzunehmen, so dass an diese keine Unterlagen versendet worden sind. Genannte Gründe für die Nichtteilnahme sind vor allem keine Weitergabe unternehmensinterner Daten aus geschäftspolitischer Sicht sowie keine Ressourcen zur Bearbeitung des Fragebogens.

[736] Anzumerken ist, dass das Anschreiben und der Fragebogen nach Vorlage beim DIIR-Vorstand noch marginal und unwesentlich angepasst worden sind.

[737] Vgl. hierzu und in der Folge Berekoven/Eckert/Ellenrieder 2006, S. 87–90.

die Einflussnahme des Untersuchungsleiters auf die Auskunftsperson. Je ge-
ringer die Beziehung zwischen den beiden Personen ist, desto höher ist die
Durchführungsobjektivität. Bezogen auf die vorliegende Untersuchung kann
ausgesagt werden, dass eine hohe Durchführungsobjektivität aufgrund keiner
bestehenden Beziehungen zueinander vorliegt. Hinsichtlich der Auswertungs-
objektivität, die umso höher ist, je weniger Freiräume der Person bei der Auswertung gegeben sind, ist festzustellen, dass diese hier als hoch anzusehen ist,
da der entwickelte Fragebogen diesem Sachverhalt weitestgehend Rechnung
trägt. Mit der vorliegenden Ausgestaltung des Fragebogens ist ebenfalls eine
hohe Interpretationsobjektivität, die umso höher ist, je weniger Freiräume dem
Leiter der Untersuchung bei der Messergebnisanalyse gegeben sind, verbunden.

Die Reliabilität (Zuverlässigkeit), deren Voraussetzung die Objektivität ist, beschreibt die Präzision und Stabilität der Messwerte, d. h. die Reproduzierbar-
keit der Messwerte bei erneuter Durchführung unter gleich bleibenden Bedin-
gungen, und stellt „die formale Genauigkeit der Merkmalserfassung"[738] dar.
Im Rahmen der vorliegenden Untersuchung wird eine hohe Zuverlässigkeit
dadurch sichergestellt, dass der Fragebogen von Universitätsangehörigen und
vom DIIR-Vorstand gesichtet und freigegeben worden ist. Auf weitere Methoden, wie z. B. die Test-Rest-Methode, zur Zuverlässigkeitsbestimmung ist daher verzichtet worden.

Die Validität (Gültigkeit), die durch die Reliabilität bedingt ist, bezeichnet die
materielle Genauigkeit der Ergebnisse und „gilt als gegeben, wenn es den ei-
gentlich interessierenden Sachverhalt tatsächlich zu erfassen vermag bzw. genau das misst, was auch gemessen werden sollte."[739] Im Hinblick auf den erarbeiteten Fragebogen und die damit verbundenen Resultate ist zu konstatieren,
dass das Kriterium der Validität erfüllt ist, da einerseits seine Inhalte aus theo-

---

[738] Berekoven/Eckert/Ellenrieder 2006, S. 88 (im Original teilweise hervorgehoben).

[739] Berekoven/Eckert/Ellenrieder 2006, S. 89.

retischer Sicht entwickelt worden sind sowie andererseits ihn Universitätsangehörige und der DIIR-Vorstand betrachtet und akzeptiert haben. Die Ergebnisse sind somit als generalisierbar anzusehen, da auch aus interner Sicht während der Erhebung keine Störungen zu verzeichnen waren.

Die betreffenden Kriterien erfüllend ist der Fragebogen zusammen mit dem Anschreiben und einem adressierten und frankierten Rückumschlag Mitte April 2009 an die Leiter der Internen Revision versendet worden, denen dann bis zum 31.05.2009 Zeit zum Ausfüllen gegeben worden ist. Insgesamt sind 27 Fragebögen zurückgesendet worden, wobei einer nicht verwertbar war. Dieses entspricht bezogen auf die 91 angeschriebenen Gesellschaften einer Rücklaufquote von 29 %.[740] Aufgrund der für diese Form der empirischen Untersuchung zufrieden stellenden Rücklaufquote ist auf eine weitere Anfrage verzichtet worden.

Aus den erhaltenen Fragebögen werden im nächsten Abschnitt die Ergebnisse gewonnen, um daraus Schlussfolgerungen zu ziehen.

---

[740] Wie schon erwähnt, sind 13 der 104 ausgewählten Unternehmen nicht angeschrieben worden, da diese die Teilnahme im Rahmen der Kontaktaufnahme ablehnten. Somit bezieht sich die Rücklaufquote auf die angeschriebenen 91 Unternehmen. Vgl. zur Ermittlung der Rücklaufquote den nächsten Abschnitt bzw. Tabelle 25.

II. Befragungsergebnisse

Die Ergebnisse werden summarisch und bei wesentlichen Sachverhalten, die
sich aus den einzelnen Antworten ergeben, auch auf individueller Ebene dargestellt. Bevor im Rahmen der Ergebnisdarlegung zunächst generelle Merkmale der antwortenden Unternehmen präsentiert werden, wird in der folgenden
Tabelle die Rücklaufquote dargestellt. Hierin sind bereits auch die antwortenden Unternehmen aufgeteilt nach Branchen abgebildet.[741]

	Ausgewählte Unternehmen (am 23.03.2009 im DAX, MDAX und TecDAX notierte deutsche Unternehmen)	104
−	Unternehmen, die im Rahmen der Kontaktaufnahme Teilnahme ablehnten	13
=	angeschriebene Unternehmen	91
		(100 %)
	Eingegangene Antworten	27
−	nicht verwertbare Fragebögen	1
=	ausgewertete Fragebögen	26
	(Rücklaufquote)	**(29 %)**
	Branchenzugehörigkeit	
	Verarbeitendes Gewerbe/Industrie	14
	Energieversorgung; Wasserversorgung; Entsorgung	0
	Baugewerbe	0
	Handel	3
	Verkehr und Lagerei	1
	Information und Kommunikation	2
	Banken und Finanzdienstleistungen	2
	Versicherungen	1
	Sonstige Dienstleistungen	3

---

[741]   Die Branchenfestlegung (Frage 1. im Bereich I. des Fragebogens) orientiert sich an den
vom Statistischen Bundesamt veröffentlichten Wirtschaftszweigen. Vgl. Statistisches
Bundesamt 2008, S. 54 f.

Sonstige: Health Care	1
Medien	1
Bergbau/chemische Industrie	1

Tabelle 25: **Ermittlung der Rücklaufquote und Branchenzugehörigkeit der antwortenden Unternehmen**[742]

Die Einordnung der antwortenden Unternehmen anhand ihrer Mitarbeiteranzahl und Branchenzugehörigkeit ist in der folgenden Tabelle dargelegt.

Branche / Mitarbeiteranzahl	Verarbeitendes Gewerbe/ Industrie	Handel	Verkehr und Lagerei	Information und Kommunikation	Banken und Finanzdienstleistungen	Versicherungen	Sonstige Dienstleistungen	Sonstige
≤ 5.000	1	0	0	0	1	0	0	1
> 5.000 ≤ 10.000	3	0	0	1	0	0	0	0
> 10.000 ≤ 30.000	3	3	0	0	0	0	2	1
> 30.000 ≤ 50.000	1	0	0	0	0	0	0	0
> 50.000 ≤ 100.000	2	0	0	0	0	0	1	1
> 100.000	4	0	1	0	1	1	0	0
Keine Angabe	0	0	0	1	0	0	0	0

Tabelle 26: **Einordnung der antwortenden Unternehmen anhand ihrer Mitarbeiteranzahl und Branchenzugehörigkeit**

Aus der Tabelle 26 ist zu ersehen, dass sämtliche Unternehmensgrößen, dargestellt anhand der Mitarbeiteranzahl bzw. Mitarbeitergrößenklassen, und verschiedene Branchen in der Auswertung Berücksichtigung finden.

---

[742] In der Darstellung der Branchenzugehörigkeit ist ein Unternehmen enthalten, dass sich zu drei Branchen bekennt, sowie ein weiteres aufgeführt, dass in zwei Branchen tätig ist, so dass sich die Summe in der Branchenaufteilung statt auf 26 auf 29 beläuft.

Als letzter Aspekt zu den allgemeinen Merkmalen der antwortenden Unternehmen wird die Größe ihrer Internen Revisionseinheit (Anzahl der Mitarbeiter in der Internen Revision) in Bezug zur Unternehmensmitarbeiteranzahl gesetzt.

Mitarbeiter-anzahl \ Anzahl der Internen Revisoren	≤ 5	$> 5 \leq 20$	$> 20 \leq 50$	> 50	Keine Angabe
≤ 5.000	2	1	0	0	0
$> 5.000 \leq 10.000$	3	1	0	0	0
$> 10.000 \leq 30.000$	0	6	1	0	0
$> 30.000 \leq 50.000$	0	1	0	0	0
$> 50.000 \leq 100.000$	0	2	1	1	0
> 100.000	0	1	1	4	0
Keine Angabe	0	0	0	0	1

Tabelle 27: Einordnung der antwortenden Unternehmen anhand ihrer Mitarbeiteranzahl und Anzahl der Internen Revisoren

Aus der vorstehenden Tabelle zeigt sich, dass sämtliche Größenordnungen der Internen Revision Eingang in die Befragungsergebnisse finden. Die Mehrzahl der antwortenden Unternehmen verfügt über eine Interne Revisionseinheit mit 6–20 Mitarbeitern.

Nachdem die allgemeinen Merkmale der antwortenden Unternehmen präsentiert worden sind, konzentriert sich die weitere Auswertung auf die revisionsspezifischen Sachverhalte.

Die folgende Tabelle verdeutlicht, wie die Interne Revision in den Unternehmen organisatorisch eingeordnet ist.

Organisatorische Einordnung der Internen Revision im Unternehmen	Anzahl der Unternehmen
Eigenständige Stabeinheit der (gesamten) Unternehmensleitung	5
Eigenständige Stabeinheit einzelner Vorstands-/Geschäftsführungsmitglieder	21
Ausgeübt durch unternehmensexterne Einheit	1

Tabelle 28: **Organisatorische Einordnung der Internen Revision im Unternehmen**[743]

Die Interne Revision ist demnach primär als eigenständige Stabeinheit einzelner Vorstands-/Geschäftsführungsmitglieder in den Unternehmen organisatorisch eingegliedert. Als weitere Organisationsformen werden ihre Anbindung als eigenständige Stabeinheit an die (gesamte) Unternehmensleitung und ihre Ausübung durch eine unternehmensexterne Einheit genannt, wobei die vorgesetzte Stelle im Falle der Auslagerung der Internen Revision ein einzelnes Vorstands-/Geschäftsführungsmitglied ist.

Anknüpfend an die organisatorische Verankerung der Internen Revision im Unternehmen geht es um die Präzisierung ihres Handelns. Hierzu ist zunächst danach gefragt worden, ob den Leitern der Internen Revision die Inhalte des Internationalen Regelwerks der beruflichen Praxis des IIA (IPPF) bekannt sind. Während 65 % der antwortenden Personen über eine vollständige Kenntnis der Inhalte des IPPF verfügen, sind den restlichen 35 % nur Teile dessen bekannt (Abbildung 11).

---

[743] Bei einer Gesellschaft liegt eine Doppelunterstellung und zwar in fachlicher Hinsicht unter die (gesamte) Unternehmensleitung und in disziplinarischer Hinsicht unter ein einzelnes Vorstands-/Geschäftsführungsmitglied vor, so dass sich in der Tabelle die Anzahl der Unternehmen gegenüber der Anzahl der ausgewerteten Fragebögen um eins erhöht.

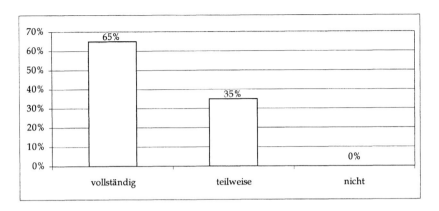

Abbildung 11:   Bekanntheitsgrad des IPPF in der Internen Revisionspraxis

Aufbauend auf dem Bekanntheitsgrad des IPPF ist zu klären, wie seine konkreten Inhalte in der Praxis und welche weiteren berufsständischen Vorschriften angewendet werden. Dieses wird in der folgenden Tabelle konkretisiert, wobei die angegebenen Ziffern die Anzahl der antwortenden Internen Revisionen wiedergeben. Diese Darstellungsform gilt auch für alle weiteren in dieser Art präsentierten Auswertungen.

Anwendungsgrad der berufsständischen Vorschrift — Berufsständische Vorschrift	Vollständig	Teilweise	Nicht	Unbekannt	Keine Angabe
Definition der Internen Revision	17	8	0	0	1
Ethikkodex	17	7	1	0	1
IIA-Standards	12	13	0	0	1
Praktische Ratschläge	3	20	2	0	1
Positionspapiere	1	16	6	1	2
Praxisleitfäden	0	19	3	1	3
DIIR-Revisionsstandards Nr. 1–4 und Ergänzung zum Standard Nr. 3	8	15	2	1	0

Tabelle 29:   Anwendung berufsständischer Vorschriften in der Internen Revision

Aus der Tabelle 29 geht hervor, dass die verpflichtenden Teile des IPPF (Definition der Internen Revision, Ethikkodex und IIA-Standards) weitestgehend eingehalten werden. Die weiteren Elemente des IPPF finden im Wesentlichen nur teilweise Berücksichtigung in der Praxis. Nach den DIIR-Revisionsstandards Nr. 1–4 und der Ergänzung zum Standard Nr. 3 handeln die Internen Revisionen größtenteils vollständig oder teilweise. Erwähnenswert ist auch, dass in einigen Internen Revisionen Teilinhalte des IPPF sowie die DIIR-Revisionsstandards Nr. 1–4 und die Ergänzung zum Standard Nr. 3 nicht angewendet werden; in Einzelfällen sind diese sogar unbekannt. Gerade die Unbekanntheit der Praxisleitfäden und Positionspapiere bei einem Leiter der Internen Revision überrascht, da er vorher angegeben hat, das IPPF vollständig zu kennen.[744]

Ergänzend ist anzumerken, dass die antwortenden Internen Revisionsleiter auch die Möglichkeit genutzt haben, unter dem Punkt „Sonstige" im Fragebogen (Frage 7. im Bereich I.) weitere angewendete Vorschriften aufzuführen. Dabei handelt es sich jedoch nicht um die vom Berufsstand der Internen Revision/Internen Revisoren veröffentlichten Normen. Demnach wendet eine Interne Revision die prüfungsbezogenen Fachgutachten der Wirtschaftsprüfer vollständig an, eine zweite greift teilweise auf die IDW PS zurück und zwei weitere benutzen vollständig interne Richtlinien bzw. Unternehmensstandards.

Nachdem die Anwendung der berufsständischen Vorschriften in der Praxis beleuchtet worden ist, wird vertiefend im Hinblick auf das IPPF sowie die DIIR-Revisionsstandards Nr. 1–4 und die Ergänzung zum Standard Nr. 3 ermittelt, inwieweit diese Regelungen eine ausreichende Grundlage für das Wirken der Internen Revisionspraxis darstellen. In der Tabelle 30 finden sich die Ergebnisse dazu wieder.

---

[744] Diese Aussage lässt sich nur aus der individuellen Ergebnispräsentation und nicht aus der summarischen Darstellung ableiten.

Berufsständische Vorschrift / Eignung der berufsständischen Vorschrift für Interne Revision	Ja	Teilweise	Nein	Unbekannt
IPPF	13	12	0	1
DIIR-Revisionsstandards Nr. 1–4 und Ergänzung zum Standard Nr. 3	17	8	0	1

Tabelle 30: **Eignung berufsständischer Vorschriften für das Wirken der Internen Revision**

In Bezug auf das IPPF sieht die Hälfte der Internen Revisionsleiter darin eine geeignete Arbeitsgrundlage für ihre Interne Revision. Zwölf Leiter beurteilen es dagegen als teilweise geeignet. Als Anmerkungen zum bzw. Verbesserungsvorschläge für das IPPF werden vor allem aufgeführt bzw. genannt:

- Es ist nicht immer global geeignet.
- Die IIA-Standards sind zu umfangreich und nicht mehr praktikabel handhabbar.
- Es umfasst eine kaum überschaubare Anzahl von Normen und Leitlinien, wobei es an einer geeigneten Richtschnur fehlt, wie Wesentliches von Unwesentlichem getrennt werden kann; das Prinzipielle geht etwas in den Einzelregelungen unter.
- Das IPPF bietet theoretisch eine gute Basis; in der Unternehmenspraxis stehen jedoch operative Notwendigkeiten der Theorie in Einzelfällen entgegen, dennoch sollte es keine Aufweichung der IIA-Berufsvorgaben geben.
- Die Auftragsvergabe sollte konkretisiert werden.

Im Gegensatz dazu beurteilt die Mehrheit der Leiter der Internen Revision die DIIR-Revisionsstandards Nr. 1–4 und die Ergänzung zum Standard Nr. 3 als eine ausreichende Grundlage für das Wirken ihrer Internen Revision. Hierzu werden nur wenige Anmerkungen vorgenommen, die aufgrund ihrer geringen Bedeutung hier jedoch keine Erwähnung finden.

Aus den bisherigen Antworten zu den berufsständischen Normen konnte ein Eindruck gewonnen werden, wie diese in der Praxis wahrgenommen werden. Zur Erarbeitung des praktischen Verständnisses der Internen Revision gehört vor allem die Frage nach den relevanten Zielen in der Internen Revisionspraxis. Die folgende Abbildung gibt hierzu einen Überblick.

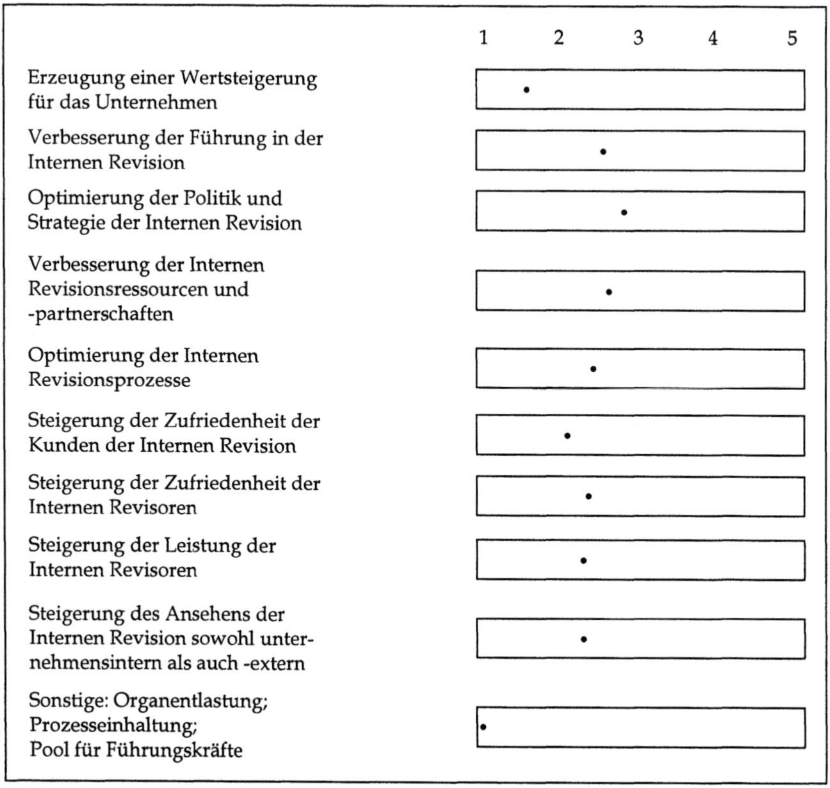

Abbildung 12:   Ziele in der Internen Revisionspraxis und ihre Relevanz (Mittelwerte)[745]

---

[745]   Die Zahlen 1–5 haben folgende Bedeutung: 1 sehr hoch, 2 hoch, 3 mittel, 4 gering und 5 keine. Diese Festlegung gilt auch für weitere Abbildungen in diesem Abschnitt.

Aus der vorstehenden Abbildung wird deutlich, welche Ziele in der Praxis von Wichtigkeit sind. Dabei ergibt sich aus einer Durchschnittsbetrachtung[746], die gewählt worden ist, um generelle Tendenzaussagen treffen zu können, dass die Generierung einer Wertsteigerung für das Unternehmen eine herausragende Stellung einnimmt. Ihr wird eine sehr hohe bis hohe Relevanz zugeteilt. Für die weiteren aufgeführten Ziele, bis auf sonstige, gilt, dass ihnen eine hohe bis mittlere Bedeutung zugewiesen wird. Unter der Rubrik „Sonstige" sind Ziele aufgeführt, die die antwortenden Leiter der Internen Revision ergänzend genannt haben. So stellt die Organentlastung, die Prozesseinhaltung und die Schaffung eines Pools zukünftiger Führungskräfte jeweils für eine Interne Revision ein sehr bedeutsames Ziel dar. Im Hinblick auf die Ergebnisse zu den Zielen ist noch darauf hinzuweisen, dass ein Leiter bis auf die Beantwortung zur Erzeugung einer Wertsteigerung für das Unternehmen keine weiteren Angaben vorgenommen hat, da die anderen Ziele weitestgehend erreicht sind, ein weiterer Leiter keine Angabe bei der Optimierung der Politik und Strategie der Internen Revision gemacht hat und ein dritter Leiter angegeben hat, dass die Interne Revision angesehen ist und die Kunden zufrieden sind, so dass er den Zielen der Steigerung der Kundenzufriedenheit und des Ansehens eine geringe Bedeutung beimisst.

Die Leiter der Internen Revision haben erklärt, dass die Generierung einer Wertsteigerung für ihr Unternehmen ein sehr bedeutsames Ziel der Internen Revision darstellt. In diesem Zusammenhang stellt sich die Frage, gerade vor dem Hintergrund der in der Arbeit bereits beschriebenen Problematik des Wertbeitrags- bzw. Wertsteigerungsnachweises der Internen Revision,[747] ob die Internen Revisionen über eine Spitzenkennzahl zur Verdeutlichung ihres Beitrags zur Wertmehrung verfügen und um welche es sich dabei ggf. handelt.

---

[746] Als Durchschnittswert wurde jeweils das arithmetische Mittel verwendet. Dieses gilt auch für weitere Mittelwertauswertungen in diesem Abschnitt.

[747] Vgl. Abschnitt I.A.3.b) des zweiten Hauptteils.

Die folgende Abbildung zeigt, ob in der Praxis mit einer derartigen Kennzahl gearbeitet wird.

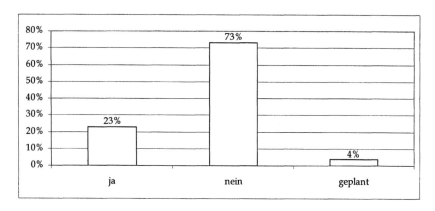

Abbildung 13:   Existenz einer Spitzenkennzahl als Nachweis zur Wertsteigerung in der Internen Revisionspraxis

Wie die Abbildung verdeutlicht, verfügt eine eindeutige Mehrheit der Internen Revisionen über keine Spitzenkennzahl, mit der sie ihren Wert- bzw. -steigerungsbeitrag nachweist. Bei den 23 %, die mit ja geantwortet haben, handelt es sich um sechs Interne Revisionen, wobei nur zwei über eine eindeutige Spitzenkennzahl und zwar die Anzahl wesentlicher Feststellungen bzw. das Einsparvolumen verfügen. Die anderen vier Einheiten besitzen jeweils mehrere Topkennzahlen. So teilt die erste von den vier als Auszug ihrer Kennzahlen mit, dass eine wichtige die Veränderung der Risikoposition vor und nach dem Audit ist. Die zweite Interne Revision berichtet, dass das Fraudvolumen, das Reduzierungsvolumen der externen revisionsnahen Beratungstätigkeiten und der Verbesserungsindex der Wirtschaftlichkeitsprüfungen als Spitzenkennzahlen Verwendung finden. Für die dritte Interne Revision gehören die Anzahl der absolvierten Prüfungen pro Revisor sowie die Einsparungen und Belastungen im Prüfungsjahr zu den Spitzensteuerungsgrößen im Hinblick auf die Wertsteigerung. Die vierte Einheit verwendet hierfür die ökonomischen Einsparungen pro Jahr und die bewertete Risikovermeidung. Des Weiteren plant eine Interne Revision (4 %) die Einführung einer Risikokennzahl, die jedoch nicht näher beschrieben worden ist, als Topkennzahl.

Auf Basis dieser Ergebnisse gilt es nun, sich detailliert mit dem Qualitätsmanagement in der Internen Revision auseinanderzusetzen. Hierzu ist zunächst danach gefragt worden, welche Bedeutung die Interne Revisionspraxis dem Qualitätsmanagement beimisst. Die Ergebnisse sind überblicksartig in der folgenden Abbildung dargestellt.

	1	2	3	4	5
Verdeutlichung des Wert- bzw. -steigerungsbeitrags der Internen Revision in nichtmonetärer Form			•		
Erzeugung einer Wertsteigerung für das Unternehmen		•			
Verbesserung der Führung in der Internen Revision			•		
Optimierung der Politik und Strategie der Internen Revision			•		
Verbesserung der Internen Revisionsressourcen und -partnerschaften			•		
Optimierung der Internen Revisionsprozesse		•			
Steigerung der Zufriedenheit der Kunden der Internen Revision		•			
Steigerung der Zufriedenheit der Internen Revisoren			•		
Steigerung der Leistung der Internen Revisoren		•			
Steigerung des Ansehens der Internen Revision sowohl unternehmensintern als auch -extern		•			
Sonstige: Organentlastung, insbesondere unter Compliance-Gesichtspunkten und dem BilMoG	•				

Abbildung 14: Bedeutung des Qualitätsmanagements aus Sicht der Internen Revisionspraxis (Mittelwerte)

Aus der vorgenommenen Mittelwertbetrachtung geht hervor, dass die Leiter der Internen Revision in den aufgeführten Punkten, bis auf den Inhalt unter

sonstige, eine hohe bis mittlere Bedeutung für das Qualitätsmanagement sehen.[748] Vor allem ist hier zu nennen, dass mit dem Qualitätsmanagement eine
Verdeutlichung des Wert- bzw. -steigerungsbeitrags der Internen Revision in
nichtmonetärer Form und die Erzeugung einer Wertsteigerung für das Unternehmen verbunden wird. Ein Leiter hat erweiternd unter dem Punkt „Sonstige" aufgeführt, dass er im Qualitätsmanagement die Möglichkeit sieht, die unternehmerischen Organe, insbesondere im Hinblick auf Compliance-Sach-
verhalte und das BilMoG, zu entlasten.

Nachdem die Bedeutung des Qualitätsmanagements aus der Perspektive der
Praxis gezeigt worden ist, wird sich damit beschäftigt, welche Bestandteile für
die Praxis zum Qualitätsmanagement gehören. Dieses kommt in der folgenden
Abbildung 15 zum Ausdruck.

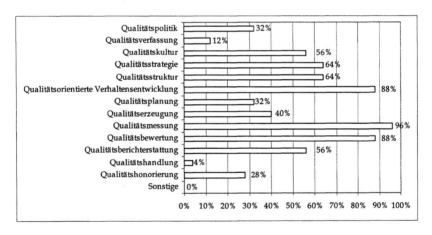

**Abbildung 15:   Elemente des Qualitätsmanagements aus Sicht der Internen
Revisionspraxis[749]**

---

[748]   Im Hinblick auf die Auswertung der Aspekte ist anzumerken, dass ein Leiter der Internen Revision zu den ersten vier Punkten keine Angaben gemacht hat.

[749]   Aus Darstellungsgründen sind die ergänzenden Erläuterungen zu den Komponenten
Qualitätsstrategie, Qualitätsstruktur, qualitätsorientierte Verhaltensentwicklung und

(Fortsetzung der Fußnote auf der nächsten Seite)

Als besonders wichtige Bestandteile (> 50 %) werden die Qualitätskultur, -strategie, -struktur, -messung, -bewertung und -berichterstattung sowie die qualitätsorientierte Verhaltensentwicklung angesehen.

Ergänzend zur prozentualen Gesamtdarstellung der Qualitätsmessung und -bewertung ist aufzuführen, in welcher Art und Weise diese von der Praxis gesehen werden. Eine Verdeutlichung hierzu bieten die beiden folgenden Tabellen.

Qualitätsmessung sollte ...	Antworten
durch verantwortliche Personen im Rahmen der Aufträge erfolgen.	6
durch den Leiter der Internen Revision oder andere Interne Revisoren für die gesamte Interne Revision erfolgen.	21
durch qualifizierte, unternehmensinterne, aber nicht der Internen Revision angehörende Personen für die gesamte Interne Revision erfolgen.	3
durch qualifizierte, unternehmensunabhängige Personen für die gesamte Interne Revision erfolgen.	8

Tabelle 31:   **Bestandteile der Qualitätsmessung aus Sicht der Internen Revisionspraxis**[750]

Qualitätsplanung aus dem Fragebogen (Frage 2. im Bereich II.) hier nicht aufgeführt worden. Die in der im Fragebogen zu dieser Frage vertiefenden Aspekte zur Qualitätsmessung und -bewertung werden im Weiteren behandelt. Hinzuweisen ist ferner darauf, dass ein Leiter keine Angaben zu den Bestandteilen gemacht hat und sich daher die Auswertung auf die restlichen Unternehmen bezieht sowie ein Leiter unter dem Punkt „Sonstige" zu dieser Frage 2. im Bereich II. des Fragebogens einen Feedback-Fragebogen genannt hat, der aber hier nicht aufgeführt wird, da er in den Bereich der Messung und Bewertung fällt.

[750] Insgesamt haben 24 Leiter die Qualitätsmessung im Fragebogen (Frage 2. im Bereich II.) angekreuzt. Entsprechend der Tabelle sind dann die weiteren Präzisierungen vorgenommen worden, wobei ein Leiter keine weiteren Angaben mehr zu diesem Aspekt gemacht hat.

Qualitätsbewertung sollte ...	Antworten
durch verantwortliche Personen im Rahmen der Aufträge erfolgen.	5
durch den Leiter der Internen Revision oder andere Interne Revisoren für die gesamte Interne Revision erfolgen.	18
durch qualifizierte, unternehmensinterne, aber nicht der Internen Revision angehörende Personen für die gesamte Interne Revision erfolgen.	5
durch qualifizierte, unternehmensunabhängige Personen für die gesamte Interne Revision erfolgen.	8

Tabelle 32:   **Bestandteile der Qualitätsbewertung aus Sicht der Internen Revisionspraxis**[751]

Demnach priorisiert die Praxis sowohl die Messung als auch die Bewertung der Qualität für die gesamte Interne Revision durch den Leiter oder einen anderen Internen Revisor. In diesem Zusammenhang ist zu konstatieren, dass in der Praxis zur Qualitätsmessung und -bewertung unterschiedliche Sichtweisen existieren, die in den weiteren Ausführungen vertiefend dargelegt werden.

In Bezug auf die durch qualifizierte, unternehmensinterne, aber nicht der Internen Revision angehörende Personen sowie die durch qualifizierte, unternehmensunabhängige Personen für die gesamte Interne Revision vorzunehmende Qualitätsmessung und -bewertung ist von Interesse, wer diese konkret durchführen sollte. Die beiden folgenden Tabellen 33 und 34 geben wieder, welche Personen die Praxis hiefür als geeignet ansieht.[752]

---

[751]   Für 22 Unternehmen zählt die Qualitätsbewertung gem. Beantwortung der Frage 2. im Bereich II. des Fragebogens zum Qualitätsmanagement, die in der Tabelle ihre Konkretisierung findet, wobei sich ein Leiter der Präzisierung nicht angenommen hat.

[752]   Dabei ist zu berücksichtigen, dass für die Unternehmen die Möglichkeit bestand, Mehrfachnennungen vorzunehmen (Frage 4. und 5. im Bereich II. des Fragebogens).

Qualifizierte, unternehmensinterne, aber nicht der Internen Revision angehörende Personen, die eine Qualitätsmessung und -bewertung durchführen sollten, ...	Antworten
wobei die Interne Revision hierunter nur die Messung versteht (gem. Beantwortung der Frage 2., Bereich II. des Fragebogens, die in Tabelle 31 summarisch abgebildet ist):	1
• Sonstige: Nicht lesbar	1
wobei die Interne Revision hierunter nur die Bewertung versteht (gem. Beantwortung der Frage 2., Bereich II. des Fragebogens, die in Tabelle 32 summarisch abgebildet ist):	3
• Personen aus dem Controlling	1
• Sonstige: Compliance Officer/Qualitätsauditoren	1
Qualitätsmanagement	1
wobei die Interne Revision hierunter die Messung und Bewertung versteht (gem. Beantwortung der Frage 2., Bereich II. des Fragebogens, die in Tabelle 31 und 32 summarisch abgebildet ist):	2
• Personen aus dem Controlling	1
• Sonstige: Vorstand	1
wobei die Interne Revision zu diesem Sachverhalt (Frage 2., Bereich II. des Fragebogens und der dazugehörige Unterpunkt) kein Kreuz gesetzt und im Rahmen seiner Konkretisierung (Frage 4., Bereich II. des Fragebogens) trotzdem geantwortet hat:	
• Personen aus dem Controlling	1

Tabelle 33:   Qualifizierte, unternehmensinterne, aber nicht der Internen Revision angehörende Personen, die aus Sicht der Internen Revisionspraxis eine Qualitätsmessung und -bewertung der gesamten Internen Revision vornehmen sollten

In der Tabelle 33 ist zur Verdeutlichung der unterschiedlichen Unternehmensantworten eine Aufteilung in verschiedene Bereiche angestellt worden. Es zeigt sich, dass der Teil der Praxis, für den eine durch qualifizierte, unternehmensinterne, aber nicht der Internen Revision angehörende Personen für die gesamte Interne Revision auszuführende Qualitätsmessung und -bewertung zum Qualitätsmanagement gehört, hierfür keinen spezifischen Personenkreis vorsieht und ein uneinheitliches Bild vor allem hinsichtlich einer vorzunehmenden Messung und/oder Bewertung vermittelt.

Qualifizierte, unternehmensunabhängige Personen, die eine Qualitätsmessung und -bewertung durchführen sollten, ...	Antworten
wobei die Interne Revision hierunter nur die Messung versteht (gem. Beantwortung der Frage 2., Bereich II. des Fragebogens, die in Tabelle 31 summarisch abgebildet ist):	3
• Wirtschaftsprüfungsgesellschaft	2
• Sonstige: Qualitätsstelle des Technischen Überwachungsvereins	1
wobei die Interne Revision hierunter nur die Bewertung versteht (gem. Beantwortung der Frage 2., Bereich II. des Fragebogens, die in Tabelle 32 summarisch abgebildet ist):	3
• DIIR/IIA bzw. durch diese Institutionen zertifizierte Qualitätsassessoren	2
• Wirtschaftsprüfungsgesellschaft	3
wobei die Interne Revision hierunter die Messung und Bewertung versteht (gem. Beantwortung der Frage 2., Bereich II. des Fragebogens, die in Tabelle 31 und 32 summarisch abgebildet ist):	5
• DIIR/IIA bzw. durch diese Institutionen zertifizierte Qualitätsassessoren	4
• Wirtschaftsprüfungsgesellschaft	3
wobei die Interne Revision zu diesem Sachverhalt (Frage 2. im Bereich II. des Fragebogens und der dazugehörige Unterpunkt) keine Markierung gesetzt und im Rahmen seiner Konkretisierung (Frage 5., Bereich II. des Fragebogens) trotzdem geantwortet hat:	6
• DIIR/IIA bzw. durch diese Institutionen zertifizierte Qualitätsassessoren	4

• Wirtschaftsprüfungsgesellschaft	3

Tabelle 34: Qualifizierte, unternehmensunabhängige Personen, die aus Sicht der Internen Revisionspraxis eine Qualitätsmessung und -bewertung der gesamten Internen Revision vornehmen sollten

Auch bei der Betrachtung der Qualitätsmessung und -bewertung durch qualifizierte, unternehmensunabhängige Personen erschließt sich, dargestellt durch die verschiedenen Antwortbereiche, dass es bei den Internen Revisionen, die dieses als relevant ansehen, keine eindeutige Auffassung zur Messung und/oder Bewertung gibt. Es besteht aber Klarheit darüber, dass das DIIR/IIA bzw. durch diese Institutionen zertifizierte Qualitätsassessoren und Wirtschaftsprüfungsgesellschaften hierfür als adäquat angesehen werden.

In den Bereich der Qualitätsmessung und -bewertung fällt die Zertifizierung der Internen Revision. Ihre Notwendigkeit ist aus Sicht der Praxis in der folgenden Abbildung dargelegt.

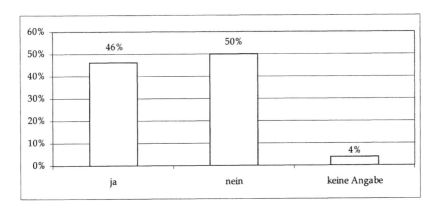

Abbildung 16: Notwendigkeit einer Zertifizierung der Internen Revision aus Sicht der Internen Revisionspraxis

Hinsichtlich einer Zertifizierung der Internen Revision besteht bei den 26 antwortenden Unternehmen ein differierendes Bild. Während knapp die Hälfte eine Zertifizierung für notwendig erachtet, steht die andere Hälfte dieser ablehnend gegenüber.

Konkretisiert man neben der Qualitätsmessung und -bewertung die Qualitätsberichterstattung (Frage 6., Bereich II. des Fragebogens), so stellt sich die Frage, wie die Praxis die in der folgenden Tabelle aufgeführten Aspekte beurteilt.

Sollte die Qualitätsberichterstattung die folgenden Aspekte umfassen?	Antworten
Interne Revisionen, für die die Qualitätsberichterstattung gem. Frage 2. im Bereich II. des Fragebogens, dargestellt in Abbildung 15, zum Qualitätsmanagement zählt:	14
• Eingehen auf die Auftragsausübung in Übereinstimmung mit der Definition der Internen Revision, dem Ethikkodex und den IIA-Standards im Rahmen von Revisionsberichten	5
• Eingehen auf die Ausübung der gesamten Internen Revisionstätigkeit in Übereinstimmung mit der Definition der Internen Revision, dem Ethikkodex und den IIA-Standards im Rahmen der Berichterstattung an die vorgesetzte Stelle und Unternehmensleitung	8
• Darlegung wesentlicher Qualitätsmanagementsachverhalte der Internen Revision in der unternehmensexternen Berichterstattung	7
• Keine Angabe	4
Interne Revisionen, für die die Qualitätsberichterstattung gem. Frage 2. im Bereich II. des Fragebogens, dargestellt in Abbildung 15, nicht zum Qualitätsmanagement zählt, die aber dennoch im Rahmen ihrer Konkretisierung (Frage 6., Bereich II. des Fragebogens) geantwortet haben:	3
• Eingehen auf die Auftragsausübung in Übereinstimmung mit der Definition der Internen Revision, dem Ethikkodex und den IIA-Standards im Rahmen von Revisionsberichten	1

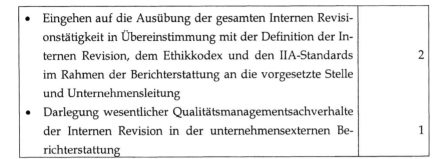

• Eingehen auf die Ausübung der gesamten Internen Revisionstätigkeit in Übereinstimmung mit der Definition der Internen Revision, dem Ethikkodex und den IIA-Standards im Rahmen der Berichterstattung an die vorgesetzte Stelle und Unternehmensleitung	2
• Darlegung wesentlicher Qualitätsmanagementsachverhalte der Internen Revision in der unternehmensexternen Berichterstattung	1

Tabelle 35: **Beurteilung von Qualitätsberichterstattungselementen durch die Interne Revisionspraxis**

Tabelle 35 vermittelt einen Eindruck, welche Bedeutung die Praxis den aufgeführten Elementen der Qualitätsberichterstattung beimisst. Auch in dieser Darstellung ist eine Aufteilung der antwortenden Gesellschaften vorgenommen worden und zwar in Interne Revisionen, für die die Qualitätsberichterstattung gem. Beantwortung der Frage 2. aus dem Bereich II. des Fragebogens, dargestellt in Abbildung 15, zum Qualitätsmanagement zählt, sowie in Interne Revisionen, die in der Frage 2. die Berichterstattung nicht angekreuzt haben. Damit wird der teilweise nicht konkludenten Beantwortung der Fragen durch die Internen Revisionen Rechnung getragen. Im Gesamtbild zeigt sich, dass sowohl das Eingehen auf die Auftragsausübung in Übereinstimmung mit der Definition der Internen Revision, dem Ethikkodex und den IIA-Standards im Rahmen von Revisionsberichten als auch das Eingehen auf die Ausübung der gesamten Internen Revisionstätigkeit in Übereinstimmung mit der Definition der Internen Revision, dem Ethikkodex und den IIA-Standards im Rahmen der Berichterstattung an die vorgesetzte Stelle und Unternehmensleitung sowie die Darlegung wesentlicher Qualitätsmanagementsachverhalte der Internen Revision in der unternehmensexternen Berichterstattung aus Sicht der Internen Revisionen von Bedeutung im Rahmen der Qualitätsberichterstattung sind. Bei der Auswertung ist in Bezug auf die individuellen Antworten zu den gegebenen Möglichkeiten[753] anzumerken, dass die Antworten aufgrund der möglichen Mehrfachnennungen sehr unterschiedlich gegeben worden sind.

Bevor die Existenz und Ausgestaltung des Qualitätsmanagements in der Praxis detailliert dargestellt wird, erfolgt ein Eingehen auf die Inhalte des Ethikkodex und der IIA-Standards sowie die Qualitätskriterien des IIR-Revisionsstandards Nr. 3 bzw. seiner Ergänzung dahingehend, ob die Interne Revisionspraxis in diesen ausreichende Qualitätsfaktoren sieht. Abbildung 17 beinhaltet zunächst die Ergebnisse zum Ethikkodex und zu den IIA-Standards, die als Gesamtheit zu betrachten sind.

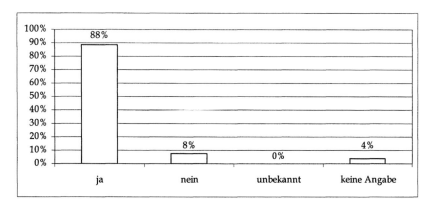

Abbildung 17: **Eignung der Inhalte des Ethikkodex und der IIA-Standards in der Gesamtheit als ausreichende Qualitätsfaktoren aus Sicht der Internen Revisionspraxis**

Demnach stellen die Inhalte des Ethikkodex und der IIA-Standards für die große Mehrheit der 26 antwortenden Unternehmen ausreichende Qualitätsfaktoren dar. Die Internen Revisionen, die diese Sichtweise nicht teilen, geben an, dass aus der Perspektive einer eine genauere Definition der Qualitätsmanage-

---

[753] Vgl. Frage 6. im Bereich II. des Fragebogens.

mentausgestaltung und aus Sicht einer weiteren unternehmensspezifische Ergänzungen als notwendig erachtet werden. Ferner ist anzumerken, dass ein Interner Revisionsleiter, der die Eignung bejaht, darauf hinweist, dass die Inhalte der genannten Normen nur Hilfestellungen sein können, die Prüfung und Beantwortung der IIA-Standards immer sehr formelhaft wirkt und die inhaltliche Qualität der Prüfungen viel entscheidender ist.

Die Beurteilung der Qualitätskriterien des IIR-Revisionsstandards Nr. 3 bzw. seiner Ergänzung als ausreichende Qualitätsfaktoren durch die Praxis ist in der folgenden Darstellung abgebildet.

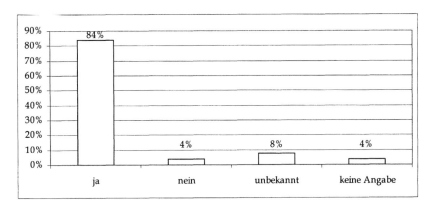

Abbildung 18: **Eignung der Qualitätskriterien des IIR-Revisionsstandards Nr. 3 bzw. seiner Ergänzung in der Gesamtheit als ausreichende Qualitätsfaktoren aus Sicht der Internen Revisionspraxis**

Eine eindeutige Mehrheit sieht in den Qualitätskriterien des IIR-Revisionsstandards Nr. 3 bzw. seiner Ergänzung ausreichende Qualitätsfaktoren. Überraschend ist, dass zwei Internen Revisionsleitern diese gänzlich unbekannt sind. Die verneinende Einheit weist darauf hin, dass unternehmensspezifische Ergänzungen notwendig sind. Außerdem gibt ein Leiter, der in den Bereich „ja" fällt, an, dass die Kriterien praxisrelevant und von Praktikern entwickelt worden sind, sowie ein ebenfalls bejahendes Unternehmen anmerkt, dass die

Kriterien nur Hilfestellungen bieten, die inhaltliche Qualität der Prüfungen
aber viel entscheidender ist.

Daran anknüpfend geht es im Weiteren konkret um das Vorhandensein und
die Ausgestaltung des Qualitätsmanagements in der Praxis. Hierzu sind die
Internen Revisionen zunächst befragt worden, ob bei ihnen ein Qualitätsmanagement installiert ist. Die Ergebnisse finden in der folgenden Abbildung ihre
Verdeutlichung.

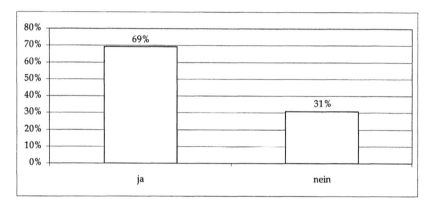

Abbildung 19:   **Existenz eines Qualitätsmanagements in der Internen Revisionspraxis**

Überraschend zeigt sich, dass nur 69 % der Internen Revisionen über ein Qualitätsmanagement verfügen und bei 31 % kein Qualitätsmanagement installiert
ist. Vertiefend hierzu ist von Bedeutung, wie das Qualitätsmanagement bei
den Einheiten ausgestaltet ist, bei denen es existiert.[754] Einen Überblick gibt
Abbildung 20.

---

[754]   Es handelt sich hierbei um 18 Internen Revisionen. In diesem Zusammenhang ist darauf hinzuweisen, dass eine Einheit, außerhalb der 18, angibt, kein Qualitätsmanagement zu besitzen, aber trotzdem Angaben zu seinen Bestandteilen in der Frage 7. des

(Fortsetzung der Fußnote auf der nächsten Seite)

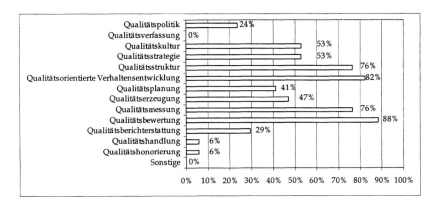

Abbildung 20: **Elemente des Qualitätsmanagements in der Internen Revisionspraxis**[755]

Es zeigt sich, dass das Qualitätsmanagement in der Praxis unterschiedliche Ausprägungen aufweist, wobei vor allem die Qualitätsstruktur, die qualitätsorientierte Verhaltensentwicklung sowie die Qualitätsmessung und -bewertung feste Bestandteile darstellen. Von Relevanz ist in diesem Zusammenhang, wie die Qualitätsmessung, -bewertung und -berichterstattung konkret ausgestaltet sind. Beginnend mit der Qualitätsmessung, finden sich ihre relevanten Ergebnisse in der folgenden Tabelle wieder.

Bereichs II. im Fragebogen macht. Die Angaben dieser Internen Revision zu den Elementen finden, wie die einer weiteren Einheit, die ebenfalls nicht über ein Qualitätsmanagement verfügt, trotzdem aber Angaben in der Frage 9. im Bereich II. des Fragebogens vorgenommen hat, in der Auswertung keinen Eingang. Hieran zeigt sich erneut, dass kein einheitliches Verständnis zum Qualitätsmanagement in der Praxis vorliegt.

[755] Aus Darstellungsgründen sind die ergänzenden Erläuterungen zu den Komponenten Qualitätsstrategie, Qualitätsstruktur, qualitätsorientierte Verhaltensentwicklung und Qualitätsplanung aus dem Fragebogen (Frage 7. im Bereich II.) hier nicht aufgeführt worden. Die in der im Fragebogen zu dieser Frage vertiefenden Aspekte zur Qualitätsmessung, -bewertung und -berichterstattung werden im Weiteren behandelt. Hinzuweisen ist ferner darauf, dass ein Leiter keine Angaben zu den Bestandteilen gemacht hat und sich daher diese Auswertung auf die restlichen 17 Internen Revisionen bezieht.

Qualitätsmessung erfolgt ...	Antworten
durch verantwortliche Personen im Rahmen der Aufträge.	4
durch den Leiter der Internen Revision oder andere Interne Revisoren für die gesamte Interne Revision.	12
durch qualifizierte, unternehmensinterne, aber nicht der Internen Revision angehörende Personen für die gesamte Interne Revision.	1
durch qualifizierte, unternehmensunabhängige Personen für die gesamte Interne Revision.	3

Tabelle 36:   **Ausprägungen der Qualitätsmessung in der Internen Revisionspraxis**[756]

Die Qualitätsmessung erfolgt in der Praxis derart, dass diese durch den Internen Revisionsleiter oder andere Interne Revisoren für die gesamte Interne Revision vorgenommen und teilweise durch die in der Tabelle aufgeführten Formen ergänzt wird. Hinzuweisen ist darauf, dass die Interne Revision, bei der auch eine Messung durch qualifizierte, unternehmensinterne, aber nicht der Internen Revision angehörende Personen für die gesamte Interne Revision erfolgt, als konkrete Personen hierfür den Vorstandsvorsitzenden und die Personalabteilung nennt. In Bezug auf die drei Einheiten, bei denen eine Messung der Qualität von qualifizierten, unternehmensunabhängigen Personen durchgeführt wird, ist festzustellen, dass diese Messung bei einer Einheit vom IIA und bei der zweiten vom Wirtschaftsprüfer vorgenommen wird sowie die dritte keine genaue Person aufführt.

Als Fortsetzung der Darlegungen geht es nun um die Präzisierung der Qualitätsbewertung.

---

[756] Insgesamt haben 13 Internen Revisionen die Qualitätsmessung im Fragebogen (Frage 7. im Bereich II.) angekreuzt. Entsprechend der Tabelle und der dazugehörigen Erläuterungen im Text sind dann die weiteren Präzisierungen vorgenommen worden, wobei eine Einheit keine weiteren Angaben mehr zu diesem Aspekt gemacht hat.

Qualitätsbewertung erfolgt ...	Antworten
durch verantwortliche Personen im Rahmen der Aufträge.	5
durch den Leiter der Internen Revision oder andere Interne Revisoren für die gesamte Interne Revision.	14
durch qualifizierte, unternehmensinterne, aber nicht der Internen Revision angehörende Personen für die gesamte Interne Revision.	3
durch qualifizierte, unternehmensunabhängige Personen für die gesamte Interne Revision.	4

Tabelle 37: Ausprägungen der Qualitätsbewertung in der Internen Revisionspraxis[757]

In der Praxis nimmt der Leiter oder ein anderer Interner Revisor die Qualitätsbewertung für die gesamte Einheit vor. Erweitert wird diese teilweise um die in der Tabelle genannten weiteren Ausprägungsformen. Die Einheiten mit einer revisionsexternen, aber von unternehmensinternen Personen durchgeführten Bewertung geben als konkrete Personen hierfür den Vorstandsvorsitzenden und die Personalabteilung (erste Einheit), den Vorstandsvorsitzenden (zweite Einheit) und Qualitätsauditoren (dritte Einheit) an. Für die von unternehmensexternen Personen abgehaltene Qualitätsbewertung gilt, dass diese von Wirtschaftsprüfern (erste Einheit), Prüfern der Deutschen Gesellschaft zur Zertifizierung von Managementsystemen (zweite Einheit) und Wirtschaftsprüfern sowie vom DIIR (dritte Einheit) geleistet wird. Die vierte Einheit macht hierzu keine konkretisierenden Angaben.

---

[757] Für 15 Unternehmen zählt die Qualitätsbewertung gem. Beantwortung der Frage 7. im Bereich II. des Fragebogens zum Qualitätsmanagement, die in der Tabelle und den dazugehörigen Erläuterungen im Text ihre Konkretisierung findet, wobei sich ein Leiter der Präzisierung nicht angenommen hat.

Anknüpfend hieran geht es um die Präzisierung der Qualitätsberichterstattung. In der folgenden Tabelle ist abgebildet, wie die dort aufgeführten Elemente in der Praxis Berücksichtigung finden.

Qualitätsberichterstattung umfasst ein/eine ...	Antworten
Eingehen auf die Auftragsausübung in Übereinstimmung mit der Definition der Internen Revision, dem Ethikkodex und den IIA-Standards im Rahmen von Revisionsberichten.	0
Eingehen auf die Ausübung der gesamten Internen Revisionstätigkeit in Übereinstimmung mit der Definition der Internen Revision, dem Ethikkodex und den IIA-Standards im Rahmen der Berichterstattung an die vorgesetzte Stelle und Unternehmensleitung.	4
Darlegung wesentlicher Qualitätsmanagementsachverhalte der Internen Revision in der unternehmensexternen Berichterstattung.	2

Tabelle 38:   **Ausgewählte Qualitätsberichterstattungselemente in der Internen Revisionspraxis[758]**

In die Qualitätsberichterstattung geht bei fast allen Einheiten, die sie zu ihrem Qualitätsmanagement zählen, die Ausübung der gesamten Internen Revisionstätigkeit in Übereinstimmung mit der Definition der Internen Revision, dem Ethikkodex und den IIA-Standards im Rahmen der Berichterstattung an die vorgesetzte Stelle und Unternehmensleitung ein. Die Bereitstellung relevanter Qualitätsmanagementangaben in der unternehmensexternen Berichterstattung findet nur in geringem Maß statt. Auf die Auftragsausübung in Übereinstimmung mit der Definition der Internen Revision, dem Ethikkodex und den IIA-Standards wird im Rahmen von Revisionsberichten gar nicht eingegangen.

---

[758] Für fünf Unternehmen zählt die Qualitätsberichterstattung gem. Beantwortung der Frage 7. im Bereich II. des Fragebogens zum Qualitätsmanagement, die in der Tabelle ihre Konkretisierung findet.

Im Folgenden werden weitere Ergebnisse zur Ausgestaltung des Qualitätsmanagements in der Internen Revisionspraxis präsentiert. Zunächst wird sich der Frage nach den in der Praxis angewendeten Qualitätsmessansätzen angenommen. Die dazugehörigen Resultate finden sich in der folgenden Tabelle wieder.

Qualitätsmessansatz	Antworten
Messansatz des IIR-Revisionsstandards Nr. 3 bzw. seiner Ergänzung	10
EFQM-Modell	1
Balanced Scorecard	4
Sonstige: Feedback-Fragebogen	1
Eigener Ansatz	1
Keine Angabe	4

Tabelle 39: **Anwendung von Qualitätsmessansätzen in der Internen Revisionspraxis**[759]

Auf den Messansatz des IIR-Revisionsstandards Nr. 3 bzw. seiner Ergänzung wird in der Praxis am häufigsten zurückgegriffen. Anzumerken ist, dass die Internen Revisionen teilweise nicht nur einen Ansatz verwenden, sondern z. B. in einem Fall den bereits genannten, das EFQM-Modell und die Balanced Scorecard.

Von besonderer Bedeutung ist dabei, wie die wichtigsten Qualitätsfaktoren bzw. -kennzahlen in der Praxis lauten. Hierzu äußern sich von den 18 Internen Revisionen, die ein Qualitätsmanagement implementiert haben, elf Einheiten wie folgt:

---

[759] Diese Auswertung bezieht sich auf die 18 Unternehmen, die angegeben haben, über ein Qualitätsmanagement zu verfügen.

- Faktoren gem. IIR-Revisionsstandard Nr. 3 einschließlich Kundenzufriedenheit,

- Zeitgerechtigkeit, Wesentlichkeit der Feststellungen, Methodenverbesserung, Organisationsverbesserung, Qualifizierung,

- Zeit bis zur Reporterstellung, Kundenzufriedenheit, Einhaltung schriftlich definierter Prozessbeschreibungen,

- Kundenzufriedenheit, Umsetzung Revisionsplan,

- Einhaltung Jahresplanung, Prüfungsscope entspricht Planung, Pünktlichkeit der Durchführung (Zeitdauer), Informationsfluss zur Revisionsleitung und zum Überwachten, Dauer der Berichterstellung und -abstimmung, Sorgfalt der Dokumentation, Follow-up-Ergebnisse, Akzeptanz, Added Value,

- Einhaltung vorgegebener Qualitätsstandards bei der Erstellung der Arbeitsdokumentationen, Beendigung Fieldwork bis Auslauf der Draftversion des Berichts 10 Tage, Beendigung Fieldwork bis Auslauf der Endversion des Berichts 4 Wochen,

- Weiterbildung/Zertifizierung, Prozesse und Tools State of the Art, persönliche Zielsetzungen,

- Programmerfüllung, Erfüllung der in den Zielvereinbarungen getroffenen Aufgabenstellung,

- Einsparpotenziale, Inventurdifferenzen, Kostenreduzierungen, Quote umgesetzter Maßnahmen, Anzahl Follow-up-Prüfungen, Überwachung der Umsetzung,

- Geschäftsordnung der Internen Revision, risikoorientierter Planungsprozess, Dokumentation der Prüfungshandlungen und -ergebnisse, Follow-up-Prozess, Fachkompetenz der Prüfer und

- ökonomische Einsparungen pro Jahr sowie bewertete Risikovermeidung.

Die in der Praxis verwendeten relevanten Qualitätsfaktoren vermitteln insgesamt kein einheitliches Bild.

Daran anknüpfend stellt sich die Frage, ob die Qualitätsergebnisse mit anderen Organisationseinheiten bzw. Internen Revisionen verglichen werden. Tabelle 40 gibt hierzu nähere Hinweise.

Vergleich mit ...	Antworten
Organisationseinheiten des eigenen Unternehmens	0
Internen Revisionen aus derselben Branche	7
Internen Revisionen aus anderen Branchen	6
Anbietern der Internen Revisionsleistung	2
Keine Angabe	9

Tabelle 40: **Vorgenommene Vergleiche der Qualitätsergebnisse mit den Resultaten anderer Organisationseinheiten bzw. Internen Revisionen in der Praxis**

Bei den 18 Internen Revisionen, die ein Qualitätsmanagement installiert haben, zeigt sich, dass diese unter Berücksichtigung von neun Einheiten, die hierzu keine Angaben gemacht haben, vor allem Vergleiche mit Internen Revisionen aus derselben Branche und aus anderen Wirtschaftszweigen anstellen. Während ein Rückgriff auf Resultate von Anbietern der Internen Revisionsleistung nur selten erfolgt, wird ein Vergleich mit Einheiten des eigenen Unternehmens gar nicht vorgenommen.

Zum Abschluss der Ergebnispräsentation wird aufgezeigt, wie der Stand der zertifizierten Internen Revisionen aussieht (Abbildung 21).

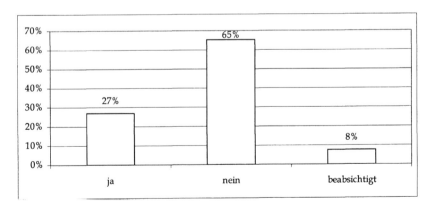

Abbildung 21: **Zertifizierung in der Internen Revisionspraxis**

Bezogen auf die 26 antwortenden Internen Revisionen liegt bei der Mehrheit keine Zertifizierung vor, die auch nicht zukünftig beabsichtigt ist. 8 % geben an, dass ihre Interne Revision zukünftig zertifiziert werden soll. Die restlichen 27 % verfügen bereits über eine Zertifizierung. Hierbei handelt es sich im Einzelnen um eine

* durch eine Wirtschaftsprüfungsgesellschaft, die ein Best Practice nach den DIIR-Revisionsstandards und IIA-Standards zum Ergebnis hat,
* nach dem Leitfaden des DIIR zum IIR-Revisionsstandard Nr. 3,
* durch einen Peer Review,
* durch das IIA,
* nach der Norm 9000 der International Organization for Standardization,
* bezeichnet als Functional Performance Assessment und
* nach der Norm 9001:2000 der International Organization for Standardization.

Aus dieser Aufstellung wird deutlich, dass unterschiedliche Zertifizierungsvarianten von der Internen Revisionspraxis angewendet werden.

In diesem Zusammenhang ist noch darauf hinzuweisen, dass in Einzelfällen Interne Revisionen angeben zertifiziert zu sein, aber im Rahmen ihres Qualitätsmanagements, summarisch dargelegt in den Tabellen 36 und 37, damit nicht unmittelbar eine Qualitätsmessung und -bewertung verbinden. Auch dieses zeigt ein unterschiedliches Verständnis, wie bereits bei anderen Aspekten angemerkt worden ist.

Interessant ist ferner, dass aus dem Vergleich der Ergebnisse aus der Abbildung 21 und denen aus der Abbildung 16, in der dargestellt ist, wie die Praxis die Notwendigkeit einer Zertifizierung der Internen Revision beurteilt, auffällt, dass 11 % der antwortenden Internen Revisionen,[760] die die Notwendig-

---

[760] Die 11 %, d. h. drei Interne Revisionen, resultieren daraus, dass die 27 % und 8 % aus der Abbildung 21, die über eine Zertifizierung verfügen bzw. diese anstreben, in den 46 % aus der Abbildung 16 enthalten sind, die die Notwendigkeit der Zertifizierung

(Fortsetzung der Fußnote auf der nächsten Seite)

keit einer Zertifizierung sehen, nicht über sie verfügen und auch keine beabsichtigen.

Abschließend ist zum Qualitätsmanagement festzuhalten, dass zwischen der Realität und den Vorstellungen der Internen Revisionspraxis über die konkrete Ausgestaltung Differenzen bestehen. Diese sind durch eine klare Vorgabe eines Qualitätsmanagementkonzepts bzw. -modells zu beheben, worauf in den Schlussfolgerungen eingegangen wird. Damit wird ein einheitliches Verständnis für ein ganzheitliches Qualitätsmanagement geschaffen.

---

der Internen Revision sehen, wobei hierzu auf die Einzelantworten zurückgegriffen worden ist.

III. Schlussfolgerungen

Aus den Befragungsergebnissen, die einen zutreffenden Schluss auf alle deutschen Unternehmen mit einer Internen Revisionseinheit erlauben, lassen sich folgende wesentliche Erkenntnisse ableiten:

- Die Größe der Internen Revision, gemessen an der Anzahl der Internen Revisoren, ist tendenziell von der Anzahl der Mitarbeiter im Unternehmen abhängig, wobei sich ein genauer Zusammenhang nicht identifizieren lässt.

- Die Interne Revision ist vorrangig als eigenständige Stabseinheit einzelner Vorstands-/Geschäftsführungsmitglieder in den Unternehmen organisatorisch verankert.

- Das IPPF ist nicht allen Internen Revisionen vollständig bekannt. Hier müssen sowohl die berufsständischen Institutionen als auch die Wissenschaft Aufklärungsarbeit leisten. Die vorliegende Untersuchung nimmt sich dieser Aufgabe an.

- Bei der Ausübung der Internen Revisionstätigkeit in Bezug auf berufsständische Vorschriften wird primär nach der Definition der Internen Revision und dem Ethikkodex gehandelt. Der dritte verpflichtende Bestandteil des IPPF, die IIA-Standards, wird hingegen nicht in dem Maße angewendet wie die beiden vorher genannten Komponenten. Es muss der Praxis daher verstärkt aufgezeigt werden, welche Bedeutung die drei aufgeführten Elemente des IPPF besitzen. Im Rahmen dieser Arbeit wird diesem Aspekt Rechnung getragen. Die weiteren Komponenten des IPPF finden nur geringe Verwendung in der Praxis. Für die DIIR-Revisionsstandards Nr. 1–4 und die Ergänzung zum Standard Nr. 3 gilt, dass diese überwiegend nur teilweise in der Praxis zum Einsatz kommen. Insgesamt ist festzuhalten, dass die berufsständischen Normen praxisbezogener auszugestalten sind. Die vorliegende Betrachtung nimmt sich dieser Thematik in Bezug auf das Qualitätsmanagement an.

- Die Erzeugung einer Wertsteigerung für das Unternehmen stellt für die Internen Revisionen ein äußerst bedeutsames Ziel dar, wobei größtenteils keine Spitzenkennzahl existiert, mit der sie ihren Beitrag zur Wertsteigerung verdeutlicht. Diesem ist durch eine geeignete Kennzahl zu begegnen. Das in der Arbeit entwickelte Modell bietet hierzu die Lösung. Daneben zählen die Verbesserung der Führung in der Internen Revision, die Optimierung der Politik und Strategie der Internen Revision, die Verbesserung der Internen Revisionsressourcen und -partnerschaften, die Optimierung der Internen Revisionsprozesse und die Steigerung der Zufriedenheit der Kunden der Internen Revision, der Zufriedenheit der Internen Revisoren, der Leistung der Internen Revisoren und des Ansehens der Internen Revision sowohl unternehmensintern als auch -extern zu den relevanten Zielen. Diese Ziele sind aus Sicht der Praxis durch ein Qualitätsmanagement grundsätzlich realisierbar,[761] mit dem der Wert- bzw. -steigerungsbeitrag der Internen Revision in nichtmonetärer Form verdeutlicht wird. Die Praxis stützt damit die wissenschaftliche Auffassung. Ein Modell, das den genannten Ansprüchen Rechnung trägt, ist das in der Untersuchung erarbeitete.

- Die Internen Revisionen haben keine einheitliche Auffassung über die Ausgestaltung eines ganzheitlichen Qualitätsmanagements in der Internen Revision. Dieses zeigt sich auch in den differierenden Ausprägungsformen des Qualitätsmanagements in der Praxis. Um der Bedeutung der Internen Revision gerecht zu werden, bedarf es eines umfassenden Qualitätsmanagements, zu dem auch die Qualitätsmessung und -bewertung durch verantwortliche Personen im Rahmen der Aufträge, durch den Leiter der Internen Revision für die gesamte Interne Revision und durch qualifizierte, unternehmensinterne, aber nicht der Internen Revision angehörende Personen sowie durch qualifizierte, unternehmensunabhängi-

---

[761] Im Hinblick auf das Ziel der Erzeugung einer Wertsteigerung für das Unternehmen mithilfe des Qualitätsmanagements folgt die Interne Revisionspraxis damit den Auffassungen des IIA und DIIR.

ge Personen für die gesamte Interne Revision gehören. Im Hinblick auf die auszuführende Messung und Bewertung durch unternehmensexterne Personen ist anzumerken, dass diese von einem bestimmten Personenkreis im Rahmen einer Zertifizierung vorgenommen werden sollte, um den Interessengruppen der Internen Revision ein einheitliches Beurteilungsbild zu vermitteln. Als besonders geeignet erscheinen hierfür IIA-Qualitätsassessoren. Ebenfalls ist von Wichtigkeit, dass in der Berichterstattung die Auftragsausübung in Übereinstimmung mit der Definition der Internen Revision, dem Ethikkodex und den IIA-Standards im Rahmen von Revisionsberichten, die Ausübung der gesamten Internen Revisionstätigkeit in Übereinstimmung mit der Definition der Internen Revision, dem Ethikkodex und den IIA-Standards im Rahmen der Kommunikation an die vorgesetzte Stelle und Unternehmensleitung sowie die Darlegung wesentlicher Qualitätsmanagementsachverhalte der Internen Revision in der unternehmensexternen Informationsübermittlung Eingang finden. Die Angaben in der unternehmensexternen Darstellung sollten bei Unternehmen, die einen Lagebericht zu erstellen haben, in dieses Medium eingehen. Die aufgeführten Aspekte sind alle im entwickelten Qualitätsmanagementkonzept bzw. -modell dieser Arbeit abgebildet, das als ganzheitliches Qualitätsmanagement gelten kann.

- Die Interne Revisionspraxis sieht jeweils in den Inhalten des Ethikkodex und der IIA-Standards sowie den Qualitätskriterien des IIR-Revisionsstandards Nr. 3 bzw. seiner Ergänzung grundsätzlich ausreichende Qualitätsfaktoren. Diesem ist jedoch entgegen zu halten, dass die Inhalte/Kriterien nicht angemessen sind, um der herstell- und ergebnisorientierten Perspektive des Qualitätsbegriffs für die Interne Revision und denen mit dem Qualitätsmanagement verbundenen Zielen gerecht zu werden. Es besteht daher Anpassungsbedarf, der für die IIA-Standards bereits in der Untersuchung vorgenommen worden ist und im Rahmen eines neu zu arbeitenden DIIR-Revisionsstandards Nr. 3 bzw. einer neuen dazugehörigen Ergänzung noch erfolgt.

- Explizit ist für die Auffassung der Internen Revisionen über ein Qualitätsmanagement und seine Ausformung in der Praxis festzustellen, dass bei einigen Einheiten ein differierendes Verständnis zum Qualitätsmanagement besteht, was durch Kontrollfragen im Fragebogen nachgewiesen werden konnte. Es muss daher dringend dafür gesorgt werden, dass innerhalb der Einheiten, aber auch bei allen Internen Revisionen eine einheitliche Auffassung zu einem Qualitätsmanagement existiert. Die vorliegende Arbeit trägt diesem Gedanken Rechnung.

• Es zeigt sich ferner, dass die Internen Revisionen in Teilen eine andere Auffassung zu den Bestandteilen eines Qualitätsmanagements als das DIIR bzw. zu den Elementen eines Qualitätssicherungs- und -verbesserungsprogramms als das IIA besitzen. Ziel muss daher die Entwicklung eines ganzheitlichen, praxisbezogenen Qualitätsmanagements sein, dass auch die Sichtweise des DIIR und IIA berücksichtigt. Mit dem in der Arbeit dargelegten Konzept bzw. Modell wird eine Verbindung der verschiedenen Perspektiven geschaffen.

• Als weiterer wesentlicher Sachverhalt ist zu nennen, dass in Einzelfällen Interne Revisionen angeben, nach den IIA-Standards bzw. den DIIR-Revisionsstandards Nr. 1–4 und der Ergänzung zum Standard Nr. 3 vollständig zu handeln, die Ausformung ihres Qualitätsmanagements diesen Schluss aber kaum zulässt. Es stellt sich daher die Frage, ob die entsprechenden Normen überhaupt verstanden werden. Im Hinblick auf das Qualitätsmanagement schafft die vorliegende Arbeit hierfür Abhilfe.

Summarisch lässt aus den Befragungsergebnissen und den daraus gezogenen Schlussfolgerungen, die grundsätzlich wegen der internationalen Ausrichtung der befragten Gesellschaften auch auf andere als deutsche Unternehmen übertragen werden können, ableiten, dass dringender Handlungsbedarf in Bezug auf ein ganzheitliches und verständliches Qualitätsmanagement besteht. Hierfür bietet sich das in der Arbeit aus wissenschaftlicher Sicht entwickelte Qualitätsmanagementkonzept bzw. -modell an. Ihre abgefragten Grundzüge werden überwiegend von der Praxis geteilt. Um der Bedeutung der Internen Revision und ihres Qualitätsmanagements gerecht zu werden, sind das erarbeitete Konzept und Modell in der erstellten Form anzuwenden, so dass es keiner weiteren Anpassung bedarf. Die im Rahmen der Konzept- und Modellentwicklung vorgenommenen Änderungen der IIA-Standards bleiben damit bestehen.

Auf dieser Grundlage gilt es im nächsten Hauptteil, die Einführung und kontinuierliche Anwendung des aufgestellten Qualitätsmanagementmodells, eine Anpassung des IIR-Revisionsstandards Nr. 3, der gleichzeitig als Praxisleitfaden zu den schon geänderten IIA-Standards 13xx fungieren soll, und seiner Ergänzung sowie eine zusammenfassende Darlegung der Bedeutung des entwickelten Modells zu präsentieren.

Vierter Hauptteil:

Qualitätsmanagement in der Internen Revision aus theoretischer Sicht unter Einbeziehung empirischer Ergebnisse

I. Einführung und kontinuierliche Anwendung des entwickelten Qualitätsmanagementmodells

A. Grundlegendes

Für den erleichterten Umgang mit dem Qualitätsmanagement in der Internen Revision wird für das entwickelte Modell seine Einführung und kontinuierliche Anwendung präsentiert. Dabei erfolgt die Beschreibung aus Sicht eines neu zu implementierenden Systems.[762] Diese Verfahrensweise wird angestellt, um das erarbeitete Modell in seiner Gesamtheit darzulegen. Es ist aber anzumerken, dass aufgrund der berufsständischen Vorgaben davon ausgegangen werden kann, dass Interne Revisionen bereits über Qualitätsmanagementaktivitäten verfügen, was durch die empirischen Ergebnisse bestätigt wird,[763] und diese somit durch die jeweiligen Internen Revisionen entsprechend Eingang in ein Qualitätsmanagement zu finden haben, das dem entwickelten Modell entspricht.

Die folgenden Erläuterungen zur Implementierung und zum laufenden Einsatz eines Qualitätsmanagements auf Basis des erarbeiteten Modells erfolgen in Form einer überblicksartigen Darstellung, da sich seine gesamten Inhalte, sein Aufbau und auch die Abläufe in der Beschreibung des Modells wieder finden.[764]

B. Einführung und kontinuierliche Anwendung

Der Leiter der Internen Revision bestimmt unter Mitwirkung verantwortlicher Mitarbeiter die Qualitätspolitik und -verfassung gem. der Festlegungen in der

---

[762] Diese Vorgehensweise wird auch im IIR-Revisionsstandard Nr. 3 gewählt. Vgl. IIR-Revisionsstandard Nr. 3, Tz. 2.

[763] Vgl. Abschnitt II. des dritten Hauptteils.

[764] Vgl. Abschnitt III.B.5. des zweiten Hauptteils.

Bestandteilsbeschreibung.[765] Des Weiteren ist eine Qualitätskultur zu schaffen und zu etablieren, die die aufgeführten Anforderungen in der Komponentendarstellung erfüllt.[766]

Darauf aufbauend ist die Qualitätsstrategie durch den Leiter der Internen Revision unter Mitwirkung verantwortlicher Mitarbeiter entsprechend der geschilderten Vorgehensweise bei der Erläuterung des Elements Qualitätsstrategie festzulegen.[767] Mit Hilfe verantwortlicher Mitarbeiter überführt der Leiter dann die strategischen Maßnahmen in das operative Geschehen bzw. in Bezug auf die individuelle Mitarbeiterförderung und -betrachtung in die qualitätsorientierte Verhaltensentwicklung. Im Hinblick auf den laufenden Einsatz des Qualitätsmanagements ist zu erwähnen, dass der Leiter der Internen Revision die Strategie zu überwachen hat. Dieses erfolgt nach Maßgabe der Beschreibung in den Bestandteilen und führt zu einem neuen Handlungs- und Planungsprozess, mit dem ggf. eine Anpassung der strategischen Inhalte verbunden ist.[768]

Dem Leiter der Internen Revision obliegt zudem die Gestaltung der Qualitätsorganisation, die Einführung und Pflege eines Qualitätsdokumentations-, eines Qualitätsinformations- und eines Qualitätsüberwachungssystems sowie die Berücksichtigung qualitätsbezogener Sachverhalte im Personalführungssys-

---

[765] Vgl. Abschnitt III.B.5.b)(1) und (2) des zweiten Hauptteils.

[766] Vgl. Abschnitt III.B.5.b)(3) des zweiten Hauptteils.

[767] Vgl. hierzu und in der Folge Abschnitt III.B.5.b)(4) des zweiten Hauptteils. Hinzuweisen ist darauf, dass der Leiter die Qualitätsstrategie der vorgesetzten Stelle und Unternehmensleitung vorzulegen und sich diese von ihnen zu genehmigen lassen hat.

[768] Es ist anzumerken, dass die angepasste Planung der vorgesetzten Stelle und Unternehmensleitung durch den Leiter der Internen Revision mitzuteilen ist und einer Genehmigung durch diese Einheiten bedarf.

tem. Die Inhalte dieser Strukturelemente haben dabei denen in der Komponentenpräsentation zu entsprechen.[769]

Des Weiteren ist die Installation eines qualitätsorientierten Verhaltensentwicklungsprozesses in Bezug auf die einzelnen Internen Revisoren vorzunehmen.[770] Abgeleitet aus der Qualitätsstrategie sind für jeden Internen Revisor individuelle Leistungs- und Entwicklungsziele sowie -maßnahmen durch den Leiter der Internen Revision zu determinieren. Hierbei verwendet er die erarbeiteten Kriterien zur Mitarbeiterleistung.[771] Die Verwirklichung der Weiterbildungsmaßnahmen und die im operativen Geschehen gezeigten Leistungen sind dann für jeden Mitarbeiter zusammenzuführen, zu messen, in Bezug zu den Vorgaben zu setzen und durch den Leiter der Internen Revision mit dem entsprechenden Mitarbeiter zu besprechen. Hieraus folgend ergeben sich neue Handlungen, die im Einklang mit der Qualitätsstrategie vorzunehmen sind, und Honorierungen. Dieser Prozess ist fortlaufend anzuwenden und steht in einem engen Verhältnis zu den einzuführenden und aufrechtzuerhaltenden operativen Abläufen auf Auftrags- und Abteilungsebene, die bereits in der Bestandteilsdarstellung ausführlich beschrieben worden sind.[772]

---

[769] Vgl. Abschnitt III.B.5.b)(5) des zweiten Hauptteils.

[770] Neben dem im Folgenden geschilderten Prozess ist dafür Sorge zu tragen, dass die an die qualitätsorientierte Verhaltensentwicklung gestellten Anforderungen erfüllt werden. Vgl. Abschnitt III.B.5.b)(6) des zweiten Hauptteils.

[771] Vgl. Abschnitt III.B.4.b)(3)(h) und III.B.5.b)(6) des zweiten Hauptteils.

[772] Vgl. Abschnitt III.B.5.c)(1)-(5) des zweiten Hauptteils.

II. Anpassung des IIR-Revisionsstandards Nr. 3 und seiner Ergänzung

A. Grundlegendes

Die Art der Veröffentlichung eines angepassten IIR-Revisionsstandards Nr. 3 und seiner Ergänzung ist im Abschnitt III.B.3.a) des zweiten Hauptteils dargelegt worden und soll hier kurz aufgegriffen werden. Während der in der Folge neu erarbeitete DIIR-Revisionsstandard Nr. 3, der auf Basis der in dieser Arbeit geänderten IIA-Standards entwickelt wird, unter Berücksichtigung der Verfahrensweise zur Einführung nationaler Normen in das IPPF und zwar als Praxisleitfaden zu den geänderten IIA-Standards 13xx einzubringen ist, ist seine zu überarbeitende Ergänzung gleich als IIA-Veröffentlichung vorzunehmen.

B. Neuer DIIR-Revisionsstandard Nr. 3 als gleichzeitiger Praxisleitfaden zu den geänderten IIA-Standards 13xx

Der neue DIIR-Revisionsstandard Nr. 3, der gleichzeitig als Praxisleitfaden zu den modifizierten IIA-Standards 13xx fungiert, hat wie bisher, den Titel „Qualitätsmanagement in der Internen Revision" zu tragen. Sein Inhaltsverzeichnis hat die folgende Gestalt.

1.   Einleitung

2.   Grundlagen des Qualitätsmanagements und seine Bestandteile
2.1.   Definitionen
2.1.1.   Qualität
2.1.2.   Qualitätsmanagement
2.2.   Qualitätsmanagementbestandteile
2.2.1.   Normativ-strategische Bestandteile
2.2.1.1. Qualitätspolitik
2.2.1.2. Qualitätsverfassung
2.2.1.3. Qualitätskultur
2.2.1.4. Qualitätsstrategie
2.2.1.5. Qualitätsstruktur

1.   Einleitung

Der Zweck dieses Werks besteht darin, aufzuzeigen, wie die IIA-Standards 13xx zum Qualitätsmanagement, mit dem eine effektive und effiziente Führung der Internen Revision im Sinne einer Wertsteigerung möglich ist, eingehalten und umgesetzt werden können. Dazu werden die Grundlagen des Qualitätsmanagements und seine Bestandteile in umsetzungsgerechter Form sowie seine Einführung und kontinuierliche Anwendung präsentiert.

Die Ausführungen gehen auf die Arbeit von Pasternack aus dem Jahre 2009 zurück.[773] Im Folgenden werden die durch ihn wörtlich zitierten Stellen hier wörtlich übernommen und mit einem Literaturhinweis versehen. Ansonsten sind die Inhalte aus der genannten Abhandlung entnommen und nicht mehr mit weiteren Literaturvermerken gekennzeichnet. Hierzu ist dann die Ausarbeitung von Pasternack zu betrachten.

2.   Grundlagen des Qualitätsmanagements und seine Bestandteile

2.1.   Definitionen

2.1.1.   Qualität

Qualität bedeutet für die Dienstleistungseinheit Interne Revision, dass sie sowohl eine herstell- als auch eine ergebnisorientierte Perspektive zu umfassen hat. „Die herstellorientierte Qualität der Internen Revision ist der Grad der Übereinstimmung der Eigenschaften der Potenzial- und Prozessfaktoren mit deren festgeschriebenen Idealzuständen. Die ergebnisorientierte Qualität der Internen Revision ist das Maß, in welchem die Dienstleistung die Erfordernisse der relevanten Stakeholder erfüllt, wobei sich die Erfordernisse letztlich an

---

[773]   Vgl. Pasternack 2009.

den Bedürfnissen der Stakeholder der Internen Revision orientieren."[774] Das Qualitätsmanagement muss somit den beiden Perspektiven gerecht werden.

2.1.2. Qualitätsmanagement

Das Qualitätsmanagement deckt alle Aspekte der Internen Revision ab und dient dazu, die Interne Revision effektiv und effizient im Sinne einer Wertsteigerung zu führen. Hierzu gehört mindestens die Berücksichtigung der Definition der Internen Revision, des Ethikkodex und der IIA-Standards.

Es besteht aus den normativ-strategischen Elementen der Qualitätspolitik, Qualitätsverfassung, Qualitätskultur, Qualitätsstrategie, Qualitätsstruktur und qualitätsorientierten Verhaltensentwicklung. Die Qualitätsplanung stellt das Bindeglied zu den operativen Bestandteilen der Qualitätserzeugung, Qualitätsmessung, Qualitätsbewertung und -berichterstattung, Qualitätshandlung und -honorierung dar, die auf die Erfüllung der Strategie hinwirken.

Die einzelnen Bestandteile des Qualitätsmanagements sind so miteinander zu verknüpfen, dass ein ständiger Verbesserungsprozess sichergestellt wird.

2.2. Qualitätsmanagementbestandteile

2.2.1. Normativ-strategische Bestandteile

2.2.1.1. Qualitätspolitik

Die Qualitätspolitik stellt den Ausgangspunkt des Qualitätsmanagements dar und ist entsprechend festzulegen. Mit ihr werden Ziele für das gesamte Qualitätsgeschehen, die Grundausrichtung in Bezug auf Qualität und der Aktions-

---

[774] Linsi 2003, S. 149 bzw. 150 (im Original hervorgehoben und Anmerkung, dass Rechtschreibung aufgrund von Fehlern angepasst worden ist).

rahmen für die strategische und operative Qualitätsumsetzung determiniert.
Sie ist wie folgt auszurichten:

- Streben nach höchstmöglicher Qualität, verstanden als die Übereinstimmung der Potenzial- und Prozessfaktoreneigenschaften mit deren festge-
  legten Idealzuständen (herstellorientierte Sicht) sowie die Erfüllung der
  Anspruchsgruppen- bzw. Kundenziele (ergebnisorientierte Sicht), die
  sich in der Bedürfnisbefriedigung der unmittelbaren Gruppen, d. h. der
  vorgesetzten Stelle, Unternehmensleitung, überwachten Bereiche und
  Mitarbeiter, abbilden lassen,
- Stellen der Qualität in den Mittelpunkt der Tätigkeit,
- Verdeutlichen der Leistung mittels Qualitätsnachweis,
- Ansehen der Mitarbeiter als das wichtigste Potenzial mit einer adäquaten
  Entlohnung und Entwicklungsförderung und
- Verbessern des Ansehens der Internen Revision, des Unternehmens und
  des Berufsstands.

Die Qualitätspolitik ist in einem Leitbild festzuhalten.

2.2.1.2.   Qualitätsverfassung

Die Bestimmung der Qualitätspolitik geht mit der Qualitätsverfassung einher.
Sie dient als ihre Stütze. In ihr finden auf der einen Seite unternehmensexterne
Normen, zu denen mindestens die Definition der Internen Revision, der
Ethikkodex und die IIA-Standards zählen, und unternehmensinterne Regelun-
gen Berücksichtigung. Auf der anderen Seite lässt die Qualitätsverfassung
Freiräume für die Gestaltung des Qualitätsmanagements. Vor diesem Hinter-
grund hat sie folgende Eigenschaften zu erfüllen:

- Verdeutlichen der Relevanz des Qualitätsmanagements als Nachweis in
  Bezug auf die Wertsteigerung,
- Umfassen unternehmensexterner und -interner Normen, mindestens der
  Definition der Internen Revision, des Ethikkodex und der IIA-Standards,
- Fordern, dass die im Qualitätsmanagement verwendeten Komponenten
  individuelle Spielräume besitzen,
- Zuweisen der Gesamtverantwortung für das Qualitätsmanagement an
  den Leiter der Internen Revision unter Beachtung, dass dieser die Mitar-

beiter in die qualitätsbezogenen Aufgaben einbindet und damit für jeden
Internen Revisor Qualität zur Aufgabe wird und sich jeder für die eigene
Qualität verantwortlich zeichnet und

- Verlangen einer aktiven Mitwirkung der Internen Revisoren in relevanten
  Gremien, wie z. B. in Arbeitskreisen von Fachverbänden.

2.2.1.3. Qualitätskultur

Die Qualitätspolitik und -verfassung werden auf der normativen Ebene durch
die Qualitätskultur ergänzt. Die „Qualitätskultur in der Internen Revision umfasst das bestehende gemeinsame Normen- und Wertegerüst der Internen Revisoren, auf deren Grundlage Qualitätsfragen in der Internen Revision gehandhabt werden. Die Qualitätskultur steuert dabei die Bereitschaft der Internen Revisoren, Qualitätsaspekte bewusst wahrzunehmen, indem sie deren
Sensibilität gegenüber Qualitätsfaktoren beeinflusst. Die Qualitätskultur prägt
darüber hinaus die Art und Weise, wie Qualitätsfragen innerhalb der Internen
Revision sowie zwischen Interner Revision und Internen Revisionskunden
kommuniziert werden."[775] Sie hat daher folgende Charakteristika aufzuweisen:

- Auftreten des Leiters der Internen Revision als Vorbild, d. h. Vorleben
  und Vermitteln der entsprechenden Normen und Werte im täglichen Ablauf, das auf dem Vorgeben von Zielen und deren Durchsetzung beruht,

- Existieren eines Qualitätsbewusstseins in der Internen Revision und damit bei allen Internen Revisoren, das, wie in der Qualitätspolitik beschrieben, eine herstell- und eine ergebnisorientierte Perspektive umfasst,

- Berücksichtigen von unternehmens-, abteilungs- und funktionsbezogenen
  Werten und Zielen bei der Tätigkeit und

- Agieren der Internen Revisoren in eigenverantwortlicher Form, d. h. jeder
  ist Träger der Qualitätskultur sowie mitverantwortlich für die Qualität
  der Internen Revision und hat aktiv Verantwortung in Form der Erarbei-

---

[775] Steffelbauer-Meuche 2004, S. 106.

tung eigener Vorschläge und Problemlösungen auf Basis des ganzheitlichen unternehmerischen Verständnisses zu übernehmen unter der Prämisse, dass dem Leiter der Internen Revision die endgültige Qualitätsverantwortung zugeteilt ist.

2.2.1.4. Qualitätsstrategie

Der strategische Bestandteil Qualitätsstrategie legt „mittel- und langfristige Ziele und Maßnahmen zur Umsetzung der Qualitätspolitik und zur Erfüllung der Bedürfnisse der Bezugsgruppen"[776] fest und umfasst den Aufbau sowie die Pflege bzw. die Erweiterung strategischer Erfolgspotenziale.

Die Qualitätsstrategie beruht somit auf der qualitätspolitischen Sicht, die ein Streben nach höchstmöglicher Qualität vorsieht. Für die Bestimmung der Strategie ist sich zuerst des in den Anlagen 1–11 dargestellten Messansatzes zu bedienen, der eine geeignete Methode zur Qualitätsmessung der Internen Revision darstellt. Dieser Ansatz bezieht sich auf die Einhaltung der Definition der Internen Revision, des Ethikkodex und der IIA-Standards. Es besteht ferner die Möglichkeit, Ergänzungen einzubringen. Daraus resultiert, dass die Strategie wie folgt zu lauten hat: Erreichung der Maximalpunktzahl des Gesamtergebnisses des aufgeführten Messansatzes, d. h. 1.000 Punkte.

Auf Basis dieser Festlegung ist die gegenwärtige Position der Internen Revision mittels einer Messung und Bewertung anhand des aufgeführten Messansatzes zu ermitteln. Hieraus lassen sich Qualitätsstärken und -schwächen identifizieren. Die Gesamtlage sollte auch mit anderen Internen Revisionen und Einheiten aus dem eigenen Unternehmen verglichen werden, wobei zu berücksichtigen ist, dass dem Vergleich die identischen bzw. gleichwertige Qualitätsfaktoren zu Grunde liegen müssen.

---

[776] Seghezzi 2003, S. 166.

Aus der Ermittlung des qualitativen Ist-Zustands der Internen Revision sind durch den Leiter der Internen Revision unter Einbeziehung verantwortlicher Mitarbeiter strategische Ziele, Messfaktoren, Zielvorgaben und Maßnahmen zu bestimmen, die auf die Vision des Erreichens einer höchstmöglichen Qualität und die Strategie der Erzielung von 1.000 Punkten nach dem aufgeführten Messansatz ausgerichtet sind.[777]

Hierfür ist eine qualitätsorientierte Balanced Scorecard zu verwenden. In der Anlage 12 ist ihr grundsätzlicher Aufbau dargestellt, der sich aus dem in den Anlagen 1–11 erläuterten Messansatz ableiten lässt. Als erste Perspektive dient die Schlüsselergebnisdimension, in der das Kriterium Schlüsselergebnisse Berücksichtigung findet und die sich im Kern damit auseinandersetzt, wie die Interne Revision gegenüber der vorgesetzten Stelle und der Unternehmensleitung aufzutreten hat, um ihren Erfolg zu verdeutlichen. Eine zweite Perspektive stellt die Kundendimension dar, die das Kriterium kundenbezogene Ergebnisse widerspiegelt. Dabei geht es im Wesentlichen darum, wie die Interne Revision von den überwachten Bereichen und der vorgesetzten Stelle und Unternehmensleitung gesehen wird. Als dritte Perspektive findet eine Prozessdimension Berücksichtigung, die das Kriterium Prozesse abbildet. Hier steht der Aspekt im Vordergrund, wie die Prüfungs- und Beratungsleistungen bzw. -prozesse vor dem Hintergrund der Zielerfüllung der kundenbezogenen Dimension und Schlüsselergebnisdimension auszusehen haben. Eine letzte und damit vierte Perspektive ist die Lern- und Wachstumsdimension, die die weiteren Kriterien und zwar Führung, Politik und Strategie, Mitarbeiter, Partnerschaften und Ressourcen, mitarbeiter- und gesellschaftsbezogene Ergebnisse umfasst. Hierbei handelt es sich im Kern um den Sachverhalt, wie die Interne Revision ihre Lern- und Wachstumspotenziale nutzen und fördern kann, um ihre Vision zu verwirklichen.

---

[777]   Anzumerken ist, dass der Leiter die Qualitätsstrategie der vorgesetzten Stelle und Unternehmensleitung vorzulegen und sich diese von ihnen zu genehmigen lassen hat.

Für die vier Perspektiven sind konkrete strategische Ziele festzulegen. Hierfür ist sich der Qualitätsfaktoren des aufgeführten Messansatzes, die dort in Fragen dargestellt sind, zu bedienen.[778]

Beginnend mit der Schlüsselergebnisdimension sind für diese Perspektive zwei strategische Ziele zu ermitteln und zwar erstens positiver Trend oder nachhaltig hohes Niveau des Qualitätsergebnisses der Internen Revision und zweitens Diskussion des Leiters der Internen Revision mit der Unternehmensleitung über jedes aus seiner Sicht nicht tragbare Risiko für das Unternehmen, das von der Unternehmensleitung akzeptiert worden ist, wobei zu berücksichtigen ist, dass bei keiner Einigung eine Rücksprache mit der vorgesetzten Stelle erfolgt.

Für die Kundendimension kommen vier strategische Ziele in Betracht. Das erste Ziel liegt in der Gewährleistung der Zufriedenheitserhebung der überwachten Bereiche sowie der Sicherstellung der Ergebnisauswertung durch den Leiter der Internen Revision, ihrer Diskussion und ggf. der Umsetzung daraus resultierender Verbesserungen. Dem schließt sich das zweite Ziel, die Gewährleistung der jährlichen Zufriedenheitserhebung der vorgesetzten Stelle und Unternehmensleitung sowie der Sicherstellung der Ergebnisauswertung durch den Leiter der Internen Revision, ihrer Diskussion und ggf. der Umsetzung daraus resultierender Verbesserungen, an. Das dritte Ziel wird durch den positiven Trend oder ein nachhaltig hohes Niveau der Kundenzufriedenheitsergebnisse repräsentiert. Als letztes Ziel dient der Vergleich der Kundenzufriedenheitsergebnisse mit den Resultaten anderer Interner Revisionen und/oder gleichwertiger Einheiten unter der Berücksichtigung, ob die Ergebnisse auf einem identischen Niveau oder besser als die der anderen Einheiten sind.

Dem Kriterium Prozesse sind im dargestellten Messansatz einige Qualitätsfaktoren zugeordnet, so dass hieraus für die Balanced Scorecard summarisch ein

---

[778]   Vgl. Anlagen 2-10.

strategisches Ziel und zwar die Erreichung der maximalen Punktzahl für das Kriterium Prozesse des dargelegten Messansatzes, d. h. 140 Punkte (Gewichtungsfaktor 1,4 multipliziert mit der ungewichteten maximalen Punktzahl von 100), zu bestimmen ist.

Abschließend sind der Lern- und Wachstumsdimension strategische Ziele zuzuordnen. Da hier die Kriterien Führung, Politik und Strategie, Mitarbeiter, Partnerschaften und Ressourcen, mitarbeiterbezogene Ergebnisse und gesellschaftsbezogene Ergebnisse einfließen, sind die strategischen Ziele in dieser Dimension, wie bei der Prozessdimension, summarisch für die fünf Kriterien aufzustellen, so dass jeweils die Ziele die Erreichung der Kriterienmaximalpunktzahl Führung (100 Punkte), Politik und Strategie (80 Punkte), Mitarbeiter (90 Punkte), Partnerschaften und Ressourcen (90 Punkte), mitarbeiterbezogene Ergebnisse (90 Punkte) und gesellschaftsbezogene Ergebnisse (60 Punkte) sind.

Im Hinblick auf die Beziehungen der strategischen Ziele untereinander ist festzustellen, dass vielfältige Ursache-Wirkungs-Verknüpfungen existieren, die alle auf die Schlüsselergebnisse einwirken. Diese Verhältnisse sind in der Anlage 13 anhand der Perspektiven dargestellt. Die Kunden-, die Lern- und Wachstums- sowie die Prozessperspektive sind nicht hierarchisiert, da alle drei Perspektiven direkt, in Teilen indirekt auf die Schlüsselergebnisse einwirken. Insgesamt folgt daraus, dass die drei Perspektiven Beziehungen untereinander aufweisen, jedoch alle ausgerichtet sind auf die Schlüsselergebnisperspektive, die sich an der Steigerung des Unternehmenswerts orientiert.

Die im Rahmen der vier Perspektiven bestimmten strategischen Ziele sind zusammenfassend in der Anlage 14 präsentiert und gleichzeitig mit geeigneten Messfaktoren zu versehen, was auch in der Anlage abgebildet ist. Des Weiteren werden in der Anlage Zielvorgaben und ausgewählte Maßnahmen dargestellt, die entsprechend festzulegen sind, wobei diese nur als Beispiel dienen können, da je nach Interner Revision und ihrem Qualitätsentwicklungsstand die Zielvorgaben in Bezug auf den jeweiligen zeitlichen Horizont und die entwickelnden Maßnahmen differieren können. Im Falle weiterer unternehmensrelevanter Aspekte, die sich nicht in dem erläuterten Messansatz und damit auch nicht in der Balanced Scorecard widerspiegeln, gilt, dass diese entsprechend zu integrieren sind.

Der Leiter der Internen Revision überführt dann unter Einbindung verantwortlicher Mitarbeiter die strategischen Maßnahmen in das operative Geschehen bzw. hinsichtlich der individuellen Mitarbeiterförderung und -betrachtung in die qualitätsorientierte Verhaltensentwicklung, die neben der Qualitätsstruktur als dritter strategischer Bestandteil des Qualitätsmanagements anzusehen ist.

Die Überwachung der Strategie ist ebenfalls durch den Leiter der Internen Revision vorzunehmen. Sie spiegelt sich einerseits im Rahmen der operativen Messung, Bewertung und Berichterstattung durch die sie repräsentierende kurzfristige Sicht sowie in der qualitätsorientierten Verhaltensentwicklung wider. Anderseits sind die aus der operativen Sicht und aus der qualitätsorientierten Verhaltensentwicklung resultierenden Messergebnisse für eine Betrachtung der Qualitätsstrategie derart zu verwenden, dass diese im Zusammenhang mit der jährlich durchzuführenden operativen Abteilungsüberwachung mit den strategischen Vorgaben verglichen werden und zu einem neuen Handlungs- und Planungsprozess führen, mit dem ggf. eine Anpassung der strategischen Maßnahmen und damit der Inhalte der Balanced Scorecard verbunden ist.[779]

2.2.1.5.   Qualitätsstruktur

Die Qualitätsstrategie wird durch die Qualitätsstruktur gestützt, die aus der Qualitätsorganisation und weiteren Strukturkomponenten besteht.

---

[779] In diesem Zusammenhang ist darauf hinzuweisen, dass die angepasste Planung der vorgesetzten Stelle und Unternehmensleitung durch den Leiter der Internen Revision mitzuteilen ist und einer Genehmigung durch diese Stellen bedarf.

Die Gestaltung der Qualitätsorganisation lässt sich durch folgende Aspekte beschreiben:

- Dem Leiter der Internen Revision obliegt als Gesamtverantwortlichem für das Qualitätsmanagement die geeignete Qualitätsorganisationsgestaltung.

- Aufgrund der den Mitarbeitern der Internen Revision zugewiesenen Qualitätsverantwortung, vor allem durch den Ethikkodex, und einer ihnen umfänglich überlassenen selbstständigen Tätigkeitsausführung sind sie so in das Qualitätsmanagement zu integrieren, dass Qualität für jeden von ihnen zur Aufgabe wird und sich jeder für die eigene Qualität verantwortlich zeichnet, wobei die Gesamtverantwortung beim Leiter liegt.

- Qualität hat einen Bestandteil der täglichen Arbeit darzustellen und muss von jedem in der Internen Revision wahrgenommen werden.

- Somit gilt für die Qualitätsorganisation, dass sie derart in die bestehende Aufbau- und Ablauforganisation der Internen Revision zu integrieren ist, dass der Leiter der Internen Revision auf der Grundlage von Qualitätszielvorgaben entsprechende Maßnahmen bestimmt, diese den Mitarbeitern bzw. Revisionsgruppen zuführt, sie moderiert und koordiniert sowie die Internen Revisoren bzw. Gruppen unterstützt, die ihm über ihre Resultate berichten.

Neben der Gestaltung der Qualitätsorganisation liegen die Einführung und Pflege weiterer Strukturkomponenten im Verantwortungsbereich des Leiters der Internen Revision. Zu diesen Komponenten zählen ein Qualitätsdokumentations-, ein Qualitätsinformations- und ein Qualitätsüberwachungssystem sowie die Berücksichtigung qualitätsbezogener Aspekte im Personalführungssystem.

Das Qualitätsdokumentationssystem, das zur allgemeinen Darlegung des Qualitätsmanagements dient, um unternehmensintern und -extern die Qualitätsbedeutung und -handhabung verdeutlichen zu können, ist hierarchisch aufzubauen. An oberster Stelle hat ein Qualitätsmanagementhandbuch zu stehen, in dem sich die Qualitätspolitik, die -verfassung, die -kultur, die -strategie und die -struktur, die qualitätsorientierte Verhaltensentwicklung in genereller Form, die Aufgaben und Verantwortlichkeiten in Bezug auf Qualität und grundsätzliche Angaben zu den operativen Abläufen wieder finden. Ergänzt wird das Handbuch durch konkrete Verfahrens- bzw. Arbeitsanweisungen. Die Systeminhalte müssen einen aktuellen Stand repräsentieren sowie zutreffend und präzise sein. Bei Bedarf hat unter Berücksichtigung von Mitarbeiteranregungen eine Anpassung der Inhalte zu erfolgen.

Die Qualitätsstruktur wird des Weiteren durch das Qualitätsinformationssystem geprägt. Über dieses System sind Qualitätsdaten durch den Leiter der Internen Revision und seine Mitarbeiter zu erfassen, auszuwerten und zu verarbeiten. Dabei ist das System in die existierenden Informationssysteme der Internen Revision einzubetten. Es existiert somit ein integriertes Qualitätsinformationssystem. Das System bzw. die Daten, zentral durch den Leiter der Internen Revision zu verwalten, sind je nach individueller Kompetenz und Zugriffsnotwendigkeit der Internen Revisoren diesen zugänglich zu machen. Mithilfe des Systems sind Qualitätsdaten auf Abteilungs-, Auftrags- und Mitarbeiterebene darzustellen. Da die Qualitätsdaten, vor allem die hinsichtlich der Abteilungsebene, für die vorgesetzte Stelle und die Unternehmensleitung von Relevanz sind, sind die Qualitätsinformationen der Internen Revision in das unternehmensweite Managementinformationssystem unter Berücksichtigung von Zugriffsrechten einzubeziehen. Die Daten aus dem Qualitätsinformationssystem sind zusammen mit den Angaben aus dem Qualitätsmanagementhandbuch für die Darstellung des Qualitätsmanagements in der Internen Revision im Lagebericht bzw. bei seiner Nichtanwendung in einer anderen Form der externen Berichterstattung des Unternehmens zu verwenden.

Im engen Zusammenhang mit dem Qualitätsinformationssystem steht das Qualitätsüberwachungssystem, das „zur Steuerung qualitätsrelevanter Vorgänge"[780] dient. Es ist in die gesamten Arbeitsabläufe der Internen Revision einzubinden und unterstützt die Interne Revision bei der Zielbildung, Planung, Kontrolle, Prüfung, Koordination und Information in Bezug auf Quali-

---

[780] Seghezzi 2003, S. 184.

tät. Eine wesentliche Rolle nehmen dabei die Kontroll- und Prüfungsmaßnahmen ein. So zählen zu den unternehmensinternen eine Auftragsqualitätskontrolle durch eingebundene verantwortliche Personen und eine Abteilungsqualitätsüberwachung durch den Leiter der Internen Revision mindestens jährlich und in periodischer Form durch qualifizierte Personen, die jedoch nicht der Internen Revision angehören. Die unternehmensexternen Maßnahmen umfassen eine Abteilungsqualitätsprüfung, die mindestens alle fünf Jahre im Rahmen einer Zertifizierung vorzunehmen ist, durch qualifizierte, unternehmensunabhängige Personen. Weitere Ausführungen zur Überwachung sind den bereits vorgenommenen Ausführungen zur Qualitätsstrategie sowie den Erläuterungen zur qualitätsorientierten Verhaltensentwicklung und zum operativen Geschehen zu entnehmen.

In das Personalführungssystem fließen qualitätsorientierte Aspekte ein, die die Qualitätsstruktur mitbestimmen. Es sind somit Elemente zu schaffen, „die zur bewussten Gestaltung qualitätsbezogener Arbeitsbedingungen führen."[781] Diese sind zur Erreichung und Aufrechterhaltung einer hohen Qualität notwendig. Konkret handelt es sich dabei um die Weiterbildung jedes Internen Revisors und die Anerkennung durch monetäre sowie nichtmonetäre Anreize. Die materielle und immaterielle Belohnung, die sich auf einzelne Interne Revisoren, Gruppen und deren Projekte bezieht, sollte spontan als auch zu bestimmten Zeitpunkten erfolgen. Grundlage hierfür sind die Beurteilungen durch den direkten Vorgesetzten und die Kunden. Diese Aspekte finden insbesondere ihren Niederschlag in der qualitätsorientierten Verhaltensentwicklung.

---

[781] Seghezzi 2003, S. 185.

2.2.1.6.   Qualitätsorientierte Verhaltensentwicklung

Der strategische Bestandteil, die qualitätsorientierte Verhaltensentwicklung, hat die Entwicklung jedes Internen Revisors sowie das Lernen in der Internen Revision zum Gegenstand.

Die Leistung der Internen Revisoren hängt von deren Motivation und Fähigkeiten ab. Zu ihrer Leistungsmessung sind die in der Anlage 15 dargelegten Kriterien in Abhängigkeit von der individuellen Situation zu verwenden. Die Motivation wird durch die Arbeitszufriedenheit bzw. die materielle und immaterielle Belohnung bestimmt. Die Fähigkeiten werden durch Weiterbildungsmaßnahmen verbessert. Der Leiter der Internen Revision hat diesbezüglich, im Hinblick auf die Zielerfüllung der Wertsteigerung, die Aufgabe, für eine entsprechende Motivation und die Existenz bzw. das Fördern der in der Anlage 15 aufgeführten Fähigkeiten seiner Mitarbeiter zu sorgen. Somit sind monetäre und nichtmonetäre Anreize, wie z. B. Anerkennung und Verantwortungsübertragung, zu schaffen, die das zielgerichtete Wirken stärken. Die Verhaltensentwicklungssysteme strahlen auf das operative Geschehen aus.

Merkmale der qualitätsorientierten Verhaltensentwicklung, die sich auf das Wahrnehmungs- und Verhaltensmuster des Leiters der Internen Revision und seiner Mitarbeiter beziehen, sind:

*   Der Stil des Leiters der Internen Revision fungiert als Bindeglied von Qualitätskultur und Verhaltensentwicklung. Basierend auf der vorgenommenen Gesamtplanung überlässt er seinen Mitarbeitern eine weitreichende selbstständige Tätigkeitsausübung. Durch fortlaufende Kommunikation mit den Mitarbeitern werden die Arbeitsresultate und die individuelle Entwicklung gefördert.

*   Die Mitarbeiter sind in die Qualitätsmanagementaktivitäten eingebunden und stützen diese.

*   Die Internen Revisoren erwerben im Rahmen ihrer aktiven Verantwortungsausübung durch ihre Fachkompetenz und Persönlichkeit Autorität, die durch ihre Position in der Internen Revision gestärkt wird.

- Die Stellung der Internen Revisoren ist durch eine stetige Weiterbildung zu erarbeiten, aufrecht zu erhalten und auszuweiten. Hierfür sind unternehmensinterne und -externe Aktivitäten vorzunehmen.

Die qualitätsorientierte Verhaltensentwicklung basiert hinsichtlich der Internen Revisoren auf einem Prozess, der auf der Qualitätsstrategie aufbaut und hieraus abgeleitet für jeden Mitarbeiter persönliche Leistungs- und Entwicklungsziele und -maßnahmen durch den Leiter der Internen Revision bestimmt. Der Leiter der Internen Revision hat dabei die in der Anlage 15 dargelegten Kriterien zur Mitarbeiterleistung zu verwenden. Während die Realisierung von Fortbildungsmaßnahmen im strategischen Bereich angesiedelt ist, erzeugen die Internen Revisoren ihre Leistung im operativen Geschehen. Die beiden Sachverhalte werden in der qualitätsorientierten Verhaltensentwicklung für jeden Mitarbeiter zusammengeführt, gemessen, in Bezug zu den Vorgaben gesetzt und durch den Leiter der Internen Revision mit dem entsprechenden Internen Revisor erörtert. Als Folge dessen werden neue Handlungen abgeleitet und Honorierungen durchgeführt. Dieser Prozess, der jährlich vorzunehmen ist, steht in engem Zusammenhang mit den Abläufen auf Auftrags- und Abteilungsebene.

2.2.2.   Operative Bestandteile

2.2.2.1.   Qualitätsplanung

Die Qualitätsplanung führt den normativ-strategischen und operativen Teil des Qualitätsmanagements zusammen. Sie wird dem operativen Geschehen zugeordnet, obwohl sie bereits auf der strategischen Ebene Eingang findet.

Die Festlegungen in der Qualitätsstrategie sind in kurzfristige Ziele und Maßnahmen im Hinblick auf die Abteilung durch den Leiter der Internen Revision unter Einbindung verantwortlicher Interner Revisoren zu übertragen.[782] Dieses hat unter Anwendung des erläuterten Messansatzes im Einklang mit den Inhalten der Balanced Scorecard zu erfolgen. Die kurzfristigen Abteilungsziele und -maßnahmen sind in die einzelnen Aufträge zu überführen. Auch für die Planung der einzelnen Aufträge ist der dargestellte Messansatz zu verwenden. Entsprechend der Auftragsart sind die relevanten Qualitätsfaktoren zu berücksichtigen. Für die Bestimmung ihrer Soll-Werte ist festzuhalten, dass sie eine A-Ausprägung des Messansatzes zum Ziel haben müssen. Unter diesen Prämissen ist es der Internen Revision möglich, ihr Abteilungs- und Auftragswirken in Übereinstimmung mit der Definition der Internen Revision, dem Ethikkodex und den IIA-Standards sicherzustellen.

2.2.2.2.   Qualitätserzeugung

Die in der Qualitätsplanung festgelegten Aktivitäten, die aus den Qualitätsfaktoren und ihren Soll-Werten resultieren, sind im Rahmen der Qualitätserzeugung umzusetzen. Dieses erfolgt auftrags- bzw. abteilungsbezogen. Ausfluss der Qualitätserzeugung ist der Ist-Zustand des jeweiligen Qualitätsfaktors, den es zu messen gilt.

2.2.2.3.   Qualitätsmessung

Die Qualitätsmessung verkörpert die strukturierte Zuordnung von Zahlen bzw. Daten zu den jeweiligen Qualitätsfaktoren des erläuterten Messansatzes, wodurch die qualitätsbezogenen Maßnahmen und die Resultate der Internen Revision und der einzelnen Aufträge quantifiziert werden.

Die Messung hat unternehmensintern und -extern zu erfolgen. Die unternehmensinterne Messung wird von involvierten verantwortlichen Personen, wie Prüfungs-, Abteilungs- und/oder Leiter der Internen Revision, im Rahmen der

---

[782]   Zu beachten ist, dass die Abteilungsplanung der vorgesetzten Stelle und Unternehmensleitung zu berichten ist und einer Genehmigung durch sie bedarf.

einzelnen Aufträge und vom Leiter der Internen Revision jährlich in Bezug auf
die gesamte Abteilung durchgeführt. Sie beinhaltet auch die periodisch vorzunehmende, abteilungsbezogene Messung durch qualifizierte[783], jedoch nicht
der Internen Revision angehörende Personen, die dabei den dargestellten
Messansatz anzuwenden haben. Dieser dient auch zur unternehmensexternen
Abteilungsmessung, die alle fünf Jahre im Zuge einer Zertifizierung durch
qualifizierte, unternehmensunabhängige Personen vorzunehmen ist. Als qualifiziert im Rahmen der unternehmensexternen Sicht gelten Personen, die vom
IIA als Qualitätsassessoren anerkannt und registriert sind. Mit der Zertifizierung wird sichergestellt, dass die Interne Revision nach der Definition der Internen Revision, dem Ethikkodex und den IIA-Standards handelt. Des Weiteren kann in die Zertifizierung auch die Beurteilung des eingeführten Qualitätsmanagementsystems integriert werden, so dass die Aussage getroffen
werden kann, dass das Qualitätsmanagement in der Internen Revision nach
dem DIIR-Revisionsstandard Nr. 3/Praxisleitfaden zu den IIA-Standards 13xx
unterhalten wird, mit dem die Erfüllung der Definition der Internen Revision,
des Ethikkodex und der IIA-Standards gewährleistet wird.

2.2.2.4.   Qualitätsbewertung und -berichterstattung

Als Folge der Qualitätsmessung wird im Rahmen der Qualitätsbewertung bestimmt, inwieweit die Ist-Zustände der Qualitätsfaktoren den Soll-Werten entsprechen. Damit verbunden sind eine Abweichungsanalyse, eine Bewertung
und Deutung der Abweichungsursachen sowie eine Prognose der Abweichungskonsequenzen und ihre Darstellung.

Sie erfolgt im Einklang zur Messung unternehmensintern und -extern. Die unternehmensinterne Bewertung durch die verantwortlichen Personen im Rahmen der einzelnen Aufträge und den Leiter der Internen Revision im Hinblick
auf die gesamte Abteilung umfasst die gesamten angeführten Aspekte, denen

---

[783]   Zur Qualifikation zählt mindestens die Kenntnis über die Inhalte des IPPF.

die Auftrags- und Abteilungs-Soll-Werte zu Grunde liegen. Im Gegensatz dazu hat die unternehmensinterne Bewertung durch qualifizierte, jedoch nicht der Internen Revision angehörende Personen als Soll-Werte die Maximalausprägung, d. h. A, des dargestellten Messansatzes für die Qualitätsfaktoren zu verwenden. Dieses ist auch in die unternehmensexterne Bewertung einzubeziehen.

Die in der Qualitätsbewertung ermittelten Resultate sind zeitnah und transparent zu kommunizieren. Die Ergebnisse der einzelnen Aufträge sind durch involvierte verantwortliche Personen nach erfolgten Zwischen- und Endbewertungen den entsprechenden Internen Revisoren und dem Leiter der Internen Revision, falls er diese nicht selber vorgenommen hat, zu berichten. Die Schlussergebnisse entsprechender Qualitätsauftragsfaktoren gehen in die finale Auftragsberichterstattung gegenüber den entsprechenden Parteien ein. In diese ist aufzunehmen, ob der Auftrag gem. der Definition der Internen Revision, des Ethikkodex und der IIA-Standards ausgeführt worden ist. Ist deren Nichteinhaltung gegeben, sind die nicht eingehaltenen Regelungen, die Gründe für deren Nichterfüllung und die damit verbundenen Auswirkungen darzulegen. Über die Endergebnisse berichtet der Leiter der Internen Revision jährlich der vorgesetzten Stelle und der Unternehmensleitung. Er integriert in diese Berichterstattung auch das Abteilungsresultat. Die Ergebnisse durchgeführter Messungen und Bewertungen revisionsexterner Personen kommuniziert der Leiter der Internen Revision nach ihrer Durchführung der vorgesetzten Stelle und der Unternehmensleitung. Der Leiter gibt stets an, ob die Interne Revision bei ihrem Wirken in Übereinstimmung mit der Definition der Internen Revision, dem Ethikkodex und den IIA-Standards handelt, und er hat bei einer Nichteinhaltung dieser, die die gesamte Tätigkeit der Internen Revision beeinflusst, die Auswirkungen darzulegen. Damit verdeutlicht er den Beitrag der Internen Revision zur eigenen und zur Wertsteigerung des Unternehmens.

Bedeutsame Aspekte aus den Bewertungen und ihrer Berichterstattung sowie generelle Angaben zum Qualitätsmanagement der Internen Revision finden Eingang in den Lagebericht bzw. bei seiner Nichtanwendung in ein anderes Medium der externen Berichterstattung des Unternehmens.

2.2.2.5.   Qualitätshandlung und -honorierung

Die Qualitätshandlung und -honorierung folgen der Qualitätsbewertung. Darin festgestellte Abweichungen führen zu Handlungen, um die angestrebten
Ziele zu erreichen. Entsprechend dem Abweichungsgrad sind Handlungen
durch die involvierten verantwortlichen Personen bzw. den Leiter der Internen Revision zu initiieren, die zu einem neuen, mit der Planung beginnenden
Prozess führen. Das hat Einfluss auf die strategischen und operativen Aspekte
sowie das Wirken der gesamten Abteilung und die einzelnen Aufträge. Damit
ist ein ständiger Verbesserungsprozess gewährleistet, der mit dem Ziel der
Wertsteigerung einhergeht.

Um diesem Ziel Nachdruck zu verleihen, ist entsprechend der Bewertung eine
qualitätsbezogene Honorierung in monetärer und nichtmonetärer Form vorzunehmen, von der eine motivierende Wirkung und eine Leistungssteigerung
zu erwarten sind.

3.   Einführung und kontinuierliche Anwendung des Qualitätsmana-
            gements

3.1.   Grundlegendes

Für den erleichterten Umgang mit dem Qualitätsmanagement in der Internen
Revision wird seine Einführung und kontinuierliche Anwendung präsentiert.
Dabei erfolgt die Beschreibung aus Sicht eines neu zu implementierenden Systems. Diese Verfahrensweise wird angestellt, um das Qualitätsmanagement in
seiner Gesamtheit darzulegen. Es ist aber anzumerken, dass davon ausgegangen werden kann, dass Interne Revisionen bereits über Qualitätsmanagementaktivitäten verfügen und diese somit durch die jeweiligen Internen Revisionen
entsprechend Eingang in ein Qualitätsmanagement zu finden haben, das dem
hier dargestellten entspricht.

Die folgenden Erläuterungen zur Implementierung und zum laufenden Einsatz eines Qualitätsmanagements erfolgen in Form einer überblicksartigen

Darstellung, da sich seine gesamten Inhalte, sein Aufbau und auch die Abläufe in der Beschreibung der Bestandteile wieder finden.[784]

3.2. Einführung und kontinuierliche Anwendung

Der Leiter der Internen Revision bestimmt unter Mitwirkung verantwortlicher Mitarbeiter die Qualitätspolitik und -verfassung gem. der Festlegungen in der Bestandteilsdarlegung.[785] Des Weiteren ist eine Qualitätskultur zu schaffen und zu etablieren, die die aufgeführten Anforderungen in der Komponentendarstellung erfüllt.[786]

Darauf aufbauend ist die Qualitätsstrategie durch den Leiter der Internen Revision unter Mitwirkung verantwortlicher Mitarbeiter entsprechend der geschilderten Vorgehensweise bei der Erläuterung des Elements Qualitätsstrategie festzulegen.[787] Mit Hilfe verantwortlicher Mitarbeiter überführt der Leiter dann die strategischen Maßnahmen in das operative Geschehen bzw. in Bezug auf die individuelle Mitarbeiterförderung und -betrachtung in die qualitätsorientierte Verhaltensentwicklung. Im Hinblick auf den laufenden Einsatz des Qualitätsmanagements ist zu erwähnen, dass der Leiter der Internen Revision die Strategie zu überwachen hat. Dieses erfolgt nach Maßgabe der Beschreibung in den Bestandteilen und führt zu einem neuen Handlungs- und Planungsprozess, mit dem ggf. eine Anpassung der strategischen Inhalte verbunden ist.[788]

---

[784] Vgl. Abschnitt 2.2.

[785] Vgl. Abschnitt 2.2.1.1. f.

[786] Vgl. Abschnitt 2.2.1.3.

[787] Vgl. hierzu und in der Folge Abschnitt 2.2.1.4. Hinzuweisen ist darauf, dass der Leiter die Qualitätsstrategie der vorgesetzten Stelle und Unternehmensleitung vorzulegen und sich diese von ihnen zu genehmigen lassen hat.

[788] Es ist anzumerken, dass die angepasste Planung der vorgesetzten Stelle und Unternehmensleitung durch den Leiter der Internen Revision mitzuteilen ist und einer Genehmigung durch diese Einheiten bedarf.

Dem Leiter der Internen Revision obliegt zudem die Gestaltung der Qualitätsorganisation, die Einführung und Pflege eines Qualitätsdokumentations-, eines
Qualitätsinformations- und eines Qualitätsüberwachungssystems sowie die
Berücksichtigung qualitätsbezogener Sachverhalte im Personalführungssystem. Die Inhalte dieser Strukturelemente haben dabei denen in der Komponentenpräsentation zu entsprechen.[789]

Des Weiteren ist die Installation eines qualitätsorientierten Verhaltensentwicklungsprozesses in Bezug auf die einzelnen Internen Revisoren vorzunehmen.[790] Abgeleitet aus der Qualitätsstrategie sind für jeden Internen Revisor
individuelle Leistungs- und Entwicklungsziele sowie -maßnahmen durch den
Leiter der Internen Revision zu determinieren. Hierbei verwendet er die erarbeiteten Kriterien zur Mitarbeiterleistung.[791] Die Verwirklichung der Weiterbildungsmaßnahmen und die im operativen Geschehen gezeigten Leistungen
sind dann für jeden Mitarbeiter zusammenzuführen, zu messen, in Bezug zu
den Vorgaben zu setzen und durch den Leiter der Internen Revision mit dem
entsprechenden Mitarbeiter zu besprechen. Hieraus folgend ergeben sich neue
Handlungen, die im Einklang mit der Qualitätsstrategie vorzunehmen sind,
und Honorierungen. Dieser Prozess ist fortlaufend anzuwenden und steht in
einem engen Verhältnis zu den einzuführenden und aufrechtzuerhaltenden
operativen Abläufen auf Auftrags- und Abteilungsebene, die bereits in der Bestandteilsdarstellung ausführlich beschrieben worden sind.[792]

---

[789] Vgl. Abschnitt 2.2.1.5.

[790] Neben dem im Folgenden geschilderten Prozess ist dafür Sorge zu tragen, dass die an
die qualitätsorientierte Verhaltensentwicklung gestellten Anforderungen erfüllt werden. Vgl. hierzu und in der Folge Abschnitt 2.2.1.6.

[791] Vgl. Anlage 15.

[792] Vgl. Abschnitt 2.2.2.

4. Zusammenfassung

Das Qualitätsmanagement in der Internen Revision ist ein System, das ihre effektive und effiziente Führung im Sinne einer Wertsteigerung ermöglicht.

Unter Verwendung der Balanced Scorecard und des dargestellten Messansatzes liegt ein ganzheitliches Qualitätsmanagement vor, das den IIA-Standards 13xx Rechnung trägt. Dieses ist die Grundlage für eine adäquate Führung der Internen Revision im Hinblick auf das unternehmerische Ziel der Wertsteigerung. Die Interne Revision macht damit ihren Wertbeitrag deutlich.

Anlage 1:   Grundsätzliche Ausführungen zur Messmethodik

Anhand von neun Kriterien (Führung, Politik und Strategie, Mitarbeiter, Partnerschaften und Ressourcen, Prozesse, kundenbezogene Ergebnisse, mitarbeiterbezogene Ergebnisse, gesellschaftsbezogene Ergebnisse sowie Schlüsselergebnisse) ist die Qualität zu messen, wobei für jedes Kriterium eine Messung
mittels zugeordneter Qualitätsfaktoren in Form von Fragen und abschließend
eine zusammenfassende Messung des Ergebnisses der Internen Revision
vorzunehmen ist.

Der hier präsentierte Ansatz in Form einer Fragetechnik bezieht sich auf die
Einhaltung der Definition der Internen Revision, des Ethikkodex und der IIA-
Standards. Da davon auszugehen ist, dass die Definition durch die Berücksichtigung von Ethikkodex und IIA-Standards als Faktoren angemessen erfüllt
wird, wird diese nicht separat behandelt.

Den neun Kriterien sind entsprechende Qualitätsfaktoren bzw. Fragen zugeordnet und mit einer Referenz auf die entsprechende Regelung versehen. Dieses wird in den Anlagen 2–10 deutlich. Zur Messung der Qualitätsfaktoren bestehen folgende Ausprägungen:

* A 100 %, d. h. gänzlich erreicht, womit „ein hervorragendes, flächende-
  ckendes Vorgehen oder Ergebnis in allen Bereichen und Aspekten"[793] sowie „eine vorbildliche Lösung oder Leistung"[794] bzw. eine kaum vorstellbare wesentliche Verbesserung gemeint sind,

* B 67 %, d. h. immense Fortschritte, worunter ein eindeutiger Nachweis
  für gute Realisierungen, korrekte und periodische Überwachungen und
  Verbesserungen und gewisse Zweifel, „dass die Thematik nicht in vollem

---

[793]   EFQM/DGQ 1999, S. 5.

[794]   EFQM/DGQ 1999, S. 5.

Umfang in allen Bereichen und Aspekten angewendet wird"[795], zu verstehen sind,

- C 33 %, d. h. gewisse Fortschritte, die sich durch die Existenz einiger Anzeichen im Hinblick auf die tatsächliche Entwicklung, unregelmäßige Überwachungen zur Vornahme von Verbesserungen und die erfolgreiche Umsetzung oder positive Ergebnisse in Teilbereichen charakterisieren lassen,

- D 0 %, d. h. nicht angefangen bzw. gegeben, was sich durch keine Bewegung und das Vorhandensein einiger guter Ideen, eher jedoch Wunschdenken darstellend, kennzeichnen lässt sowie

- nicht anwendbar, d. h. dass für einige Interne Revisionen sind nicht alle Fragen bzw. deren einzelne Inhalte anwendbar. Dementsprechend sind die Fragen, deren Sachverhalte für eine Interne Revision keine Bedeutung haben bzw. aus Gründen entgegenstehender Gesetze oder gesetzesähnlicher Vorschriften keine Anwendung finden können, mit dem Vermerk nicht anwendbar zu kennzeichnen. Sind einzelne Elemente einer Frage ohne Bedeutung bzw. Anwendung, so sind diese bei der Messung nicht zu berücksichtigen und lediglich der anwendbare Teil der Frage im Hinblick auf eine Markierung mit A, B, C oder D zu betrachten. In der Berichterstattung ist hierauf explizit einzugehen. Im Falle eines Vermerks nicht anwendbar für eine Frage ist die Anzahl der Fragen bei der Ermittlung des Kriterienergebnisses dann zu reduzieren.

Die Berechnung eines Kriterienergebnisses erfolgt anhand der in den Anlagen 2–10 aufgeführten Checklisten und zwar derart, dass nach der Ermittlung des Messwerts für jede Frage die Anzahl der Markierungen je Spalte A–D bestimmt wird, diese mit dem entsprechenden Faktor (0 %, 33 %, 67 % oder 100 %) multipliziert wird, die Produkte dann addiert und durch die Anzahl der Fragen dividiert werden. Das Kriterienergebnis wird schließlich in Punkten dargestellt, wobei, wenn notwendig, auf volle Punkte zu runden ist.

---

[795] EFQM/DGQ 1999, S. 5.

Auf Basis der Ergebnisse der neun Kriterien wird die Qualität der Internen Revision unter Verwendung einer Gewichtung der Kriterienergebnisse bestimmt. Die Summe aller gewichteten Kriterienergebnisse stellt das Qualitätsergebnis, gemessen in Punkten, mit einer maximal möglichen Punktzahl von 1.000, der Internen Revision dar.[796]

---

[796]   Vgl. Anlage 11.

Anlage 2:   Checkliste Führung der Internen Revision

Fragen zum Kriterium Führung	Referenz	D	C	B	A
1. Hat der Leiter der Internen Revision ein Qualitätsmanagementsystem, das aus den normativ-strategischen Bestandteilen Qualitätspolitik, Qualitätsverfassung, Qualitätskultur, qualitätsorientierte Verhaltensentwicklung, Qualitätsstruktur und Qualitätsstrategie sowie aus der Qualitätsplanung als Bindeglied zu den operativen Bestandteilen Qualitätserzeugung, Qualitätsmessung, Qualitätsbewertung und -berichterstattung, Qualitätshandlung und -honorierung besteht, installiert und pflegt er dieses? Werden in diesem Zusammenhang die von den IIA-Standards geforderten Inhalte der einzelnen Komponenten erfüllt?	1300–1321 2000				
2. Erstellt der Leiter der Internen Revision zur Priorisierung der Tätigkeiten eine risikobasierte Planung?	2010				
3. Basiert die Planung der gesamten Prüfungsaufträge auf einer dokumentierten, mindestens jährlich vorgenommenen Risikoeinschätzung und werden die Ansichten von vorgesetzter Stelle und Unternehmensleitung berücksichtigt?	2010.A1				
4. Werden vorgeschlagene Beratungsaufträge vor ihrer Annahme vom Leiter der Internen Revision hinsichtlich ihrer Auswirkungen auf die Verbesserung des Risikomanagementsystems und der Geschäftsprozesse sowie die Wertsteigerung beurteilt und ausgewählt und finden diese Eingang in die Gesamtplanung?	2010.C1				
5. Teilt der Leiter der Internen Revision die Gesamtplanung und den damit verbundenen Ressourcenbedarf der vorgesetzten Stelle und der	1314 1317 2020				

		0	33	67	100
Unternehmensleitung mit und werden diese von ihnen genehmigt? Wird auch bei zwischenzeitlichen Änderungen so verfahren?					
6. Erfolgt zur Vermeidung von Doppelarbeiten und zur Tätigkeitsoptimierung ein Informationsaustausch mit unternehmensinternen und -externen Prüfungs- und Beratungseinheiten durch den Leiter der Internen Revision und werden Aktivitäten mit diesen Einheiten abgestimmt?	2050				
7. Findet eine periodische Berichterstattung durch den Leiter der Internen Revision an die vorgesetzte Stelle und die Unternehmensleitung über die gesamte Tätigkeit statt?	1320 2060				
8. Erfolgt eine auftragsbezogene Überwachung?	1319 1320 2340				
9. Besteht ein System zur Überwachung der Umsetzung der in den Berichten der Internen Revision festgehaltenen Prüfungs- und Beratungsfeststellungen (Follow-up-System)?	2500 2500.A1 2500.C1				
10. Ist gewährleistet, dass die (Netto-)Risiken der Unternehmensleitung bewusst sind, und werden diese Risiken von der Unternehmensleitung akzeptiert?	2600				
Anzahl Markierungen (a)					
Faktor in % (b)		0	33	67	100
Produkt (a · b)					
Produktsumme D–A					
Kriterienergebnis (Produktsumme : 10)					

Anlage 3:   Checkliste Politik und Strategie der Internen Revision

Fragen zum Kriterium Politik und Strategie	Referenz	D	C	B	A
1. Sind der Zweck, die Befugnisse und die Verantwortung einschließlich der Art der zu erbringenden Prüfungs- und Beratungsleistungen der Internen Revision in einer Charter, konsistent mit der Definition der Internen Revision, dem Ethikkodex und den IIA-Standards, festgelegt, wird die Charter periodisch geprüft und von der vorgesetzten Stelle und der Unternehmensleitung genehmigt?	1000 1000.A1 1000.C1 1010				
2. Ist die Interne Revision organisatorisch so verankert, dass ihr die notwendige Unabhängigkeit zukommt und bestätigt der Leiter der Internen Revision gegenüber seiner vorgesetzten Stelle und der Unternehmensleitung mindestens jährlich diese Unabhängigkeit bzw. teilt Beeinträchtigungen mit?	1100 1110 1111 1130				
3. Unterliegen die Bestimmung des Prüfungsumfangs, die Tätigkeitsdurchführung und die Berichterstattung bei Prüfungsleistungen keiner Beeinflussung?	1110.A1				
4. Legt der Leiter der Internen Revision die Politik, Strategie und Prozesse, mit denen die Aktivitäten gelenkt werden, fest und ist damit eine flexible Anpassung an geänderte Bedingungen möglich?	1310 1311 1314 2040				
5. Stehen die Politik und Strategie im Einklang mit den Unternehmenszielen?	1311 1314 2010				
6. Sind den Mitarbeitern der Internen Revision die für ihre Aktivitäten relevanten Ziele und die dafür vorhandenen Pläne bekannt?	1316 1317 2200				

Anzahl Markierungen (a)				
Faktor in % (b)	0	33	67	100
Produkt (a · b)				
Produktsumme D–A				
Kriterienergebnis (Produktsumme : 6)				

Anlage 4:   Checkliste Mitarbeiter der Internen Revision

Fragen zum Kriterium Mitarbeiter	Referenz	D	C	B	A
1. Besteht ein Überwachungs- und Verbesserungssystem zur Einhaltung der Definition der Internen Revision, des Ethikkodex einschließlich der Objektivität, der IIA-Standards und weiterer Vorgaben durch die Mitarbeiter?	1100 1120 1300 Ethik- kodex				
2. Erfolgt bei Beeinträchtigungen der Objektivität und Unabhängigkeit der Internen Revisoren eine Offenlegung gegenüber den entsprechenden Parteien?	1130 1130.A1 1130.A2 1130.C1 1130.C2				
3. Besitzen die Internen Revisoren im Einzelnen und im Ganzen die notwendige Eignung und Kompetenz zur Erfüllung der Aufgaben?	1200 1210, .A2, .A3 1316 Ethik- kodex				
4. Besteht ein System, dass dem Leiter der Internen Revision das geforderte Wissen und die Fähigkeiten der Mitarbeiter verdeutlicht und wird dieses gepflegt? Werden im Falle der Mängelfeststellung in Bezug auf die Aufgabenerledigung entsprechende Maßnahmen ergriffen?	1210.A1 1210.C1 1315 1316				
5. Verfügen die Internen Revisoren über eine entsprechende berufliche Sorgfaltspflicht?	1200 1220 1220.A1 1220.A2 1220.A3 1220.C1 1316 Ethik- kodex				

6. Besteht eine permanente Weiterbildung der Mitarbeiter?	1230 1316				
7. Existiert ein Mess- und Bewertungssystem, mit dem die Leistung der Internen Revisoren beurteilt wird und mit dem eine Honorierung verknüpft ist?	1316 1319 1320 1321				
8. Werden die Internen Revisoren entsprechend ihrer Verantwortung in die Arbeitsabläufe integriert, zu eigenständigem Handeln ermächtigt und informiert?	1314 1317 2200 u. a.[797]				
Anzahl Markierungen (a)					
Faktor in % (b)		0	33	67	100
Produkt (a · b)					
Produktsumme D–A					
Kriterienergebnis (Produktsumme : 8)					

---

[797] Neben den genannten IIA-Standards ist dieser Fragenkomplex Gegenstand einer Vielzahl weiterer Standards, wobei hier nur eine Auswahl aufgeführt ist.

Anlage 5:   Checkliste Partnerschaften und Ressourcen der Internen Revision

Fragen zum Kriterium Partnerschaften und Ressourcen	Referenz	D	C	B	A
1. Ist gewährleistet, dass die Ressourcen der Internen Revision ausreichend und angemessen sind sowie effektiv verwendet werden, um die gesetzten Ziele zu erreichen?	1316 2030				
2. Besteht ein Informations- und Aktivitätenaustausch bzw. eine Koordination mit unternehmensinternen und -externen Einheiten zur effektiveren und effizienteren Tätigkeitsausübung?	2050				
Anzahl Markierungen (a)					
Faktor in % (b)		0	33	67	100
Produkt (a · b)					
Produktsumme D–A					
Kriterienergebnis (Produktsumme : 2)					

Anlage 6: Checkliste Prozesse der Internen Revision

Fragen zum Kriterium Prozesse	Referenz	D	C	B	A
1. Existiert in der Internen Revision ein Qualitätsmanagementsystem mit den in den IIA-Standards geforderten Inhalten?	1300–1321				
2. Beurteilt die Interne Revision die von der Unternehmensleitung und seinen Mitgliedern implementierten Systeme und die damit verbundenen Prozesse und werden angemessene Maßnahmen zu deren Verbesserung vorgeschlagen?	2100 2110				
3. Beurteilt die Interne Revision bei Prüfungsleistungen die Ausgestaltung, die Verwirklichung und die Effektivität der unternehmerischen ethikrelevanten Ziele, Programme und Tätigkeiten und wie die IT-Governance die Unternehmensstrategien und -ziele stärkt und unterstützt?	2110.A1 2110.A2				
4. Stimmen die Ziele von Beratungsmandaten mit den Werten und Vorgaben des Unternehmens überein?	2110.C1				
5. Evaluiert die Interne Revision die Effektivität des Risikomanagementsystems und der damit verbundenen Prozesse in Bezug auf die Verlässlichkeit und Integrität finanzieller und betrieblicher Daten, Wirksamkeit und Angemessenheit der Geschäftsprozesse, Werterhaltung der Aktiva und Einhaltung von Gesetzen und weiteren Regelungen und werden diesbezüglich Verbesserungsvorschläge erarbeitet bzw. entwickelt?	2100 2120 2120.A1				
6. Wird das mögliche Eintreten doloser Handlungen und der Umgang mit diesen in die Evaluation bei Prüfungen einbezogen?	2120.A2				

7. Erfolgt während Beratungsaufträgen die Adressierung mandatsabhängiger Risiken und sind sich die Internen Revisoren dabei anderer wesentlicher Risiken bewusst?	2120.C1				
8. Bringen die Internen Revisoren die im Rahmen von Beratungsmandaten identifizierten Risiken in die Beurteilung des Risikomanagements ein?	2120.C2				
9. Ist sichergestellt, dass Interne Revisoren bei der Implementierung und Weiterentwicklung des Risikomanagements im Rahmen von Beratungsaufträgen keine Führungsverantwortung eingehen?	2120.C3				
10. Assistiert die Interne Revision das Unternehmen bei der Erhaltung effektiver Überwachung durch eine Beurteilung deren Effektivität und Effizienz und deren ständige Verbesserung, wobei sich die Evaluation auf die Risiken der von der Unternehmensleitung und seinen Mitgliedern implementierten Systeme und Prozesse, der Geschäftsprozesse und der Informationssysteme hinsichtlich Verlässlichkeit und Integrität finanzieller und betrieblicher Daten, Wirksamkeit und Angemessenheit der Geschäftsprozesse, Werterhaltung der Aktiva und Einhaltung von Gesetzen und weiteren Regelungen bezieht?	2100 2130 2130.A1				
11. Geben Interne Revisoren Einschätzungen zur Strategiekonformität der Geschäftsprozesse und -programme und deren Ergebnisse sowie deren strategiekonformer Einführung bzw. Durchführung bei Prüfungsaufträgen ab?	2130.A2 2130.A3				
12. Weisen Interne Revisoren bei Beratungsaufträgen auf zielkonforme Überwachungen hin und sind sie aufmerksam für bedeutsame Über-	2130.C1				

wachungsaspekte?					
13. Bringen die Internen Revisoren die im Rahmen von Beratungsaufträgen identifizierten Überwachungssachverhalte in die Beurteilung der Überwachung ein?	2130.C2				
14. Erfolgt die Auftragsplanung ganzheitlich, d. h. werden die Auftragsziele, der -umfang, die -zeitplanung und die -ressourcen sowie im Hinblick auf die zu überwachenden Bereiche deren Ziele, deren Mittel bzw. Maßnahmen zur Überwachung der Performance, deren wesentliche Risiken, deren Ressourcen, deren Geschäftsprozesse, deren Mittel bzw. Maßnahmen, um die potenziellen Auswirkungen von Risiken in einem akzeptablen Rahmen zu halten, deren Effektivität und Effizienz des Risikomanagements und der Überwachung im Vergleich zu einem entsprechenden Überwachungsregelwerk oder -modell sowie die Möglichkeiten zur Durchführung bedeutsamer Verbesserungen des Risikomanagements und der Überwachung betrachtet und wird dieses dokumentiert?	1317 2200 2201				
15. Erfolgt im Rahmen einer Auftragsprüfungsplanung für eine unternehmensexterne Einheit eine schriftliche Vereinbarung über die Ziele, den Umfang, die Verantwortlichkeiten und andere Erwartungen einschließlich Restriktionen über die Verteilung der Ergebnisse und des Zugangs zu den Auftragsaufzeichnungen?	1317 2201.A1				
16. Sind Beratungsauftragsziele bestimmt und werden bei der Planung von Beratungsaufträgen die Ziele, der Umfang, die Verantwortlichkeiten und andere Auftraggebererwartungen mit dem Auftraggeber abgestimmt? Ist dieses bei bedeutsamen Engagements schriftlich fi-	1317 2201.C1 2210 2210.C1				

xiert?					
17. Sind Prüfungsauftragsziele bestimmt und sind hierbei eine Risikobeurteilung des zu überwachenden Bereichs, wobei die Ziele deren Ergebnis zu reflektieren haben, die Wahrscheinlichkeit von bedeutsamen Fehlern, dolosen Handlungen, Nichtkonformität mit Regelungen und sonstigen Gefahren sowie die Adäquatheit der Kriterien der Führungsebenen zur Evaluation der Zielerfüllung einbezogen?	1317 2210 2210.A1 2210.A2 2210.A3				
18. Sind der Prüfungsumfang und die -ressourcenallokation zur Erreichung der Auftragsziele ausreichend, d. h. Berücksichtigung relevanter Systeme, von Aufzeichnungen, der Personalkapazität und der Vermögensgegenstände, auch von Dritten?	2220 2220.A1 2230				
19. Wird im Falle des Erkennens eines bedeutsamen Beratungsbedarfs im Rahmen von Prüfungen eine spezielle schriftliche Vereinbarung über die Ziele, den Umfang, die Verantwortlichkeiten und sonstigen Erwartungen getroffen sowie die Resultate des Beratungsauftrags gem. der Beratungsstandards kommuniziert?	2220.A2				
20. Sind der Beratungsumfang und die -ressourcenallokation zur Erreichung der Auftragsziele ausreichend, wird mit dem Umfang gewährleistet, dass die vereinbarten Ziele erreicht werden, und werden bei Zweifeln an diesem Umfang während der Tätigkeit diese mit dem Auftraggeber erörtert, um über die Fortsetzung zu bestimmen?	2220 2220.C1 2230				
21. Sind für jede Prüfung zielentsprechende Arbeitsprogramme entwickelt und dokumentiert, die die Arbeitsschritte der Identifikation, Analyse, Beurteilung und Aufzeichnung von Informa-	2240 2240.A1				

tionen während des Auftrags zum Gegenstand haben und vor ihrer Durchführung einer Genehmigung unterliegen?					
22. Sind für jede Beratung zielentsprechende Arbeitsprogramme entwickelt und dokumentiert?	2240 2240.C1				
23. Werden während der Auftragsdurchführung hinreichende, verlässliche, relevante und nützliche Informationen identifiziert?	2310				
24. Erfolgt bei der Auftragsdurchführung eine angemessene Analyse und Beurteilung von Informationen?	2320				
25. Werden während Beratungsaufträgen wesentliche unternehmerische Sachverhalte identifiziert, sind diese der vorgesetzten Stelle und der Unternehmensleitung durch den Leiter der Internen Revision mitgeteilt?	2440.C2				
26. Werden bei der Auftragsdurchführung bedeutende Informationen zur Zementierung der Schlussfolgerungen und Auftragsresultate dokumentiert?	2330				
27. Steuert der Leiter der Internen Revision während Prüfungen den Zugang zu den Aufzeichnungen und holt er vor der Datenweitergabe an unternehmensexterne Einheiten die Zustimmung der Unternehmensleitung und/oder eines Juristen ein?	2330.A1				
28. Bestimmt der Leiter der Internen Revision die Dauer der Prüfungsdokumentenaufbewahrung in Abhängigkeit vom Speichermedium und in Übereinstimmung mit Unternehmensvorgaben bzw. jeglichen anderen Regelungen?	2330.A2				
29. Existieren Vorgaben bzw. Fristen durch den Leiter der Internen Revision für die Aufbewahrung von Beratungsunterlagen, die konsistent	2330.C1				

mit den unternehmerischen Richtlinien und sonstigen Anforderungen sind, und auch die Veröffentlichung an unternehmensinterne und -externe Einheiten regeln?					
30. Werden die Auftragsergebnisse zutreffend, objektiv, eindeutig, prägnant, konstruktiv, vollständig und zeitgerecht durch den Leiter der Internen Revision an die relevanten Einheiten kommuniziert und zwar derart, dass die Auftragsziele und der -umfang, Schlussfolgerungen, Empfehlungen und Aktionspläne ersichtlich sind? Liegt bei der Weitergabe von Prüfungsresultaten an unternehmensexterne Einheiten ein Vermerk über deren Verteilungs- und Gebrauchsumfang vor und hat der Leiter der Internen Revision in diesem Zusammenhang das damit verbundene Risiko evaluiert, die Unternehmensleitung und/oder einen Rechtsberater konsultiert sowie den Rahmen der Weitergabe limitiert?	1320 2400 2410 2410.A1 2410.A2 2410.A3 2410.C1 2420 2440 2440.A1 2440.A2 2440.C1				
31. Kommuniziert der Leiter der Internen Revision im Falle einer bedeutsamen fehlerhaften finalen Berichterstattung die korrekten Informationen an die Einheiten, die die ursprüngliche Information erhalten haben?	2421				
32. Wird die Auftragseinhaltung in Bezug auf die Definition der Internen Revision, den Ethikkodex und die IIA-Standards bekannt gemacht und bei Nichtübereinstimmung der Grund bzw. die Gründe dafür, die entsprechenden nicht eingehaltenen Bereiche der Regelungen und die Auswirkungen auf den Auftrag und die Kommunikationsergebnisse veröffentlicht?	1320 2430 2431				
Anzahl Markierungen (a)					
Faktor in % (b)		0	33	67	100

Produkt (a · b)				
Produktsumme D–A				
Kriterienergebnis (Produktsumme : 32)				

Anlage 7:   Checkliste kundenbezogene Ergebnisse der Internen Revision

Fragen zum Kriterium kundenbezogene Ergebnisse	Referenz	D	C	B	A
1. Ist gewährleistet, dass die Kundenzufriedenheit der geprüften und beratenden Bereiche nach dem jeweiligen Auftragsende mittels eines standardisierten Formulars erhoben wird und werden die Ergebnisse durch den Leiter der Internen Revision ausgewertet, diskutiert und ggf. daraus resultierende Verbesserungen umgesetzt?	2710				
2. Ist gewährleistet, dass die Kundenzufriedenheit der vorgesetzten Stelle und der Unternehmensleitung mittels eines standardisierten Formulars jährlich erhoben wird und werden die Ergebnisse durch den Leiter der Internen Revision ausgewertet, diskutiert und ggf. daraus resultierende Verbesserungen umgesetzt?	2720				
3. Weisen die Kundenzufriedenheitsergebnisse einen positiven Trend oder ein nachhaltig hohes Niveau auf?	2710 2720				
4. Werden die Kundenzufriedenheitsergebnisse mit den Resultaten anderer Interner Revisionen und/oder gleichwertiger Einheiten verglichen und sind die Ergebnisse auf einem identischen Niveau oder besser als die der anderen Einheiten?	2730				
Anzahl Markierungen (a)					
Faktor in % (b)		0	33	67	100
Produkt (a · b)					
Produktsumme D–A					
Kriterienergebnis (Produktsumme : 4)					

Anlage 8:   Checkliste mitarbeiterbezogene Ergebnisse der Internen Revision

Fragen zum Kriterium mitarbeiterbezogene Ergebnisse	Referenz	D	C	B	A
1. Ist gewährleistet, dass die Mitarbeiterzufriedenheit durch den Leiter der Internen Revision mittels eines standardisierten Formulars jährlich bestimmt wird, die Resultate dokumentiert und mit den betreffenden Internen Revisoren diskutiert werden sowie ggf. daraus resultierende Maßnahmen zur Erhöhung der Mitarbeiterzufriedenheit vorliegen?	2810				
2. Beurteilt der Leiter der Internen Revision jährlich die Leistung seiner Mitarbeiter, bespricht er dieses mit ihnen und existieren Maßnahmen zu ihrer Verbesserung? Nimmt der Leiter hierüber eine Dokumentation vor?	2820				
3. Weisen die Mitarbeiterzufriedenheits- und die -leistungsbeurteilungsergebnisse einen positiven Trend oder ein nachhaltig hohes Niveau auf?	2810 2820				
4. Werden die Mitarbeiterzufriedenheits- und -leistungsbeurteilungsergebnisse mit den Resultaten anderer Interner Revisionen und/oder gleichwertiger Einheiten verglichen und sind die Ergebnisse auf einem identischen Niveau oder besser als die der anderen Einheiten?	2830				
Anzahl Markierungen (a)					
Faktor in % (b)		0	33	67	100
Produkt (a · b)					
Produktsumme D–A					
Kriterienergebnis (Produktsumme : 4)					

Anlage 9:   Checkliste gesellschaftsbezogene Ergebnisse der Internen Revision

Fragen zum Kriterium gesellschaftsbezogene Ergebnisse	Referenz	D	C	B	A
1. Ist gewährleistet, dass der Leiter der Internen Revision und die Mitarbeiter das Ansehen des Berufsstands der Internen Revision nachhaltig fördern?	2900				
2. Zeigen die Tätigkeiten des Leiters der Internen Revision und seiner Mitarbeiter bezüglich der Berufsstandsförderung einen positiven Trend oder ein nachhaltig hohes Niveau auf?	2900				
3. Wird der Umfang der Tätigkeiten mit dem anderer Interner Revisionen und/oder gleichwertiger Einheiten verglichen und ist er auf einem identischen Niveau oder besser?	2900				
Anzahl Markierungen (a)					
Faktor in % (b)		0	33	67	100
Produkt (a · b)					
Produktsumme D–A					
Kriterienergebnis (Produktsumme : 3)					

Anlage 10:   Checkliste Schlüsselergebnisse der Internen Revision

Fragen zum Kriterium Schlüsselergebnisse	Referenz	D	C	B	A
1. Weist das Qualitätsergebnis der Internen Revision einen positiven Trend oder ein nachhaltig hohes Niveau auf?	1319 1320				
2. Diskutiert der Leiter der Internen Revision jedes aus seiner Sicht nicht tragbare Risiko für das Unternehmen, das von der Unternehmensleitung akzeptiert worden ist, mit der Unternehmensleitung?	2600				
3. Erfolgt bei keiner Einigung in Bezug auf 2. eine Rücksprache mit der vorgesetzten Stelle?	2600				
Anzahl Markierungen (a)					
Faktor in % (b)		0	33	67	100
Produkt (a · b)					
Produktsumme D–A					
Kriterienergebnis (Produktsumme : 3)					

Anlage 11: Qualitätsmessung der Internen Revision

Kriterium	Kriterien-ergebnis	Gewichtungs-faktor	Gewichtetes Ergebnis
Führung		1,0	
Politik und Strategie		0,8	
Mitarbeiter		0,9	
Partnerschaften und Ressourcen		0,9	
Prozesse		1,4	
Kundenbezogene Ergebnisse		2,0	
Mitarbeiterbezogene Ergebnisse		0,9	
Gesellschaftsbezogene Ergebnisse		0,6	
Schlüsselergebnisse		1,5	
Gesamtergebnis der Internen Revision (Summe aller gewichteten Kriterienergebnisse)			

Anlage 12:   Aufbau einer Balanced Scorecard für die Interne Revision

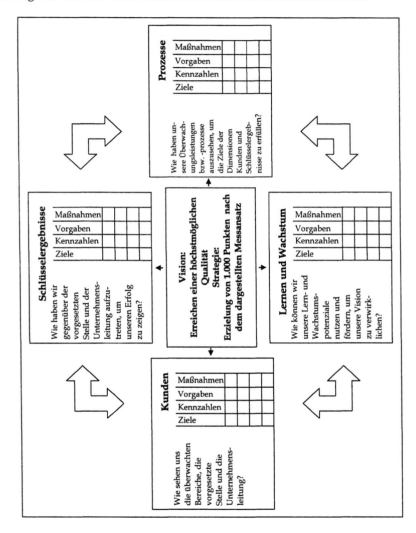

Anlage 13: Abhängigkeiten der Balanced-Scorecard-Perspektiven in der Internen Revision

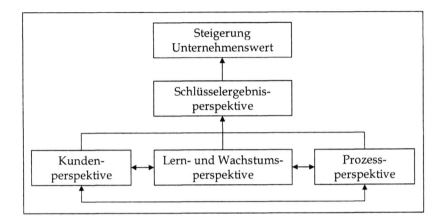

Anlage 14: Perspektiven der Balanced Scorecard für die Interne Revision mit
ihren strategischen Zielen, Messfaktoren, Zielvorgaben und ausgewählten Maßnahmen

	Schlüsselergebnisperspektive
1. Strategisches Ziel	Positiver Trend oder nachhaltig hohes Niveau des Qualitätsergebnisses
1. Messfaktor	Frage 1. in Anlage 10
1. Zielvorgabe	Erreichung der Markierung A zur Frage 1. in Anlage 10 in fünf Jahren
1. Ausgewählte Maßnahme	Verbesserung der organisatorischen Abläufe
2. Strategisches Ziel	Diskussion des Leiters der Internen Revision mit der Unternehmensleitung über jedes aus seiner Sicht nicht tragbare Risiko für das Unternehmen, das von der Unternehmensleitung akzeptiert worden ist, wobei zu berücksichtigen ist, dass bei keiner Einigung eine Rücksprache mit der vorgesetzten Stelle erfolgt
2. Messfaktor	Frage 2. und 3. in Anlage 10
2. Zielvorgabe	Erreichung der Markierung A zur Frage 2. und 3. in Anlage 10 jährlich
2. Ausgewählte Maßnahme	Laufende Kommunikation zwischen der Internen Revision, Unternehmensleitung und vorgesetzten Stelle
	Kundenperspektive
1. Strategisches Ziel	Gewährleistung der Zufriedenheitserhebung der überwachten Bereiche sowie der Sicherstellung der Ergebnisauswertung durch den Leiter der Internen Revision, ihrer Diskussion und ggf. der Umsetzung daraus resultierender Verbesserungen
1. Messfaktor	Frage 1. in Anlage 7
1. Zielvorgabe	Erreichung der Markierung A zu Frage 1. in Anlage 7 in fünf Jahren
1. Ausgewählte Maßnahme	Einführung und Aufrechterhaltung eines Erhebungs-, Auswertungs- und Umsetzungssystems in Bezug auf

	die Zufriedenheit der überwachten Bereiche
2. Strategisches Ziel	Gewährleistung der jährlichen Zufriedenheitserhebung der vorgesetzten Stelle und Unternehmensleitung sowie der Sicherstellung der Ergebnisauswertung durch den Leiter der Internen Revision, ihrer Diskussion und ggf. der Umsetzung daraus resultierender Verbesserungen
2. Messfaktor	Frage 2. in Anlage 7
2. Zielvorgabe	Erreichung der Markierung A zu Frage 2. in Anlage 7 jährlich
2. Ausgewählte Maßnahme	Implementierung und Aufrechterhaltung eines Erhebungs-, Auswertungs- und Umsetzungssystems in Bezug auf die Zufriedenheit der vorgesetzten Stelle und der Unternehmensleitung
3. Strategisches Ziel	Positiver Trend oder nachhaltig hohes Niveau der Kundenzufriedenheitsergebnisse
3. Messfaktor	Frage 3. in Anlage 7
3. Zielvorgabe	Erreichung der Markierung A zu Frage 3. in Anlage 7 in fünf Jahren
3. Ausgewählte Maßnahme	Kontinuierlicher Informationsaustausch mit den Kunden
4. Strategisches Ziel	Vergleich der Kundenzufriedenheitsergebnisse mit den Resultaten anderer Interner Revisionen und/oder gleichwertiger Einheiten unter der Berücksichtigung, dass die Ergebnisse auf einem identischen Niveau oder besser als die der anderen Einheiten sind
4. Messfaktor	Frage 4. in Anlage 7
4. Zielvorgabe	Erreichung der Markierung A zu Frage 4. in Anlage 7 in fünf Jahren
4. Ausgewählte Maßnahme	Benchmarking in Bezug auf Kundenzufriedenheitsergebnisse
Prozessperspektive	
1. Strategisches Ziel	Erreichung der maximalen Punktzahl für das Kriterium Prozesse

1. Messfaktor	Gewichtetes Gesamtergebnis für das Kriterium Prozesse in Anlage 11
1. Zielvorgabe	140 Punkte in fünf Jahren
1. Ausgewählte Maßnahme	Beurteilung der von der Unternehmensleitung und seinen Mitgliedern implementierten Systeme, des Risikomanagement- und Überwachungssystems und der damit verbundenen Prozesse sowie angemessene Maßnahmenvorschläge zu deren Verbesserung
Lern- und Wachstumsperspektive	
1. Strategisches Ziel	Erreichung der maximalen Punktzahl für das Kriterium Führung
1. Messfaktor	Gewichtetes Gesamtergebnis für das Kriterium Führung in Anlage 11
1. Zielvorgabe	100 Punkte in fünf Jahren
1. Ausgewählte Maßnahme	Einführung und Pflege eines Qualitätsmanagementsystems
2. Strategisches Ziel	Erreichung der maximalen Punktzahl für das Kriterium Politik und Strategie
2. Messfaktor	Gewichtetes Gesamtergebnis für das Kriterium Politik und Strategie in Anlage 11
2. Zielvorgabe	80 Punkte in fünf Jahren
2. Ausgewählte Maßnahme	Erstellung und Pflege einer Geschäftsordnung/Charter
3. Strategisches Ziel	Erreichung der maximalen Punktzahl für das Kriterium Mitarbeiter
3. Messfaktor	Gewichtetes Gesamtergebnis für das Kriterium Mitarbeiter in Anlage 11
3. Zielvorgabe	90 Punkte in fünf Jahren
3. Ausgewählte Maßnahme	Kontinuierliche Mitarbeiterweiterbildung
4. Strategisches Ziel	Erreichung der maximalen Punktzahl für das Kriterium Partnerschaften und Ressourcen
4. Messfaktor	Gewichtetes Gesamtergebnis für das Kriterium Partnerschaften und Ressourcen in Anlage 11

4. Zielvorgabe	90 Punkte in fünf Jahren
4. Ausgewählte Maßnahme	Angemessene und ausreichende Ressourcenausstattung
5. Strategisches Ziel	Erreichung der maximalen Punktzahl für das Kriterium mitarbeiterbezogene Ergebnisse
5. Messfaktor	Gewichtetes Gesamtergebnis für das Kriterium mitarbeiterbezogene Ergebnisse in Anlage 11
5. Zielvorgabe	90 Punkte in fünf Jahren
5. Ausgewählte Maßnahme	Auswahl qualifizierter Mitarbeiter
6. Strategisches Ziel	Erreichung der maximalen Punktzahl für das Kriterium gesellschaftsbezogene Ergebnisse
6. Messfaktor	Gewichtetes Gesamtergebnis für das Kriterium gesellschaftsbezogene Ergebnisse in Anlage 11
6. Zielvorgabe	60 Punkte in fünf Jahren
6. Ausgewählte Maßnahme	Mitarbeit in relevanten Gremien

Anlage 15: Kriterien zur Messung der Mitarbeiterleistung

Kategorie	Kriterium
Erreichte Leistung	• Kenntnisse in der allgemeinen Unternehmensführung und -organisation, • weit gefächerte Fachkenntnisse, • vertieftes Fach- und Systemverständnis, • unternehmensrelevante Kenntnisse, • IT-Kenntnisse, • Fremdsprachenkenntnisse, • Kenntnis und Anwendung von Prüfungs- und Beratungstechniken, • Kenntnis und Anwendung von Verhandlungs- und Gesprächstechniken, • Kenntnis und Anwendung von Präsentationstechniken, • Kenntnis und Anwendung von Problemlösungsverfahren, • zügige Auffassungsgabe, • analytisches Denkvermögen, • Effizienzkategoriendenken, • Genauigkeit, Sorgfalt, Objektivität, Verschwiegenheit und Rechtschaffenheit, • Initiative und Engagement, • Durchsetzungsvermögen, • Kritikfähigkeit und Lernbereitschaft, • Mobilität, • interkulturelle Kompetenz, • Verhandlungsgeschick und Überzeugungsfähigkeit, • genaues Darstellungs- und Ausdrucksvermögen, • Teamfähigkeit, • Erzeugung eines konstruktiven Arbeitsklimas, • Auftreten in sicherer und verbindlicher Form, • Aufgabendelegation, • Mitarbeiterinformation,

	• Produktivität (Anzahl Überstunden oder Verhältnis geplante zu benötigte Stunden) und
	• Weiterbildungserfolgsquote.
Motivation und Beteiligung	• Teilnahme in Verbesserungsteams,
	• Verhältnis von umgesetzten zu eingebrachten Verbesserungsvorschlägen des Internen Revisors und
	• monetäre und nichtmonetäre Anerkennung.
Zufriedenheit	• Tage der krankheitsbedingten Abwesenheit und
	• Anzahl der Beschwerden.

Literaturverzeichnis

EFQM/DGQ 1999: EFQM/DGQ (Hrsg.): Excellence bestimmen. Eine Fragebo-gen-Methode, Brussels/Frankfurt am Main 2003.

Linsi 2003: Linsi, A. C.: Internal Audit Excellence. Theorie und Praxis der In-ternen Revision in der Schweiz im Kontext der neuen IIA-Standards unter be-sonderer Berücksichtigung des Faktors Qualität und des Total-Quality-Management-Modells der European Foundation for Quality Management (EFQM), Lohmar/Köln 2003.

Pasternack 2009: Pasternack, N.-A.: Qualitätsorientierte Führung in der Inter-nen Revision. Eine theoretische und empirische Untersuchung zu einem Quali-tätsmanagement, Hamburg 2009.

Seghezzi 2003: Seghezzi, H. D.: Integriertes Qualitätsmanagement. Das St. Gal-ler Konzept, 2. Aufl., München/Wien 2003.

Steffelbauer-Meuche 2004: Steffelbauer-Meuche, G.: Qualitätsmanagement in der Internen Revision, Sternenfels 2004.

C. Neue Ergänzung zum DIIR-Revisionsstandard Nr. 3/Praxisleit-faden zu den geänderten IIA-Standards 13xx als direkte IIA-Veröffentlichung

Auf die Darstellung der neuen Ergänzung zum DIIR-Revisionsstandard Nr. 3 bzw. Praxisleitfaden zu den angepassten IIA-Standards 13xx, die direkt als IIA-Veröffentlichung vorzunehmen ist, wird im Rahmen dieser Arbeit wie folgt eingegangen.

Es wird hier darauf hingewiesen, dass die Ergänzung die Durchführung der unternehmensexternen Messung und Bewertung bzw. Berichterstattung zum Gegenstand haben muss und folgende Mindestbestandteile zu umfassen hat:

- Eingehen auf den Zweck der unternehmensexternen Überwachung in Form einer Zertifizierung, wobei darauf einzugehen ist, dass damit sichergestellt wird, dass die Interne Revision nach der Definition der Internen Revision, dem Ethikkodex und den IIA-Standards handelt; des Weiteren kann in diese Zertifizierung auch die Beurteilung des eingeführten Qualitätsmanagementsystems integriert werden, so dass die Aussage getroffen werden kann, dass das Qualitätsmanagement in der Internen Revision nach dem DIIR-Revisionsstandard Nr. 3/Praxisleitfaden zu den IIA-Standards 13xx unterhalten wird, mit dem die Erfüllung der Definition der Internen Revision, des Ethikkodex und der IIA-Standards gewährleistet wird,

- Beschreibung der Vorgehensweise der unternehmensexternen Messung, Bewertung und Berichterstattung einschließlich der Erläuterung des verwendeten Messansatzes, der dem in dieser Arbeit bzw. dem in dem neuen DIIR-Revisionsstandard Nr. 3/Praxisleitfaden zu den IIA-Standards 13xx zu entsprechen hat, und der Darstellung der Zertifizierungsurkunde, die bei Bedarf auch die Zertifizierung des Qualitätsmanagementsystems umfasst, die insbesondere, wenn gegeben, die nicht anwendbaren Normen verdeutlicht und die den Gültigkeitszeitraum der Zertifizierung, der auf fünf Jahre festzulegen ist, beinhaltet, und

- Aufzeigen, wie Kontakt zu den IIA-zertifizierten Qualitätsassessoren aufgenommen werden kann.[798]

---

[798] Hierzu sollte auf das IIA und die angeschlossenen Fachverbände hingewiesen werden, die dann über ein entsprechendes Register verfügen müssen.

III. Zusammenfassende Darlegung der Bedeutung des erarbeiteten Qualitätsmanagementmodells

In diesem Abschnitt wird in prägnanter Form die Bedeutung des entwickelten Qualitätsmanagementmodells zusammengefasst.

Der Internen Revision bietet sich mit einem derartigen Qualitätsmanagement die Möglichkeit einer wirksamen und angemessenen Führung. Sie kann anhand des im aufgezeigten Modell ermittelten Gesamtqualitätsergebnisses, das ihre Spitzenkennzahl repräsentiert, ihren Wertbeitrag in nichtmonetärer Form und im Zeitablauf ihre Wertsteigerung verdeutlichen. Damit ist es der vorgesetzten Stelle und der Unternehmensleitung möglich, ihre Effektivität und Effizienz zu überwachen und sicherzustellen.

Mit dem erarbeiteten Modell wird durch den Sachverhalt, dass relevante Aspekte der Qualitätsbewertung und -berichterstattung sowie generelle Angaben zum Qualitätsmanagement Berücksichtigung im Lagebericht bzw. bei seiner Nichtanwendung in einem anderem Medium der externen Berichterstattung finden müssen, gewährleistet, dass allen interessierten Personen Informationen über die Qualität der Internen Revision zur Verfügung stehen und damit der in Bezug auf den der Arbeit als Basis dienenden Betrachtungsgegenstand aufgestellten Forderung, dass Qualitätsmanagementdaten der Internen Revision im Lagebericht bekannt zu geben sind,[799] Rechnung getragen wird.

Für den der Arbeit zu Grunde gelegten Betrachtungsgegenstand und weitere in diesem Zusammenhang getroffene Annahmen liegt die Bedeutung des Qualitätsmanagements des Weiteren darin, dass der Aufsichtsrat, dem die Überwachung des internen Überwachungssystems und somit der Internen Revision zukommt,[800] auf Basis der Ergebnisse der Qualitätsbewertung, die ihm durch

---

[799]   Vgl. Abschnitt I.C.2. des ersten Hauptteils.

[800]   Vgl. Abschnitt I.C.2. des ersten Hauptteils.

eine entsprechende Festlegung in einer Informationsordnung mitgeteilt werden sollten,[801] die Überwachung der Internen Revision vornehmen kann und
damit der Überwachungsaufgabe im Hinblick auf die Interne Revision in einem ausreichenden Maß gerecht wird. Der Aufsichtsrat kann sich aber auch
direkt über die zustimmungspflichtigen Geschäfte am Qualitätsmanagement
beteiligen. Für den Abschlussprüfer, dessen Prüfungsobjekt die Interne Revision darstellt,[802] bieten sich das entwickelte Qualitätsmanagement und insbesondere die Ergebnisse der Qualitätsbewertung vor allem dafür an, seine Beurteilung der Internen Revision auf dieser Grundlage vorzunehmen. Er kann den
im Rahmen des Qualitätsmanagements aufgestellten Messansatz, wenn er sich
nicht der Qualitätsergebnisse der anderen Personen bedient, auch verwenden,
um eine eigene Messung und Bewertung anzustellen.

---

[801]   Vgl. Abschnitt III.B.1.c)(4) des zweiten Hauptteils.

[802]   Vgl. Abschnitt I.C.2. und I.E.4. des ersten Hauptteils.

Schlussbetrachtung und Ausblick

Die Ergebnisse der Arbeit werden hier präzise und folgerichtig zusammengefasst sowie ein Ausblick gegeben.

Die Interne Revision ist eine elementare Komponente der Corporate Governance, die sämtliche unternehmensverwaltungsinternen und -externen Mechanismen umfasst, mit denen ein langfristiger Wertzuwachs gewährleistet
werden kann. Präziser ausgedrückt, stellt die Interne Revision einen Bestandteil des internen Überwachungssystems dar.

Entsprechend der dieser Arbeit zu Grunde gelegten betriebswirtschaftlichen
Auslegung des § 91 Abs. 2 AktG hat der Vorstand ein internes Überwachungssystem zu implementieren, in dem die Interne Revision neben dem Controlling, Risikofrüherkennungssystem und internem Kontrollsystem mit folgendem Verständnis integriert ist: „Die Interne Revision erbringt unabhängige
und objektive Prüfungs- und Beratungsdienstleistungen, welche darauf ausgerichtet sind, Mehrwerte zu schaffen und die Geschäftsprozesse zu verbessern.
Sie unterstützt die Organisation bei der Erreichung ihrer Ziele, indem sie mit
einem systematischen und zielgerichteten Ansatz die Effektivität des Risikomanagements, der Kontrollen und der Führungs- und Überwachungsprozesse
bewertet und diese verbessern hilft."[803] Die Interne Revision ist somit ein Instrument der Unternehmensführung.

Mit Hilfe der Principal-Agent-Theorie lässt sich ihre Existenz auch aus theoretischer Sicht rechtfertigen, in dem sie zur Verminderung des Konflikts zwischen Vorstand und nachgeordneten Stellen unmittelbar sowie zwischen Anteilseignern und Vorstand mittelbar beiträgt.

Im Zuge der Darlegung der Internen Revision als Element der Corporate Governance ist ihr umfangreiches Vorschriftengeflecht erarbeitet worden, in das
auch weitere Corporate-Governance-Teilnehmer, wie z. B. der Aufsichtsrat

---

[803] DIIR/IIA 2009, Definition Interne Revision.

und Abschlussprüfer, eingebettet sind. Als bedeutsame Komponente dieses Geflechts sind die berufsständischen Normen der Internen Revision bzw. Internen Revisoren identifiziert worden, wobei die IIA-Standards neben der eben aufgeführten Definition und dem Ethikkodex die Grundlage für ihr Handeln darstellen.

Die Einrichtung und Pflege eines Programms zur Qualitätssicherung und -verbesserung, das sämtliche Aspekte der Internen Revision abdeckt sowie ihre Effektivitäts- und Effizienzbeurteilung ermöglicht, repräsentiert eine wesentliche Forderung der IIA-Standards. Als Folge daraus ist die Entwicklung und Implementierung eines Qualitätsmanagementsystems in der Internen Revision zwingend vorzunehmen. Dieses resultiert ebenfalls aus einer weiteren Forderung der IIA-Standards, wonach der Leiter der Internen Revision die Interne Revision wirksam zu führen hat. Auch aus der Sicht der wertorientierten Unternehmensführung ist die Einführung eines entsprechenden Systems erforderlich.

Das unternehmerische Oberziel der langfristigen Wertmaximierung verlangt, dass sämtliche Aktivitäten und Organisationseinheiten wertorientiert auszurichten sind. Diese wertorientierte Unternehmensführung wirkt sich auf die Interne Revision aus. So ist sie wertorientiert zu führen und muss verdeutlichen, welchen Wertbeitrag sie erbringt bzw. wie sie Wertzuwachs generiert und somit zur Wertsteigerung des Unternehmens beiträgt. Auch aus ihrem Selbstverständnis der Mehrwerterzeugung und ihrer Rechtfertigung im Unternehmen hat die Interne Revision diesen Nachweis zu erbringen. Da es der Internen Revision nicht möglich ist, aufgrund ihrer kaum monetär quantifizierbaren Leistungen, einen monetären Wertbeitrag zu ermitteln und darzulegen, muss sie sich eines Ansatzes bedienen, mit dem sie ihren Wert bzw. ihren Beitrag zur Wertsteigerung dokumentiert. Hierfür bietet sich das Qualitätsmanagement an, das auch aus Sicht des IIA und des DIIR eine wertorientierte bzw. effektive und effiziente Führung der Internen Revision ermöglicht.

Qualität bedeutet in diesem Zusammenhang für die Dienstleistungseinheit Interne Revision, dass sie eine herstell- und eine ergebnisorientierte Sichtweise zu umfassen hat. „Die herstellorientierte Qualität der Internen Revision ist der

Grad der Übereinstimmung der Eigenschaften der Potenzial- und Prozessfaktoren mit deren festgeschriebenen Idealzuständen. Die ergebnisorientierte Qualität der Internen Revision ist das Maß, in welchem die Dienstleistung die Erfordernisse der relevanten Stakeholder erfüllt, wobei sich die Erfordernisse letztlich an den Bedürfnissen der Stakeholder der Internen Revision orientieren."[804] Das Qualitätsmanagement muss somit den beiden Perspektiven gerecht werden. Ein entsprechendes Konzept und ein dieses realisierende Modell sind daher notwendig.

Im Hinblick auf das allgemeine Konzept Total Quality Management wurde festgestellt, dass es einen vereinfachten Zugang zu einem systematischen Qualitätsmanagement in der Internen Revision nicht gewährleistet. Dementsprechend ist ein eigenständiges Konzept entwickelt worden, das mit dem Total-Quality-Management-Verständnis verglichen wurde. Zu den Elementen des erarbeiteten Konzepts, das auf Basis des der Untersuchung zu Grunde gelegten Betrachtungsgegenstands und weiterer in diesem Zusammenhang getroffener Annahmen in allgemeiner Form hergeleitet worden ist, gehören die normativ-strategischen Bestandteile Qualitätspolitik, Qualitätsverfassung, Qualitätskultur, Qualitätsstrategie, Qualitätsstruktur und qualitätsorientierte Verhaltensentwicklung sowie die Qualitätsplanung als Bindeglied zu den operativen Bestandteilen Qualitätserzeugung, Qualitätsmessung, Qualitätsbewertung und -berichterstattung, Qualitätshandlung und -honorierung, die auf die Erfüllung der Strategie hinwirken. Sein Vergleich mit dem Total Quality Management zeigt einen engen Bezug auf, aber auch, dass das erarbeitete Konzept durch ein eindeutiges und strukturiertes Verständnis und Vorgehen gekennzeichnet ist. Damit ist ein vollständiges Konzept für das Qualitätsmanagement in der Internen Revision gegeben.

Mit der Präsentation der gegenwärtig existierenden revisionsspezifischen Qualitätsmanagementkonzepte, der IIA-Standards 1300–1322 und des IIR-Revi-

---

[804] Linsi 2003, S. 149 bzw. 150 (im Original hervorgehoben und Anmerkung, dass Rechtschreibung aufgrund von Fehlern angepasst worden ist).

sionsstandards Nr. 3 und seiner Ergänzung, konnten unter Berücksichtigung
des Vergleichs mit dem erarbeiteten Konzept deren Schwächen veranschaulicht werden. Das entwickelte Konzept überbrückt diese Mängel und führt zu
einer Anpassung der IIA-Standards 1300–1322 sowie des IIR-Revisionsstandards Nr. 3 und seiner Ergänzung, wobei die modifizierte Version des IIR-
Revisionsstandards Nr. 3 und seiner Ergänzung erst nach den Schlussfolgerungen aus der empirischen Untersuchung vorgenommen wurde.

Für die Realisierung bzw. Modellierung des erarbeiteten Konzepts bedarf es
eines adäquaten Qualitätsmessansatzes, der eine Messung anhand geeigneter
Qualitätsfaktoren ermöglicht. Als potenzielle Ansätze bieten sich hierfür das
EFQM-Modell, der Messansatz des IIR-Revisionsstandards Nr. 3 und seiner
Ergänzung sowie die Balanced Scorecard an. Auf Grundlage des EFQM-
Modells ist ein Messansatz für die Interne Revision erarbeitet worden, in dem
als Qualitätsfaktoren der Ethikkodex und die IIA-Standards, bereits in der
durch das Konzept angepassten Form, Berücksichtigung finden.[805] Mit der
Herleitung dieses Messansatzes geht ebenfalls eine Anpassung der IIA-
Standards einher, da diese seine geforderten Aspekte bisher nur unzureichend
erfüllen. Die Stärke dieses Ansatzes besteht vor allem darin, dass damit das
operative Qualitätsmanagement und die qualitätsorientierte Verhaltensentwicklung in geeigneter Form gesteuert werden können. Er wird daher dem
Messansatz des IIR-Revisionsstandards Nr. 3 und seiner Ergänzung vorgezo-
gen. Im Rahmen der Darstellung des dritten Ansatzes ist eine qualitätsorientierte Balanced Scorecard mit einer Schlüsselergebnis-, Kunden-, Prozess- sowie Lern- und Wachstumsperspektive für die Interne Revision erarbeitet worden. Dabei konnte gezeigt werden, dass die Balanced Scorecard auf den
EFQM-Modell-basierten Messansatz zurückgreift und zusammen mit ihm eine
adäquate Kombination für die operative und strategische Steuerung des Qualitätsmanagements bildet. So ist die Balanced Scorecard auf der strategischen

---

[805] Die Definition der Internen Revision ist hier nicht separat eingegangen, da davon auszugehen ist, dass sie sich im Ethikkodex und den IIA-Standards widerspiegelt.

und der EFQM-Modell-basierte Messansatz im Wesentlichen auf der operativen Ebene einzusetzen.

Die Verbindung der beiden Ansätze ermöglicht eine Modellierung des erarbeiteten Qualitätsmanagementkonzepts. Das Modell detailliert das Konzept und stellt der Internen Revision eine anwendungsgerechte Form des Qualitätsmanagements zur Verfügung.

Ob die Inhalte des erarbeiteten Konzepts bzw. Modells von der Internen Revisionspraxis geteilt werden, ist in einer empirischen Untersuchung, in die gleichzeitig Fragen zur gegenwärtigen Gestaltung des Qualitätsmanagements in der Praxis und zum generellen Handeln der Internen Revision aufgenommen wurden, geprüft worden. Die Ergebnisse und Schlussfolgerungen der Untersuchung, die sich auf deutsche Unternehmen mit einer Internen Revisionseinheit, aber auch grundsätzlich wegen der internationalen Ausrichtung der befragten Gesellschaften auf andere als deutsche Unternehmen übertragen lassen, zeigen, dass dringender Handlungsbedarf in Bezug auf ein ganzheitliches und verständliches Qualitätsmanagement besteht. Das in der Arbeit aus wissenschaftlicher Sicht entwickelte Qualitätsmanagementkonzept bzw. -modell erfüllt diese Anforderungen. Ihre abgefragten Grundzüge werden überwiegend von der Praxis geteilt. Um der Bedeutung der Internen Revision und ihres Qualitätsmanagements gerecht zu werden, sind das erarbeitete Konzept und Modell in der erstellten Form anzuwenden, so dass es keiner weiteren Anpassung bedarf. Die im Rahmen der Konzept- und Modellentwicklung vorgenommenen Änderungen der IIA-Standards bleiben damit bestehen.

Darauf aufbauend ist für die Realisierung des Qualitätsmanagements in der Internen Revision explizit die Einführung und kontinuierliche Anwendung des entwickelten Modells aus Sicht eines neu zu implementierenden Systems präsentiert worden. Diese Verfahrensweise wurde gewählt, um das erarbeitete Modell in seiner Gesamtheit darzulegen. Aufgrund der berufsständischen Vorgaben kann davon ausgegangen werden, dass Interne Revisionen bereits über Qualitätsmanagementaktivitäten verfügen, was durch die empirischen Ergebnisse bestätigt wird. Daher haben die jeweiligen Internen Revisionen ihre

Aktivitäten in ein Qualitätsmanagement zu integrieren, das dem entwickelten Modell entspricht.

Die gesamten erarbeiteten Ergebnisse mündeten in eine angepasste Version des IIR-Revisionsstandards Nr. 3 und seiner Ergänzung. Der auf der Basis der in dieser Arbeit geänderten IIA-Standards neu erarbeitete DIIR-Revisionsstandard Nr. 3 ist unter Berücksichtigung der Verfahrensweise zur Einführung nationaler Normen in das IPPF und zwar als Praxisleitfaden zu den modifizierten IIA-Standards 13xx einzubringen. Folgerichtig sind die bisherigen Praktischen Ratschläge zum Qualitätssicherungs- und -verbesserungsprogramm derart zu ersetzen, dass im Rahmen eines neuen Praktischen Ratschlags 1300-1 lediglich auf den neuen Praxisleitfaden verwiesen wird; alle anderen Praktischen Ratschläge zu den IIA-Standards 13xx sind zu löschen. Die zu überarbeitende Ergänzung zum DIIR-Revisionsstandard Nr. 3 ist direkt als IIA-Veröffentlichung vorzunehmen.

Als summarisches Resultat der Arbeit kann festgehalten werden, dass der Internen Revision mit dem erarbeiteten Qualitätsmanagement ein ganzheitliches, anwendungsgerechtes Instrument zu ihrer wirksamen und angemessenen Führung zur Verfügung gestellt wird. Anhand des im aufgezeigten Modell ermittelten Gesamtqualitätsergebnisses, das ihre Spitzenkennzahl repräsentiert, verdeutlicht die Interne Revision ihren Wertbeitrag in nichtmonetärer Form und im Zeitablauf ihren Wertzuwachs. Der vorgesetzten Stelle und der Unternehmensleitung ist es damit möglich, ihre Effektivität und Effizienz zu überwachen und sicherzustellen. Das Modell gewährleistet zudem, dass allen interessierten Personen Informationen über die Qualität der Internen Revision gegeben werden und damit die Corporate-Governance-Berichterstattung eine Verbesserung erfährt. Ferner liegt die Bedeutung des Qualitätsmanagements darin, dass der Aufsichtsrat, dem die Überwachung des internen Überwachungssystems und somit der Internen Revision zukommt, was durch den neu eingeführten § 107 Abs. 3 Satz 2 AktG im Rahmen des BilMoG konkretisiert worden ist, auf Basis der Ergebnisse der Qualitätsbewertung, die ihm durch eine entsprechende Festlegung in einer Informationsordnung mitgeteilt werden sollten, die Überwachung der Internen Revision vornehmen kann und damit der Überwachungsaufgabe im Hinblick auf sie in einem ausreichenden

Maß gerecht wird. Der Aufsichtsrat hat auch die Möglichkeit, sich direkt über die zustimmungspflichtigen Geschäfte am Qualitätsmanagement zu beteiligen. Dem Abschlussprüfer, dessen Prüfungsobjekt die Interne Revision ist, bieten sich die Ergebnisse der Qualitätsbewertung vor allem dafür an, ihre Beurteilung auf dieser Grundlage vorzunehmen. Des Weiteren kann er den im Rahmen des Qualitätsmanagements aufgestellten Messansatz, wenn er sich nicht der Qualitätsergebnisse der anderen Personen bedient, auch verwenden, um eine eigene Messung und Bewertung anzustellen.

Das für die Interne Revision entwickelte Qualitätsmanagementkonzept und -modell kann durch eine entsprechende Modifizierung auch Grundlage für andere Organisationseinheiten, wie z. B. das Controlling, zur Ermittlung und zum Nachweis ihrer Leistung sein.

Mit den Inhalten der Arbeit wird ein wesentlicher Beitrag zur Professionalisierung der Internen Revision geleistet. Bisher sind wissenschaftliche Veröffentlichungen zur Internen Revision nur in geringem Umfang, insbesondere in Deutschland, vorgenommen worden. Vielmehr stehen andere Corporate-Governance-Teilnehmer, wie z. B. die Abschlussprüfung, im Vordergrund. Um ihrer Bedeutung jedoch gerecht zu werden, ist es von höchster Relevanz, dass sich die Wissenschaft intensiver mit der Internen Revision auseinandersetzt. Diesem Aspekt trägt die vorliegende Arbeit Rechnung. In diesem Zusammenhang sollte sich die Wissenschaft zukünftig schwerpunktmäßig der Gewichtung der Qualitätsfaktoren im aufgestellten Qualitätsmanagement annehmen.

Es ist unerlässlich, dass das erarbeitete Qualitätsmanagement Eingang in die Interne Revisionspraxis findet, denn nur so kann die Interne Revision gegenüber ihren Interessengruppen verdeutlichen, was sie leistet, und Vertrauen sowohl unternehmensintern als auch -extern schaffen.

Anhang

Universität Hamburg

DIIR

Deutsches Institut für
Interne Revision e.V.

Universität Hamburg
Institut für Wirtschaftsprüfung und Steuerwesen
Max-Brauer-Allee 60
22765 Hamburg   Telefon: 040-42838

(Firma)

(Anrede)

(Titel, Vorname, Nachname)

(Bezeichnung im Unternehmen)

(Straße, Hausnummer bzw. Postfach)

(Postleitzahl, Ort)

Assistenten:		
Dipl.-Kffr.	Antje Buchholz	–7964
Dipl.-Kfm.	Marco Canipa-Valdez	–3745
Dipl.-Kfm.	Max Köster	–7965
Dipl.-Kfm.	Stéphan Lechner	–6439
Dipl.-Kfm.	Andreas Mammen	–3746
Dipl.-Kfm.	Nyls-Arne Pasternack	–6409
Dipl.-Phys.	Malte Posewang	–2613
Dipl.-Kfm.	Remmer Sassen, M.A.	–7966
Dipl.-Kfm.	Dr. Patrick Velte	–6710
Dipl.-Bw. StB	Stefan Weber	–2955
Sekretariat:	Angelika Ohm	–6711

Telefon: 040/42838-6712, Fax: 040/42838-6714
E-Mail: freidank@mba.uni-hamburg.de
Homepage: http://www.uni-hamburg.de/
fachbereiche-einrichtungen/fb03/iwp/rut

Hamburg, den 21.04.2009

Empirische Erhebung zum Qualitätsmanagement in der Internen Revision

Sehr geehrte/er (Anrede, Titel, Nachname),

mein wissenschaftlicher Mitarbeiter, Nyls-Arne Pasternack, setzt sich in seinem Dissertationsvorhaben mit dem **Qualitätsmanagement in der Internen Revision** auseinander. Für dieses Vorhaben sind Ihre Antworten auf die Fragen des in der Anlage beigefügten **Fragebogens**, der auf eine **empirische Analyse** des Qualitätsmanagements in der Internen Revision abzielt, von großer Bedeutung. Er dient der Untersuchung, wie das Qualitätsmanagement in der Internen Revisionspraxis gesehen und in welcher Art und Weise es ausgeübt wird. Als Befragungsgruppe sind die Leiter der Internen Revision der deutschen Unternehmen aus dem DAX, MDAX und TecDAX ausgewählt worden.

Ich möchte Sie herzlichst bitten, auch im Namen von Herrn Pasternack, an der empirischen Erhebung teilzunehmen. Aufgrund der aktuellen Relevanz des Forschungsvorhabens unterstützt das **Deutsche Institut für Interne Revision e. V. (DIIR)** die Befragung und bittet Sie ebenfalls um Ihre Mithilfe.

Der Fragebogen ist in zwei Teile gegliedert. Während sich der erste Teil mit allgemeinen Aspekten befasst, enthält der zweite Teil detaillierte Fragen zum Qualitätsmanagement. Nähere Angaben zum Ausfüllen finden Sie an entsprechenden Stellen im Fragebogen. Die Bearbeitung wird **einige Minuten** in Anspruch nehmen.

Für Ihre Mitwirkung bedanke ich mich, auch im Namen vom DIIR und von Herrn Pasternack, herzlichst im Voraus. Sie tragen damit wesentlich zur Weiterentwicklung der Führung in der Internen Revision und zur Verbesserung der Berufsgrundsätze in Bezug auf das Qualitätsmanagement bei. Ihre Antworten werden anonym und vertraulich behandelt.

Im Falle von Rückfragen wenden Sie sich bitte jederzeit an Herrn Pasternack, dessen Kontaktdaten Sie dem Fragebogen entnehmen können.

Als Dank für Ihre Unterstützung senden wir Ihnen auf Wunsch eine Zusammenfassung der Befragungsergebnisse zu.

Bitte schicken Sie den ausgefüllten Fragebogen **bis zum 31.05.2009** in dem beigelegten adressierten und frankierten Rückumschlag zurück.

Mit freundlichen Grüßen

(Prof. Dr. C.-Chr. Freidank)

Anlagen

Universität Hamburg

DIIR Deutsches Institut für
Interne Revision e.V.

Universität Hamburg/DIIR

Fragebogen
zum Qualitätsmanagement
in der Internen Revision

Befragung Leiter der Internen Revision

Bitte senden Sie den Fragebogen ausgefüllt **bis zum 31.05.2009** in dem
adressierten und frankierten beiliegenden Rückumschlag zurück.

Ansprechpartner:
Herr Nyls-Arne Pasternack
Universität Hamburg
Fakultät Wirtschafts- und Sozialwissenschaften
Fachbereich Betriebswirtschaftslehre
Institut für Wirtschaftsprüfung und Steuerwesen
Lehrstuhl für Revisions- und Treuhandwesen
Max-Brauer-Allee 60
22765 Hamburg
Telefon: 040/42838-6409
Fax: 040/42838-6714
E-Mail: Nyls-Arne.Pasternack@uni-hamburg.de

Vielen Dank für Ihre Mithilfe!

Aufbau

I.   Allgemeine Angaben zu Ihrem Unternehmen und zur Internen Revision

II. Angaben zum Qualitätsmanagement in der Internen Revision

Hinweise zur Bearbeitung

*   Der Fragebogen umfasst im ersten Teil **10 Fragen** und im zweiten Teil **12 Fragen**, die durch Ankreuzen und/oder eigene Angaben zu beantworten sind. Mehrere Kreuze sind zu setzen, wenn in der entsprechenden Frage darauf hingewiesen wird. Ist eine Skala von 1–5 vorhanden, so bedeutet 1 sehr hoch, 2 hoch, 3 mittel, 4 gering und 5 keine. Die Bearbeitungsdauer beträgt **einige Minuten.**

*   Neben generell zu beantwortenden Fragen umfasst der Fragebogen Sachverhalte, die sich auf das **Unternehmen** beziehen, für das Sie arbeiten. Ist Ihr Unternehmen Teil eines Konzerns oder einer Unternehmensgruppe, sind die entsprechenden Fragen auf das Unternehmen bezogen zu beantworten, für das Sie arbeiten.

    Falls Sie die **Konzernrevision** leiten, beantworten Sie die entsprechenden Fragen bitte in Bezug auf den Konzern, für den Sie arbeiten.

    Im Fragebogen wird aus Vereinfachungsgründen stets der Begriff Unternehmen verwendet.

*   Die generellen und die auf die Interne Revision Ihres Unternehmens bezogenen Fragen sind ungeachtet dessen, ob sie als eigene Funktionseinheit fungiert oder durch andere Träger ausgeübt wird, zu beantworten.

*   Ihre Antworten werden anonym und vertraulich behandelt.

*   Bitte senden Sie den Fragebogen, selbst wenn Sie ihn nicht vollständig ausfüllen möchten, **bis zum 31.05.2009** in dem adressierten und frankierten beiliegenden Rückumschlag zurück.

*   Wünschen Sie eine Zusammenfassung der Befragungsergebnisse?

        ☐   ja   ☐   nein

Universität Hamburg   **DIIR**   Deutsches Institut für
                                         Interne Revision e.V.

I. **Allgemeine Angaben zu Ihrem Unternehmen und zur Internen Revision**

1. Zu welcher Branche zählt Ihr Unternehmen?

    ☐   verarbeitendes Gewerbe/Industrie

    ☐   Energieversorgung; Wasserversorgung; Entsorgung

    ☐   Baugewerbe

    ☐   Handel

    ☐   Verkehr und Lagerei

    ☐   Information und Kommunikation

    ☐   Banken und Finanzdienstleistungen

    ☐   Versicherungen

    ☐   sonstige Dienstleistungen

    ☐   sonstige: ....

2. Wie viele Mitarbeiter umfasst Ihr Unternehmen im Durchschnitt (bezogen
    auf das Geschäftsjahr 2008)?

    .... Mitarbeiter

3. Wie viele Mitarbeiter beschäftigt die Interne Revision Ihres Unterneh-
    mens (vollzeitäquivalent)?

    .... Mitarbeiter

4. Wie ist die Interne Revision in Ihrem Unternehmen organisatorisch eingeordnet?

Ausgeübt als eigenständige Stabsstelle ...

☐ der (gesamten) Unternehmensleitung.

☐ einzelner Vorstands-/Geschäftsführungsmitglieder.

☐ sonstige: ....

Ausgeübt durch ...

☐ (gesamte) Unternehmensleitung.

☐ einzelne Vorstands-/Geschäftsführungsmitglieder.

☐ andere Organisationseinheiten und welche? ....

☐ sonstige: ....

5. Wer ist die vorgesetzte Stelle der Internen Revision in Ihrem Unternehmen, wenn Sie gem. Frage 4. durch andere Organisationseinheiten oder sonstige ausgeübt wird?

☐ (gesamte) Unternehmensleitung

☐ einzelne Vorstands-/Geschäftsführungsmitglieder

☐ sonstige: ....

6. Ist Ihnen das Internationale Regelwerk der beruflichen Praxis des Institute of Internal Auditors (IIA), auch bezeichnet als International Professional Practices Framework (IPPF), bekannt?

☐ vollständig   ☐ teilweise   ☐ nicht

Universität Hamburg   **DIIR** Deutsches Institut für Interne Revision e.V.

7. Nach welchen berufsständischen Vorschriften handelt die Interne Revision Ihres Unternehmens (alle Punkte sind zu beantworten)?

Definition der Internen Revision des IIA

□ vollständig   □ teilweise   □ nicht   □ unbekannt

Ethikkodex des IIA

□ vollständig   □ teilweise   □ nicht   □ unbekannt

IIA-Standards

□ vollständig   □ teilweise   □ nicht   □ unbekannt

Praktische Ratschläge des IIA

□ vollständig   □ teilweise   □ nicht   □ unbekannt

Positionspapiere des IIA

□ vollständig   □ teilweise   □ nicht   □ unbekannt

Praxisleitfäden des IIA

□ vollständig   □ teilweise   □ nicht   □ unbekannt

DIIR-Revisionsstandards Nr. 1–4 und Ergänzung zum DIIR-Standard Nr. 3

□ vollständig   □ teilweise   □ nicht   □ unbekannt

Sonstige: ....

□ vollständig   □ teilweise

Universität Hamburg   **DIIR**   Deutsches Institut für
                                   Interne Revision e.V.

8. Stellen Ihrer Meinung nach die bisher existierenden Vorschriften des IIA
    in Form des IPPF und des DIIR in Form der DIIR-Revisionsstandards
    Nr. 1–4 und der Ergänzung zum DIIR-Standard Nr. 3 eine ausreichende
    Grundlage für das Wirken der Internen Revision Ihres Unternehmens dar
    (Antworten sind für beide zu geben) und in welchen Bereichen sehen Sie
    ggf. Verbesserungsbedarf?

IPPF

□ ja   □ teilweise geeignet   □ nein   □ unbekannt

Verbesserungsvorschläge:

....

....

....

....

....

DIIR-Revisionsstandards Nr. 1–4 und Ergänzung zum DIIR-Standard
Nr. 3

□ ja   □ teilweise geeignet   □ nein   □ unbekannt

Verbesserungsvorschläge:

....

....

....

....

....

Universität Hamburg   **DIIR** Deutsches Institut für
Interne Revision e.V.

9. Welche Relevanz besitzen die folgenden Ziele für die Interne Revision Ih-
    res Unternehmens (alle Ziele sind zu beantworten)?

Erzeugung einer Wertsteigerung für das Unternehmen

□ 1   □ 2   □ 3   □ 4   □ 5

Verbesserung der Führung in der Internen Revision

□ 1   □ 2   □ 3   □ 4   □ 5

Optimierung der Politik und Strategie der Internen Revision

□ 1   □ 2   □ 3   □ 4   □ 5

Verbesserung der Internen Revisionsressourcen und -partnerschaften

□ 1   □ 2   □ 3   □ 4   □ 5

Optimierung der Internen Revisionsprozesse

□ 1   □ 2   □ 3   □ 4   □ 5

Steigerung der Zufriedenheit der Kunden der Internen Revision

□ 1   □ 2   □ 3   □ 4   □ 5

Steigerung der Zufriedenheit der Internen Revisoren

□ 1   □ 2   □ 3   □ 4   □ 5

Steigerung der Leistung der Internen Revisoren

□ 1   □ 2   □ 3   □ 4   □ 5

Steigerung des Ansehens der Internen Revision sowohl unternehmensintern als auch -extern

□ 1   □ 2   □ 3   □ 4   □ 5

Sonstige: ....

□ 1   □ 2   □ 3   □ 4   □ 5

Universität Hamburg

DIIR Deutsches Institut für Interne Revision e.V.

10. Gibt es in der Internen Revision Ihres Unternehmens eine Spitzenkennzahl, mit der Sie ihren Beitrag zur Wertsteigerung verdeutlichen?

☐   ja   ☐   nein   ☐   geplant

Bei einer Beantwortung mit ja oder geplant: Wie lautet sie?

....

....

Universität Hamburg **DIIR** Deutsches Institut für
Interne Revision e.V.

II. Angaben zum Qualitätsmanagement in der Internen Revision

1. Welche Bedeutung messen Sie dem Qualitätsmanagement in der Internen Revision bei (alle Punkte sind zu beantworten)?

Verdeutlichung des Wert- bzw. -steigerungsbeitrags der Internen Revision in nichtmonetärer Form

□ 1   □ 2   □ 3   □ 4   □ 5

Erzeugung einer Wertsteigerung für das Unternehmen

□ 1   □ 2   □ 3   □ 4   □ 5

Verbesserung der Führung in der Internen Revision

□ 1   □ 2   □ 3   □ 4   □ 5

Optimierung der Politik und Strategie der Internen Revision

□ 1   □ 2   □ 3   □ 4   □ 5

Verbesserung der Internen Revisionsressourcen und -partnerschaften

□ 1   □ 2   □ 3   □ 4   □ 5

Optimierung der Internen Revisionsprozesse

□ 1   □ 2   □ 3   □ 4   □ 5

Steigerung der Zufriedenheit der Kunden der Internen Revision

□ 1   □ 2   □ 3   □ 4   □ 5

Steigerung der Zufriedenheit der Internen Revisoren

□ 1   □ 2   □ 3   □ 4   □ 5

Steigerung der Leistung der Internen Revisoren

□ 1   □ 2   □ 3   □ 4   □ 5

Steigerung des Ansehens der Internen Revision sowohl unternehmensintern als auch -extern

□ 1   □ 2   □ 3   □ 4   □ 5

Sonstige: ....

□ 1   □ 2   □ 3   □ 4   □ 5

2. Aus welchen Bestandteilen sollte das Qualitätsmanagement in der Internen Revision bestehen (Mehrfachnennungen möglich)?

☐   Qualitätspolitik

☐   Qualitätsverfassung

☐   Qualitätskultur

☐   Qualitätsstrategie einschließlich der Festlegung strategischer Qualitätsfaktoren und Maßnahmen

☐   Qualitätsstruktur, zu der die Qualitätsorganisation, ein Qualitätsdokumentations-, integriertes -informations- und umfassendes -überwachungssystem sowie die Berücksichtigung qualitätsbezogener Aspekte im Personalführungssystem gehören

☐   qualitätsorientierte Verhaltensentwicklung, zu der u. a. die stetige Weiterbildung der Internen Revisoren und ihre individuelle Leistungsbetrachtung zählen

☐   Qualitätsplanung, die sich zum Teil in der Qualitätsstrategie widerspiegelt und die eine Festlegung und Zerlegung der mittel- und langfristigen in kurzfristige Ziele, die auf der Grundlage von Qualitätsfaktoren bestimmt werden, und Maßnahmen umfasst sowie Eingang in die Planung der einzelnen Aufträge findet

☐   Qualitätserzeugung

Universität Hamburg   **DIIR**   Deutsches Institut für
Interne Revision e.V.

☐ Qualitätsmessung (falls die Qualitätsmessung für Sie dazuzählt, bitte die zu diesem Aspekt gehörenden Unterpunkte, unter der Möglichkeit Mehrfachnennungen vorzunehmen, beantworten)

    ☐ durch verantwortliche Personen im Rahmen der Aufträge

    ☐ durch den Leiter der Internen Revision oder andere Interne Revisoren für die gesamte Interne Revision

    ☐ durch qualifizierte, unternehmensinterne, aber nicht der Internen Revision angehörende Personen für die gesamte Interne Revision

    ☐ durch qualifizierte, unternehmensunabhängige Personen für die gesamte Interne Revision

☐ Qualitätsbewertung (falls die Qualitätsbewertung für Sie dazuzählt, bitte die zu diesem Aspekt gehörenden Unterpunkte, unter der Möglichkeit Mehrfachnennungen vorzunehmen, beantworten)

    ☐ durch verantwortliche Personen im Rahmen der Aufträge

    ☐ durch den Leiter der Internen Revision oder andere Interne Revisoren für die gesamte Interne Revision

    ☐ durch qualifizierte, unternehmensinterne, aber nicht der Internen Revision angehörende Personen für die gesamte Interne Revision

    ☐ durch qualifizierte, unternehmensunabhängige Personen für die gesamte Interne Revision

☐ Qualitätsberichterstattung

☐ Qualitätshandlung

☐ Qualitätshonorierung

☐ sonstige: ....

3. Stellen die Inhalte des Ethikkodex des IIA und der IIA-Standards sowie die Qualitätskriterien des IIR-Revisionsstandards Nr. 3 bzw. seiner Ergänzung ausreichende Qualitätsfaktoren dar (Antworten sind für beide zu geben)?

Ethikkodex des IIA und IIA-Standards (als Gesamtheit)

□   ja   □   nein   □   unbekannt

Bei einer Beantwortung mit nein: Welche Ergänzungen sind notwendig?

....

....

....

Qualitätskriterien des IIR-Revisionsstandards Nr. 3 bzw. seiner Ergänzung (als Gesamtheit)

□   ja   □   nein   □   unbekannt

Bei einer Beantwortung mit nein: Welche Ergänzungen sind notwendig?

....

....

....

4. Falls für Sie die durch qualifizierte, unternehmensinterne, aber nicht der Internen Revision angehörende Personen auszuführende Qualitätsmessung und -bewertung zum Qualitätsmanagement gehört: Wer sollte diese Messung und Bewertung sowie eine damit verbundene Berichterstattung vornehmen (Mehrfachnennungen möglich)?

□   Personen aus dem Controlling

□   Personen aus dem Rechnungswesen

□   sonstige: ....

Universität Hamburg **DIIR** Deutsches Institut für
Interne Revision e.V.

5. Falls für Sie die durch qualifizierte, unternehmensunabhängige Personen
auszuführende Qualitätsmessung und -bewertung zum Qualitätsmanagement gehört: Wer sollte diese Messung und Bewertung sowie eine damit verbundene Berichterstattung vornehmen (Mehrfachnennungen möglich)?

☐ DIIR/IIA bzw. durch diese Institutionen zertifizierte Qualitätsassessoren

☐ Wirtschaftsprüfungsgesellschaft

☐ staatliche Stelle

☐ sonstige: ....

6. Falls für Sie die Qualitätsberichterstattung zum Qualitätsmanagement
zählt: Sollten in dieser die folgenden Aspekte Berücksichtigung finden
(Mehrfachnennungen möglich)?

☐ Eingehen auf die Auftragsausübung in Übereinstimmung mit der
Definition der Internen Revision des IIA, dem Ethikkodex des IIA
und den IIA-Standards im Rahmen von Revisionsberichten

☐ Eingehen auf die Ausübung der gesamten Internen Revisionstätigkeit in Übereinstimmung mit der Definition der Internen Revision
des IIA, dem Ethikkodex des IIA und den IIA-Standards im Rahmen
der Berichterstattung an die vorgesetzte Stelle und Unternehmensleitung

☐ Darlegung wesentlicher Qualitätsmanagementsachverhalte der Internen Revision in der unternehmensexternen Berichterstattung

7. Besteht in der Internen Revision Ihres Unternehmens ein Qualitätsmanagement?

☐ ja   ☐ nein

Bei einer Beantwortung mit ja: Welche Bestandteile weist es auf (Mehrfachnennungen möglich)?

☐ Qualitätspolitik

☐ Qualitätsverfassung

☐ Qualitätskultur

☐ Qualitätsstrategie einschließlich der Festlegung strategischer Qualitätsfaktoren und Maßnahmen

☐ Qualitätsstruktur, zu der die Qualitätsorganisation, ein Qualitätsdokumentations-, integriertes -informations- und umfassendes -überwachungssystem sowie die Berücksichtigung qualitätsbezogener Aspekte im Personalführungssystem gehören

☐ qualitätsorientierte Verhaltensentwicklung, zu der u. a. die stetige Weiterbildung der Internen Revisoren und ihre individuelle Leistungsbetrachtung zählen

☐ Qualitätsplanung, die sich zum Teil in der Qualitätsstrategie widerspiegelt und die eine Festlegung und Zerlegung der mittel- und langfristigen in kurzfristige Ziele, die auf der Grundlage von Qualitätsfaktoren bestimmt werden, und Maßnahmen umfasst sowie Eingang in die Planung der einzelnen Aufträge findet

☐ Qualitätserzeugung

DIIR

Universität Hamburg Deutsches Institut für
Interne Revision e.V.

☐ Qualitätsmessung (falls die Qualitätsmessung dazuzählt, bitte die zu diesem Aspekt gehörenden Unterpunkte, unter der Möglichkeit Mehrfachnennungen vorzunehmen, beantworten)

  ☐ durch verantwortliche Personen im Rahmen der Aufträge

  ☐ durch den Leiter der Internen Revision oder andere Interne Revisoren für die gesamte Interne Revision

  ☐ durch qualifizierte, unternehmensinterne, aber nicht der Internen Revision angehörende Personen für die gesamte Interne Revision
  Welche Personen genau?..

  ☐ durch qualifizierte, unternehmensunabhängige Personen für die gesamte Interne Revision
  Welche Personen genau?..

☐ Qualitätsbewertung (falls die Qualitätsbewertung dazuzählt, bitte die zu diesem Aspekt gehörenden Unterpunkte, unter der Möglichkeit Mehrfachnennungen vorzunehmen, beantworten)

  ☐ durch verantwortliche Personen im Rahmen der Aufträge

  ☐ durch den Leiter der Internen Revision oder andere Interne Revisoren für die gesamte Interne Revision

  ☐ durch qualifizierte, unternehmensinterne, aber nicht der Internen Revision angehörende Personen für die gesamte Interne Revision
  Welche Personen genau?..

  ☐ durch qualifizierte, unternehmensunabhängige Personen für die gesamte Interne Revision
  Welche Personen genau?..

Universität Hamburg **DIIR** Deutsches Institut für
Interne Revision e.V.

☐   Qualitätsberichterstattung (falls die Qualitätsberichterstattung dazuzählt, bitte die zu diesem Aspekt gehörenden Unterpunkte, unter
der Möglichkeit Mehrfachnennungen vorzunehmen, beantworten)
Hierbei erfolgt ein/eine ...

   ☐   Eingehen auf die Auftragsausübung in Übereinstimmung mit
der Definition der Internen Revision des IIA, dem Ethikkodex
des IIA und den IIA-Standards im Rahmen von Revisionsberichten.

   ☐   Eingehen auf die Ausübung der gesamten Internen Revisionstätigkeit in Übereinstimmung mit der Definition der Internen Revision des IIA, dem Ethikkodex des IIA und den IIA-Standards
im Rahmen der Berichterstattung an die vorgesetzte Stelle und
Unternehmensleitung.

   ☐   Darlegung wesentlicher Qualitätsmanagementsachverhalte der
Internen Revision in der unternehmensexternen Berichterstattung.

☐   Qualitätshandlung

☐   Qualitätshonorierung

☐   sonstige: ....

8.   Falls Sie ein Qualitätsmanagement in der Internen Revision Ihres Unternehmens implementiert haben: Welche Qualitätsmessansätze verwenden
Sie (Mehrfachnennungen möglich)?

   ☐   Messansatz des IIR-Revisionsstandards Nr. 3 bzw. Ansatz seiner Ergänzung

   ☐   Modell für Excellence der European Foundation for Quality Management (EFQM)

   ☐   Balanced Scorecard

   ☐   sonstige: ....

Universität Hamburg **DIIR** Deutsches Institut für Interne Revision e.V.

9. Falls Sie ein Qualitätsmanagement in der Internen Revision Ihres Unternehmens implementiert haben: Nennen Sie ihre wichtigsten Qualitätsfaktoren bzw. -kennzahlen.

   ....

   ....

   ....

   ....

10. Falls Sie ein Qualitätsmanagement in der Internen Revision Ihres Unternehmens implementiert haben: Nehmen Sie einen Vergleich ihrer Qualitätsergebnisse mit anderen Organisationseinheiten bzw. Internen Revisionen vor (Mehrfachnennungen möglich)?

    ☐ Vergleich mit Organisationseinheiten des eigenen Unternehmens

    ☐ Vergleich mit Internen Revisionen aus derselben Branche

    ☐ Vergleich mit Internen Revisionen aus anderen Branchen

    ☐ Vergleich mit Anbietern der Internen Revisionsleistung

    ☐ sonstige: ....

11. Sehen Sie die Notwendigkeit einer Zertifizierung der Internen Revision?

    ☐ ja   ☐ nein

12. Ist die Interne Revision Ihres Unternehmens zertifiziert?

    ☐ ja   ☐ nein   ☐ beabsichtigt

    Bei einer Beantwortung mit ja: Welche Zertifizierung liegt vor?

    ....

Besten Dank für Ihre Unterstützung!

Literaturverzeichnis

(Artikel, Beiträge, Kommentare, Monographien, persönliche Gespräche, Pressemitteilungen und Sammelwerke)

AKEU/AKEIÜ 2009: AKEU/AKEIÜ (Hrsg.): Anforderungen an die Überwachungsaufgaben von Aufsichtsrat und Prüfungsausschuss nach § 107 Abs. 3 Satz 2 AktG i. d. F. des Bilanzrechtsmodernisierungsgesetzes, in: DB 62 (2009), S. 1279–1282.

AKEIÜ 2006: AKEIÜ (Hrsg.): Best Practice für die Interne Revision, in: DB 59 (2006), S. 225–229.

Amling/Bantleon 2007: Amling, T./Bantleon, U.: Handbuch der Internen Revision. Grundlagen, Standards, Berufsstand, Berlin 2007.

Amling/Bantleon 2008: Amling, T./Bantleon, U.: Interne Revision – Grundlagen und Ansätze zur Beurteilung deren Wirksamkeit, in: DStR 46 (2008), S. 1300–1306.

Baetge 1992: Baetge, J.: Überwachungstheorie, kybernetische, in: Coenenberg, A. G./Wysocki, K. v. (Hrsg.): Handwörterbuch der Revision, 2. Aufl., Stuttgart 1992, Sp. 2038–2054.

Baetge 1993: Baetge, J.: Überwachung, in: Bitz, M. et al. (Hrsg.): Vahlens Kompendium der Betriebswirtschaftslehre, Band 2, 3. Aufl., München 1993, S. 175–218.

Bakhaya 2006: Bakhaya, Z.: Wertorientierte Unternehmenssteuerung in Private Equity-finanzierten Unternehmen. Eine konzeptionelle und empirische Untersuchung zu ihrer Implementierung und Ausgestaltung, Hamburg 2006.

Bantleon 2008: Bantleon, U.: Persönliches Telefongespräch über das IPPF, Hamburg 2008.

Bantleon/Unmuth 2008: Bantleon, U./Unmuth, A.: Das Internationale Regelwerk der Beruflichen Praxis des Institute of Internal Auditors (IIA). Aktuelle Entwicklungen, in: ZIR 43 (2008), S. 106–109.

Berekoven/Eckert/Ellenrieder 2006: Berekoven, L./Eckert, W./Ellenrieder, P.: Marktforschung. Methodische Grundlagen und praktische Anwendung, 11. Aufl., Wiesbaden 2006.

Berens/Schmitting 2004: Berens, W./Schmitting, W.: Zum Verhältnis von Controlling, Interner Revision und Früherkennung vor dem Hintergrund der Corporate Governance, in: Freidank, C.-C. (Hrsg.): Corporate Governance und Controlling, Heidelberg 2004, S. 51–75.

Berle/Means 1933: Berle, A. A./Means, G. C.: The Modern Corporation and Private Property, New York 1933.

Bernhardt 2008: Bernhardt, W.: Sechs Jahre Deutscher Corporate Governance Kodex – Eine Erfolgsgeschichte?, in: BB 63 (2008), S. 1686–1692.

Böckli 2000: Böckli, P.: Corporate Governance auf Schnellstraßen und Holzwegen. Folgerungen für die Schweizer Praxis aus den neuesten Texten – „Hampel", „London Stock Exchange Combined Code", „Turnbull" und „Blue Ribbon", in: ST 74 (2000), S. 133–152.

Brosius/Koschel/Haas 2009: Brosius, H.-B./Koschel, F./Haas, A.: Methoden der empirischen Kommunikationsforschung. Eine Einführung, 5. Aufl., Wiesbaden 2009.

Bruhn 2008: Bruhn, M.: Qualitätsmanagement für Dienstleistungen. Grundlagen, Konzepte, Methoden, 7. Aufl., Berlin/Heidelberg 2008.

Buderath/Langer 2007: Buderath, H./Langer, A.: Wertbeitragsbasierte Steuerung der Internen Revision – eine kritische Perspektive –, in: ZIR 42 (2007), S. 156–161.

Bundesministerium der Justiz 2009: Bundesministerium der Justiz (Hrsg.): Aktionärsrechte, http://www.bmj.bund.de/enid/63a5f92c5d148eb6821f18225 b0c9cd7,83aa5d305f7472636964092d0932363331/Gesellschaftsrecht/Aktionaers rechte_1gp.html, Zugriff am 09.06.2009.

Clement 2005: Clement, R.: Anlegerschutz aus Sicht der Principal-Agent-Theorie, in: WISU 34 (2005), S. 360–367.

Coenenberg/Salfeld 2007: Coenenberg, A. G./Salfeld, R.: Wertorientierte Unternehmensführung. Vom Strategieentwurf zur Implementierung, 2. Aufl., Stuttgart 2007.

COSO 1994a: COSO (Hrsg.): Internal Control – Integrated Framework. Executive Summary, Framework, Reporting to External Parties, Addendum to "Reporting to External Parties", Volume 1, Jersey City 1994.

COSO 1994b: COSO (Hrsg.): Internal Control – Integrated Framework. Evaluation Tools, Volume 2, Jersey City 1994.

Deutsche Börse Group 2009: Deutsche Börse Group (Hrsg.): Prime All Share (Performance). Zugehörige Werte, http://deutsche-boerse.com/dbag/dis patch/de/isg/gdb_navigation/listing/10_Market_Structure/15_transparency _standards/10_prime_standard?active=constituents&module=InConstituents _Index&wp=DE00072033258&wplist=DE0007203325&foldertype=_Index&wp bpl=ETR, Zugriff am 10.06.2009.

DGQ 2009a: DGQ (Hrsg.): Qualitätspreise – international, http://www.dgq. de/wid/wui-qpreis-int.htm, Zugriff am 27.01.2009.

DGQ 2009b: DGQ (Hrsg.): Qualitätspreise – national, http://www.dgq.de/
wid/wui-qpreis-nat.htm, Zugriff am 27.01.2009.

Diederichs/Kißler 2008: Diederichs, M./Kißler, M.: Aufsichtsratreporting.
Corporate Governance, Compliance und Controlling, München 2008.

DIIR 2008a: DIIR (Hrsg.): Erfahrung nutzen. Zukunft sichern. 50 Jahre Deutsches Institut für Interne Revision e. V., Berlin 2008.

DIIR 2008b: DIIR (Hrsg.): Geschäftsbericht 2007, Frankfurt am Main 2008.

Donle/Richter 2003: Donle, M./Richter, M.: Zusammenarbeit von Wissenschaft und Praxis in der Internen Revision, in: ZIR 38 (2003), S. 194–201.

DRSC 2009: DRSC (Hrsg.): Pressemitteilung Überarbeitung DRS 5, 15 und 15a,
http://www.standardsetter.de/drsc/docs/press_releases/090611_ueberarb_
lagebericht.pdf, Zugriff am 11.06.2009.

Dutzi 2005: Dutzi, A.: Der Aufsichtsrat als Instrument der Corporate Governance. Ökonomische Analyse der Veränderungen im Corporate-Governance-System börsennotierter Aktiengesellschaften, Wiesbaden 2005.

Ebeling 2007: Ebeling, R. M.: Berichterstattungspflichten des Aufsichtsrats, in:
Freidank, C.-C./Lachnit, L./Tesch, J. (Hrsg.): Vahlens Großes Auditing Lexikon, München 2007, S. 127–128.

EFQM 2003a: EFQM (Hrsg.): Die Grundkonzepte der Excellence, http://www.
dgq.de / dateien / Grundkonzepte_der_Excellence_2003(3).pdf, Zugriff am
28.01.2009.

EFQM 2003b: EFQM (Hrsg.): Excellence einführen, http://www.dgq.de/
dateien/Excellence_einfuehren_2003(9).pdf, Zugriff am 28.01.2009.

EFQM/DGQ 1999: EFQM/DGQ (Hrsg.): Excellence bestimmen. Eine Fragebogen-Methode, Brussels/Frankfurt am Main 2003.

EFQM/DGQ 2003a: EFQM/DGQ (Hrsg.): Assessoren Bewertungsbuch. Version für Unternehmen, Brussels/Frankfurt am Main 2003.

EFQM/DGQ 2003b: EFQM/DGQ (Hrsg.): Das EFQM-Modell für Excellence. Version für Unternehmen, Brussels/Frankfurt am Main 2003.

EFQM/DGQ 2003c: EFQM/DGQ (Hrsg.): Excellence bewerten. Eine praktische Anleitung für erfolgreiche Entwicklung, Umsetzung und Review einer Selbstbewertungsstrategie für Ihre Organisation, Brussels/Frankfurt am Main 2003.

Egner 2008: Egner, T.: Interne Revision und Enforcement, in: Freidank, C.-C./ Peemöller, V. H. (Hrsg.): Corporate Governance und Interne Revision. Handbuch für die Neuausrichtung des Internal Auditings, Berlin 2008, S. 661–675.

Erichsen 2000: Erichsen, J.: Balanced Scorecard – mehrdimensional planen und steuern, in: Praxis des Rechnungswesens Februar (2000), Gruppe 11, Heft 1, S. 460–484.

Ernst & Young 2007: Ernst & Young (Hrsg.): Star oder Statist? Rolle und Zukunft der Internen Revision aus Sicht von Unternehmen und Interessengruppen, o. O. 2007.

Ernst/Seidler 2008: Ernst, C./Seidler, H.: Der Regierungsentwurf eines Gesetzes zur Modernisierung des Bilanzrechts, in: ZGR 37 (2008), S. 631–675.

Fischenich 2007: Fischenich, W.: Deutsches Institut für Interne Revision e. V., in: Freidank, C.-C./Lachnit, L./Tesch, J. (Hrsg.): Vahlens Großes Auditing Lexikon, München 2007, S. 336–337.

Fischer/Rödl 2007: Fischer, T. M./Rödl, K.: Unternehmensziele und Anreizsysteme. Theoretische Grundlagen und empirische Befunde aus deutschen Unternehmen, in: Controlling 19 (2007), S. 5–14.

Fleischer 2003: Fleischer, H.: Zur Leitungsaufgabe des Vorstands im Aktienrecht, in: ZIP 24 (2003), S. 1–11.

Fleischer 2006: Fleischer, H.: § 1. Leitungsaufgabe des Vorstands, in: Fleischer, H. (Hrsg.): Handbuch des Vorstandsrechts, München 2006, S. 1–38.

Franke 1993: Franke, G.: Agency-Theorie, in: Wittmann, W. et al. (Hrsg.): Handwörterbuch der Betriebswirtschaft, Band 1, 5. Aufl., Stuttgart 1993, Sp. 37–49.

Freidank 2001: Freidank, C.-C.: Das deutsche Prüfungswesen unter risikoorientierten und internationalen Reformeinflüssen, in: Freidank, C.-C. (Hrsg.): Die deutsche Rechnungslegung und Wirtschaftsprüfung im Umbruch. Festschrift für Wilhelm Theodor Strobel zum 70. Geburtstag, München 2001, S. 245–268.

Freidank 2007: Freidank, C.-C.: Internes Kontrollsystem, in: Freidank, C.-C./Lachnit, L./Tesch, J. (Hrsg.): Vahlens Großes Auditing Lexikon, München 2007, S. 699–702.

Freidank/Paetzmann 2004: Freidank, C.-C./Paetzmann, K.: Bedeutung des Controlling im Rahmen der Reformbestrebungen zur Verbesserung der Corporate Governance, in: Freidank, C.-C. (Hrsg.): Corporate Governance und Controlling, Heidelberg 2004, S. 1–24.

Freidank/Steinmeyer 2005: Freidank, C.-C./Steinmeyer, V.: Fortentwicklung der Lageberichterstattung nach dem BilReG aus betriebswirtschaftlicher Sicht, in: BB 60 (2005), S. 2512–2517.

Freidank/Velte 2006: Freidank, C.-C./Velte, P.: Corporate Governance und Controlling, in: Der Controlling-Berater o. Jg. (2006), Gruppe 2, S. 503–553.

Freidank/Velte 2008: Freidank, C.-C./Velte, P.: Einfluss der Corporate Governance auf die Weiterentwicklung von Controlling und Interner Revision, in: Freidank, C.-C./Peemöller, V. H. (Hrsg.): Corporate Governance und Interne Revision. Handbuch für die Neuausrichtung des Internal Auditings, Berlin 2008, S. 711–745.

Friedrichs 1990: Friedrichs, J.: Methoden empirischer Sozialforschung, 14. Aufl., Opladen 1990.

Frigo 2002: Frigo, M. L.: A Balanced Scorecard for Internal Auditing Departments, Altamonte Springs, 2002.

Garvin 1984: Garvin, D. A.: What Does "Product Quality" Really Mean?, in: Sloan Management Review 26 (1984), Heft 1, S. 25–43.

Garvin 1988: Garvin, D. A.: Managing Quality. The Strategic and Competitive Edge, New York 1988.

Gerke 2001: Gerke, W.: Agency-Theorie, in: Gerke, W./Steiner, M. (Hrsg.): Handwörterbuch des Bank- und Finanzwesens, 3. Aufl., Stuttgart 2001, Sp. 24–36.

Gerum 2007a: Gerum, E: Das deutsche Corporate Governance-System. Eine empirische Untersuchung, Stuttgart 2007.

Gerum 2007b: Gerum, E.: Deutscher Corporate Governance Kodex, in: Freidank, C.-C./Lachnit, L./Tesch, J. (Hrsg.): Vahlens Großes Auditing Lexikon, München 2007, S. 334–336.

Graf/Stiglbauer 2007: Graf, A./Stiglbauer, M.: Deutscher Corporate Governance Kodex: Eine Analyse der Qualitätssicherungs- und erweiterten Kommunikationsfunktion, in: ZP 18 (2007), S. 279–300.

Griewel 2006: Griewel, E.: Ad hoc-Publizität und Zwischenberichterstattung im deutschen Corporate Governance-System. Eine Analyse vor dem Hintergrund europäischer Harmonisierungsbestrebungen, Wiesbaden 2006.

Günther 1997: Günther, T.: Unternehmenswertorientiertes Controlling, München 1997.

Günther 2004: Günther, T.: Theoretische Einbettung des Controlling in die Methodologie der Unternehmensüberwachung und -steuerung, in: Freidank, C.-C. (Hrsg.): Corporate Governance und Controlling, Heidelberg 2004, S. 25-50.

Günther/Gonschorek 2006: Günther, T./Gonschorek, T.: Wert(e)orientierte Unternehmensführung im Mittelstand – Erste Ergebnisse einer empirischen Untersuchung –, Dresdner Beiträge zur Betriebswirtschaftslehre Nr. 114/06, o. O. 2006.

Hachmeister 2002: Hachmeister, D.: Corporate Governance, in: Ballwieser, W./Coenenberg, A. G./Wysocki, K. v. (Hrsg.): Handwörterbuch der Rechnungslegung und Prüfung, 3. Aufl., Stuttgart 2002, Sp. 487-504.

Hachmeister 2004: Hachmeister, D.: Controlling als Objekt der handelsrechtlichen Abschlussprüfung, in: Freidank, C.-C. (Hrsg.): Corporate Governance und Controlling, Heidelberg 2004, S. 267-286.

Hahn 2008: Hahn, U.: Internationale Institutionen der Internen Revision, in: Freidank, C.-C./Peemöller, V. H. (Hrsg.): Corporate Governance und Interne Revision. Handbuch für die Neuausrichtung des Internal Auditings, Berlin 2008, S. 945-955.

Hahn 2009: Hahn, U.: Die Internationalen Grundlagen für die berufliche Praxis der Internen Revision 2009, in: ZIR 44 (2009), S. 34-37.

Haller 2005: Haller, S.: Dienstleistungsmanagement. Grundlagen – Konzepte – Instrumente, 3. Aufl., Wiesbaden 2005.

Heinhold/Wotschofsky 2002: Heinhold, M./Wotschofsky, S.: Interne Revision, in: Ballwieser, W./Coenenberg, A. G./Wysocki, K. v. (Hrsg.): Handwörterbuch der Rechnungslegung und Prüfung, 3. Aufl., Stuttgart 2002, Sp. 1217–1228.

Henke/Lück 2009: Henke, M./Lück, W.: Interne Revision und Principal-Agent-Theorie: Denkanstöße zur Intensivierung der wirtschaftwissenschaftlichen Diskussion, in: Lück, W. (Hrsg.): Anforderungen an die Interne Revision. Grundsätze, Methoden, Perspektiven, Berlin 2009, S. 143–152.

Henze 2005: Henze, H.: Neuere Rechtsprechung zu Rechtsstellung und Aufgaben des Aufsichtsrats, in: BB 60 (2005), S. 165–175.

Hermanutz 2006: Hermanutz, C.: Integration von Managementmodellen im Sinne eines ganzheitlichen Qualitäts-/Excellenceverständnis am Beispiel von EFQM und BSC, Duisburg/Essen 2006, http://duepublico.uni-duisburg-essen.de/servlets/DerivateServlet/Derivate-14693/Dissertation.pdf, Zugriff am 14.05.2008.

Hillebrand 2005: Hillebrand, W.: Das Früherkennungs- und Überwachungssystem bei Kapitalgesellschaften. Erfordernis und Mindestforderungen aus juristischer und betriebswirtschaftlicher Sicht, Düsseldorf 2005.

Hinz 2007: Hinz, M.: Aufsichtsratsausschüsse, in: Freidank, C.-C./Lachnit, L./Tesch, J. (Hrsg.): Vahlens Großes Auditing Lexikon, München 2007, S. 74–75.

Hopt 2000: Hopt, K. J.: Gemeinsame Grundsätze der Corporate Governance in Europa? Überlegungen zum Einfluß der Wertpapiermärkte auf Unternehmen und ihre Regulierung und zum Zusammenwachsen von common law und civil law im Gesellschafts- und Kapitalmarktrecht, in: ZGR 29 (2000), S. 779–818.

Horváth 2009: Horváth, P.: Controlling, 11. Aufl., München 2009.

Horváth & Partners 2007: Horváth & Partners (Hrsg.): Balanced Scorecard umsetzen, 4. Aufl., Stuttgart 2007.

Hüffer 2008: Hüffer, U.: Aktiengesetz, 8. Aufl., München 2008.

Hüllmann 2003: Hüllmann, U.: Wertorientiertes Controlling für eine Management-Holding, München 2003.

Hülsberg/Brandt 2008: Hülsberg, F. M./Brandt, V.: Sarbanes-Oxley Act, in: Freidank, C.-C./Peemöller, V. H. (Hrsg.): Corporate Governance und Interne Revision. Handbuch für die Neuausrichtung des Internal Auditings, Berlin 2008, S. 895–911.

Hütten 2007: Hütten, C.: Enforcementsystem in Deutschland, in: Freidank, C.-C./Lachnit, L./Tesch, J. (Hrsg.): Vahlens Großes Auditing Lexikon, München 2007, S. 388–390.

IDW 2007: IDW (Hrsg.): WP Handbuch 2008. Wirtschaftsprüfung, Rechnungslegung, Beratung, Band II, 13. Aufl., Düsseldorf 2007.

IIA 2008a: IIA (Hrsg.): From the PPF to the IPPF ... what is changing, why it's changing, and the expected outcomes, http://www.theiia.org/guidance/standards-and-guidance/professional-practices-framework/ippf-processes/ (Bereich: About the IPPF, From the PPF to the IPPF), Zugriff am 14.10.2008.

IIA 2008b: IIA (Hrsg.): IPPF International Professional Practices Framework. Authoritative Guidance, http://www.theiia.org/guidance/standards-and-guidance/professional-practices-framework/ippf-project/ (Bereich: Tools, Authoritative Guidance Foldout brochure), Zugriff am 14.10.2008.

IIA 2008c: IIA (Hrsg.): International Professional Practices Framework (IPPF), http: // www.theiia.org / guidance / standards-and-guidance / professional-practices-framework/ippf-processes/ (Bereich: About the IPPF, Structure and Processes), Zugriff am 14.10.2008.

IIR 2002: IIR (Hrsg.): Konzept zur Gewinnung und Qualifizierung von Mitarbeitern für die Interne Revision, http://www.iir-ev.de/deutsch/download/ Konzept_zur_Gewinnung.pdf, Zugriff am 08.09.2008.

Jensen/Meckling 1976: Jensen, M. C./Meckling, W. H.: Theory of the Firm: Managerial Behaviour, Agency Costs and Ownership Structure, in: JoFE 3 (1976), S. 305–360.

Jud 1996: Jud, G.: Die Überwachung der Unternehmen durch deren Organe unter Berücksichtigung der Verhältnisse in den USA und in Deutschland, Zürich 1996.

Kagermann/Küting/Weber 2006: Kagermann, H./Küting, K./Weber, C.-P. (Hrsg.): Handbuch der Revision. Management mit der SAP®-Revisions-Roadmap, Stuttgart 2006.

Kaplan/Norton 1992: Kaplan, R. S./Norton, D. P.: The Balanced Scorecard – Measures That Drive Performance, in: HBR 70 (1992), Heft 1, S. 71–79.

Kaplan/Norton 1996a: Kaplan, R. S./Norton, D. P.: The Balanced Scorecard. Translating Strategy into Action, Boston 1996.

Kaplan/Norton 1996b: Kaplan, R. S./Norton, D. P.: Using the Balanced Scorecard as a Strategic Management System, in: HBR 74 (1996), Heft 1, S. 75–85.

Kaplan/Norton 1997: Kaplan, R. S./Norton, D. P.: Balanced Scorecard. Strategien erfolgreich umsetzen, Stuttgart 1997, deutsche Übersetzung von Kaplan, R. S./Norton, D. P.: Balanced Scorecard. Translating Strategy into Action, Boston 1996, von Horváth, P./Kuhn-Würfel, B./Vogelhuber, C.

Kaya 2007: Kaya, M.: Verfahren der Datenerhebung, in: Albers, S. et al. (Hrsg.): Methodik der empirischen Forschung, 2. Aufl., Wiesbaden 2007, S. 49–64.

Klees 1998: Klees, T.: Beherrschung der Unternehmensrisiken: Aufgaben und Prozesse eines Risikomanagements, in: DStR 36 (1998), S. 93–96.

Knapp 2009: Knapp, E.: Interne Revision und Corporate Governance. Aufgaben und Entwicklungen für die Überwachung, 2. Aufl., Berlin 2009.

Kort 2006: Kort, M: § 2. Vertretungs- und Geschäftsführungsbefugnis des Vorstands, in: Fleischer, H. (Hrsg.): Handbuch des Vorstandsrechts, München 2006, S. 39–73.

Kropff 2003: Kropff, B.: Zur Information des Aufsichtsrats über das interne Überwachungssystem, in: NZG 6 (2003), S. 346–350.

Kußmaul 2007: Kußmaul, H.: Discounted Cash Flow-Methoden, in: Freidank, C.-C./Lachnit, L./Tesch, J. (Hrsg.): Vahlens Großes Auditing Lexikon, München 2007, S. 346–348.

Küting/Boecker 2008: Küting, K./Boecker, C.: Zur Rollenverteilung der externen Jahresabschlussprüfung und Internen Revision als Komponenten der Corporate Governance, in: DB 61 (2008), S. 1581–1589.

Langer/Herzig/Pedell 2009: Langer, A./Herzig, A./Pedell, B.: Leistungsmessung und betriebswirtschaftliche Steuerung der Internen Revision – mehr als nur ein Messproblem, in: ZIR 44 (2009), S. 104–111.

Leesen 2008: Leesen, E. v.: Deutscher Corporate Governance Kodex: Ein (zu) sanfter Weg, in: Der Aufsichtsrat 5 (2008), S. 137.

Lentfer 2003: Lentfer, T.: Die Überwachung des Risikomanagementsystems gemäß § 91 Abs. 2 AktG durch den Aufsichtsrat, Hamburg 2003.

Lentfer 2005: Lentfer, T.: Einflüsse der internationalen Corporate Governance-Diskussion auf die Überwachung der Geschäftsführung. Eine kritische Analyse des deutschen Aufsichtsratssystems, Wiesbaden 2005.

Leuering/Rubel 2008: Leuering, D./Rubel, J.: Aufsichtsrat und Prüfungsausschuss nach dem BilMoG, in: NJW-Spezial 5 (2008), S. 559–560.

Linsi 2003: Linsi, A. C.: Internal Audit Excellence. Theorie und Praxis der Internen Revision in der Schweiz im Kontext der neuen IIA-Standards unter besonderer Berücksichtigung des Faktors Qualität und des Total-Quality-Management-Modells der European Foundation for Quality Management (EFQM), Lohmar/Köln 2003.

Lück 1998: Lück, W.: Elemente eines Risiko-Managementsystems – Die Notwendigkeit eines Risiko-Managementsystems durch den Entwurf eines Gesetzes zur Kontrolle und Transparenz im Unternehmensbereich (KonTraG) –, in: DB 51 (1998), S. 8–14.

Lücke 2001: Lücke, W.: Zielgrößen für Unternehmen, Stakeholder und Shareholder, in: ZP 12 (2001), S. 47–72.

Lück/Bachmann/Luke 2004: Lück, W./Bachmann, V./Luke, D.: Wichtige und Aktuelle Themen der Internen Revision – Eine empirische Umfrage –, in: ZIR 39 (2004), S. 56–58.

Lück/Bungartz 2009: Lück, W./Bungartz, O.: Revisionsstandards des DIIR – Deutsches Institut für Interne Revision e. V., in: Lück, W. (Hrsg.): Anforderungen an die Interne Revision. Grundsätze, Methoden, Perspektiven, Berlin 2009, S. 37–64.

Lück/Henke 2007: Lück, W./Henke, M.: Quality Control und Peer Review in der Internen Revision, in: Kirsch, H.-J./Thiele, S. (Hrsg.): Rechnungslegung und Wirtschaftsprüfung. Festschrift zum 70. Geburtstag von Jörg Baetge, Düsseldorf 2007, S. 965–984.

Lück/Unmuth 2006: Lück, W./Unmuth, A.: Interne Revision (IR) und Risikomanagement, in: Lück, W. (Hrsg.): Zentrale Tätigkeitsbereiche der Internen Revision. Aktuelle und zukünftige Schwerpunkte erfolgreicher Revisionsarbeit, Berlin 2006, S. 11–32.

Lutter/Krieger 2008: Lutter, M./Krieger, G.: Rechte und Pflichten des Aufsichtsrats, 5. Aufl., Köln 2008.

Malorny 1999: Malorny, C.: TQM umsetzen. Weltklasse neu definieren, Leistungsoffensive einleiten, Business Excellence erreichen, 2. Aufl., Stuttgart 1999.

Marten/Köhler 2004: Marten, K.-U./Köhler, A. G.: Controlling von Wirtschaftsprüferpraxen als Gegenstand der externen Qualitätskontrolle, in: Freidank, C.-C. (Hrsg.): Corporate Governance und Controlling, Heidelberg 2004, S. 287–305.

Marten/Quick/Ruhnke 2007: Marten K.-U./Quick, R./Ruhnke, K.: Wirtschaftsprüfung. Grundlagen des betriebswirtschaftlichen Prüfungswesens nach nationalen und internationalen Normen, 3. Aufl., Stuttgart 2007.

Mausbach 2008: Mausbach, C.: Das Shareholder-Value-Konzept. Grundlagen und Umsetzung in der Praxis, in ZCG 3 (2008), S. 201–207.

Meffert/Bruhn 2006: Meffert, H./Bruhn, M.: Dienstleistungsmarketing. Grundlagen – Konzepte – Methoden, mit Fallstudien, 5. Aufl., Wiesbaden 2006.

Meffert/Bruhn 2009: Meffert, H./Bruhn, M.: Dienstleistungsmarketing. Grundlagen – Konzepte – Methoden, 6. Aufl., Wiesbaden 2009.

Merkt/Köhrle 2004: Merkt, H./Köhrle, J.: Zur vorstandsunabhängigen Information des Aufsichtsrats durch die Interne Revision – Eine Skizze des aktuellen Diskussionsstands –, in: ZIR 39 (2004), S. 222–225.

Mertens 1996: Mertens, H.-J.: §§ 76–117 AktG und Mitbestimmung im Aufsichtsrat, in: Zöllner, W. (Hrsg.): Kölner Kommentar zum Aktiengesetz, Band 2, 2. Aufl., Köln et al. 1996.

Motel 2008: Motel, J.: Qualitätsmanagement für Interne Revisionen in Verwaltungen. Bestandsaufnahme und Handlungsempfehlungen, Saarbrücken 2008.

Nassauer 2000: Nassauer, F.: Corporate Governance und die Internationalisierung von Unternehmungen, Frankfurt am Main et al. 2000.

Neubeck 2003: Neubeck, G.: Prüfung von Risikomanagementsystemen, Düsseldorf 2003.

Obermayr 2003: Obermayr, G.: Die Konzernrevision in der Management-Holding, Sternenfels 2003.

Oetker 2003: Oetker, H.: Aufsichtsrat/Board: Aufgaben, Besetzung, Organisation, Entscheidungsfindung und Willensbildung – Rechtlicher Rahmen, in: Hommelhoff, P./Hopt, K. J./Werder, A. v. (Hrsg.): Handbuch Corporate Governance. Leitung und Überwachung börsennotierter Unternehmen in der Rechts- und Wirtschaftspraxis, Köln/Stuttgart 2003, S. 261–284.

Olfert/Rahn 2008: Olfert, K./Rahn, H.-J.: Organisationseinheit, in: Olfert, K./Rahn, H.-J. (Hrsg.): Lexikon der Betriebswirtschaftslehre, 6. Aufl., Ludwigshafen am Rhein 2008, Nr. 664.

o. V. 2009: o. V.: DAX 30, MDAX, TECDAX 30, in: Handelsblatt 61 (2009) Nr. 58 vom 24.03.2009, S. 31 und 34.

Paetzmann 2008: Paetzmann, K.: Corporate Governance. Strategische Marktrisiken, Controlling, Überwachung, Berlin/Heidelberg 2008.

Palli 2004: Palli, M. C.: Wertorientierte Unternehmensführung. Konzeption und empirische Untersuchung zur Ausrichtung der Unternehmung auf den Kapitalmarkt, Wiesbaden 2004.

Peemöller 2004: Peemöller, V. H.: Einführung in das betriebswirtschaftliche Prüfungswesen, in: Förschle, G./Peemöller, V. H. (Hrsg.): Wirtschaftsprüfung und Interne Revision, Heidelberg 2004, S. 1–40.

Pentz 2006a: Pentz, A.: § 16. Vorstand und Aufsichtsrat, in: Fleischer, H. (Hrsg.): Handbuch des Vorstandsrechts, München 2006, S. 531–591.

Pentz 2006b: Pentz, A.: § 17. Vorstand und Hauptversammlung, in: Fleischer, H. (Hrsg.): Handbuch des Vorstandsrechts, München 2006, S. 592–659.

Pfaff/Stefani 2007: Pfaff, D./Stefani, U.: Principal-Agent-Theorie, in: Freidank, C.-C./Lachnit, L./Tesch, J. (Hrsg.): Vahlens Großes Auditing Lexikon, München 2007, S. 1048–1049.

Portisch 1997: Portisch, W.: Überwachung und Berichterstattung des Aufsichtsrats im Stakeholder-Agency-Modell, Frankfurt am Main et al. 1997.

Potthoff/Trescher 2003: Potthoff, E./Trescher, K.: Das Aufsichtsratsmitglied. Ein Handbuch der Aufgaben, Rechte und Pflichten, 6. Aufl. bearbeitet von Theisen, M. R., Stuttgart 2003.

Prigge 1999: Prigge, S.: Corporate Governance, in: DBW 59 (1999), S. 148–151.

Rappaport 1981: Rappaport, A.: Selecting strategies that create shareholder value, in: HBR 59 (1981), No. 3, S. 139–149.

Rappaport 1986: Rappaport, A.: Creating Shareholder Value. The New Standard for Business Performance, New York/London 1986.

Rappaport 1999: Rappaport, A.: Shareholder Value. Ein Handbuch für Manager und Investoren, 2. Aufl., Stuttgart 1999.

Regierungskommission DCGK 2009: Regierungskommission DCGK (Hrsg.): Regierungskommission beschließt umfassende Kodex-Änderungen. Pressemitteilung, Frankfurt/Main, 29.05.2009, http://www.corporate-governance-code/ ger / download / PM_Plenarsitzung_2009_05_29_final.pdf, Zugriff am 10.06.2009.

Riedl 2000: Riedl, J. B.: Unternehmungswertorientiertes Performance Measurement. Konzeption eines Performance-Measure-Systems zur Implementierung einer wertorientierten Unternehmungsführung, Wiesbaden 2000.

Ringleb et al. 2008: Ringleb, H.-M./Kremer, T./Lutter, M./Werder, A. v.: Kommentar zum Deutschen Corporate Governance Kodex. Kodex-Kommentar, 3. Aufl., München 2008.

Rössler 2001: Rössler, S.: Das Audit Committee als Überwachungsinstrument des Aufsichtsrats. Ein Betrag zur Verbesserung der Corporate Governance vor dem Hintergrund des Gesetzes zur Kontrolle und Transparenz im Unternehmensbereich (KonTraG), Landsberg am Lech 2001.

Röthel/Krackhardt 2007: Röthel, A./Krackhardt, O.: Corporate Governance in den USA, in: Freidank, C.-C./Lachnit, L./Tesch, J. (Hrsg.): Vahlens Großes Auditing Lexikon, München 2007, S. 304–306.

Schewe 2005: Schewe, G.: Unternehmensverfassung. Corporate Governance im Spannungsfeld von Leitung, Kontrolle und Interessenvertretung, Berlin/Heidelberg 2005.

Schmidt/Reimer 2008: Schmidt, S./Reimer, B.: Zusammenwirken von Abschlussprüfung und Interner Revision, in: Freidank, C.-C./Peemöller, V. H. (Hrsg.): Corporate Governance und Interne Revision. Handbuch für die Neuausrichtung des Internal Auditings, Berlin 2008, S. 643–660.

Schneider 2000: Schneider, U. H.: Kapitalmarktorientierte Corporate Governance-Grundsätze, in: DB 53 (2000), S. 2413–2417.

Schneider/Strenger 2000: Schneider, U. H./Strenger, C.: Die „Corporate Governance-Grundsätze" der Grundsatzkommission Corporate Governance (German Panel on Corporate Governance). Einführung, in: AG 45 (2000), S. 106–113.

Schroff 2006: Schroff, J.: Aufgabenwandel in der Internen Revision. Eine theoretische und empirische Untersuchung, München 2006.

Schwetzler/Sperling 2008: Schwetzler, B./Sperling, M. O.: Die Entflechtung der Deutschland AG, in: AG 53 (2008), S. R468–R470.

Seghezzi 2003: Seghezzi, H. D.: Integriertes Qualitätsmanagement. Das St. Galler Konzept, 2. Aufl., München/Wien 2003.

Seghezzi/Fahrni/Herrmann 2007: Seghezzi, H. D./Fahrni, F./Herrmann, F.: Integriertes Qualitätsmanagement. Der St. Galler Ansatz, 3. Aufl., München 2007.

Seminogovas/Rupšys 2006: Seminogovas, B./Rupšys, R.: Creating Strategy maps for Internal audit activity in the context of BSC, in: Management of Organizations: Systematic Research o. Jg. (2006), Heft 39, S. 215–227.

Semler 1996: Semler, J.: Leitung und Überwachung der Aktiengesellschaft. Die Leitungsaufgabe des Vorstands und die Überwachungsaufgabe des Aufsichtsrats, 2. Aufl., Köln et al. 1996.

Spindler 2008: Spindler, G.: § 91 Organisation; Buchführung, in: Goette, W./Habersack, M. (Hrsg.): Münchener Kommentar zum Aktiengesetz, Band 2, §§ 76–117, MitbestG, DrittelbG, 3. Aufl., München 2008, S. 475–496.

Statistisches Bundesamt 2008: Statistisches Bundesamt (Hrsg.): Klassifikation der Wirtschaftszweige. Mit Erläuterungen, 2008, Wiesbaden 2008.

Steffelbauer-Meuche 2004: Steffelbauer-Meuche, G.: Qualitätsmanagement in der Internen Revision, Sternenfels 2004.

Teichmann 2001: Teichmann, C.: Corporate Governance in Europa, in: ZGR 30 (2001), S. 645–679.

The Centre of Quality Excellence, the University of Leicester 2005: The Centre of Quality Excellence, the University of Leicester (Hrsg.): Bericht zur Studie „Auswirkungen einer wirksamen Implementierung von Excellence-Strategien im Unternehmen auf die Schlüsselleistungsergebnisse", http://www.quality austria.com / uploads / media / EFQM_Studie_IoES_de.pdf, Zugriff am 27.01.2009.

The IIA Research Foundation 2006: The IIA Research Foundation (Hrsg.): Quality Assessment Manual, 5. Aufl., Altamonte Springs 2006.

The IIA Research Foundation 2009: The IIA Research Foundation (Hrsg.): Quality Assessment Manual, 6. Aufl., Altamonte Springs 2009.

Theisen 1987: Theisen, M. R.: Überwachung der Unternehmungsführung. Betriebswirtschaftliche Ansätze zur Entwicklung erster Grundsätze ordnungsmäßiger Überwachung, Stuttgart 1987.

Theisen 1993: Theisen, M. R.: Überwachung der Geschäftsführung, in: Wittmann, W. et al. (Hrsg.): Handwörterbuch der Betriebswirtschaft, Band 3, 5. Aufl., Stuttgart 1993, Sp. 4219–4232.

Theisen 2003: Theisen, M. R.: Risikomanagement als Herausforderung für die Corporate Governance, in: BB 58 (2003), S. 1426–1430.

Thommen 2007: Thommen, J.-P.: Betriebswirtschaftslehre, 7. Aufl., Zürich 2007.

Ulrich 1970: Ulrich, H.: Die Unternehmung als produktives soziales System. Grundlagen der allgemeinen Unternehmungslehre, 2. Aufl., Bern/Stuttgart 1970.

Unmuth 2008: Unmuth, A.: Persönliches Telefongespräch über die Erarbeitung und Veröffentlichung nachdrücklicher Empfehlungen, insbesondere der des DIIR, im Rahmen des IIA-Verständnisses, Frau Unmuth in der Funktion als

Referentin der Geschäftsführung und Assistenz der Arbeitskreise des DIIR, Hamburg 2008.

Velte 2009: Velte, P.: Die schriftliche Berichterstattung des Aufsichts- und Verwaltungsrats zur Internen Revision. Eine empirische Untersuchung im Deutschen und Österreichischen Prime Standard sowie im Hauptsegment der Swiss Stock Exchange, in: ZIR (44) 2009, S. 74–79.

Weber et al. 2004: Weber, J./Bramsemann, U./Heineke, C./Hirsch, B.: Wertorientierte Unternehmenssteuerung. Konzepte – Implementierung – Praxisstatements, Wiesbaden 2004.

Werder 2003: Werder, A. v.: Ökonomische Grundfragen der Corporate Governance, in: Hommelhoff, P./Hopt, K. J./Werder, A. v. (Hrsg.): Handbuch Corporate Governance. Leitung und Überwachung börsennotierter Unternehmen in der Rechts- und Wirtschaftspraxis, Köln/Stuttgart 2003, S. 3–27.

Westhausen 2008: Westhausen, H.-U.: Wie steht es um die Zusammenarbeit von Interner Revision und Abschlussprüfung? Rahmenbedingungen und Gestaltungsmöglichkeiten aus Sicht eines Revisionsleiters, in: ZIR 43 (2008), S. 134–137.

Wiemers 2001: Wiemers, B.: Strategisches Controlling in Professional-Service-Betrieben. Ein mehrdimensionaler und prozeßorientierter Ansatz dargestellt am Beispiel von Revisionsunternehmen, Landsberg am Lech 2001.

Winterhoff 2008: Winterhoff, G.: Die Harmonisierung der Corporate Governance in der EU, in: Freidank, C.-C./Peemöller, V. H. (Hrsg.): Corporate Governance und Interne Revision. Handbuch für die Neuausrichtung des Internal Auditings, Berlin 2008, S. 873–893.

Witt 2000: Witt, P.: Corporate Governance im Wandel. Auswirkungen des Systemwettbewerbs auf deutsche Aktiengesellschaften, in: zfo 69 (2000), S. 159–163.

Wöhe/Döring 2002: Wöhe, G./Döring, U.: Einführung in die Allgemeine Betriebswirtschaftslehre, 21. Aufl., München 2002.

Wöhe/Döring 2008: Wöhe, G./Döring, U.: Einführung in die Allgemeine Betriebswirtschaftslehre, 23. Aufl., München 2008.

Ziegenfuss 2000: Ziegenfuss, D. E.: Developing an internal auditing department balanced scorecard, in: Managerial Auditing Journal 15 (2000), S. 12–19.

Zimmermann 2004: Zimmermann, J.: Bilanzskandale, in: WISU 33 (2004), S. 1515–1519.

Zimmermann/Wortmann 2001: Zimmermann, G./Wortmann, A.: Der Shareholder-Value-Ansatz als Institution zur Kontrolle der Führung von Publikumsgesellschaften, in: DB 54 (2001), S. 289–294.

Zink 2004: Zink, K. J.: TQM als integratives Managementkonzept. Das EFQM Excellence Model und seine Umsetzung, mit Selbstbewertungsprozess, berücksichtigt Reviews des EFQM-Modells von 2000 und 2002, 2. Aufl., München/Wien 2004.

Zink 2007: Zink, K. J.: From total quality management to corporate sustainability based on a stakeholder management, in: Journal of Management History 13 (2007), S. 394–401.

Zwingmann/Dieninghoff/Meyer 2003: Zwingmann, L./Dieninghoff, P./Meyer, J.: Zur Entwicklung und Nutzung einer Balanced Scorecard für die Interne Revision, in: ZIR 38 (2003), S. 142–152.

Gesetze, Gesetzesbegründungen, Urteile und Verordnungen

ARUG 2009: Entwurf eines Gesetzes zur Umsetzung der Aktionärsrechtrichtlinie (ARUG) in der Beschlussfassung des Rechtsausschusses, BT-Drucks. 16/13098 vom 20.05.2009.

BilKoG 2004: Gesetz zur Kontrolle von Unternehmensabschlüssen (Bilanzkontrollgesetz – BilKoG), in: BGBl. I Nr. 69 vom 20.12.2004, S. 3408–3415.

BilMoG 2009: Gesetz zur Modernisierung des Bilanzrechts (Bilanzrechtsmodernisierungsgesetz – BilMoG), in: BGBl. I Nr. 27 vom 28.05.2009, S. 1102–1137.

BilReG 2004: Gesetz zur Einführung internationaler Rechnungslegungsstandards und zur Sicherung der Qualität der Abschlussprüfung (Bilanzrechtsreformgesetz – BilReG), in: BGBl. I Nr. 65 vom 09.12.2004, S. 3166–3182.

KonTraG 1998: Gesetz zur Kontrolle und Transparenz im Unternehmensbereich (KonTraG), in: BGBl. I Nr. 24 vom 30.04.1998, S. 786–794.

SOA 2002: 107th Congress (Hrsg.): An Act. To protect investors by improving the accuracy and reliability of corporate disclosures made pursuant to the securities laws, and for other purposes, http://www.sec.gov/about/laws/soa2002.pdf, Zugriff am 07.10.2008.

BegrRegE BilKoG 2004: Begründung zum Regierungsentwurf BilKoG, in: Gesetzentwurf der Bundesregierung (Regierungsentwurf) zur Kontrolle von Unternehmensabschlüssen (Bilanzkontrollgesetz – BilKoG), BT-Drucks. 15/3421 vom 24.06.2004, S. 11–21.

BegrRegE BilMoG 2008: Begründung zum Regierungsentwurf BilMoG, in: Gesetzentwurf der Bundesregierung (Regierungsentwurf) zur Modernisierung des Bilanzrechts (Bilanzrechtsmodernisierungsgesetz – BilMoG), BT-Drucks. 16/10067 vom 30.07.2008, S. 32–114.

BegrRegE KonTraG 1998: Begründung zum Regierungsentwurf KonTraG, in: Gesetzentwurf der Bundesregierung (Regierungsentwurf) zur Kontrolle und Transparenz im Unternehmensbereich (KonTraG), BT-Drucks. 13/9712 vom 28.01.1998, S. 11–31.

BegrRegE TransPuG 2002: Begründung zum Regierungsentwurf TransPuG, in: Gesetzentwurf der Bundesregierung (Regierungsentwurf) zur weiteren Reform des Aktien- und Bilanzrechts, zu Transparenz und Publizität (Transparenz- und Publizitätsgesetz), BT-Drucks. 14/8769 vom 11.04.2002, S. 10–30.

LG München 2007: LG München I, Urteil vom 5.4.2007 – 5 HK O 15964/06, in: BB 62 (2007), S. 2170–2175.

Börsenordnung 2009: Börsenordnung für die Frankfurter Wertpapierbörse vom 15.04.2009, http://deutsche-boerse.com/INTERNET/EXCHANGE/zpd. nsf/KIR+WEB+Publikationen/HAMN-52CDY7/$FILE/FWB01_09-04-15.pdf? OpenElement, Zugriff am 10.06.2009.

Final Rule 33-8238: SEC (Hrsg.): Final Rule: Management's Report on Internal Control Over Financial Reporting and Certification of Disclosure in Exchange Act Periodic Reports, http://www.sec.gov/rules/final/33-8238.htm, Zugriff am 07.10.2008.

IIR-Satzung 2007: IIR (Hrsg.): Satzung vom 08.10.2007, http://www.iir-ev.de/ deutsch/iir/mitglieder/Satzung_2007.pdf, Zugriff am 15.10.2008.

EU-Richtlinien

Directive 2006/43/EC: The European Parliament and the Council of the European Union (Hrsg.): Directive 2006/43/EC of the European Parliament and of the Council of May 2006 on statutory audits of annual accounts and consolidated accounts, amending Council Directives 78/660/EC and 83/349/EEC and repealing Council Directive 84/253/EEC, in: Official Journal of the European Union No. L 157 of 09.06.2006, S. 87–107.

Richtlinie 2006/43/EG: Das Europäische Parlament und der Rat der Europäischen Union (Hrsg.): Richtlinie 2006/43/EG des Europäischen Parlaments und des Rates vom 17. Mai 2006 über Abschlussprüfungen von Jahresabschlüssen und konsolidierten Abschlüssen, zur Änderung der Richtlinien 78/660/EWG und 83/349/EWG des Rates und zur Aufhebung der Richtlinie 84/253 EWG des Rates, in: Amtsblatt der EU Nr. L 157 vom 09.06.2006, S. 87–107.

Berufsständische Normen der Internen Revision, Standards der Abschlussprüfung und weitere Vorschriften

DIIR-Prüfungsstandard Nr. 4: DIIR (Hrsg.): DIIR Prüfungsstandard Nr. 4. Standard zur Prüfung von Projekten, Definitionen und Grundsätze, in: ZIR 43 (2008), S. 154–159.

DIIR/IIA 2009: DIIR/IIA (Hrsg.): Internationale Standards für die berufliche Praxis der Internen Revision 2009, http://www.diir-2009.de/fileadmin/ fachwissen/standards/downloads/IIA-Standards.pdf, Zugriff am 11.02.2009.

Ethikkodex: IIA (Hrsg.): Code of Ethics, Issued: January 2009, http://www. theiia.org/guidance/standards-and-guidance/ippf/code-of-ethics/ (Bereich: Download and View Code of Ethics, Code of Ethics Download), Zugriff am 05.05.2009.

Ethikkodex-Einleitung: IIA (Hrsg.): Code of Ethics. Introduction to the Code of Ethics, Issued: January 2009, http://www.theiia.org/guidance/standards-and-guidance/ippf/code-of-ethics/ (Bereich: Download and View Code of Ethics, Introduction to the Code of Ethics), Zugriff am 05.05.2009.

IIA-Standards: IIA (Hrsg.): International Standards for the Professional Practice of Internal Auditing (Standards), Issued: October 2008, http://www. theiia.org / guidance / standards-and-guidance / ippf / standards / (Bereich: Download the Standards, Standards in PDF), Zugriff am 05.05.2009.

IIA-Standards a. F.: IIA (Hrsg.): International Standards for the Professional Practice of Internal Auditing, http://www.theiia.org/guidance/standards-and-guidance / professional-practices-framework / standards / standards-for-the-professional-practice-of-internal-auditing/, Zugriff am 16.10.2008.

IIA-Standards Introduction: IIA (Hrsg.): International Standards for the Professional Practice of Internal Auditing (Standards). Introduction to the International Standards, Issued: January 2009, http://www.theiia.org/guidance/standards-and-guidance/ippf/standards/ (Bereich: Download the Standards, Introduction to the Standards), Zugriff am 05.05.2009.

IIR 2005: IIR (Hrsg.): Leitfaden zur Durchführung eines Quality Assessments (QA). Ergänzung zum IIR-Standard Nr. 3 („Qualitätsmanagement"), 1. Juli 2005, http://www.iir-ev.de/deutsch/intern/mitglieder/IIR_QA_Leitfaden_8-2005. pdf, Zugriff am 20.12.2007.

IIR 2007: IIR (Hrsg.): Leitfaden zur Durchführung eines Quality Assessments (QA). Ergänzung zum DIIR-Standard Nr. 3 „Qualitätsmanagement", 2. Aufl., Frankfurt am Main 2007.

IIR-Revisionsstandard Nr. 1: IIR (Hrsg.): IIR-Revisionsstandard Nr. 1. Zusammenarbeit von Interner Revision und Abschlussprüfer, in: ZIR 36 (2001), S. 34–36.

IIR-Revisionsstandard Nr. 2: IIR (Hrsg.): IIR-Revisionsstandard Nr. 2. Prüfung des Risikomanagement durch die Interne Revision, in: ZIR 36 (2001), S. 152–155.

IIR-Revisionsstandard Nr. 3: IIR (Hrsg.): IIR Revisionsstandard Nr. 3. Qualitätsmanagement in der Internen Revision, in: ZIR 37 (2002), S. 214–224.

IIR/IIA 2007: IIR/IIA (Hrsg.): Grundlagen der Internen Revision. Aktualisierung 2007 – Basics of Internal Auditing. Update 2007 (CD-Rom), o. O. 2007.

IDW PS 260: IDW (Hrsg.): IDW Prüfungsstandard: Das interne Kontrollsystem im Rahmen der Abschlussprüfung (IDW PS 260), in: WPg 54 (2001), S. 821–831.

IDW PS 261: IDW (Hrsg.): IDW Prüfungsstandard: Feststellung und Beurteilung von Fehlerrisiken und Reaktionen des Abschlussprüfers auf die beurteilten Fehlerrisiken (IDW PS 261), in: IDW (Hrsg.): IDW Prüfungsstandards (IDW PS), IDW Stellungnahmen zur Rechnungslegung (IDW RS), IDW Standards (IDW S) einschließlich der dazugehörigen Entwürfe, IDW Prüfungs- und IDW Rechnungslegungshinweise (IDW PH und IDW RH), Band I, Düsseldorf 2009 (Loseblattsammlung, Stand: 29. Ergänzungslieferung Juni 2009).

IDW PS 321: IDW (Hrsg.): IDW Prüfungsstandard: Interne Revision und Abschlussprüfung (IDW PS 321), in: IDW (Hrsg.): IDW Prüfungsstandards (IDW PS), IDW Stellungnahmen zur Rechnungslegung (IDW RS), IDW Standards (IDW S) einschließlich der dazugehörigen Entwürfe, IDW Prüfungs- und IDW Rechnungslegungshinweise (IDW PH und IDW RH), Band I, Düsseldorf 2009 (Loseblattsammlung, Stand: 29. Ergänzungslieferung Juni 2009).

IDW PS 340: IDW (Hrsg.): IDW Prüfungsstandard: Die Prüfung des Risikofrüherkennungssystems nach § 317 Abs. 4 HGB (IDW PS 340), in: IDW (Hrsg.): IDW Prüfungsstandards (IDW PS), IDW Stellungnahmen zur Rechnungslegung (IDW RS), IDW Standards (IDW S) einschließlich der dazugehörigen Entwürfe, IDW Prüfungs- und IDW Rechnungslegungshinweise (IDW PH und IDW RH), Band I, Düsseldorf 2009 (Loseblattsammlung, Stand: 29. Ergänzungslieferung Juni 2009).

DCGK 2002: Bundesministerium der Justiz (Hrsg.): Bekanntmachung des „Deutschen Corporate Governance Kodex", https://www.ebundesanzeiger. de/ebanzwww/contentloader?state.action=official_loadpublicationpdf2&offic ial_publication_list.selected=50db3b37c7d86c78&session.sessionid=4c3486fe7e 4cce179a65f 65928d40880&officialsearch_param.destHistoryId=3, Zugriff am 10.06.2009.

DCGK 2008: Bundesministerium der Justiz (Hrsg.): Bekanntmachung des „Deutschen Corporate Governance Kodex" (in der Fassung vom 06. Juni 2008), https:// www.ebundesanzeiger.de / download / kodex2.pdf, Zugriff am 10.06.2009.

DRS 5: DSR (Hrsg.): Deutscher Rechnungslegungs Standard Nr. 5 (DRS 5) Risikoberichterstattung – German Accounting Standard No. 5 (GAS 5) Risk Reporting, in: DRSC (Hrsg.): Deutsche Rechnungslegungs Standards (DRS) – German Accounting Standards (GAS), Rechnungslegungsinterpretationen (RIC) – Accounting Interpretations (AIC), Stuttgart 2009 (Loseblattsammlung, Stand: 11. Ergänzungslieferung März 2009).

DRS 15: DSR (Hrsg.): Deutscher Rechnungslegungs Standard Nr. 15 (DRS 15) Lageberichterstattung – German Accounting Standard No. 15 (GAS 15) Management Reporting, in: DRSC (Hrsg.): Deutsche Rechnungslegungs Standards (DRS) – German Accounting Standards (GAS), Rechnungslegungsinterpretationen (RIC) – Accounting Interpretations (AIC), Stuttgart 2009 (Loseblattsammlung, Stand: 11. Ergänzungslieferung März 2009).

DRS 16: DSR (Hrsg.): Deutscher Rechnungslegungs Standard Nr. 16 (DRS 16) Zwischenberichterstattung – German Accounting Standard No. 16 (GAS 16) Interim Financial Reporting, in: DRSC (Hrsg.): Deutsche Rechnungslegungs Standards (DRS) – German Accounting Standards (GAS), Rechnungslegungsinterpretationen (RIC) – Accounting Interpretations (AIC), Stuttgart 2009 (Loseblattsammlung, Stand: 11. Ergänzungslieferung März 2009).

Aus unserem Verlagsprogramm:

Uwe Binner
**Implementierung des industriellen Beschaffungsprozesses
in Emerging Markets**
*Empirische Befunde zur Identifikation von Erfolgsfaktoren und
Barrieren bei Beschaffungsaktivitäten deutschsprachiger Maschinen-
und Anlagenbauunternehmen in China, Brasilien und der Türkei*
Hamburg 2010 / 442 Seiten / ISBN 978-3-8300-4784-1

Kerstin Sander
Regulierungskosten der deutschen Kreditinstitute
*Entwicklung von Ansatzpunkten zur Erfassung der regulierungs-
bedingten Kosten unter Einbezug des Standardkosten-Modells*
Hamburg 2010 / 378 Seiten / ISBN 978-3-8300-4793-3

Johannes C. Kerner
**Erfolgsfaktoren des internationalen
Outsourcing-Projektmanagements**
Konzeptionalisierung – Operationalisierung – Messung
Hamburg 2009 / 446 Seiten / ISBN 978-3-8300-4399-7

Michaela Cornehl
**Die Rolle der Natürlichkeitspräferenz
für die Verpackungsgestaltung bei Lebensmitteln**
Hamburg 2009 / 306 Seiten / ISBN 978-3-8300-4108-5

Lutz Kreuzgrabe
**Informationsversorgung von Abschlussprüfer und Aufsichtsrat
zur Verbesserung der Corporate Governance**
*Vorschläge für Zusatzinformationen über die wirtschaftliche Lage
im Rahmen der Unternehmensüberwachung*
Hamburg 2009 / 240 Seiten / ISBN 978-3-8300-4076-7

Marc Kirchhoff
**Erfolgsfaktoren von Unternehmensfusionen und -akquisitionen
im Pharma- und Biotechnologiebereich**
Hamburg 2009 / 196 Seiten / ISBN 978-3-8300-3826-9

VERLAG DR. KOVAČ
FACHVERLAG FÜR WISSENSCHAFTLICHE LITERATUR

Postfach 57 01 42 · 22770 Hamburg · www.verlagdrkovac.de · info@verlagdrkovac.de